中国地质大学（武汉）本科教学质量工程项目（2020G42）

户外运动理论与实践

HUWAI YUNDONG LILUN YU SHIJIAN

杨 汉 罗先斌 编著

图书在版编目(CIP)数据

户外运动理论与实践/杨汉,罗先斌编著.—武汉:中国地质大学出版社,2023.12
ISBN 978-7-5625-5748-7

Ⅰ.①户… Ⅱ.①杨… ②罗… Ⅲ.①体育锻炼-高等学校-教材 Ⅳ.①G806

中国国家版本馆 CIP 数据核字(2023)第 257245 号

户外运动理论与实践		杨 汉 罗先斌 编著
责任编辑:韦有福	选题策划:韦有福	责任校对:张咏梅
出版发行:中国地质大学出版社(武汉市洪山区鲁磨路388号)		邮编:430074
电 话:(027)67883511	传 真:(027)67883580	E-mail:cbb@cug.edu.cn
经 销:全国新华书店		http://cugp.cug.edu.cn
开本:787 毫米×1092 毫米 1/16	字数:589 千字	印张:23
版次:2023 年 12 月第 1 版	印次:2023 年 12 月第 1 次印刷	
印刷:湖北睿智印务有限公司		
ISBN 978-7-5625-5748-7		定价:68.00 元

如有印装质量问题请与印刷厂联系调换

《户外运动理论与实践》编写组

主　编： 杨　汉　罗先斌

副主编： 胡　凯　宁晓青　郭生鼎　刘子健
　　　　　郭远钊　钟　点　张伏友

编　委： 皮攀峰　崔登瑞　陈淑红　张铃杰
　　　　　李文文　胡戈意　雷　佳　杨　棵
　　　　　李泽轩　王芳芳　王小滢　王美霞
　　　　　向　旺　王　健　彭　振

前 言

本教材是中国地质大学(武汉)本科教学质量工程项目成果,是为提高高校户外运动专业方向本科人才培养质量,适应新时期我国户外运动、户外产业发展对于专业人才需求而编著的。

户外运动是以自然环境为载体,以竞技、健身、休闲等为主要形式的体育活动。发展户外运动,对激发自然资源要素活力,践行"两山"理念具有重要意义。户外运动集挑战性、休闲性、健身性、教育性、观赏性等于一体,已延伸到政治、经济、文化、教育、军事等广泛领域,成为持续推动体育与旅游深度融合发展、深化供给侧结构性改革、推动全民健身战略实施与体育强国建设的重要途径。此外,户外运动在促进人的全面发展、人与社会、人与自然和谐发展中发挥重要作用,伴随户外运动产业市场的扩大,社会对高素质户外专业人才的需求更加迫切。

本教材主要由户外运动理论、户外运动项目和户外运动体能训练与医学常识共三篇18章组成。本教材编写坚持:①社会主义办学方向,贯彻落实习近平总书记关于教育的重要论述和全国教育大会精神,将户外运动课程思政纳入教材内容,强化教材政治阵地,服务立德树人的根本任务;②理论性与实用性相结合,意在增强学生问题意识以及提升学生分析问题与解决问题的能力,提高学生户外环境认知,提升专业综合素质能力和创新实践能力,提高人才培养质量;③创新性与引领性结合,弥补现有户外运动教材理论基础的不足,契合新时代户外运动发展需求。

第一篇户外运动理论部分,介绍了国内外户外运动的概念与发展,欧美国家户外教育基础理论,引导我国教育机构运用户外运动开展素质教育。该部分阐述了户外运动的教育学、心理学、社会学理论基础,户外运动课程与评价以及户外运动的价值功能,使读者能够深层次地用全新的视角来理解和审视户外运动的价值,对户外运动思政课程进行解读,丰富了户外运动的德育功能。

第二篇户外运动项目部分,涵盖了攀岩、徒步穿越、定向运动、野外露营、探洞、山地自行车、皮划艇、登山运动、滑雪、攀树等常见户外运动项目及运动装备,在介绍户外运动项目核心技能的同时,着重介绍了教学重难点、教学提示以及注意事项,能够帮助户外运动专业本科生掌握科学规范操作技能,为户外运动实践打下坚实的基础。

第三篇户外运动体能训练与医学常识部分,介绍了户外运动体能训练的内容与常用方法,对于专业学生掌握体能训练方法、增强专业认知具有积极作用。医学常识涵盖了野外伤病应急处理与救援基础知识和技能,对于安全开展户外运动、降低安全事故与人员伤亡具有积极作用。

本教材由杨汉全面负责策划与编著；胡凯和宁晓青负责第一篇户外运动理论的编写，罗先斌负责户外运动项目的编写，刘子健和郭生鼎负责第三篇户外运动体能训练与医学常识的编写；郭远钊、钟点、崔登瑞、皮攀峰、张铃杰、胡戈意、雷佳、李文文、李泽轩、杨棵、王芳芳、王小滢、王健、彭振分别参与第二篇和第三篇的编写工作。

该教材内容彰显中国地质大学（武汉）户外专业人才培养特色和学科优势，为广大户外运动爱好者、户外运动专业学生、同行教师全面理解户外运动提供参考，为户外运动专业人才培养提供新的教育教学资源，以期为推进高校户外运动类课程教学改革、提高户外运动专业人才培养质量起到积极作用。

杨　汉

2023 年 5 月 5 日

前 言

第一篇　户外运动理论

第一章　户外运动的概述 (3)
第一节　户外运动的概念 (3)
第二节　我国户外运动的发展 (5)

第二章　欧美国家的户外运动 (11)
第一节　欧美国家户外运动的概述 (11)
第二节　欧美国家的户外教育 (14)
第三节　欧美国家户外运动的价值 (21)

第三章　户外运动的基础理论 (24)
第一节　教育学理论 (24)
第二节　心理学理论 (29)
第三节　社会学理论 (34)

第四章　户外运动课程与教学 (39)
第一节　户外教学的基本原理 (39)
第二节　户外运动课程要素 (42)
第三节　户外运动教学方法 (46)
第四节　户外运动学习评价 (49)

第五章　户外运动的价值功能 (51)
第一节　户外运动的社会价值 (51)
第二节　户外运动的教育功能 (54)

第二篇　户外运动项目

第六章　户外运动装备 (69)
第一节　个人装备 (69)
第二节　集体装备 (92)

第三节　技术装备 …………………………………………………………… (96)

第七章　攀　岩 ………………………………………………………………… (111)
　　第一节　攀岩结绳技术 ……………………………………………………… (111)
　　第二节　保护站设置 ………………………………………………………… (119)
　　第三节　攀岩保护 …………………………………………………………… (123)
　　第四节　户外攀登 …………………………………………………………… (127)
　　第五节　下降技术 …………………………………………………………… (133)

第八章　徒步穿越 ……………………………………………………………… (137)
　　第一节　地形图 ……………………………………………………………… (137)
　　第二节　徒　步 ……………………………………………………………… (160)
　　第三节　溯　溪 ……………………………………………………………… (170)

第九章　定向运动 ……………………………………………………………… (175)
　　第一节　场地与器材 ………………………………………………………… (175)
　　第二节　定向地图基本知识 ………………………………………………… (180)
　　第三节　路线选择与快速行进 ……………………………………………… (185)

第十章　野外露营 ……………………………………………………………… (188)
　　第一节　野外着衣 …………………………………………………………… (188)
　　第二节　野外饮食 …………………………………………………………… (192)
　　第三节　野外露营 …………………………………………………………… (206)
　　第四节　野外生活中的环境保护 …………………………………………… (212)

第十一章　探　洞 ……………………………………………………………… (216)
　　第一节　洞穴探险基础技术 ………………………………………………… (216)
　　第二节　SRT ………………………………………………………………… (220)

第十二章　山地自行车 ………………………………………………………… (224)
　　第一节　山地自行车基础 …………………………………………………… (224)
　　第二节　基本骑行技术 ……………………………………………………… (228)
　　第三节　上下坡、弯道技术 ………………………………………………… (235)
　　第四节　障碍骑行技术 ……………………………………………………… (238)

第十三章　皮划艇 ……………………………………………………………… (246)
　　第一节　皮划艇基本技术 …………………………………………………… (246)
　　第二节　皮划艇翻覆与回正技术 …………………………………………… (252)

第三节	不同水流环境的划行技术	(254)
第十四章	**登山运动**	(257)
第一节	冰雪坡行走	(257)
第二节	冰镐与冰爪技术	(260)
第三节	攀冰保护站设置技术	(263)
第四节	结组技术	(267)
第五节	攀登雪山基本方法	(270)
第十五章	**滑　雪**	(275)
第一节	双板滑雪技术	(275)
第二节	单板滑雪技术	(289)
第十六章	**攀　树**	(296)
第一节	攀树装备与结绳技术	(296)
第二节	攀树锚点安装	(299)
第三节	攀树基础技能	(301)

第三篇　户外运动体能训练与医学常识

第十七章	**户外运动体能训练**	(307)
第一节	户外运动体能训练的必要性	(307)
第二节	户外运动体能训练的内容与方法	(307)
第三节	户外运动体能训练计划的制订	(320)
第十八章	**户外运动医学常识**	(326)
第一节	户外急救的方法	(326)
第二节	骨折固定与搬运	(333)
第三节	户外常见疾病防治	(340)
第四节	高山病防治	(347)
主要参考文献		(352)

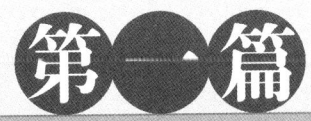

户外运动理论

第一章　户外运动的概述

第一节　户外运动的概念

户外运动是我国独有的体育术语,20世纪八九十年代,我国出现有关野外运动、荒野运动、野外生存等术语,这是我国户外运动爱好者对户外运动的最初认知。在这一时期,户外运动的概念是相对模糊的,人们无法对这一运动形式进行规范统一的描述,运动项目包括登山、攀岩、野营、徒步、拓展训练等。在欧美国家,类似登山、攀岩、探险、山地穿越、徒步、漂流、山地自行车等项目被称为户外休闲(outdoor recreation)、户外活动(outdoor activity)、休闲活动(adventure activity)等,指在自然或半自然的环境中进行休闲娱乐活动等。

2005年,国家体育总局正式将户外活动、户外休闲等活动命名为"户外运动",并设立为我国第100个正式开展的运动项目。户外运动在我国快速发展的历程中,由于研究视角和逻辑起点的差异,学者对于户外运动的理解存在不同看法。根据户外运动发展的不同时期所表现出的特点,笔者将现有户外运动的概念划分为以下几个类别。

一、探险视域的户外运动

2000年以后,户外运动俱乐部迅猛发展,参加户外活动的人员急剧增加,我国开始对户外运动进行研究。2003年,国家体育总局登山运动管理中心主任李致新先生在《户外运动的健身意义及其规范化》研究报告中提出,户外运动是指在自然场地(非专用场地)开展的体育活动。同年,国家体育总局登山运动管理中心户外运动部主任李舒平先生在《登山户外运动在体育领域中的研究与对策》一文中指出:户外运动是一组以自然环境为场地(非专用场地)的、带有探险性质或体验探险的体育项目群。以上这两个关于户外运动的概念中均含有自然场地和体育活动。

自然场地(非专用场地),指明了户外运动发生的环境是自然环境,定义明确了户外活动的环境,主要包括大自然和人工非运动目的的建筑物,如公路、楼房等,它们对于户外运动来说,是一种自然(存在)的状态,排除了在室外人工专门场地进行的体育运动项目,如足球、沙滩排球、高尔夫球等,因为这些项目虽在室外却采用人工专门场地进行活动。

这一概念特别强调探险或体验探险的性质,说明户外活动具有一定风险性、挑战性和探险性,让户外运动参与者加深对安全的认识。体育活动则是规定了此项活动的性质,排除了自然场地中进行的其他活动,如旅游、生产等,这样的定义也与人们认知的荒野运动、野外生存等活动相符。李舒平(2002,2003)特别指出:有些户外运动发展到一定阶段后,部分又回到市内或室内,如在人工模拟制造的岩壁上进行攀岩。此定义的另一个重要含义,也是笔者非常认同并强调的一个观点,即把教育的功能融合在户外运动概念中,扩展了它的外延。

二、竞技视域的户外运动

2005年,中国登山协会在申请户外运动成为我国正式开展的体育项目立项时,将户外运动定义为"户外运动主要是指在自然场地进行的一组集体运动项目群",正式将其命名为"山地户外运动",简称"户外运动"。该定义突出了其与登山运动间的关联性,并强调将自然环境作为运动场地,突出以体育活动为主体,强调了户外运动的集体活动形式,不鼓励个人行为,说明了户外运动与传统体育项目的区别,提出了项目群的概念,强调了户外运动项目团队合作的重要性。上述定义的共同点是:①自然作为户外运动的场地,强调自然环境;②将户外运动描述为项目群,不是单一的运动项目,而是由多个运动项目组合形成的。这是户外运动必须明确的概念要素。中国登山协会的张志坚(2009)认为,户外运动是指在自然场地(非专用场地)开展的体育活动,并对自然场地(非专用场地)进行了说明,同时还将体育活动性质加以限定。张志坚提出的这一"自然场地"概念,对于分辨户外运动与其他体育运动有着重要的意义。

三、生态视域的户外运动

随着我国社会经济的快速发展,越来越多的人喜爱并参与户外运动,逐渐形成一种时尚和健康的生活方式。到大自然中去亲近自然,回归自然,寻找舒适的户外生活,释放工作压力,放飞心情,追求健康的生活,成为提高生活品质的重要内容。

马欣祥等(2013)认为户外运动是人们在自然以及与自然相关环境中开展的一类体育活动的总称。同时指出,这类运动项目主要是以自然环境要素为动力进行的身体活动,不包括使用机械动力为代步工具的项目,如自行车主要是靠双腿的力量,漂流是利用水流驱动,体现了自然、生态的特征。户外运动项目中应不包括机械动力、畜力等,如越野车、骑马、游艇等,意在突出人类自身的能力。马欣祥等还特别指出将户外运动作为体育来看待,主要是考虑:①规定了户外运动的性质;②体育运动涵盖体育休闲、体育竞赛以及体育育人的功能;③便于推广和普及,同时更容易规范与管理。这一界定能够按照户外运动本身的性质和特点来划分,符合国家发展战略,同时以习近平的生态文明思想为宗旨来推广与普及这项运动。

四、休闲视域的户外运动

按照国际标准,人均GDP达到3000美元以上即进入休闲时代,我国经济快速发展,早已跨入休闲时代。

伴随人们思想意识的改变,户外运动逐渐成为一种生活方式,越来越多的人提出了"大户外""泛户外"的概念,将"户外"描绘成"与城市生活相对立的一种生活形态,而不仅仅是一个探险和挑战"。户外运动通过享受大自然、挑战自我、锻炼体魄、激发灵感、修身养性、陶冶情操、洗涤心灵、丰富情感世界成为一种生活时尚。"大户外"的概念迎合了更多人的价值追求,同时产生了更丰厚的经济效益。

李红艳(2006)将户外运动定义为：人们在闲暇时间，为了满足身体健康、放松和休息，人际交往以及寻求刺激和冒险等多方面的需要，采用体育运动的方式(步行、滑雪、登山、骑自行车等)在山地、水域、荒漠、高原等各种特定自然环境下进行户外体验活动。在此界定中，"闲暇时间"说明户外运动的时机；而"身体健康、放松和休息，人际交往以及寻求刺激和冒险"表明了从事户外活动的目的；"特定自然环境"说明了地域特征；"户外体验活动"指明了活动性质。该定义体现了休闲概念中的自由属性、愉悦体验、对个人的积极作用等，包含异地性、暂时性、愉悦感三个主要因素，将户外运动视为一种休闲活动，一种与自然环境联系、与城市生活不同的生活状态。

从"体育活动"发展到"教育活动"和"娱乐休闲项目"，体现了户外运动含义的不断深化。

第二节 我国户外运动的发展

我国是一个多山的国家，世界著名的喜马拉雅山脉、喀喇昆仑山脉、帕米尔高原等14座海拔8000m以上的高峰中的9座，都位于我国的边界线上。在我国，海拔1000～3000m的高山更是不计其数。这样的地理环境，为我国开展登山、攀岩、徒步、露营及冰雪运动提供了优越的条件。我国户外运动的发展历程，大致可以分为兴起阶段、规范发展阶段与新时代发展阶段。

一、户外运动的兴起

我国现代户外运动源于登山运动，1957年6月，中华全国总工会登山队登上了四川西部海拔7556m的贡嘎山顶峰，以攀登贡嘎山的胜利为标志，新中国的登山运动开启了一个新时期。1958年4月，我国成立中国登山运动协会，制定了"登山运动结合高山科学考察为经济建设和国防建设服务"的方针，以"勇攀高峰"和"弘扬体育精神"为目标。随着时代的进步，我国的登高纪录被不断刷新。1959年中国男女混合登山队胜利登上了号称冰山之父的慕士塔格山顶峰。1960年，中国登山队从北坡攀登珠穆朗玛峰，标志着中国登山运动跃入世界先进行列。1975年，包括10名女运动员在内的中国登山队再次攀登了珠穆朗玛峰，创造女子登山高度的世界纪录；20世纪80年代，中国、日本、尼泊尔三国联合跨越珠穆朗玛峰，标志着人类登山运动进入了一个新的历史阶段。1988年12月，李致新、王勇峰、金庆民(女)三人同美国登山家联合一举登上了南极文森峰，迈出了中国人去海外登山探险的第一步。此后，李致新、王勇峰花了11年的时间成功地攀登了世界七大洲的最高峰，为我国登山事业做出了卓越的贡献。

随着我国登山运动所取得的成就及在野外科学考察和某些科学研究领域中做出的特殊贡献，这项运动也逐渐被人们所认识。我国民间登山组织快速发展，20世纪50年代末，北京地质学院、北京大学等高等院校积极响应"发展体育运动，增强人民体质"的号召，结合地质专业特点及学生毕业后工作性质相继成立了登山队，在以后的几十年间为我国培养了一批优秀的登山国际健将运动员，开辟了中国民间登山探险活动的新纪元。此后，北京大学山鹰社、清华大学登山队等相继成立,他们攀登雪山,对我国高原地区的生态、环境、气象、动植物资源等多方面进行了科学考察和研究,取得了可喜成绩。

我国现代民间的户外运动最初是一些比较前卫的大学相继组建了登山队,如北京大学山鹰社就是1989年成立。从1998年开始,户外运动首先在我国的北京、广州、昆明、上海等地悄然兴起,使得户外运动成为一种社会时尚,1990年"昆明市登山探险协会"成立,它是我国最早的民间户外运动组织。北京的三夫户外运动俱乐部于1997年成立,随后,各地纷纷成立户外运动机构,极大地推动了户外运动在民间的发展。

此外,我国户外运动赛事也同步发展,1998年10月,在湖北的神农架林区,举办了湖北省首届野外生存挑战赛,这是我国山地户外运动赛事的雏形,也是真正意义上的国内首次民间组织的山地户外运动比赛。这次比赛引起新闻媒体的广泛关注,中央电视台、湖北电视台、武汉电视台及众多报刊媒体进行全方位的报道,在社会上引起强烈的反响。户外运动作为新兴的体育项目,带着强烈的时尚气息在我国迅速发展,全国各地的户外运动俱乐部如雨后春笋般发展,在短短的几年内,户外运动俱乐部已发展到几百家,运动项目不断拓展,技术、技能水平也在不断提高。中国登山协会于2000年8月在吉林主办了"长白山全国大学生登山越野挑战赛",开展的项目有山地跑、定向越野、岩降、露营等。2001年,中国登山协会在浙江安吉举办了"山地马拉松赛"。在此基础上,2002年至2005年,中国登山协会在安吉每年都举办"国际山地极限运动挑战赛",比赛项目根据场地情况,设有山地自行车、越野跑、器械攀岩、岩降、溯溪、定点穿越、划筏渡湖、负重跑等。2002年11月,中国登山协会在浙江德清举办了"越野挑战赛"。2003年开始,中国登山协会每年在重庆武隆举办"中国重庆武隆国际山地越野挑战赛",项目有山地自行车、越野跑、暗河穿越、攀岩、岩降、溯溪、溜索、划筏渡湖、漂流、负重跑等,与安吉比赛相比较,其路线更长、技术要求更高、难度更大,现"中国重庆武隆国际山地越野挑战赛"已成长为享誉国内外的知名户外运动赛事。2003年10月,中国登山协会在四川九寨天堂举办了"2003年中国九寨天堂山地户外挑战赛",比赛区域海拔在3000m以上,赛程距离长,总距离超过170km,项目有登山攀岩、骑马穿越、自行车越野、草地穿越、黄河逆渡。此比赛是中国登山协会举办户外赛事以来强度最大的一次比赛,被一些参赛选手称为"魔鬼赛事"。

二、户外运动的规范发展

随着户外运动在国内的蓬勃开展,2005年4月,户外运动被正式设立为在我国开展的体育运动项目,标志着我国户外运动正式进入规范发展阶段。走出城市的喧嚣,投入大自然的怀抱,是每个追求生活质量都市人的梦想,代表了现代人"自然、自由、自我、自信"的全新追求。2006年,我国将高山探险、攀岩、山地户外、拓展等项目正式纳入职业社会体育指导员系列,户外运动作为全民健身的重要途径和学校体育的新型课程延伸到社会、企业及学校等更广泛的领域。

户外运动赛事作为户外运动的重要组成部分,其竞赛项目设置为"3+X","3"是指户外运动比赛必备的3个项目,即登山(包括攀岩、岩降等)、水上竞渡和地理位置变化的定向穿越,"X"是指根据比赛场地情况而设置的运动项目,主要有山地自行车、越野跑、穿越、溯溪、溜索、划筏渡湖、漂流、野外生存等项目。"中坤杯"帕米尔高原户外挑战赛于2005年10月在新疆帕米尔高原举行,比赛分为穿越戈壁、奥依塔克之旅、漫长旅程及感受"冰川之父"慕士塔格冰峰4个赛段,赛程从海拔1300m攀升至4300m,共设置包括越野跑、山地车/赛跑交替、山地自行车、划船、登山、滑沙、越野技能等10多个项目,赛程总长约200km。此时,登山、攀岩、徒步、穿越、溯溪、溪降、漂流、越野自行车、探洞、直排轮滑、野外生存等一些刺激惊险、新颖奇特、张扬个性、充满想象力的户外运动项目也更多地被中国人所接受。随着户外运动在国内的蓬勃开展,户外运动被国家体育总局批准成为我国正式开展的体育运动,标志着这项运动从自发萌芽阶段走向规范发展的新道路。

三、新时代的户外运动

(一)国家政策驱动户外运动快速发展

党的十八届五中全会提出了创新、协调、绿色、开放、共享的新发展理念。2014年10月20日国务院发布《关于加快发展体育产业促进体育消费的若干意见》(国发〔2014〕46号),确立了体育产业作为国民经济新的增长点的战略地位,在该文件精神指导下,户外运动发展发生了质变,户外运动成为体育旅游的重要载体。2016年10月,中共中央、国务院印发《健康中国2030"规划纲要》明确提出,积极发展健身休闲运动产业,创新健身休闲运动项目推广普及方式,积极培育冰雪、山地、水上、汽摩、航空、极限、马术等具有消费引领特征的时尚户外休闲运动项目,打造具有区域特色的健身休闲示范区、健身休闲产业带。2016年11月,国务院办公厅发布的《关于加快发展健身休闲产业的指导意见》(国办发〔2016〕77号)提出,以户外运动为重点,研究制订系列规划,推进具有消费引领性的健身休闲项目发展。具体如下。

冰雪运动:以滑雪、滑冰、冰球等为重点,实施"南展西扩",推动冰雪运动设施建设,全面提升冰雪运动普及程度和产业发展水平,实现"三亿人参与冰雪运动"的目标。

山地户外运动:要形成"三纵三横"(太行山及京杭大运河、西安至成都、青藏公路;丝绸之路、318国道、长江沿线)山地户外运动(登山、攀岩、徒步、露营、拓展等)布局。

水上运动:依托水域资源,形成"两江两海"(长江、珠江、渤海、东海)水上运动(帆船、赛艇、皮划艇、摩托艇、潜水、滑水、漂流等水上健身休闲项目)产业集聚区。

汽车摩托车运动:利用自然人文特色资源,打造"三圈三线"(京津冀、长三角、泛珠三角,北京至深圳、北京至乌鲁木齐、南宁至拉萨)的自驾路线和营地网络,不断完善活动组织体系(家庭露营、青少年营地、主题自驾等)。

航空运动:包括运动飞机、热气球、滑翔、飞机跳伞、航空模型等航空运动项目。鼓励航空飞行营地与住宅、文化、运动休闲、旅游景区等综合开发,打造航空运动服务综合体。完善户外运动赛事活动组织体系,加强户外运动指导员队伍建设,完善户外运动安全和应急救援体系。

在国家政策的推动下,我国参与户外运动的人口数量大幅增加。根据中国登山协会数据,2016年我国有1.3亿人开展徒步旅行、休闲户外等泛户外运动,比上一年增加了12%。与此同时,国家旅游局公布的数据显示,2013—2017年,我国旅游人数从32.62亿人次增长到

50.01亿人次,短短5年间增长了53%,年均增长10%以上。与此同时,群众性户外运动赛事创新发展,比赛形式与内容不断更新,如山地马拉松、水域马拉松、斯巴达勇士挑战赛、冰雪马拉松、百公里越野挑战赛、环青海湖自行车赛、滑翔伞挑战赛、水上定向越野赛等大众喜爱的户外比赛层出不穷,形成以赛事示范带动群众性户外休闲活动广泛开展的良好局面。据"最酷"赛事平台的数据,2017年全国共举办户外越野赛450余场,参与人次达30万人,其中,百公里及以上赛事比例达10%,办赛场次与2016年同比大幅增加90%,形成国际级、国家级、省市县不同层次与级别的户外赛事,大众参与积极性高涨。此外,相关户外运动设施及健身步道的建设增速。自2009年,我国第一条国家级登山健身步道——宁海国家登山健身步道建成,2010年《国家登山健身步道标准》颁布,截至2017年,全国已建成23条国家级登山健身步道,总里程超过1900km。户外运动设施建设初见成效,青少年户外教育营地(基地)快速增长,城市步道建设总里程超过10万km,我国在户外休闲资源建设方面取得阶段性成果。2018年,包括国家体育总局在内的十二部委联合发布《百万公里健身步道工程实施方案》,计划在全国每个县(市、区)完成300km左右健身步道建设。目前,该方案正在实施中,登山健身步道作为百万公里步道中重要的组成部分,将创造一个庞大的户外休闲市场。

(二)信息化助力户外产业发展

在我国户外运动发展的初期,我国户外运动市场经营主要是群众自发组织、"线下俱乐部+线上俱乐部平台"和"线上俱乐部"三种模式。随着移动互联的高速发展,移动互联、IT等信息产业的发展拓宽了户外休闲的运营模式,2015年,户外运动休闲行业出现线上线下融合,构建了全渠道营销及分销体系,助力户外运动休闲向移动化、智能化方向发展,助推户外产业发展,户外运动产品逐渐走向大众,与大众的健康消费密切相连,成为大众消费品。户外运动打破熟人经济、小圈子的局限,最终成为人人触手可及且促进健康的手段,成为大众的生活方式,给参与尝试户外休闲的普通民众带来乐趣,户外产品向更加标准化、结构化方向发展。当前户外领域中的徒步、登山活动成为大众户外旅游的热点,但随着消费升级的变化,滑雪、骑车、滑翔伞、冲浪等越来越受广大户外活动参与者的青睐。更多专业性的指导融入户外运动中,户外运动的参与者也越来越专业,其需求会越来越高,兴趣也越来越广泛。

(三)青少年户外教育快速发展

2016年,教育部、国家发展和改革委员会、公安部等十一部门印发的《关于推进中小学生研学旅行的意见》提出:依托自然和文化遗产资源、红色教育资源和综合实践基地,打造一批示范性研学旅行精品线路,让广大中小学生在研学旅行中感受祖国大好河山,感受中华传统美德,感受革命光荣历史,同时学会动手动脑、学会生存生活、学会做人做事,促进身心健康、体魄强健、意志坚强,促进形成正确的世界观、人生观、价值观,培养他们成为德智体美全面发展的社会主义建设者和接班人。户外教育成为学校教育和校外教育衔接的创新形式、重要内容与综合实践育人的有效途径。

(1)户外运动课程进入学校教育。据不完全统计,截至2017年,全国有200余所高校开设与户外运动相关的体育课程;中国登山协会在2014年制订了"攀岩进校园"和"攀岩希望之星"计划,到2017年,全国约有200所学校开设了攀岩课,"攀岩进校园"计划到2020年实现"百城千校"攀岩进校园的目标;全国70个城市127家承办单位,举办了300多场赛事,吸引超过30万名青少年参与其中。

(2)青少年营地教育数量的快速增长。中国登山协会主办的营地活动,分为夏令营和冬令营。中国登山协会提供的数据显示,青少年夏令营和冬令营由2016年的44期增加至2018年的146期。青少年接受户外教育,为我国今后户外运动可持续发展打下了坚实的基础。

(3)形成"专、本、硕"户外专业人才培养体系。自2005年,中国地质大学(武汉)设立社会体育(户外运动方向)以来,截至2018年12月,我国开设培养户外专业人才相关专业的高校已达38所以上,涵盖体育类专业院校,如北京体育大学、武汉体育学院、沈阳体育学院、成都体育学院、天津体育学院等均开设户外休闲专业,户外运动专业方向覆盖社会体育、休闲体育、体育教育、运动训练、旅游管理、运动休闲服务与管理等本科专业,形成"专、本、硕"多层次、阶梯式的户外专业人才培养体系。

(4)户外技能培训与职业资格培训多元化发展。由中国登山协会牵头,各地户外协会与社会机构组织各类户外技能与职业培训,已发展了200余家户外运动职业培训承办单位,设置了30多个类别的户外职业技能培训,中国登山协会从2003年至2017年已经开展各类专业技能培训总计1200期以上,涉及攀岩、高山向导、山地户外、营地等职业资格和职业技能培训,培训人数超4万人,同时,国家劳动保障部还组织了户外教育师资培训,开展户外职业经理人培训等。

(四)户外运动成为推动新时期体育产业高质量发展载体

党的二十大报告提出,要"广泛开展全民健身活动,加强青少年体育工作,促进群众体育和竞技体育全面发展,加快建设体育强国",这是以习近平同志为核心的党中央对体育工作提出的总体要求和重大部署。《国民经济和体育发展第十四个五年规划和2035年远景目标纲要》提出,要深化体教融合、体卫融合、体旅融合,进一步发掘体育旅游发展空间。户外运动作为体育产业的重要组成部分,是践行绿水青山就是金山银山、冰天雪地也是金山银山的理念的重要举措。体育旅游是户外运动与旅游融合发展的产物,近年来,体育旅游越来越受到人们推崇,已经成为新的消费热点,社会关注度高、产业链条长、参与人群大、市场潜力大,发展迅猛且成效显著。国家体育总局、文化和旅游部共同印发的《关于大力发展体育旅游的指导意见》《冰雪旅游发展行动计划(2021—2023年)》《关于推动露营旅游休闲健康有序发展的指导意见》等政策陆续出台。2022年10月25日,国家体育总局联合八部门共同印发了《户外运动产业发展规划(2022—2025年)》,提出推进户外运动与旅游深度融合,这一规划为新时期进一步深化体育旅游融合发展谋划了新路径。不断提高体育旅游产业品质和服务水平,初步形成了以冰雪、水上航空、山地户外、自行车、汽车自驾等户外运动为主要内容,以滑雪场、船艇码头、航空飞行营地、山地户外营地、骑行驿站、汽车自驾运动营地等场地设施为支撑,赛事活动、休闲体验、技能培训及相关用品制造业等业态完备的体育旅游产品体系,已成为更好地满足人民群众美好生活向往的重要内容,在推动经济转方式调结构方面也发挥着重要作用。以国家体育总局、文化和旅游部共同认定的国家体育旅游示范基地为例,2021年47家示范基地实现营业收入183.36亿元,其中体育旅游收入49.88亿元,占比27.2%,经济效益显著。另外,2021年47家示范基地共举办各级各类赛事活动近500次,参与人数超过了200万人,在带动全民参与健身活动、开展生态保护宣传、拉动当地就业等方面的综合社会效益显著。体育旅游与文化、康养、教育、科技等融合发展,为体育旅游发展增添新动能。户外运动已成为促进经济转型升级、推进健康中国建设、提高生活质量、培养青少年综合素质发展的新热点与新途径,成为社会主义新时代发展的助推器。

第二章 欧美国家的户外运动

第一节 欧美国家户外运动的概述

欧美现代户外运动源于18世纪末阿尔卑斯地区的登山科考,随后逐渐派生出攀岩、漂流、远足、滑雪等大众普及的户外休闲活动。在欧美国家,人们把众多冒险、探险、休闲活动作为一种生活方式。在国际上,"户外运动"译为"outdoor sports",可外文文献中几乎不涉及这个英文单词,以 outdoor 为关键词搜索的相关术语主要有 outdoor recreation、outdoor education、outdoor pursuit、outdoor adventure、outdoor adventure recreation、outdoor adventure racing 等,且文献反映此类术语源于不同国家,如,美国多为 outdoor recreation、outdoor adventure,英国则是 outdoor education、outdoor adventure education 等,显然这是国情、语境以及社会制度、社会文化不同造成的。从事物反映的表现形式上看,最接近于"户外运动"的活动表现形式是户外休闲、户外探险或户外探险教育等。

那么我们称为户外运动的这类体育项目在欧美国家又称什么呢?户外运动概念在国外是如何定义的呢?

一、欧美国家户外运动的概念

欧美国家多从休闲、教育等视角来对户外运动进行解释。"二战"后的欧美国家经济逐渐繁荣,居民休闲时间增多,人们纷纷参与到与大自然接触的各项户外活动当中,并将这种生活方式称为"户外休闲"或者"户外游憩"。

关于户外休闲,美国早期将它作为一项在户外或室内追求令人愉快的活动,涉及自然资源的知识、使用或欣赏(Carlson,1960)。1962年美国户外休闲资源审查委员会将户外休闲定义为发生在户外的休闲或游憩。这是一个有影响的广义户外休闲定义,它包括垒球、足球等运动,也包括音乐会和大多数城市中夏天夜晚的活动等。Clawson 和 Knetsch(1966)认为户外休闲就是在户外进行的娱乐活动;Carlson(1960)认为户外休闲是一项在户外或室内进行的令人愉快的休闲活动,涉及自然资源的知识、使用或欣赏。Jensen 和 Guthrie(2006)在《美国的户外休闲》(*Outdoor Recreation in America*)将户外休闲定义为:在自然环境、半自然环境里开展的,包括户外教育在内的休闲活动。从上述概念中不难看出,户外休闲的概念十分宽泛,但在相关研究中多使用狭义的户外休闲。狭义的户外休闲定义强调自然环境,强调参与者与自然环境之间产生的联系,如狭义的户外休闲通常涵盖登山、远足、山地自行车、攀岩、露营、水上运动、钓鱼、划船和享受自然风光等活动;它指在自然或半自然的环境中进行休闲娱乐活动等,以休闲、游憩、探险为主。Sessoms 和 Henderson(1994)认为户外休闲通常用来描述在自然环境中进行的、主要依靠自然环境获得满足的娱乐活动。Ibrahim 和 Cordes(1993)将户外休闲活动定义为有组织的业余活动,这些活动是为了自身的利益而参加,参与者与自然元素之间存在互动。昆士兰户外娱乐联合会定义户外休闲指在建筑物范围以外(即在户外)进行的活动,在没有任何基础设施的情况下进行,可能需要土地、水或天空,还可能需要户外自然景观。因此,狭义的户外休闲定义,强调自然环境,特别是荒野地区,是休闲体验的重要组成部分,参与者与自然环境之间涉及互动(运动)或欣赏等关系。

关于"户外游憩",Plumme(2009)认为户外游憩即在闲暇时间内自愿参与的与自然环境接触的运动、旅游、探险、露营等休闲活动的总称。欧美国家户外游憩形式多种多样,有登山、野营、自行车、野炊、赏景、游泳、徒步、钓鱼、划船等项目。休闲专业人士认为,休闲不仅仅是拥有休闲时间或一种积极的心态。休闲通常由4个部分定义:积极的情感、感知的能力、内在动机和感知的自由。

Clawson 和 Knetsch(1966)认为户外休闲就是在户外进行的娱乐活动,在《户外休闲经济学》中将户外休闲分为资源导向型休闲、中间级休闲、面向使用者休闲三类。

资源导向型休闲(resource-oriented recreation)也称为基于资源的休闲,它发生在自然环境中,主要取决于自然资源的使用。例如登山、远足、山地自行车、攀岩、露营、水上运动、钓鱼、划船、狩猎和享受自然风光等。这种形式的运动休闲经常发生在荒野地区,如河流、国家公园、森林、湖泊、未开发的海滨和各种大型开放空间。以资源导向为主的休闲,自然本身是主要的,休闲体验是基础,参与者是环境所提供的价值的接受者。

中间级休闲(intermediate recreation)是指发生在相对自然的环境中(半自然环境),同时依赖于一定程度的人类影响,是资源导向和面向用户的户外休闲的混合体。它包括:公园、捕鱼区和狩猎区域;湖泊和溪流上建造的水上运动区域等。这些区域可进行滑雪、骑行、远足、露营、野餐、钓鱼、狩猎、划船、滑水等活动。

面向使用者休闲(user-oriented recreation)通常是基于建筑设施,并且发生在非自然或明显修建过的设施中的休闲活动。它可能涉及参加表演或观看表演、欣赏戏剧或音乐、参观艺术展等。此类休闲通常发生在靠近城市或参与者容易接近的地区。在以用户为导向的运动休闲中,自然是愉快的场景但不是必不可少的,它们还可能涉及室内活动,如参观博物馆。面向使用者休闲(基于设施的休闲)并不关注自然环境(如足球、高尔夫等运动),因此这类活动不在狭义户外休闲范围内。

户外休闲是一种与户外自然环境之间相互作用的活动,是有组织的闲暇活动,这些活动是为了参加者自身的利益(Brahim and Cordes,1993),它在生理、心理、情感和社交上重新塑造个人(Leitner and Associates,1996)。

综合而言,户外休闲是一个广义的概念,上述分类,可以帮助人们理解休闲领域和其发生的环境范围,也可帮助休闲专业人员基于环境性质规划休闲活动。然而,人们通常使用狭义的户外休闲定义,这些定义与资源导向和中间级运动休闲类别相对应,户外休闲一词也包括娱乐活动中与大型空地、山脉、湖泊、森林、平原以及被认为与野性、原始和自然的特征和现象有关的领域(Curtis,1979),户外休闲活动包括户外教育、环境教育、冒险教育、挑战课程、营地教育等发生在自然或树林环境中与土地和遗产以及户外教育有关的历史和文化活动(也可能发生在建设环境中)(Ford,1986)。

二、欧美国家户外运动的发展

欧美被认为是现代户外运动的发源地,现代户外运动的发展历史最早可追溯到18世纪的欧洲。欧美户外运动的历史发展与概念演进对于深入认识户外运动是极为重要的。现代户外运动源于欧美早期的探险、科学考察,它最主要的表现方式是在规范和安全的前提下,从事具有一定风险且具有一定挑战性的活动。户外运动的起源与登山运动的诞生有着不解之缘。关于户外运动的起源,在欧美国家民间中有两种说法。其中一种是著名的"高山玫瑰"的故事。另一种是18世纪中期,阿尔卑斯山以其复杂的山体结构、气象和丰富的动植物资源,吸引众多科学家的注意。1760年日内瓦一位名叫德·索修尔的年轻科学家,在考察阿尔卑斯山区时,对勃朗峰的巨大冰川发生浓厚的兴趣,然而他自己攀登未能成功。于是,他在山脚下的霞慕尼镇上贴了一张告示,为了探明勃朗峰顶上的情况,或找到攀上顶峰的道路,将以重金奖赏。布告贴出后,没有人响应,一直到26年后的1786年,才由医生帕卡尔邀约当地石匠巴尔玛,结伴于当年8月8日攀上勃朗峰。一年后,德索修尔自己携带所需仪器,由巴尔玛为向导,率领一支20多人的队伍登上了勃朗峰,验证了帕卡尔和巴尔玛的首攀事实。英国大百科全书"登山"条目下,采用了这种说法。由于现代登山运动兴起于阿尔卑斯山区,因此登山运动又被人们称为"阿尔卑斯运动"。1857年,世界上最早的户外运动俱乐部在德国诞生,这个以登山、徒步为主要运动项目的民间组织是现代户外运动俱乐部的雏形。户外运动俱乐部的诞生,促进了登山运动的发展,在1855—1865年间,阿尔卑斯山脉20座4000m以上高峰相继被征服。伴随着登山运动的发展,户外运动逐渐发展起来,并且其形式发生了很大变化。户外运动的场所由雪山扩展到了森林、沙漠、雪原、峡谷、河流等,由登山衍生出的攀岩、溯溪、溪降、漂流、探洞、滑雪、越野自行车等一些带有冒险性的、以极限运动为主体的山野类活动相继被纳入户外运动项目,由此户外运动变成了一个运动项目的集合体。户外运动在欧美的发展历经几百年,各国发展历程存在交集,但又有所不同。笔者以美国、英国和新西兰这三个户外运动"发达"国家为例,探讨欧美国家户外运动的发展。

(一)美国的户外运动

户外运动在美国被称为户外休闲、户外游憩,其发展主要是在"二战"后。"二战"后美国经济得到了极大的发展,一跃成为世界最发达的国家,在经济快速发展的背景下,美国的户外运动也得到充分发展。美国户外运动的发展可以从以下几个方面介绍。

(1)美国政府大力支持户外发展。1965年,美国国会通过了《土地与水源保护基金法案》并提供了数十亿美元的资助,用于满足人们水上休闲游憩需求。

(2)美国人喜爱户外运动,参与人数不断增多。2004年,美国16岁以上居民参与户外运动的人数约占人口总数的64%。近10年,美国户外运动参与人口数一直保持快速增长态势。2015年,在美国6岁及以上人群中,参与户外运动的人数达1.42亿人,占美国当年该年龄阶段总人口的48.4%,总参与次数47亿次,每位参与者平均参与96.5次。

(3)美国户外运动消费群体可以大致分为婴儿潮群体(1946—1963年)和千禧年群体(1990年至现今),呈两极分化趋势。婴儿潮群体已处于退休年龄段,他们不再渴望成为冒险精英,而是逐渐转向以健身休闲为主的健康运动。千禧年群体崇尚"一切运动皆疯狂",他们注重社交,热衷于极限运动,不喜欢团体赛项目。

(4)美国户外产业发展迅猛。2004年,美国户外运动产业年销售总额为333亿美元,用品销售额为129亿美元,其中,服装占45%,体育器材及耗材占35%,鞋袜类占14%,船桨占6%;服务销售额为203亿美元,其中,自行车、钓鱼、冲浪和溜冰的服务销售额最高,分别为55亿美元、53亿美元、49亿美元,合计157亿美元。

(二)英国的户外运动

英国被誉为"户外运动之乡"。在英国工业化之前,户外运动是作为英国上流社会的专享活动,更多的是贵族们炫耀身份地位、展示个人修养的一种手段,如狩猎、骑马等。

自英国进入工业化以后,迅速增长的社会生产力使社会财富快速积聚,人们对健康和娱乐的需求逐步增长,体育获得了新的发展空间,人们的业余时间越来越多,且有一定经济收入的人们选择广泛的休闲活动,特别是对以前贵族独享的休闲活动情有独钟,其中就包括大量的户外运动。"二战"后,英国的户外运动逐渐走向大众,寻找自我释放空间成为大众参加户外运动的目的之一。这些户外活动丰富多彩,主要有徒步、皮划艇等项目。伴随着英国的对外扩张,户外运动也逐渐影响到其他国家,如澳大利亚、新西兰等。

目前,徒步是最流行的课外户外活动,英国有91%的受访者喜欢徒步运动。同时英国国民还经常进行公路自行车、山地自行车、登山、越野跑、滑雪、攀岩、划船、钓鱼、滑翔、高尔夫和足球等户外活动。英国户外产业协会对1万名消费者进行了一项调查(2007年),主要是关于参与户外运动以及喜欢的户外产品。这项调查显示,英国户外消费者的户外爱好正在发生着变化,人们改变了以往的传统方式,现在他们更喜欢在一天中做不同的户外运动。

第二节 欧美国家的户外教育

户外教育源于西方教育革新运动,20世纪30年代以后,经济大萧条、第二次世界大战等重大事件引起了一系列的社会问题,许多人希望通过教育解决这些问题,具有自然性、挑战性、实践性等特点的户外教育开始受到更多的关注,这一浪潮推动了户外教育在英美发展中的进程,同时也开始影响其他国家。对于其起源有两种说法:其一,是起源于19世纪60年代美国的福瑞德克的露营教育;其二,是起源于20世纪初英国的贝登堡童军运动。户外教育最初是为了教育改革而走出教室进行教育,是对运用教室以外资源进行教育改革的一种肯定。户外教育作为一种实践活动,在不同的历史、社会、经济背景下,形成了有远见、实用的教育思想、理念、途径、方法等理论与实践成果,为户外教育教学及学习模式提供了理论支撑,为促进和引导有效的户外教育奠定了基础。

一、户外教育的概念

对于户外教育的概念,学界认知不一。为了更好地传达这种教育改革方式,教育工作者决定用"户外"这一形容词来描述它,"户外教育"术语便诞生了。

首先倡导使用户外教育的是夏普(1947),他认为,户外是最好的教室,可以通过学到的经验直接处理学校以外的生活情况。另外作为户外教育先驱工作者之一的美国人朱利安·史密斯认为:户外教育包括教育和户外活动。几年后菲利斯福特定义:户外教育是教育,包括关于加强自然环境与人类社会之间关系的教育,他认为户外教育是教学方法,是一种利用活动培养各种学科技能和理解概念的方法。较为著名的户外教育概念是由美国学者George Donaldson提出的,他认为户外教育就是在户外,关于户外以及为了户外而教育。这一概念从哲学角度阐释了户外教育发生的地点、内容与目标。在户外教育发展的历程里,众多学者从不同角度阐述了户外教育的概念。Lewis(1975)认为户外教育通过感官(听觉、视觉、味觉、触觉以及嗅觉)去观察和学习。Priest(1986)强调户外教育学习是建立在人类与自然关系上的一种体验方式,他强调了户外教育中最关键的两类关系,"人与人的关系"与"人与自然的关系"。Edward(2000)认为户外教育是在户外环境下学习的一种手段,包括环境教育、环保教育、猎奇教育、冒险教育、学校露营、野外生存等户外休闲娱乐活动。户外教育包括在学校场地、公园、运动休闲场所、营地、森林、农场、花园、动物园、荒野地区、保护区、湖泊、沙漠、沙滩等地域观察、教学和研究,户外教育应教授户外运动休闲活动,包括户外活动、体育活动、户外技能和生活技能等。

欧洲户外冒险教育学院和体验式学习机构认为户外教育包括户外活动、环境教育和个人与社会发展。三个维度之间的关系如图2-2-1所示。

二、户外教育的相关术语

户外教育包括许多不同环境中的各种教育活动(Rickinson et al.,2004)。一些术语与户外休闲密切相关,主要相关术语是体验教育、户外教育、环境教育、冒险教育和户外活动等,通常这些是教育或学校课程的重要组成部分。Priest(1988)提出户外教育通常与环境教育和户外游憩同义,广泛用来指一系列有组织的、发生在不同户外环境中的活动,涉及范围广、内容和形式多样。近年

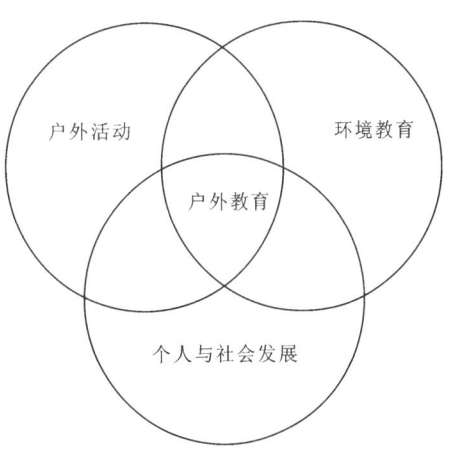

图 2-2-1 户外教育的范围
(据 Higgins and Loynes,1977)

来,户外教育被描述为包括环境教育、保护教育、冒险教育、露营等在内的各种教育形式(Lappin,2000)。它包括探险课程(adventure programming)、户外学习(outdoor learning)、户外学校(outdoor school)、历险治疗(adventure therapy)、历险休闲(adventure recreation)、远征学习(expeditionary learning)、挑战教育(challenge education)、环境教育(environmental education)、丛林学校(forest school)、荒野教育(wildness education)等。户外教育有许多不同的主题,从历险治疗到环境和生态意识,从以技能和风险为基础转向"基于绿色理念"的互动,并具有相当的广度和深度。

上述相关术语由于针对的人群、目的、目标、地点、活动内容等不同,有不同的侧重点,内涵上有所差异。下面简要介绍几种常见户外术语的含义。

户外教育(outdoor education),是教育的一种,是"在户外、关于户外、为了户外"的教育活动,包括环境教育和冒险教育。

户外休闲(outdoor recreation),是在户外(包括从城市公园到野外的各种场所)进行有组织的或个人的、以休闲放松身心为目的的活动。

冒险教育(adventure education),被认为是基于冒险的学习,指为了身体、心理、社会方面的发展,通过攀岩、徒步旅行、皮划艇、滑雪、探勘洞穴等一系列户外冒险活动,创造性地解决问题,开展有目的的教育活动。

环境教育(environmental education),是以人类与环境的关系为核心而进行的一种教育活动。

体验教育(experiential education),是教育对象在实践中认知、明理和发展。"体验"包括行为体验和内心体验两个层面。前者是一种实践行为,是亲身经历的动态过程,是培养学生的重要途径。后者则是在行为体验的基础上所发生的内化、升华的心理过程。两者相互作用、相互依赖。

野营教育(camping education),通常指露营者携带帐篷离开城市在野外扎营,度过一日或者多日野外露营,以锻炼露营者体魄和意志为目的的教育活动。野营通常和徒步、钓鱼、攀岩、游泳等活动同时开展。

户外追寻(outdoor pursuits),即野外从事非器械性的户外休闲活动。

荒野治疗(adventure therapy),是在荒野的环境下,通过冒险课程、挑战课程、帐篷课程等形式,使个体获得一种与身体健康相适应的成就感。

游戏治疗(play therapy),一般指通过游戏协助小孩(3~11岁)去表达自我的感受和困难,如恐惧、憎恶、孤独、觉得失败和自责等,从而达到治疗效果。在户外领域,通常采用经过预先设计的户外游戏来达到治疗的目的。

户外教育活动类型可以分为三大类,具体如下。

(1)实地考察和户外访问(例如,与特定课程科目相关的学习活动,像科学、地理或环境等学科,室外环境,像野外研究中心、自然中心、农场、公园等)。

(2)户外探险教育(例如,有计划的户外运动,参观户外活动中心,荒野旅行和夏令营等)。

(3)学校场地和以社区为基础的项目(例如,校园绿化计划,学校内外的园艺成长项目以及基于社区的环境工作)。

以上类型的分类不包括博物馆、美术馆和动物园等室内环境中的学习活动,通过户外教育的学习方法,会让更多的学习者关注环境。户外教育活动对个体的影响包括认知影响(涉及对知识的理解和对其他学术成果的应用)。情感影响(包括生活态度、价值观、信仰和自我认知),人际关系/社会影响(包括沟通技巧、领导力和团队合作)以及身体/行为影响(与身体健康、身体技能、个人行为和社会行为有关)。

三、户外教育与体验式学习关系

户外教育与体验式学习有着特别的密切关系。户外教育是户外体育活动、环境教育、社会与个人发展的三个方面。户外教育强调通过体验活动,如户外活动、身体挑战和冒险活动,重点关注年轻人的个人发展(Gair,1997)。除了学习理论知识之外,它对个体了解环境、培养个人责任感也起积极作用。所有的活动要在一个相对安全的框架内,其中体验的产生则是一个专业的标志。体验学习是通过一个真实的体验发生的学习,体验式教育协会将体验教育定义为一种哲学和方法论,是指教育工作者有目的地从事与直接学习体验和对生活反思有关的活动,以增加知识,发展技能,并实现自我价值。它的原理和过程具体如下。

(1)教育的目的是促进个人和社会的发展。教师对学生的学习期望不仅限于体育休闲,还包括学术、美学、精神、社会和环境等。

(2)户外教育中,户外活动、冒险和主题教育都很重要,在这种情况下,户外活动意味着一种"旅行"(来到新的地方)体验。

(3)在此过程中,从事的是学习"体验",体验是直接的,教师作为引导,而不是通常意义的传授知识。

(4)作为个人和社会发展的一种手段,这种方法被应用于户外环境的学习,以及提高人们对社会和环境的认识。

(5)涉及真实的风险或危险,但可以通过专业标准为参与者身体和情感安全提供保障。

(6)户外教育课程鼓励参与者重视对环境的敬畏。

(7)体验的过程中,参与者应该增强自身的责任感,培养自己的学习能力,从而提高自己的判断能力。

在新的环境中,户外教育帮助年轻人思考个人与社会的关系,思考自己的过去、现在和未来,这种教育方式为他们构成社会认同的态度和行为提供了理想环境,对他们的智力、身体、情感、审美和精神发展以及与人沟通技巧、合作意识与能力发展起到积极作用,让年轻人从不同的角度来看待自身的日常生活。正是有了这种对环境的理解,让年轻人开始重新认识自己,并重新塑造自己的未来。

四、户外教育与体育教育

在欧美国家,户外教育通常被定义为体育课程中的一系列活动,经常被视为课外活动,有许多私立学校把开展户外教育项目作为提高"生活技能"或帮助"个人发展"的手段。但在体育教学中,户外教育被视为是一种创新的和整体的运动教育方法,是一种发展社会互动和个人品质的手段。Bunting(1989)指出,户外教育可以改善个人学习态度,提高环保意识,提升学习能力,促进身体素质和技能发展、社会发展是体育教育的共同目标。将冒险活动作为"传统"体育课程的一个组成部分,因为它在合作学习过程中可能会提高学生的学业成绩,改进学生与社会的关系并提高沟通能力,通过发展智力、身体、情感和社会等方面来促进人的全面发展。

五、户外教育的特征

户外教育教学方法可以在多个学科领域内实施,与不同人群、不同目标相结合,有五个基本特征,具体如下。

第一,户外教育最重要的是体验性。户外教育是结构化的体验,学生必须积极参与学习过程中去。所谓结构化,就是户外教育必须精心策划,作好充分准备,提前说明活动目的和内容,实践与技能练习相结合,或者加上与其他相关知识信息、问题或情感有关的主题。它是让学生在环境中玩,让学生直接参与活动,包括一定程度的心理活动。

第二,应该与自然环境有联系。人类依赖环境而生存,是自然环境的一部分。有的户外教育虽不在户外环境中进行,但它必须与环境有明确的联系。这种联系的主要形式有:在自然户外环境中完成活动,或者依赖自然进行互动(如划独木舟、攀岩、背包旅行和钓鱼),或者侧重于了解环境或了解环境对人类生命的意义;以动物或植物作为实例,提高学生兴趣和增进理解。

第三,户外教育总是鼓励学生思考,注重应用。在教育方法上,反思或引发讨论,是不可或缺的部分。体验学习并不会自动产生,即使是最精心策划的体验,也必须让学生进行反思,使体验价值最大化。

第四,突出嵌入式课程。户外教育是指在户外娱乐活动教学中突出嵌入式跨学科课程概念,鼓励教师在户外教育活动中找寻自然科学与人格素质等多主题之间的联系,并规划如何突出这些联系,以增加学生的理解。与户外教育交叉的学科和性格联系起来则被称为嵌入式教育。户外教育已被描述为一个突出嵌入式教育的方法。嵌入式课程是指学习目标之外的课程,在大多数情况下,它将包括两种及以上的课程内容,如户外环境或与其他学科相关领域的知识和技能,并锻炼学生性格品质。

第五,户外教育是跨学科的。究其本质,户外教育内容是跨学科的,户外学习常常探索不同学科知识之间的联系,比如户外+科学、户外+社会技能、户外+自然科学等,在学习体验中融入学习目的。户外教育是建立学科领域之间联系的一个很好的场所,可以加强不同概念或技能课程之间的联系。户外教育作为一种教学方法,将认知、技能、情感和心理领域联系起来。例如,攀岩的体验可以用来教学生认识物体的结构和强度,融入了不同科学课程的知识。登山者依赖地貌特征、岩石结构和强度、地质和地理知识,理解不同类型的岩石地质结构和强度,有助于登山活动的顺利进行。然而,如果教师没有强调彼此间的关联,使攀岩活动仅限于运动领域而不包括认知(岩石结构)和情感(人际关系),则会影响登山活动的顺利进行。因此教师应在户外教育活动中在知识、技能、责任感、结构力学或保护者之间建立必要的联系。

六、户外教育的领域

欧美国家户外教育往往集中在三个主要领域:身体技能发展、人际关系发展和生态环境关系。

1. 身体技能发展

户外教育涉及的运动项目,如独木舟、徒步旅行、露营、滑雪或骑马等,使学生获得户外运动技能,又如攀岩、滑雪、皮划艇、攀冰等项目,在运动中又包含了许多技巧。此外,身体技能的发展也远比划独木舟、攀岩、背包旅行等重要,包括学习如何使用设备,如何应对环境变化,如何应对风险,如何提升身体能力等,如果这种基本技能被忽视了,那么教育形式将变得无意义。

2. 人际关系发展

从事户外教育的人不一定对生态学或提高某些身体技能感兴趣。相反,他们可能在寻求更多地了解自己,以及他们如何与周围的人互动等,这种自我意识和洞察力的发展被称为人际关系的增长。用来促进人际关系发展的技能与其他技能相似,户外教育工作者必须在团体学习中挑战个体,培养团队凝聚力,并达到课程的目标。

3. 生态环境关系

多年来,许多环境教育家、野生动物学家、生态学家等通过世界地球日来宣传保护自然环境,强调尊重大自然,了解某些生态规律,了解植物和动物的相互作用,或与自然生态建立联系等,这是很有必要的。虽然学习可能不是学生的首要目标,但学习一些生态概念可以增强他们的整体体验,因此涉及户外运动中的有些材料将取决于场地环境。环境教育包括教育生态的概念和其对人类的影响,目的是增加人们对环境的理解以及人与环境的相互作用。

七、欧美国家的户外教育发展

(一)美国的户外教育

1910年,美国首家户外教育团体——美国童子军与野营队创立,确立了它在户外教育中的领先优势。1930年,教育工作者们意识到了户外教育的重要性,并把户外教育带入到学校课堂。1930—1945年,第二次世界大战促使美国成为发达国家,人们也追求户外生活品质,这推动了户外教育在公立学校系统中的应用。校园户外教育一定程度上起到促进经济发展、解决各种问题的作用,这为20世纪30年代多种户外教育形式的出现创造了条件。这一时期,美国教育家夏普和国家营地计划均极大地推动了露营教育的发展。20世纪40年代中期,通过凯洛格基金会的推动,学校露营在密歇根州得到了广泛的开展,并很快传播到全国各地。从1930年至今,实地体验和与户外相关的课堂活动通常被归为户外教育,但它们本质上是学校常规教育的一部分。露营教育和学校露营的出现使户外教育涉及的领域逐渐扩大,同时教育内容中更加重视资源和环境相关的主题。

1955年,美国国家教育协会的健康、体育和娱乐部门发起了一系列户外教育的活动,其率先在全国范围内推广户外教育。除此之外,这些活动中增设了培养户外兴趣和教授户外技能的教育项目,在环保教育和户外休闲方面取得了重大进展。户外休闲部门的成立,政府有关户外教育相关法律的出台,如《中小学教育法》《教育职业发展法》等,以及联邦教育计划的制订,都促进了美国户外教育项目的发展。

1962年北美科罗拉多州成立第一个拓展训练学校。"冒险教育"一词被用来描述在户外活动中进行的体验式教育,户外冒险是用来给年轻人机会以发现他们可以完成更多学校内甚至在校园以外的课程,如绳索课程。绳索课程已成为许多教师进行户外教育的必讲课。然而,户外教育远不止绳索课程。事实上,现在更准确的术语是"挑战课程"。

1977年,美国体验教育协会正式成立,该协会主要通过开展研讨会、开办工作坊、出版图书、发表论文等形式,推动户外教育相关理论的深入研究;1980年,美国野外教育协会正式创建,该协会主要通过开设探险经历、基本露营技巧、健康与卫生、紧急救护等户外体育教育课程并设立认证标准,旨在培养优秀的户外教育活动组织者。经过多年的发展,美国户外活动的形式和内容日益丰富,活动规模日渐壮大,并吸引了越来越多的社会组织和团体给予赞助与支持。在上述诸多因素的影响下,美国户外教育朝着更加多元化的方向发展。

伴随户外教育的发展,"户外教育"使用越来越广泛,户外教育这一标志教育革新的术语以不同的形式被引入学校教学的不同科目的课程中,这使得所有科目都可以进行户外教育!到了20世纪80年代,户外教育变为冒险教育,特别关注与自我和人际关系相关的教育(Nicol,2002b)。Nicol(2002b)指出,冒险教育中,人与自然的关系已成为户外教育教学的焦点,个人和社会发展仍然是与户外教育紧密相连的。随着时间的推移,拓展训练学校、国家户外领导学校等机构,国家公园、自然中心、休闲组织,甚至医院等也开始通过独木舟、皮划艇、徒步等户外项目进行户外教育以实现其各自的目标,因此出现不同的群体均使用"户外教育"术语的状况,导致其概念、技能及价值取向模糊。一些教育家认为户外教育应该在"现代教育结构"框架内承担责任(Knapp,1967),而年轻人更需要"多种"的户外教育。因此,户外教育设定了更多明确的"前缀",如环境教育、自然教育、冒险教育、探险教育、保护教育、营地教育等来描述其类型,而这特定的前缀对于"学习者"而言,将更"好"或"更有效"地选择其所需的活动(Knapp,1967)。

(二)英国的户外教育

英国的户外教育有着悠久的历史,德国塞勒姆学院创始人库尔特·哈恩为躲避迫害而移民英国,发起了"拓展运动"(outward bound movement)。他于1934年在苏格兰马里海学校建立了戈登斯顿学校,戈登斯顿学校是当时英国最好的私立贵族学校。学校的校训是"你的潜能超出你的想象",旨在激励学生发挥潜能,注重实践训练。之后哈恩于1940年在威尔士的阿伯多维建立了第一个拓展中心。受哈恩影响,户外教育在英国蓬勃发展,在学界英国已被公认为现代户外教育的起源地之一。1941年第一所户外拓展训练学校在英国韦尔斯(Wales)地区成立,由此揭开了近代户外教育发展的序幕。

英国重视户外教育的行政管理与法律保障。在各地成立户外教育批准中心,整合教育部门、安全部门、健康卫生部门等力量,减少户外教育项目申请中的重复环节,使户外活动开展更加标准化、便捷化。另外,政府给予保险公司政策上的支持,通过多种形式为中小学生购买丰富的保险品种,解决安全上的后顾之忧,厘清学校和学生之间的法律关系,避免不必要的纠纷。英国议会通过制定《学校交通法案》,试图解决户外教育中的交通难题,降低中小学校开展户外教育的交通费用。同时政府支持如苏格兰户外教育中心、爱尔兰户外教育中心等非官方机构开展户外活动,这些户外教育中心通常作为公立学校的专门性户外教育基地,它们与学校户外教育相辅相成,相互合作,形成了英国完善的户外教育体系。

英国拥有丰富的户外教育实践形式。英格兰和威尔士将少儿户外教育作为一种跨学科课程进行开展,通过小学课程中的主题教育以及丰富的基础科目进行实践。20世纪70年代早期,英国的一些大学和学院陆续开设了户外教育学位课程。此外,许多大学将户外教育纳入体育教师培训的一部分。英国拥有遍布全国的户外教育中心,目前户外运动是英国青少年生活和学习不可缺少的一部分。2017—2018年间,英国约有7.35万人参加体育户外运动,其中青少年最喜爱的户外运动项目有皮划艇、自行车、户外游泳、徒步/登山、定向越野、自由滑雪、野外攀岩等,而且参与户外运动的青少年人数正在呈上升趋势。

第三节　欧美国家户外运动的价值

运动休闲对人们生产生活带来了实质性的好处。这些福利可分为四类:个人、社会文化、环境和教育以及经济。户外运动休闲为个人提供了许多好处,它有助于个人身心健康。它还提供挑战和冒险活动,以保持对生活的热情。放松一直是美国人参与户外运动休闲的重要原因之一,高达80%的美国人具有这种价值观(Roper,1999)。休闲相关的益处包括个人、社会、经济和环境(Driver et al.,1991;Stein and Lee,1995)。

一、个人价值

户外运动的个人价值包括身心健康和个人成长与发展(表2-3-1),如加强家庭成员之间的关系,增强个人自豪感等。个人获得的身心利益可以带来更良好的个人价值观,促进社会进步,更高效地工作、生活,以及增强对环境保护的意识。

调查报告显示,美国人在户外活动中找到了极大的安慰,自然风景可以洗涤心灵而忘却疲劳,使头脑安静并且保持活跃。

20世纪90年代,美国的户外运动休闲参与度实现了10年间的实质性增长,而且生理活力也是一部分良好的教育,诸如远足、攀岩、自行车和游泳等活动提高了身体机能水平。户外运动休闲为改善人们的健康提供了巨大的机会。

二、社会、经济与环境价值

社会文化方面,与他人在一起是人们参与户外运动休闲的主要原因之一,它为沟通提供了机会。通常,追求相同运动休闲的人们之间会保持密切和持久的友谊。例如,攀岩运动员聚在一起会分享经验并相互支持。在许多其他活动中徒步旅行者、滑雪者和其他参与者也是如此。有时他们成立正式组织,如俱乐部、协会等。大多数美国人认为户外运动休闲活动是培养孩子意志力的一个重要途径,美国家庭平均每月至少参加一次户外运动休闲活动。

表 2-3-1　个人的教育价值

心理健康和维护	心智发展和维护	个人欣赏/满意度	
		学术和精神表现	身体与生理
整体健康感： 预防和减少抑郁焦虑，情绪稳定 自信 改善心理功能	自尊 自我效能 学习新技能 开发和应用其他技能 学术/认知能力 对自己生活的作用： • 自力更生 • 提高自我管理能力 • 自信/谦逊 • 提高领导能力 • 增强审美/欣赏 • 增强创造力 • 拥有宽容心 • 提高认知效能 • 增强团队合作 • 提高解决问题能力 自然学习 冒险的意愿 承担责任	文化/历史价值 环保意识/理解 自我实现 流畅/吸收 愉快 激励 冒险的精神 挑战 感知生活质量/满意度 创造性表达 审美与自然欣赏 灵性 情绪/情绪的积极变化 环境管理 识别特殊地域 提高生活质量的感知	预防高血压等心血管疾病 降低血清胆固醇和甘油三酯 有助于心脏病患者的康复 控制和预防糖尿病 提升力量和关节功能 减少肥胖/控制体重 增加儿童的骨量和强度 呼吸系统受益（肺活量增加；对哮喘患者有益） 降低疾病发病率 延长寿命 减少焦虑和躯体疾病 治疗关节炎 改善免疫系统的功能 减少抑郁改善情绪 减少对某些药物的依赖

文化艺术方面，虽然许多人认为文化只是艺术，但文化包括语言、艺术、手工艺、历史、教育、思维方式等，休闲活动能够满足文化需求。

环境和教育方面，户外教育为学习提供了令人兴奋和刺激的环境。例如，观察野生动物本身就是教育。在观察中，人们会认识到野生动物是一个更加庞大的系统，可以刺激他们想要了解更多关于生物学和生态学的知识。在自然界中，一切都是相关的。例如，考虑食物链复杂的相互关系，即一个部分的反应会影响其他部分，为此，使人们认识到理解组成部分的相互关系是必要的。

社会经济效益方面，户外运动休闲活动的经济效益非常显著。户外运动休闲具有重大的经济影响，户外运动休闲是经济的重要贡献者。运动休闲和旅游业是创造收入和就业的三大经济部门中的两个（Driver，1999）。经济效益以多种方式呈现，如国家公园吸引了大量的外国游客和美国旅客，旅游业务带来或支持许多服务行业，包括提供就业、基础设施建设等，相应地产生交通、饮食、住房、装备、咨询服务、纪念品等费用，给当地财政带来收入。除了户外运动休闲外，自然资源本身是舒适生活方式的基础（表 2-3-2）。

表 2-3-2　户外运动产生的社会、经济及环境效益

社会/文化效益	经济效益	环境效益
增强世界观/自豪感/爱国 增强文化意识和欣赏 增强文化认同和传承 增强社会文化适应 增强社会民族融合 减少疾病影响 提高生产力/工作满意度 增强社会凝聚力 解决冲突 益于家庭和谐 增强对他人的信任与同情心 增强理解和容忍他人的胸怀 互惠/共享 增强环保意识 减少社会问题 感知生活质量	降低健康成本 提高生产力 提高工作效率 舒适地使用危险区域 促进旅游业发展 促进地方和区域经济增长 增加当地相关行业设施建设 增加就业机会 发展国民经济 促进相关经济增长 增加财政收入	维护自然设施 改善空气质量 改善与自然界的关系 增强"不留痕迹"使用意识 了解人类对自然界的依赖 增强环保意识 保持生态系统可持续性 保持生物物种多样性 保护地区特定的自然遗址 保护地区文化遗产/历史遗址 促进生态旅游

第三章 户外运动的基础理论

户外教育者经常质疑为什么在户外教育教学实践过程中需要学习心理学、行为学和教育学理论。事实上,通过对理论的了解,可以指导我们做什么和如何做,可以帮助我们理解为什么户外教育能够起积极作用等问题,这样我们才能够有目的、有意义地进行教学。这些理论都与户外教学内容紧密联系,如体验式教育理论作为一种教学方法,无论课程设置形式如何,都将被应用于户外教育课程中。教学应该以实践后的理论为指导,理论是对行为模式的解释,有理论指导的教学实践才是"有血有肉"的。

有些理论是不断发展的,发展可能与一个人在学习中所经历的阶段有关,如初级、中级或高级,还可能与年龄有关,例如,什么年龄最适合学习力量主导型体育项目。对于成人和12岁儿童来说,哪个阶段最适合学习攀岩的步骤和技能?在教授攀岩、攀登技巧之前,需要具备哪些知识或技能?一些发展理论涉及认知、知识、能力,而另一些理论则描述社会心理影响或过程,还有一些理论提到身体机能与年龄之间的关系,解释学生学习和表现的原因与方式。

第一节 教育学理论

一、体验式教育理论

体验式教育既是一种方法,也是一种哲学。体验式教育理论的奠基人约翰·杜威认为,通过直接经验学习是最有效的学习方式,其结果能帮助学生建立集体感。库尔特·哈恩在1941年创办了"拓展学校"(outward bound school),提出了将体验式教育应用于冒险教育中,在冒险的环境中促进经验教育。今天,体验式教育已经从一个有价值的理念的机构逐步成为了行业最大的专业协会——体验式教育协会。体验式教育协会将体验教育定义为:学习者通过直接体验来构建知识、技能和价值观的过程,同时是教育者有目的地将受教育者置于直接经验和专心反思中,使其增长知识、发展技能和实现价值的一种教育哲学和方法论。作为户外运动从业者,清晰地把握"体验式教育"的概念应注重:第一,体验式教育的主体是受教育者与教育者;第二,体验式教育特别强调让学习者在复杂的生活事件中进行抉择;第三,教师要运用各种措施创设学习情境,使青少年乐于体验、喜爱体验,积极主动地进入老师所营造的情境中;第四,要引导青少年各有所"乐";第五,体验的目标是使学习者学会思考、学会学习。

体验式教学建立的最重要标志是大卫·库伯提出的体验式学习理论,他在《体验学习——让体验成为学习和发展的源泉》一文中把学习看作是一个整合了体验、感知、认知与行为四个方面的统一过程。基于对体验式学习特征的准确把握,库伯教授构建了经典的体验式学习模型(图3-1-1)。尽管体验式学习的阶段周期是以离散的方式呈现,但它们是相互联系的,不同阶段之间又相互作用。这一循环的四个组成部分是:具体体验(经历)、反思观察、归纳概括和主动体验(应用)。反思观察阶段提供了全新体验与过去经验相结合的机会。在反思观察阶段,学生的任务是思考具体体验之后的感受。归纳概括阶段,要让学生分享他们在经历中的感受以及观察和思考到的观点,目的是协助学生找出活动前、活动进展时、活动完成后所获得的认知、情感以及行为水平。最后,认可体验式学习是有效的,参与者需要能够将他们所学到的知识应用到其他情境中。

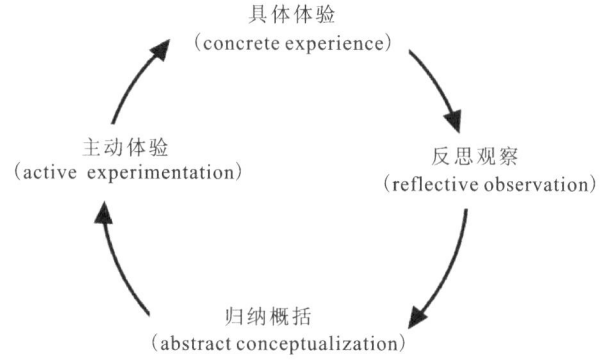

图 3-1-1　Kolb(1984)四阶段的体验式学习模型

从教育过程上看,体验式教育具有观念导向与行动导向的整合、关注结果与关注过程的整合、关注理性与关注情感的整合、显性知识与隐性知识的整合四大特征。学生应该参与计划、执行、反思和评估全过程。从教育结果上看,体验式教育可以转变人的情感、态度和价值观,提高个体获得知识的能力,有助于智能的全面发展等,同时具有主体性、活动性、探究性、生活化四大原则。体验式教育作为户外运动主要的理论方法,有四大要求。

(1)体验必须是真实的。如果想让学生了解户外环境,那就把他们带到荒野去。在户外教育教学中,某些活动教学可以影响学生现实生活中的行为。例如,绳索课程是鼓励小组成员之间相互合作,让学生感知风险来挑战和实现自我突破的工具(方法),虽然事实上绳索技能并不能应用到日常生活中,但活动中沟通技能、团队合作的学习方法可以转移到绳索课程之外的学生生活中。

(2)学生必须共同参加某些活动。开展内容相似的活动将会获得对同一经验的不同看法。当学生能够参与到类似的挑战时,他们就能更好地对所学内容进行讨论。反之,如果学生个体或群体的活动不同,他们分享自身感受也将毫无意义。

(3)必须按计划开展体验活动。虽然教师已知道上课内容,不能预知上课情况,但他可以尽力规划好每一节课,让学生在课堂上充满探索感和惊奇感。

(4)教师必须指导学习。帮助学生从正确的角度来认识这段体验无疑是极为重要的。花时间讨论一下学生们从这段经历中学到了什么技能?成功地解决了什么问题?如何将所学应用在日常生活中？进而提高他们对所学知识的认识。要引导学生从体验中获得意义，从而实现其教育价值。否则，体验可能仅仅只是一种体验过程，而不是一种学习经历。

户外教育是体验式教育的完美体现，例如在篝火露营、登山攀岩或划独木舟等活动中，青少年通过观察大自然的变化以及人类对大自然的利用和改造，使青少年加深对大自然的认识、人与自然的关系以及人类自然改造能力的理解。同时，让孩子在自然环境中轻松快乐地自由成长，也能够在与平时不同的环境及经历中增长见闻，在接近自然和文化的同时体验集体生活，培养公众道德。

二、建构主义学习理论

建构主义最早是由瑞士心理学家皮亚杰提出的。随着建构主义的发展，在建构主义思想指导下形成了一套比较有效的认知学习理论，称为建构主义学习理论。建构主义学习理论是当代户外教育中最常用的理论之一，这一理论的中心主题是以学生的知识和经验为基础，帮助他们建构新的学习模式。

建构主义学习理论认为，知识不是通过教师传授获得，而是学习者在一定的情境即社会文化背景下，借助其他人（教师和同伴）的帮助，利用必要的学习资料，通过意义建构的方式而获得。由于学习者是在一定情境（即社会文化背景）下，借助他人的帮助，即通过人际关系的协作活动而实现的建构过程，因此建构主义学习理论认为情境、协作、沟通和意义建构是学习环境中的四大要素或四大属性。建构主义提倡在教师指导下，以学习者为中心的学习，也就是说，既强调学习者的认知主体作用，又不忽视教师的指导作用。教师是意义建构的帮助者、促进者，而不是知识的传授者与灌输者；学生是信息加工的主体、是意义的主动建构者，而不是受外部刺激的被动接受者和被灌输的对象。

依据建构主义学习理论的四大要素来分析户外教育与建构主义学习理论的切实联系。在户外教育中，教育者在教学目标指导下，创设能为受教育者提供体验的各种情境（社会情境、生活情境、挑战情境、团队协作情境等），使参与者获得更多与生活相联系的经验。在户外教学全过程中，教育者与受教育者在目标设定与共识、过程的实施与控制、结果的评价与反馈中是持续互动的。户外教育实践项目大多具有团队合作性，如野外生存、潜水、帆船、皮划艇、团队拓展训练等，教师通过为参与者创设团队合作学习或工作的情境，使其相互依赖、团结协作，并朝着团队共同的目标努力。同时教师通过一定的方法手段去了解参与者原有认知结构（学情），在此基础上借助环境等外在因素，使受教育者在体验中获得与生活相联系的有益经验，并且通过引导反思迁移至生活以实现深刻理解并学以致用。例如户外教育使学习者明晰自然与人的关系，学习者通过对自然中农作物的生长环境、生长规律、种植及采摘等知识的学习和体验，从而深刻理解人与自然之间紧密联系。

建构主义学习理论强调以学生为中心，认为学生是认知的主体和知识意义的主动学习者。因此，以建构主义学习理论为指导来建立一种新的可行的户外教学形式，能够摆脱在教学中教师"一包到底"的教学方式，充分发挥学习者学习主体的自主性、合作性和创新性，以期有效地提高教学质量。

三、整体学习理论

整体学习理论依托整体教育而产生。20世纪80年代末,整体教育(holistic education)作为一种新的人文主义教育思潮在北美兴起,它以"培养整体的人"为教育目标,在教学中要求改变青少年原有的学习方式,超越单纯的认知学习,迈向"手-心-脑、实践-感知-思考及身体-心理-灵魂"等共同参与的"整体学习"和"全人活动"。整体学习的主要倡导者约翰·米勒教授曾把整体学习称为"深度学习",因为它影响到青少年的整个生命阶段,并以深刻的方式改变着他们超越能力之外的东西。

整体性学习着眼于将数据间的关联构建成一个信息链网络,以形成解决问题的基础。整体性学习提出,当我们所有的核心要素都在工作时,整体的结果要好于只有一个要素的。整体性学习的基础是:学习能力是由智力、情感、动机、直觉、想象力等复杂的因素构成的,当这些因素被激活或激发时,我们才能最大程度地学习或进步。神经学家认为五种感官在很大程度上是独立的运作系统,然而研究表明,五种感官(视觉、听觉、嗅觉、触觉、味觉)是有规律地相互作用,因此,从逻辑上讲,在学习和实践中使用的感官越多,沉浸式学习与回忆所学内容的途径就越多。

整体学习的特征包括:①强调关联、包容、整体和动态平衡;②重视灵感培育、直觉、想象和自我认识;③突出探究、操作和合作;④寻求学习的内在价值。

整体学习基于相互关联和整体性的原则,把青少年看作是有着身体、心理、情感和精神的完整的人,是一种通过各种不同形式的共同体来寻求学科之间、学习者之间关联的教与学的方式,它还寻求学习情境中诸因素间的动态平衡,如内容与过程、学习与评价、分析性思维与创造性思维之间的动态平衡。德·克卡霍夫认为整体学习不仅仅是一种教与学的方式,它还是一种课程建构模式。

户外学习是整体性的,依赖于实践,也就是"亲眼"看到或"亲手"处理某件事,以及思考某件事为什么有价值,同时户外教育创造了公平的学习环境,并通过更适合自己实践的方法进行学习。户外教育允许将不同的教育主题融合在一起,例如,皮划艇将数学(划桨的角度)、物理(船如何在水中航行)和化学(造船的化学材料)结合起来。你看到野生动物,就可以谈论生物进化史;回到基地后记录沿途风景并回顾总结经历等,能在一定程度上提升自己的语言与文字表达能力。

在户外运动实践中,如射箭、攀岩、山地自行车、皮划艇和独木舟,这些活动不仅仅只依赖于强壮的身体素质,而且也依赖于团队互动。户外教育教学就是以"培养全面的人"为教育目标,在教学过程中,它不仅关注青少年户外运动知识与技能的掌握,更关注青少年的感情体验、智力发展、实践能力提高以及人格发展。青少年在户外学习中,户外教师并不支持青少年刻板的学习,而是鼓励青少年去感受、探究自然。因此,在户外教育教学过程中,可以用整体学习理论丰富课程,真正意义上实现"培养全面的人"的教育目标。

四、社会学习理论

社会学习理论是由美国心理学家阿尔伯特·班杜拉于1952年提出的,主要探讨的是个人的认知、行为与环境因素三者及其交互作用对人类行为的影响。班杜拉认为人的行为主要是后天习得的,行为的习得既受遗传因素和生理因素的制约,又受后天经验环境的影响。社会学习理论主要强调人的行为依靠观察或模仿来获得。

社会学习基于三个核心概念:观察、模仿和建模,可以解释各种各样的人类行为,人们通过观察周围环境和模仿他人的行为来学习,因为他们认为这是可以接受的行为方式。同时内在的心理状态对行为的影响很大,内在奖励(成就感、自豪感、自信或自尊的获得)会极大地促进行为的习得与强化。

班杜拉(1961)著名的"波波玩偶"实验,解释了青少年心理和行为的成长变化,也可以应用到青少年教育中。从小到大,孩子们被许多人所包围,如父母、兄弟姐妹、亲戚、朋友、老师、影视人物等,所有这些都提供了可观察和模仿的行为,在潜意识里,孩子们吸收并模仿他们的行为,被模仿的行为会引起周围人的积极或消极反应,如果反应是积极的,孩子就会感受到了回报,并会继续重复这种行为,因此这种行为会得到加强;若得不到积极回应,则不会或难以重复行为。

在户外学习中,学习者多为青少年,根据社会学习理论,他们会相互模仿,模仿教师、同学,因此教师在团队中表现自己和行为的方式至关重要。

五、学习风格理论

学习风格是人们在学习时所具有或偏爱的方式。个性化学习风格的理念起源于20世纪70年代,并对教育产生了巨大的影响。每个学生都有不同的学习风格,教师应该充分了解多样的学习风格,并改变他们的教学方式予以适应每个学习者的风格。虽然有证据表明个体思维方式和处理各种问题的方式存在差异,但没有确凿的证据支持不同学习风格在实践中的作用,也没有证据表明不同的教学风格能让学习者取得更好的成绩。

传统教育注重语言和逻辑方法,依靠课堂教学、重复练习和考试,这导致那些倾向于这些学习方式的学生被贴上了"聪明"的标签,而那些倾向于其他学习方式的学生在较低教学质量中,会处于较低的水平,从而影响了他们的自我认知。学习是因人而异的,每个人达到的学习目标不尽相同,没有人用一种固定的方法学习,所以没有人有单一的终身学习风格。了解学生的学习过程以及学习风格可以使教师成为更优秀的学习推动者。

户外学习与其他学习方式存在差异,它不依赖于书本,因此教师需要理解基础理论,了解不同的学习风格,以及思考如何达到最佳效果,从而提高开发课程的能力。完美的授课艺术就是看起来是自发和自然发生的,而实际上它是精心策划的。在户外活动中,教师需要观察学生的个性特征,将户外运动知识与学生的个人情况进行有机结合,同时教师必须熟练掌握基础理论,以最大限度地适应学习者的学习风格,提高教学质量,支持学生最大化地理解知识并激发他们的潜能。

六、多元智能理论

智能,简而言之就是人的智慧和行动能力。美国心理学家霍华德·加德纳将智能定义为,智能是在某种社会或文化环境的价值标准下,个体用以解决自己遇到的真正难题或生产及创造出有效产品所需要的能力。1983年,加德纳提出多元智能理论,并在《智能的结构:多元智能理论》一书中介绍了七种智能,分别是语言智能、数理逻辑智能、人际交往智能、音乐节奏智能、空间视角智能、身体运动智能和自我内省智能,1995年又补充了"自然观察智能"和"存在智能"。

多元智能理论认为:①人的智能各具特点,例如一位语言智能水平高的人,可能是一个超级演说家,却可能不是一个优秀的运动员;②智能的发展受环境与教育等多方面因素的影响,个体智能的发展方向和程度因自然环境、社会环境和教育条件等因素的不同而有所差异;③强调培养解决实际问题的能力和创新能力;④提倡灵活地、多维度地分析问题。

户外教育是一种跨学科的教育形式,对于全面发展受教育者的多种智能具有显著作用。因此,在户外教育过程中,教师制定教育目标、选择教育方法应根据青少年的不同情况来确定,同时还可依据每个青少年的智能长处,转变教学思路,拓展教学方法。在户外教学中,多引导语言智能高的人表达自己的观点,促进与其他学生的沟通和交流,从而起到引发其他学生思考的作用,能有效增强团队凝聚力。针对数理逻辑能力强的学生,在户外运动教学过程中应注重知识点的串联。例如,在教授皮划艇运动时,可以从"水环境"出发,在学生理解"水的浮力"等知识的基础上,思考"皮划艇如何在水面上行驶",进而加深对皮划艇运动的理解。在露营或游戏环节要充分利用音乐智能强的学生,因为他们不仅可以展示自己的才艺收获自信,还可以带动他人融入团队。对于身体智能强的学生,在制定户外运动课程的目标和内容时,要充分考虑这些人的特点,由于他们具备比常人更强的身体运动能力,所以活动难度要相对增加,才能使他们走出舒适区,达到锻炼的效果。

第二节 心理学理论

一、认知发展理论

认知发展理论是著名心理学家让·皮亚杰提出的,它被公认为是20世纪发展心理学上最权威的理论。认知发展是指个体自出生后在适应环境的活动中,对事物的认知及面对问题情境时的思维方式与能力表现随年龄增长而改变的历程。

皮亚杰的认知发展理论中的重要概念包括几个方面。①图式:图式是皮亚杰理论中的核心概念,具体指动作的结构或组织。皮亚杰认为,图式的发展水平是人的认识发展水平的重要标志,既是认识发展的产物,又是认识发展的基础和条件。②同化:皮亚杰所认为的同化就是个体将外界刺激纳入自身已有图式的过程。③顺应:顺应指个体调节自己的内部结构以适应特定刺激的过程。皮亚杰认为,刺激输入后的过滤或改变叫作同化;内部图式的改变以适应现实,叫作顺应。图式的发展和丰富是通过同化和顺应两种机制来实现的。④平衡:平衡是个体通过自我调节机制使认识的发展从一个平衡状态向另一个较高平衡状态过渡的过程。儿童认知最初处于较低水平的平衡状态,当面临新异刺激时,产生了不平衡。通过主体和客体的相互作用,即通过同化或顺应,使认识达到一个新的水平,恢复平衡状态。

总的来说,认识的发展就是平衡—不平衡—平衡的过程。皮亚杰把认知发展视为认知结构的发展过程,以认知结构为依据区分心理发展阶段。他把认知发展分为四个阶段。

(1)感知运动阶段(0~2岁)。这个阶段的儿童主要认知结构是感知运动图式,儿童借助这种图式可以协调感知输入和动作反应,从而依靠动作去适应环境。通过这一阶段,儿童从一个仅仅具有反射行为的个体逐渐发展成为对日常生活环境有初步了解的问题解决者。

(2)前运算阶段(2~6岁)。儿童将感知动作内化为表象,建立了符号功能,可凭借心理符号(主要是表象)进行思维,从而使思维有了质的飞跃。

(3)具体运算阶段(6~11岁)。在本阶段内,儿童的认知结构由前运算阶段的表象图式演化为运算图式。皮亚杰认为,该时期的心理操作着眼于抽象概念,属于运算性(逻辑性)的,但思维活动需要具体内容的支持。

(4)形式运算阶段(11岁及以后)。这个时期,儿童思维发展到抽象逻辑推理水平。

皮亚杰认为,学习的建构是生物学上的进步,他认为认知只能随着年龄的增长而进化,因为随着孩子的成熟,他们会寻求学习。该理论可以指导户外教师根据年龄适当地设计课程。在户外学习中,孩子会模仿老师,从而学习知识与技能,所以活动需要与年龄相适应,并一定要在安全的前提下进行。将认知发展理论运用于户外教育教学过程中,应根据不同受教育者所处阶段,设计主题不同的教育内容,以帮助青少年实现认知发展。在认知发展的过程中,同化与顺应是最关键的步骤,在户外教育教学过程中,教育者应依据受教育者的不同情况,创新教学方法与组织形式,使青少年通过同化或顺应,使认识达到一个新的水平。

二、自我效能理论

自我效能理论是心理学家班杜拉提出的社会学习理论之一。自我效能是指对自己是否具有从事和完成某项活动的能力判断。简而言之,就是个体对自己能力产生效能的认识。

教育心理学家斯滕伯格指出,高自我效能感是优秀学生的表现之一,高自我效能感的学生在面临复杂任务时将其看作是一种挑战,能够客观分析自己是否具备完成任务的条件,并确信自己具备完成任务的能力,而低自我效能感的人往往容易放弃。在面临障碍和困难时,高自我效能感的人往往不会轻易放弃,反而会有效组织各种技能,整合性地提出解决问题的策略。

在影响自我效能形成的因素上,班杜拉认为自我效能的形成是建立在四种信息来源之上:①直接经验,即学习者亲历的成败经验,为学习者自己的能力提供反馈;②替代性经验(又称间接经验),即与他人成就的比较性信息,或他人的榜样示范效应;③言语劝说,即给学习者提供别人相信他能做的信息,包括说服性的建议、劝告、解释等;④情绪和生理状态。

自我效能理论既是学习理论也是动机理论。自我效能理论与个体行为存在关系并起极大的影响作用。对于学习,高自我效能者表现出积极与活跃,低自我效能者表现出消极与懈怠。在户外教学中,青少年常会出现消极、倦怠、参与程度低等现象,他们具有身体自我效能感较低的共性,经常在课程中怀疑自己是否具有学习和完成户外运动技能的能力,故难以积极主动地参与到课程中。通常而言,低自我效能感的青少年,往往无法对自身能力作出客观评估,在超出能力范围的任务失败后,往往归结为自身能力有限。因此,教师可根据班杜拉自我效能理论采取相应的策略提升青少年自我效能感,改善教育形式、完善教育目标,提高青少年主观能动性,从而达到更明显的教育效果。

必须注意的是,户外运动作为具有挑战性与探险性的运动项目,对于户外教育教学而言,高自我效能有时会带来安全问题,因为高自我效能者有时会存在过度自信,忽略风险,从而带来安全问题。因此户外教育教学过程中要正确看待户外安全和自我效能的关系,切实做好户外教学风险防控。

三、归因理论

1958年,海德在他的著作《人际关系心理学》中,从通俗心理学的角度提出了归因理论。归因理论是指在日常的社会交往中,人们为了有效地控制和适应环境,往往对发生于周围环境中的各种社会行为有意识或无意识地做出解释。后来凯利和韦纳发展了海德的归因理论,分别提出了三维归因模式和成功与失败的归因模式,这对理解和推论人的行为原因提供了理论和证据。正是因为归因对个体行为的影响,归因理论也成为激励理论的重要内容。

在探讨事件发生的原因上,也就是探讨归因理论的"因"上,海德认为事件的原因无外乎有两种:一是内因,比如情绪、态度、人格、能力等;二是外因,比如外界压力、天气、情境等。一般人在解释别人的行为时,倾向于性格归因,在解释自己的行为时,倾向于情景归因。那么人何时做内部归因,何时又倾向于外部归因呢?美国社会心理学家凯利总结了人们在进行归因时经常使用的原则,他认为人们依据3个因素进行归因。①独特性。当个体的行为不同于以往的风格时,人们常做外部归因或情景归因。②普遍性。在相同的情况下大多数人都会有同样的行为,某人也出现这种行为时,做外部归因;而当某人行为与众不同时,则做内部归因。③稳定性。它是指一个人的某种行为在不同情景下是否稳定。当某人一向表现良好,如今又取得最佳成绩时,人们会做内部归因。

户外运动具备探险性和挑战性,如何在困难活动中坚持不懈,如何在失败时保持甚至加强成功的期望,如何来帮助和改造面对失败常常就自暴自弃的人,激发他积极向上的动机和坚持努力的行为是每位户外教育者都应思考的问题。人的个性差异和成败经验等影响着个人的归因,人对前次成就的归因将会影响到个人对下一次成就行为的期望、情绪和努力程度等。个人的期望、情绪和努力程度对成就行为有很大的影响。户外教育的重点是教育学生相信努力与不努力大有不同,教师及时的引导使得少年的主体地位得到充分体现,青少年的个性、自信心非但没有因受到挫折而低落,相反却激起了青少年更大的学习热情,其中教师的"导"起到关键作用。同时,作为户外运动教育者与参与者,要经常反思自己在以往的户外活动中有没有运用归因理论来解决实际问题。

四、心流理论

心流理论(flow theory)是积极心理学家米哈里·契克森米哈赖在关注"人们在什么时候最幸福"这个问题时,通过观察以体育运动员与艺术家为研究主体的各方面杰出人才心理状态而得出的理论,他将心流定义为:"一种将个人精力完全投注在某种活动上的感觉,心流产生时会有高度的兴奋感及充实感。"

处于心流状态的个体的共同特征是:①体验活动本身既是过程也是目的;②个体的注意力高度集中于当前所从事的活动,任何其他外在引诱很难使个体分心;③自我意识暂时丧失,如忘记了自己的社会身份、忘记了自己身体状况(饥饿、疲劳)等;④行动与意识相融合;⑤出现暂时性体验失真,如感觉天特别蓝、时间过得飞快;⑥对当前活动具有较好的控制感,即一个人能大致预测事物发展方向并进行控制;⑦直接、即时地反馈;⑧个体所感知到的活动挑战与自身技能相平衡;⑨活动目标明确。

心流理论中技能与挑战之间的平衡比例一直都是测量心流体验的一个核心指标。在心流理论模型中(图3-2-1),只有当个人技能水平和任务的挑战难度相匹配,才会产生心流状态。

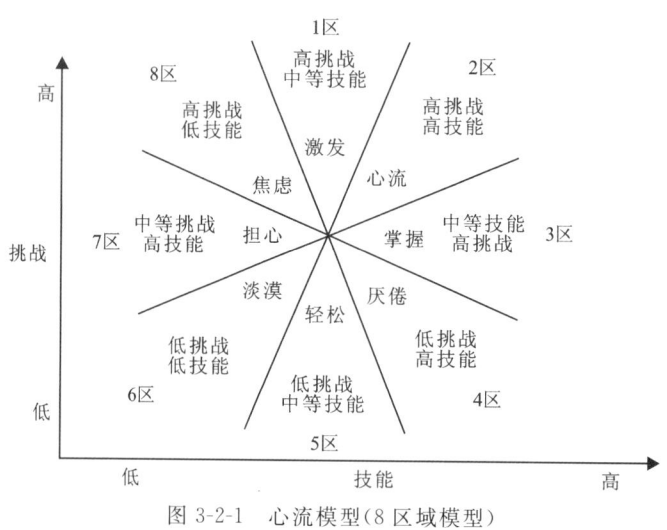

图3-2-1 心流模型(8区域模型)

心流理论的提出为积极心理学作出了巨大贡献,如今已成为此领域中的一个重要分支。关注人性积极的一面,挖掘人的最大潜能正是"心流理论"的核心魅力。在体育运动员的研究中,心流体验指的是锻炼过程中运动员不仅可以获得身体上的愉悦,而且在心理上也会达到一种最佳境界。心流体验是个人专注力完全投注在某种活动上的感觉,心流产生的同时会有高度的兴奋感和充实感。

心流理论作为积极心理学的重要理论,很多户外运动现象都可以被解释,如登山运动员登顶后的忘我状态,攀岩运动员登顶后的喜极而泣等都是心流体验的集中体现。同时它对指导户外运动与户外教育方面具有重要意义。因此,在户外教育教学过程中,户外教师要拓宽思维,善于发挥心流理论的指导作用,因人、因时、因地制宜协调青少年个人技能水平与挑战难度的关系,帮助青少年在学习过程中获得心流体验。

五、需求层次理论

需求层次理论一般被认为是马斯洛需求层次理论。马斯洛需求层次理论是人本主义科学的理论之一,由美国心理学家亚伯拉罕·马斯洛在1943年发表的《人类激励理论》论文中首次提出,随后被《人类动机理论》著作收录。马斯洛需求层次理论将人类的需求划分成五个阶段,如同楼梯一样逐级升高,这五种需求由低到高依次为:生理需求、安全需求、情感和归属需求(社交需求)、尊重需求以及自我实现需求(图3-2-2)。

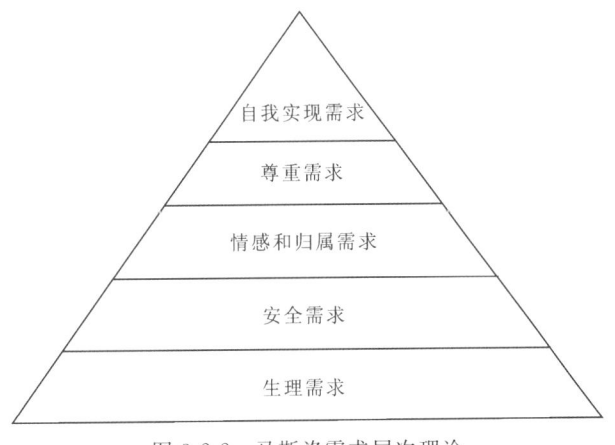

图 3-2-2　马斯洛需求层次理论

其中第一层生理需求,是人类本能的、原始的需求,它包含饮食、呼吸、睡眠、生理平衡等;第二层安全需求,主要指个体预防自身身心健康受到损害或威胁的需要,包含人身安全、健康保障、财产保障、家庭安全、工作保障等;第三层情感和归属需求(社交需求),也称为社交需求,它包括归属感和情感两个方面;第四层尊重需求,主要包括自我尊重、被他人尊重和尊重他人三个方面,同时又可分为内部尊重和外部尊重;第五层自我实现需求,是马斯洛需求层次中的最高层,属成长性需要。

针对马斯洛需求层次理论的理解,还需要把握住以下几个观点。①每个人都是有需求的,需求是人类与生俱来的本能,但对不同层次的需求主要取决于后天的生活环境,在某一时期内人们的需求会被某一层次的需求占据,该层次的需求成为优先需求。只有在优先需求得到满足后,人们才开始对更高层次的需求产生渴望,从而导致优先需求的转换。②人类的需求不会随着优先需求升高而消失,只是对于得到了满足需求的欲望逐渐弱化,但该需求始终存在着。③并不是所有的需求都能够轻易得到满足,随着需求层次的升高,得到满足的概率就越小。

户外教学的全过程与马斯洛需求层次理论存在极大的联系。户外教学内容与环境本身具有风险性,在相对恶劣的环境中教学,安全需求显得尤为重要,因此户外教师首先要做好安全教育保障,帮助青少年从恐慌区顺利转换到学习区,对青少年掌握户外安全知识和技能是十分有必要的。

此外,教师可遵循马斯洛需求层次理论的规律,根据物质需求较能容易实现,精神价值需求却是难以实现的原理,调整课程任务难度与层次,因地、因时制宜为青少年制定不同的教学目标和教育内容,充分调动青少年的积极性,以达到更好的教育效果。

六、情商理论

丹尼尔·戈尔曼认为尽管智商(intelligence quotient,IQ)很重要,但仅凭智力并不能保证能够准确地理解个人(自己或他人)情绪或反应。他认为处理并有效利用情感信息需要一种特殊的智力,他把这种智力命名为"情商"(emotional quotient),即以积极的方式识别、使用、理解和管理情绪的能力。情商包括五个方面:①情感自我意识,了解自己的感受,了解自己的情绪如何影响他人;②自我调节,能够控制或改变你的情绪,能够在行动前考虑后果,而不是冲动行事;③激励,在工作中运用情感因素来实现目标,享受学习过程,遇到困难时坚持不懈;④同理心,感知和理解他人的情绪;⑤社交技巧,处理好人际关系,能激励他人,并从他们身上学到自己想要的知识。

情商在孩子很小的时候就可以培养的,教师必须鼓励孩子建立个人的情感素养。教师应该随时准备好在课堂上谈论自己的感受,而且讨论必须在与年龄相适应的语言和语境下进行。随着个人情商的发展,他们的个人意识(驱动力、触发点和对他人的影响)会增强。该理论主张情感素养不是固定的,可以通过体验和挑战来培养,户外学习的体验性意味着人们将学习行为或感知与他们相关的情绪变化,户外学习可以作为发展个人意识和自尊的过程,使个人变得能够管理他们的情绪,这有助于通过维持积极的人际关系来改变和影响他人。同样,个人也会提高对情绪驱动因素的理解,与他人产生共鸣,更好地容忍不同的观点。

第三节　社会学理论

一、领导力理论

(一)领导理论

领导理论是研究领导有效性的理论,研究的核心包括确定影响领导有效性的因素、提高领导有效性的方法和途径,以及改善受领导影响的相关组织变量等问题。目前它主要分为传统领导理论与新型领导理论。

1. 传统领导理论

传统领导理论主要涵盖了领导特质理论、领导行为理论和领导权变理论。

1)领导特质理论

斯多基尔对1904—1970年间有关领导者的素质进行研究,将有关领导素质分为如下六大类,具体如下。

(1)身体特征,如体格强壮、精力充沛、充满活力、仪表出众、装扮整洁;

(2)社会背景,包括接受过高等教育,拥有良好的社会地位;

(3)智慧和才能,如过人的智慧、专业知识和技能;

(4)性格,如自信、进取、独立;

(5)工作特点,如渴望获得成功,责任感强,有事业心和以工作为荣;

(6)社会技能,如善于交际,有行政能力和能够与人合作。但是领导特质理论仅片面地探究个体特质对领导效能的影响,使其具有明显的局限性。

2）领导行为理论

领导行为理论集中研究领导的工作作风及其行为对领导有效性的影响，主要研究成果包括勒温的三种领导方式理论、伦西斯·利克特的四种管理方式理论、领导四分图理论、管理方格理论、领导连续统一体理论等。

3）领导权变理论

为了更精确地描述领导的影响并对领导效能研究出现的偏差做出解释，研究者们在20世纪六七十年代开始将情境因素纳入研究，转向权变理论的探索。权变理论认为，领导的有效性不是取决于领导者不变的品质和行为，而是取决于领导者、被领导者和情境条件三者的配合关系，即领导有效性是领导者、被领导者和领导情境三个变量的函数。

2. 新型领导理论

伴随着社会的发展，管理实践也朝着更深入的方向发展。在这一背景下，管理实践中出现了一些新现象和新问题，用传统领导理论难以理解与解释，这就促使研究者探索出领导力的新模式和新理论，其中主要包括领导-成员交换理论、变革型领导理论和魅力型领导理论、价值驱动的领导理论等。

1）领导-成员交换理论

领导-成员交换理论将领导者与下属的关系看作是一种交换关系，即领导者给下属分派工作、付以报酬、提供机会等，相应地作为回报，下属服从领导的指示、命令，并尊敬上司。领导-成员交换理论的研究焦点是领导与下属之间的动态关系，以及这种关系对于组织目标和下属行为态度所产生的影响，领导者与成员之间的双向互动关系就是领导过程的重点。

2）变革型和魅力型领导理论

变革型领导是通过让下属意识到所承担任务的重要意义，激发他们的高层次需求，建立互相信任的氛围，促使下属为了组织利益牺牲自己的利益，从而达到超出预期的目标。同变革型领导一样，魅力型领导强调了行为在领导者对下属施加影响过程中的作用，魅力型的领导者有三项个人特征，即高度的自信、支配他人的倾向和对自己信念的坚定不移。变革型领导和魅力型领导都强调情感和价值的重要性。

3）价值驱动的领导理论。

一些新兴的领导理论尝试把伦理、真诚和精神等想法纳入其中，包括伦理型领导、精神型领导以及真诚型领导等。

（二）户外运动与领导力理论

20世纪80年代，伴随着户外运动的发展，通过一系列旨在确定户外运动知识、技能、能力和其他特征的研究，以胜任力为基础的户外领导方法开始出现，以胜任力为基础的户外领导方法就是我们所说的户外领导力。

在探讨户外领导力之前，我们需要正确地理解户外领导的含义。简单地说，户外领导就是通过各种方式带领个人和团体进入自然环境中，如步行、骑车、划独木舟、洞穴探险、皮划艇、登山等活动。户外领导的实践有三个主要目标：①确保参与者的安全；②保护自然环境；

③保证参与者的户外体验质量。

那么户外领导力具体是由哪些能力组成呢？Priest 和 Gass(2005)开发了一种能力模型，包括 12 种户外领导能力，他将这 12 项能力分为三大类。

(1)硬技能：①技术能力；②安全能力；③环境保护能力。

(2)软技能：①教学技巧；②组织能力；③促进技能。

(3)分析技能：①问题解决能力；②决策能力；③基于经验的判断能力；④沟通能力；⑤灵活的领导风格；⑥职业道德。

2017 年，Bruce Martin 在《户外领导理论与实践》一书中将户外领导核心竞争力概括为基础知识、自我意识与职业行为、决策与判断、教学能力与促进能力、环境管理、计划能力、安全和风险管理、户外运动技能八大核心能力(图 3-3-1)。

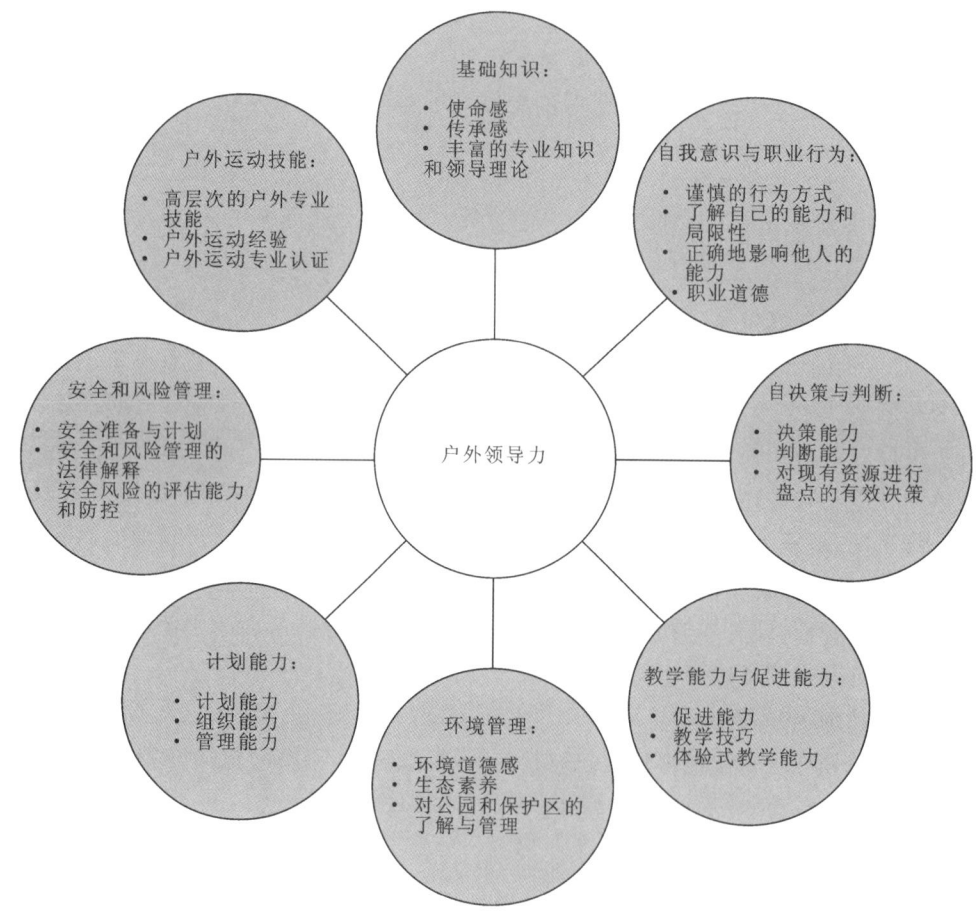

图 3-3-1　户外领导力八大核心能力图

(1)基础知识：基础知识是八大核心能力中的第一项。它由四个要素组成：使命感、传承感、丰富的专业知识和领导理论。

(2)自我意识与职业行为：谨慎的行为方式、了解自己的能力和局限性、正确地影响他人的能力、职业道德。

(3)决策与判断:决策能力、判断能力,对现有资源进行盘点并有效决策。

(4)教学能力与促进能力:促进能力、教学能力、体验式教学能力。

(5)环境管理:环境道德感、生态素养、对公园和保护区的了解与管理。

(6)计划能力:计划能力、组织能力、管理能力。

(7)安全和风险管理:安全准备与计划、安全和风险管理的法律解释、安全风险的评估能力和防控。

(8)户外运动技能:高层次的户外专业技能、户外运动经验、户外运动专业认证。

二、风险管理理论

在户外教育教学中,让参与者远离风险所带来的危险是教师的首要任务。户外教师需要在真实与风险之间取得平衡,采取适当的风险管理措施降低实际风险,可以一定程度上减少事故、伤害的概率和损害程度。户外运动中发生的许多不幸事件都是固有风险产生的结果。风险管理是户外运动实践过程中的一个主要部分,是一个动态的、正在进行的评估潜在风险的过程,最终目的是确定最佳方案来应对风险。

1. 风险管理理论概念

(1)风险识别。风险的识别是风险管理的首要环节。只有在全面了解各种风险的基础上,才能够预测危险可能造成的危害,从而选择处理风险的有效手段。目前被广泛认可的风险识别方法是事故树分析法。事故树分析法是安全系统工程的重要分析方法之一,是一种演绎的安全系统分析方法。

(2)风险评估。风险评估是量化测评某一事件或事物带来的影响或损失的可能程度。风险评价矩阵法与LEC(likelihood,consequence,danger)评价法是两类常用的风险评估理论与方法。

(3)风险防控。风险防控的最终目的是使那些存在于日常生产经营活动之中的、需要防范的危害因素得以有效控制,从而避免事故的发生。事故奶酪模型理论就是一种重要的风险防控理论,该模型认为,组织活动中发生的事故与环境影响、不安全的监督、不安全行为的前兆、不安全的操作行为4个层面的因素有关,每个层面代表一重防御体系,层面上所存在的空洞代表防御体系中存在的漏洞,这些空洞的位置、大小不是固定不变的,不安全因素就像一个不间断的光源,每个层面上的空洞同时处于一条直线上时,危险就会像光源瞬间穿过所有漏洞一样,导致事故发生。

2. 事故致因理论

工业革命以来学者提出了许多反映事故发生的缘由以及如何避免的理论,被称为"事故致因理论"。事故致因理论大致经历了状态致因理论—环境致因理论—系统致因理论—综合致因理论4个发展阶段。

(1)状态致因理论。海因里希事故因果连锁理论所反映的就是状态致因,运用该理论分析如下:①事故的结果是人的伤亡;②事故的发生缘由是人的不安全行为与物的不安全状态;

③人的缺点导致人的不安全行为或物的不安全状态;④人的缺点源于不良环境诱发或先天遗传;⑤安全保障应从防止人的不安全行为和物的不安全状态入手。

(2)环境致因理论。环境致因理论认为状态致因分析层次较浅,学者着手深挖不安全状态的来源,其中 gorden(1949)提出人的不安全状态与流行疾病存在关联,发现事故与致病媒介及环境特征相关,突出了环境对事故发生的重要影响。

(3)系统致因理论。20世纪60年代左右,学界开始运用系统科学理论思考安全事故发生的原因,Bird and Loftus(1976)在海因里希事故因果连锁论的基础上发现,人与物不安全行为与状态的深层原因是管理存在缺陷,加强管理是降低事故发生率的重要举措。其他研究者认为人与物的不安全状态不会直接导致事故发生,事故发生是时间和空间上的不良运行轨迹交叉造成的。

(4)综合致因理论。人们普遍认为事故是社会、管理和工作生产中的危险因素在触发偶然事件后导致的。偶然事件是导致危险能量释放的触发点,而偶然事件的触发又是因为事故直接原因的暴露,而直接原因的暴露是因为间接原因的作用,这些间接原因又是由经济、文化、历史、教育、技术、法律和习惯等多方面的基础原因逐渐形成的。

3. 安全系统理论

(1)安全"三要素四因素"系统理论。20世纪80年代中期,刘潜提出了安全"三要素四因素"系统原理。安全"三要素四因素"系统原理认为,安全本身的内在联系必然由安全"三大要素"(人、事、物)及其形成的系统(四因素)构成。该理论阐明了安全本身的内在联系及运动变化规律,为安全系统学和其他安全研究提供了坚实的理论基础。

(2)"三元分形双系统"理论。李升友基于刘潜提出的"三要素",将人、物、事三要素抽象为主体、客体、辅体。安全系统是由安全的主体、客体和辅体三个基本元素构成的抽象系统。他认为:安全从本质上包括安全系统及其对应的抽象系统,两个系统相辅相成,共同实现安全功能。安全系统的基本功能就是保障安全,安全系统的实现必须依附于对象系统的实体组织形式,由这三个基本元素不断嵌套、分形迭代构成具体的安全保障体系,从而形成安全的功能系统。

掌握户外教育风险识别、评估、处理的理论对指导户外教育实践发展具有极其重要的意义。同时基于对户外教育探险性和冒险性的思考,使风险具有教育的性质与作用也很重要。我国户外运动现处于快速发展时期,安全问题日益突显,这对我国户外运动从业者的风险意识和风险认知水平提出了更高的要求,将风险理论运用于户外实践,科学地辨识风险、合理地评估利用风险、有效地防控风险,才能使参与者安全又有意义地参与到户外运动中,同时还能提高参与者的风险防范意识和风险管理能力,从而促进户外运动健康发展。

第四章 户外运动课程与教学

正如前三章节所说,户外运动是户外探险、户外教育、户外休闲的综合概念,为了厘清户外运动在教育中如何发挥作用,有必要对户外运动教学的相关问题进行探讨。

第一节 户外教学的基本原理

教学原理是指各学科对教学过程中学生学习行为和效果的研究及其总结的理论原则。户外教学区别于传统教学,在促进个体发展方面发挥着独特作用,其中蕴含着以下基本原理。

一、户外教学过程促进个体发展

户外教学过程既有趣又有益处,研究者普遍认为这一过程有利于性格塑造,会对个人产生不同的影响。自然环境提供了丰富的学习经验,适当地归纳和运用这些经验能够促进学生个人成长。教师在个体户外体验的效果上起着核心作用。学者对于教师能否决定学生在活动中的收获进行了讨论,户外教学过程是个体经历的,结果对个体而言是独一无二的,户外活动往往是新奇而复杂的,学生需要他人的帮助来增进理解。例如,"回顾""引导""预负荷"等术语就描述了教师帮助学生理解经验的手段。

Parcham(1975)指出,体验式学习就像一个黑盒子,学生从一端进入体验过程,在另一端得到提升。我们不知道盒子里发生了什么,但它对学生发展产生了积极作用。Parcham的黑盒模型如今已经被赋予了新的含义,并被称为"输入—过程—输出"模型。该模型强调,要实现团队和个人的学习成果,必须考虑获得经验的过程。例如,他们必须思考经验是如何构成的,个人或团体以及他们应该经历的重要事件。所谓的过程研究正是在试图确定过程框架中的内容,从而使教师能够利用更多条件为学生积累经验,使学生群体和个人能够获得既定的学习成果。Barrett 和 Greenaway(1995)探讨了户外教学过程的短期影响,它强调了在培养学生、促进个人成长方面的五个关键因素(克服恐惧、融入团队、优秀的教师、参与体育锻炼以及在自然环境中进行活动),当这五个因素综合发挥作用时,它们动态地提供了一个促进个人成长的有利环境。户外教学目前被用于获得多种学习成果,例如,从学会实用的划船技巧到提高人际沟通能力等。把握户外教学过程需要教师首先明确哪些学习成果可以在户外教学活动中实现,并对教师的责任意识提出了更高的要求。

二、风险与能力的匹配影响活动效果

户外教学过程具有很多风险和不确定因素,其中既有活动本身的属性,又有学生认知情感方面的因素,例如,学生在第一次参加皮划艇等水上活动时经常会担心溺水的危险。那么,从逻辑上来讲,教师为何要将学生置于各种危险之中?针对这一问题,Priest提出"冒险体验范例"模型(Martin and Priest,1986),集合了一系列理论思想,并在实践中得到了验证。该模型解释了不同层次个人能力和风险之间的相互作用,以及在相互作用下达到的冒险水平(图4-1-1)。该模型表明,冒险活动的效果取决于一个人的能力与其所遇风险之间的平衡,风险和能力的不同组合导致了不同的结果。例如,当能力高、风险低时,参与者就会体验探索与尝试的过程。这种体验有一定的价值,但无法给学生带来冒险的体验。随着学生遇到不熟悉、不确定的环境和状况,会面对更大的挑战,同时也面临着更大的风险,学生也会开始有了冒险精神。当能力和风险完全匹配时,学生的户外冒险活动体验能够达到巅峰状态。

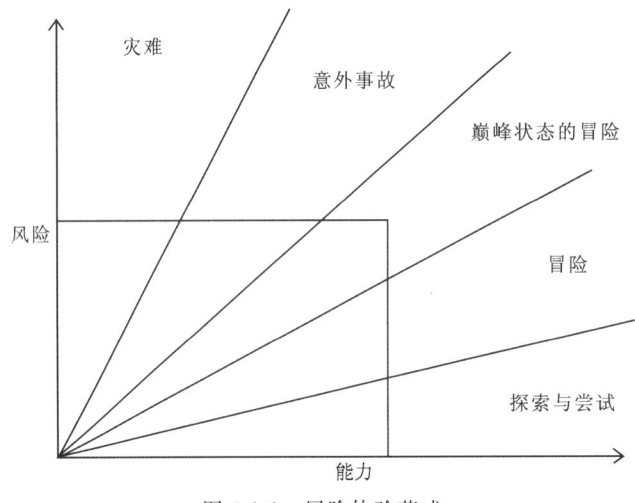

图4-1-1　冒险体验范式

该模型体现了研究者许多重要的观点。首先,由于学生个体对自己的能力和所面临的风险有着不同的认识,当他们遇到同样的情境时,将会经历不同的结果。因此,教师必须认识到学生在活动计划中是差异化的独立个体。其次,该模型促使教师仔细审视教学活动中任务的多样性,并在建立风险与能力平衡关系的过程中发现学生的能力状况,从而对活动进行适当的调控,使能力与风险达到更为匹配的状态。尽管该模型为冒险体验提供了一种全新的视角,但其他研究者提出了不同的观点。Boniface(2000)认为,为了实现学生的个人成长,个人能力和所遇到的风险之间应该存在一定的差距或认知不足。如果能力和风险处于完全平衡的状态,个体能力将保持在同一水平,但是,如果风险略高于个人能力,将更有利于个体发挥潜力。由此可见,理解能力和风险之间的关系对冒险活动的效果达成具有重要意义,冒险体验范式能够帮助我们更直观地理解这种关系。

三、户外教学的独特因素和效果

从教育学的角度来看,任何教育哲学或方法都必须满足特定课程的需要,教学的设置和方法的使用必须协调一致,最终目的是完成教育任务。户外活动为学生理解基本概念提供了适宜的场所,这些基本概念超出了简单的事实,包括建立关系、建立价值观、增强适应性等。与传统的课堂教学方法相比,户外教学中有许多独特的因素,具体如下所述。

(1)需要把学生带到户外并使他们面临潜在的危险,例如恶劣天气或意外受伤等。

(2)在户外教学中需要老师具备专业的知识与技能。例如,户外教师需要具备所教授课程中的专业知识以及风险管理、学生评估和应急救援等技能。

(3)户外教学往往需要专门的装备和器材。

(4)户外教学的时间较长,可能还会有交通等方面的支出。

尽管如此,户外教学在满足许多教育需求方面能够发挥独特的作用,包括提供高效的学习环境、现实生活事例、培养自然审美等。

1. 高效的学习环境

一些学者指出户外环境在认知、事实、情感和精神领域为学生构建了高效的学习场所。由于学习是一种交互过程,因此学生与环境的互动极大地促进了学生的学习,增强了学习效果(Beard and Wilson,2002)。Gair(1997)指出自然环境中的教育有利于学生发展新的兴趣、技能和个人能力,并能够促进其理解理论和实践知识,弥补了在传统课程中经常被忽略的部分。此外,户外教育能够提供应用和实践的机会。例如,在皮划艇教学中讲解浮力的相关知识,在户外教学比简单地在教室里讲解更利于学生的理解和应用。

2. 现实生活事例

Raffan(1995)认为学生与自然景观相互作用的体验蕴含着一套完整的知识链,如地名学、叙事性、经验性等。地名与该地的地形特征、历史传统等方面息息相关,例如许多山峰、河流的命名有相关历史背景的,甚至是一个有趣的故事,这个故事可能是口口相传的历史,也可能是文字记载的史实,并且与学生的现实生活密切相关。学生身临其境地了解一个地方的真实生活事例,并将其与自身经验建立精神联系,这相比于传统课堂更加有利于学生深入地理解知识。

3. 欣赏自然环境

研究者普遍认为,户外活动有助于培养学生对自然的内在兴趣以及对自然环境的欣赏能力(Brannan,2003)。同样地,学生在户外环境中也会产生不同的价值观。Roston(1985)和Roston(1990)认为,这些价值观会带来以下影响。

(1)生存基础:自然环境为人类提供了基本的、不可替代的生命维持系统,如水的净化、氧气生产和温度调节。

(2)经济效益:自然环境具有维持生产生活的商业价值,如木材采伐、水产捕捞和矿山开采等。

（3）娱乐场景：自然环境为众多娱乐活动提供了合适的场所。自然环境中的活动能够为人们提供更丰富、更有意义的娱乐体验。

（4）科学研究：未开发的自然环境一直受到科学界的重视，因为它们可以作为一个参照的基准来衡量其他地区的自然环境变化。此外，自然环境提供了植物和动物的基因库，对科学研究和保持生物多样性提供了帮助。

（5）精神发展：户外环境有利于精神层次的提升。Kaplan（1989）指出室外环境能够为人类提供宣泄的出口以及精神恢复的体验，这种精神上的共鸣在一定程度上能够造就一些优秀的品质。

第二节　户外运动课程要素

户外教学是融合了体育活动、自然环境、自然科学、社会生活以及体验教育理论原理的一种教育形式，当今户外教学内容多样、形式纷呈，首先需要对其特点进行重点把握。

一、户外运动课程价值取向

价值取向是户外教育活动的主体或决策者依据自身或参与者的需要对教育价值做出选择时所持的一种倾向。在教育实践活动中，人们按照一定的教育价值取向，通过主体的能动作用，创造出具有特定价值模式的教育。"户外教育的价值体现在哪些方面？能够实现什么？"一直备受学者关注。有关学者运用定性和定量的分析方法对其价值进行研究，结果表明，户外教学体现出多维性价值取向的特征，这种多维性不仅仅体现在微观层面（如对个体发展的影响），还体现在宏观层面的社会、行业发展价值，涵盖了社会本位价值、个体本位价值和环境本位价值，具体介绍如下。

（1）社会本位价值。众多学者（Lugg and Martin，2001；McCrae，1990；Richards，1997）对户外教育的社会价值进行研究，结果显示，户外教育在促进人与社会、人与自然的和谐发展中发挥作用。此外，Glover 和 College（2013）指出探险能够激发领导能力、推动创新，促进社会经济、教育和环境变化以及世界可持续发展。

（2）个体本位价值。有部分学者认为户外教育在提高个体社会意识和行为、促进身体健康、调节情绪（Robb et al.，1987；Opper et al.，2014）、培养认知和情感（Dennis et al.，1998）、提高自我意识（Wilt et al.，1971；Young et al.，1984）、提高自我效能（McGowan et al.，1986；Schumann et al.，2013；Sibthorp et al.，2015）提高生活效率（Neill et al.，2009）、改善家庭关系（Barry et al.，2013）、促进人与社会的发展等方面产生积极影响。美国国务院评估结果显示，探险教育的主题目标在于发展自我认知和人际关系，野外挑战能给个人带来积极向上的改变。由此可见，户外教育对于个体的教育价值是全方位的。

（3）环境本位价值。Donald 等（1987）认为不同的理解会产生不同维度的价值取向。如环境教育者将户外教育视为资源规划、设计、保护等的手段；环保主义者将其看作是教育学生保护大自然、增强环保意识的方法；教育工作者将其用作培养全面发展的人的手段；医疗机构将其视为病残人群的康复手段;探险教育者将其看作增进身心健康的活动、休闲及生活方式等。Neill等(2009)提出户外教育在休闲体育、教育、探险、治疗/康复和环境五大行业领域所体现的价值功能,充分展现了户外教育价值取向的多维性。

二、户外运动课程结构

户外运动教学是以"实践课程"为主要形式的教学活动,如攀岩、拓展训练、绳索课程等。首先,教育形式、理念、方式有别于一般性质的体育和课堂教学,它涉及不同的项目、组织、时间、教师、目标以及多变的环境等动态因素,因此必须经过周密的计划及严格的设计与过程控制。其次,户外教育教学意味着不再单向传达知识,学生被动接受,而是学生主动参与、与他人合作、提出建议、共同决策、解决问题、分享成功、承担责任等,形成以"实践活动(基于目标、任务、问题)→反应(身心感受)→探讨与讨论(反思与沟通)→理念与观念形成(认知变化)"为主线的教育层次结构,与传统教育的目标层次结构存在明显差异。具体表现在以下几个方面。

(1)户外教育主题和形式是经过事先设计的,教育者按设计内容与要求进行活动。

(2)通常要求团队(小组)完成具体任务,尊重服从团队利益、共同达成目标是团队成员应具备的素养。

(3)复杂性与多变性的环境所蕴含的风险,要求参与者遵守相关的安全规章制度。

(4)不确定的环境变化以及突发事件会造成活动计划变更。

三、户外运动教学的基础要素

户外运动教学方法能够针对不同人群和目标,在多个学科领域内实施,其几个基础要素是必不可少的。户外运动教学首先应该是体验性的,学生们必须积极参与学习过程,在结构化的体验中获得感悟、收获与提升。同时,人类是自然环境的一部分,户外运动教学应该与自然环境相联系,自然环境又与各种学科领域之间有着丰富的内在联系,使嵌入式课程成为户外教育的重要方法,最终突出学生个性品质的发展,具体如下。

1. 结构化的体验

首先,户外教育应该是体验性的,学生必须积极参与学习过程,在体验中获得感悟与提升。同时,体验又应该是结构化的,结构化指户外教育教学必须精心策划,做好充分准备,提前说明活动目的。它不是让学生在室外环境中随意玩耍,而是让学生直接参与有目的的身体和心理活动。

2. 与环境相联系

户外教育并不意味着必须要在户外环境中进行,但应与环境有明确的联系。可以采取以下形式:在自然户外环境中完成活动,或者依赖自然进行互动(如划独木舟、攀岩和钓鱼等),或者侧重于了解环境、人与环境的关系及其对人类生命的意义。使用自然环境中的物体、动物或植物等作为例证,对于吸引兴趣和增进理解具有积极作用。

3. 跨学科联系

户外教育是跨学科的,常常探索学科之间的联系,如"户外＋自然科学""户外＋社会研究""户外＋红色教育"等。在户外教育的情境下,身体活动以及各种外界的刺激能够加强学生对于某一领域知识的学习,户外环境的包罗万象又有利于加强不同概念之间的联系,通过问题的构建,要求学生结合不同领域的知识应用到活动中去。学生通过体验知识的应用过程会将理论知识转为自身所用。

4. 突出嵌入式课程

嵌入式课程指学习目标之外的重点课程,主要包括以下两个目标。第一,获得户外环境或其他学科相关领域的知识和技能。第二,培养兴趣、增进理解、发展性格和品质。嵌入式课程可以被视为跨学科视角下的隐性课程,如今已成为户外教育中较为突出的方法,在嵌入的连接点上提前告知学生或施加一定的刺激,强化学生的积极行为,有利于加深学生对知识的理解。

5. 突出个性品质

学生性格发展与户外教育活动有着天然的联系,这种"自然联系"并不是指自然环境及其生态系统,而是指户外活动中学生表现出积极或消极特征的行为。例如,在大多数活动中,学生合作时效果最好。素质教育的目标是培养学生的美德、良好的习惯和性格,性格品质通过行为反映,是由人们做什么来定义的,因此可以通过特定活动来培养。户外活动性质会影响学生积极或消极的性格特征,户外教育为积极品格形成提供了机会,这些活动不是专门为品格教育设计的,但积极的性格特征对活动的成功起到至关重要的作用。品格教育的部分重点强调个人品质,如勇气、耐心、坚持不懈、尊重、责任、信任等。

四、户外教学环境

教育环境是指以教育为中心,对教育的产生、存在和发展起着制约和调控作用的几维空间和多元环境系统。宏观而言,可把户外教学环境分为自然环境和社会环境。自然环境指影响教育发展的自然条件的综合,包括地理位置、气候条件、自然景观,以及影响师生身心的空气、温度、光线、声音、颜色、气味等。社会环境是指由人与人之间的各种社会关系所形成的环境,包括教师与学生、学生与学生之间的关系等。户外运动教学多在野外自然环境中进行,自然环境本身是复杂多变的。早在中国古典文明和希腊文明中,自然的治疗作用已有记录,自然环境具有缓解压力、改善情绪状态、增强应对能力和协助对抗抑郁等作用,在全球范围内,普遍认为接触自然是宣泄情绪或治疗的积极手段。青少年的自然经历对人类生理和心理的成熟起着至关重要的作用,孩子的成长教育中需要培养与自然世界的亲和力。户外运动教学场所的复杂性、不确定性、多变性使其成为一个动态且复杂的教学环境,密切接触大自然与年轻人的健康和福祉密不可分,人类的身体、心理和精神健康依赖自然环境。国外户外教育研究从关注自然环境延伸到关注自然环境的不确定性、复杂性和多样性对人类的影响。Malle

等(2008)将户外教学环境描述为与自然发生联系的场所,它将影响先天智力和情感等心理需求、审美能力、创造力和想象力等。另外,攀岩场、拓展基地也被纳入户外教学环境范畴。在此环境中从事教学活动,会带给参与者认知变化、经验重构和能力变化,也会使参与者更加理解和尊重环境。

社会环境是影响教育发展社会条件的综合,包括国家和地方的政治经济制度、科学发展水平、社会风气、传统文化、教育体制、教育行政管理水平、家庭的经济状况、各种物质条件、人际关系、文化氛围等。而户外运动教学社会环境是由不同人群组成一个新的团队,新成员在团队中担任不同的角色,大家遵守共同的契约,完成任务,共同成长,构建新的人际关系、文化氛围等。因此户外课程需要考虑多种因素并认真规划和精心实施。

五、户外教师角色

户外运动的知识结构特点和特殊的教学形式,决定了户外教师除具备通常的教学技能之外,还要有丰富的户外经验和管理能力。在许多情况下,户外教师是学生获得实践经验的引导者,教师通过直接经验,为参与者创造了解自己和他人的机会(Knapp et al.,1990)。

教学理念上,户外教学应不满足于知识掌握,而是通过启迪受教育者心智,发掘其潜质,让学生积极主动地追求新知、提高智能、发展个性。"我在做什么?我该如何做?内容能够实现什么?如何去实现?"等是教师应经常考虑的问题。让参与者思考、反思、表达和解决问题,重视知识、技能、经验、实践能力、领导力、创新能力的获得,引导学生从身体和心里的感受向素质与能力方面转化,有效达成目标。

首先,教师需要明确自己的责任,评估对个体认知能力和自我信心产生积极影响的任务完成情况((Priest et al.,1991)。其次,运用体验式教育原理与方法,根据学生层次的不同,运用高效的组织形式,把握时机,策略性地提出问题,引导学生思考、反思、表达和解决问题,引导学生从身体、心里的感受向素质与能力方面转化。教育资源运用上,要根据特定情境的状况,结合受教育者即时性的动机、需要和兴趣,随机应变决定题材,整合课程的构成。

教师教学中的角色任务主要有以下几个方面。
(1)监控安全,如果有安全问题,提醒学生立刻停止活动。
(2)观察学习活动动态,使其与当前的目标或嵌入式课程的元素相符合。
(3)如果学习活动陷入困境,可以进行适当指导,如提问等。
(4)如果学生在学习效果上没有取得任何进展,停止活动,并就此进行讨论。
(5)引导反思和讨论,教案中应设计小组讨论环节,以此提升演讲技能,帮助学生反思。
(6)组织小组讨论,组织3~5个学生聚在一起,指定组长,分享体验想法。

六、户外课程风险与效果

户外运动有别于一般性质的体育项目,其课堂教学也有别于其他课程,它通常是在自然环境中,运用户外资源,以户外活动的形式展开,具有现实场景、创造性学习的特点。Neill 等(2011)认为教学活动组织、活动时间、教师均对教学效果产生影响。自然环境的多变性与不确定性也给教学效果带来不确定性,因此户外运动教学设计需要考虑多种因素,并认真规划和精心实施。此外,户外运动的教学方案、活动强度大小、学生身体状况、心理素质以及不同个体对于风险的感知会给教学的实施带来不确定性。例如,在顶绳攀爬中,经验丰富与经验不足的学生对于风险感知是不同的,不同的心理承受能力对于在相同环境中的感知也会不同。因此,对于不同的个体,教学的风险与效果具有不确定性的特征。

七、户外课程内容与主题

户外课程内容是指为实现教育目标,经选择而纳入教育活动过程的知识、技能、行为规范、价值观念、世界观等文化总体。教育内容一般通过课程的形式来体现。

目前,户外运动教学以掌握户外知识、技术、技能,培养户外安全意识和户外兴趣为主,如攀岩、帆船、登山、滑雪、野营、定向越野等。此外,从事登山、户外、攀岩、帆船、滑雪等户外运动的教育教学可以扩展到户外自然知识、身心健康、意志品质、人格、生活习惯、素质教育、环境教育等各类主题,并可以素质与能力提升为目标来设计各类主题的户外教育活动,如野外生存类、自然观察类、劳动教育类等,它们在我国深化教育改革,倡导素质教育,以及创新意识能力、实践能力培养的时代背景下发挥育人作用。

户外运动的教学目标追求的是比户外知识、技术、技能更高的意识层面的思想、精神、心理(认知、情感、态度)与智力能力层面的目标,体现全面培养人的目的,可以将学校教育内容与自然主题、社会教育主题多层面、多维度有机结合,以此来保持学生独立、持续的探究兴趣,获得社会实践的体验,培养发现问题、解决问题的能力,学会分享、尊重与合作,培养关注自然与社会的责任心和使命感。

对于青少年户外教育而言,应依据受教育者的身心特点、兴趣、家长需求、社会问题等制定切合实际的目标,策划具有针对性的课程(活动)方案、主题活动,运用自然、环境变化等特殊资源以及科学的方法重点培养受教育者的认知、情感和态度。从掌握户外基本知识到培养受教育者的"智力意识",促进青少年积极主动地思考探索,提高智能、发展个性、提升综合素质。

对于学校户外运动课程而言,应使学生养成亲近自然、参与户外的良好习惯,同时在体验中提高综合素质能力,达到全面育人、综合发展的教育目标。因此,教育内容以户外项目为主,如攀岩、拓展、绳索技能等,主要帮助学生掌握户外运动技能,提升户外运动兴趣,形成终身体育意识。

第三节 户外运动教学方法

户外运动教学涉及不同运动项目的技术教学,在传授任何户外运动技能之前,都需要考虑参与者的身心状况、教学目的任务、教学环境和教师具备的能力。为了保证教学质量,运用符合课程特点与学情教学的方法是极为重要的。

1. 目标教学法

目标教学法是一种以教学目标为核心和主线来实施课堂教学的方法,教师以教学目标为导向,在整个教学过程中围绕教学目标展开一系列教学活动,并以此来激发学生的学习兴趣与积极性,激励学生为实现教学目标而努力。

对于户外运动教学而言,除户外专业教育外,教师所教授的户外运动课程通常是体验性的,所以在教学中给予学生明确的学习目标与学习任务的指令,对于教师完成教学的任务和学生掌握知识技能是很重要的。特别是在学习技术动作阶段,学习的任务显得非常重要,简明扼要强调任务要求有助于吸引学习者的注意,激发学生的学习兴趣和积极参与课程的动力。

2. 示范与讲解教学法

人们普遍认为,通过观察模仿别人动作来学习是非常有效的。因此,技术动作的示范演示在户外运动教学中很常见。在户外运动教学中运用动作示范法应注意:①在示范的过程中,要适当运用关键字来帮助学习者理解重点和难点;②通过语言提示或重复示范等方法帮助学习者记住示范的动作;③适当重复示范,帮助学习者更好地理解与掌握;③动作的重点要多角度示范,保证学生都能看到教师想要强调的动作重点。

讲解法是户外运动教学常用的方法之一,是教师运用语言向学生说明动作名称、动作要领和方法等的一种教学方法。教师带有启发性地讲解,不仅能使学生获得知识,了解动作的要领和方法,还能促使学生进行思考,培养学生认识事物、分析问题和解决问题的能力。

动作示范法与讲解法很难分开,通常将其结合起来运用。

3. 完整与分解教学法

在技能学习的早期阶段,整个技能都应该被简化,降低学习者的压力,帮助学生更好地进入学习状态。在学生学习技能的全部步骤难度较高的情况下,将其分解成多个部分是十分有必要的。学生可以一次只练习一个或两个部分,然后按顺序添加其他部分,这就是所谓的"递进分解";如果练习开始于动作的第一部分,并逐步做到最后一个部分,这就是所谓的"顺进分解";如果开始练习动作的最后一部分,然后再将其他部分逐步地做到开始一步,这就是所谓的"逆进分解"。

在开始技能教学和结束技能教学时,都应展示完整教学。开始技能教学时进行完整教学,目的是帮助学生对该技能形成一个整体的基本认知,同时使学生对该技能产生学习兴趣;结束技能教学时也进行完整教学,目的是帮助学生巩固所学技能。

因此,在户外运动教学中,教师要将完整教学与分解教学相结合运用到日常教学活动中。

4. 心理与身体训练教学法

在户外运动教学过程中,心理训练法十分有效,但很少有教师能够合理运用。如果将身体练习与心理练习相结合,学生可能比仅用身体训练法时更快地取得进步,同时运用心理训练法还会帮助学生提高心理素质,更好地解决问题、应对情绪。心理练习与身体练习相结合应注意以下几点。

(1)在学习或练习之前,思考一下你将要学习的技能,心理演练有助于集中注意力,有助于更高效地进行身体训练。

（2）思考问题和表现的不同方面，规划假设，甚至解决问题，排练最好的路线。想象一下在徒步探险中地形会是什么样子，可以让学习者在这个环境中找到相关的线索。

（3）想象运动的感觉或技能完成后的状态，从而增加身体执行力。

（4）鼓励学生在头脑中想象成功后的状态，作为"最佳的表演意象"，这将会巩固学习成果并增强学生信心。在头脑中想象优秀和成功的学习表现有助于克服"我不能做"的感觉，并激励支持技能学习与掌握。

5. 激励与纠错教学法

在户外运动教学中，观察学生十分重要。通过观察学生并分析学生练习过程中的动作，能够了解他们的学习情况，然后进行评估与改进。其中的评估与改进包含两层意思：①评估学生。若学生技能动作完成地足够好，要积极地对学生进行鼓励，并要求学生对现有技能动作进行巩固与加强。若学生的技能动作完成得不好，甚至出现错误，就要对学生的技术动作进行纠错，个别错误进行个别纠错，集中错误就要集中纠错。②自我评估。若在教师示范讲解后，学生仍然出现许多错误，教师就需要思考是否自身教学方法出现错误，是否需要调整教学方法来使学生能够正确掌握知识与技能。

同时，教师可以选择用视频分析法来补充教学内容。利用教师的观察和分析来纠错与激励，是指导学生学习的重要一步，对于学生而言，特别是在学习的早期阶段，可以从教师高质量的反馈中获益。

6. 迁移学习教学法

大多数的户外运动技能都需要学习者在不同的环境中学习，但是在教学过程中，很难提供不同的学习环境。因此，教师需要将技能迁移到各种不同的环境中，帮助学生理解与掌握，对于学生而言，真正的学习发生在掌握技能以后能够将技能运用到其他情景中去。

对于户外运动教学，运用迁移学习法的关键在于有效地构建实践环境与学习情境。作为教师，要充分利用现有教学环境设定不同的教学情境，并且提出不同的难度要求，为学生实践提供更多的机会，例如"危险路段通过"教学中，教师可以设定悬崖路段、上坡路段、岩石坡路段等情境，帮助学生更好更充分地掌握"危险路段通过"的知识与技能，并且让学生能够运用到户外实践中去。

7. 总结与反思教学法

对于户外教师而言，总结与反思是十分重要的。总结每一次课程，甚至每一个教学步骤，反思教学过程中做的好的地方和做的欠缺的地方，并以此开展后续的课程是非常重要的。简而言之，作为老师，你需要确定什么课程是好的，什么是想要改变的以及你想要改变它的方式是什么？其中就必须要参考学生、专家、家长等多方面的意见。

对于学生而言，总结与反思应融入学习的全过程，技能学习后总结反思同样重要且必不可少。

第四节 户外运动学习评价

学习评价是以学生发展为对象的教育评价,也可称为学生评价,即对学生学习的评价,具体而言,就是对学习者通过学习而获得的发展及学习过程本身进行价值评判。评价是户外教学过程中的重要环节,探究户外学习评价对于了解户外运动的教学规律,促进学生在户外教育实践中安全、科学、高效地获得有价值的体验与多项发展具有重要意义。

一、户外学习评价目的

户外教学的学习评价是对学生在户外教育实践全过程中发生的学习行为及产生的结果进行评判,目的在于真实反映学习者的户外实践学习,促进青少年户外教育目标的实现。因此,户外学习评价是对参与户外教育实践学习者的学习过程本身及通过学习而获得的发展进行价值评判的教学环节。户外教学学习评价的目的如下。

(1)监察学生参与户外教育实践学习的状态是否有利于实践目标达成和个体发展,为学生提出进一步改进学习、保持优势、固强补弱的要求与建议,从而激励学习者持续进步与发展。

(2)检查学习成果是否实现既定目标,检视教师教学计划的设计和实施是否合理有效,进而使户外教学实践过程不断得到优化,逐步提升教学质量和教学效果。

(3)评估学生参与实践学习后获得的各方面发展情况,使学生认可自身在户外学习中的进步与发展,使相关组织机构管理者和教育者认可自己的户外教育教学实践课程,使社会各界认可户外教学的价值。

二、户外学习评价原则

户外教学学习评价应遵循综合性、多元性和过程性的原则,其中综合性是指将学生在户外活动中的各种表现和活动效果作为评价依据,注重把学习评价视作师生共同交流、获取信息和完善课程的平台;多元性是指评价内容、标准、方式、方法的多元化,因此才能尊重个体差异和真实全面地反映学生的行为表现;过程性是指户外运动外显性和动态性的特质需要通过过程性评价来揭示学生的行为表现。评价过程中还应以人为本,遵循个体差异原则,运用多方面的评价标准,以促进学生全面发展。

三、户外学习评价内容

在户外教育教学的学习评价内容上,国内目前多效仿体育与健康课程,主要围绕增强体质、增进健康和培养终身体育能力等评价目标对青少年户外实践学习实施评价,其中户外教育教学评价内容涉及到体育健康知识、身体素质、运动技能、行为态度、情感表现、进步程度、心理水平、社会适应、创新精神和实践能力等方面。除此之外,户外运动教学是以自然环境为教育背景开展的,学习者会与自然密切互动从而培育其环境素养,从包罗万象的自然中直观学习书本中抽象的知识,从多变和恶劣性的自然下培养生存生活能力及安全意识,从奇特瑰丽的自然中培养审美能力。因此,青少年户外教育学习评价的内容不应只涵盖上述所提到的,还应囊括环境素养、生存生活能力、安全意识、审美能力等。

四、户外学习评价方法

现有研究表明,户外教育教学学习评价应遵循过程性原则,所以户外学习评价的方式应以形成性评价为主,形成性评价指的是在教学活动过程中,评价活动本身的效果用以调节活动过程,保证教育目标实现而进行的评价。此外,诊断性评价能预测计划的实施效果和鉴定对象基础的稳固程度,终结性评价能对最终结果作出价值判断,因此,户外教育教学学习评价应以形成性评价为主,诊断性与终结性评价为辅的方式开展。在此基础上户外学习评价的形式主要为学生自评、教师评价、学生互评等,应根据不同的情形和时机进行针对性运用或组合运用。在这些评价形式下可灵活运用不同的评价方法,而评价方法在实施流程上被分成三种类型:①评价资料搜集方法,包括观察法、档案法、测验法、谈话法、日记法等;②评价资料分析方法,包括定量分析、定性分析、定量与定性相结合;③评价结果反馈方法,包括评语法、荣誉法、奖励法等。在促进评价功能和效果的发挥方面,不少学者对户外学习评价方法提出了建议:应将定量与定性评价相结合,强调学生的自身发展和进步程度。因此,户外教育对学习评价内容、方式、方法的多元化及合理运用提出较高要求。

第五章　户外运动的价值功能

户外运动已经进入学校教育、社会教育领域,将其作为教育资源与媒介,在育人与个体自我实现方面已经发挥了重要作用,同时户外运动能够促进身心健康、安全意识的提升和参与者的全面发展。为充分挖掘和发挥户外运动的育人价值,国家制定了相关政策,近年来国家颁布的一系列关于青少年户外教育政策,推进了户外教育在我国健康方面的持续发展,鼓励各级部门充分利用体育场馆、公园、户外营地等场所,举办青少年体育竞赛、户外运动、体育游戏等符合青少年身心特点的体育活动。

第一节　户外运动的社会价值

从户外运动现实发展状况和涉及的领域来看,我国户外运动作为体育项目不仅对个体具有教育意义,而且会辐射到社会发展的各个方面。当前,我国登山户外运动已融入政治、教育、军事、经济、文化、生态文明等广泛领域并发挥着重要作用。

一、政治价值

1958年4月,我国成立中国登山运动协会,制定了"中国登山运动结合高山科学考察为经济建设,国防建设服务"的方针,以"勇攀高峰"和"弘扬体育精神"为目标,旨在登顶珠穆朗玛峰,向世界展示中国的综合国力。例如,奥运火炬手登上珠穆朗玛峰,再测珠穆朗玛峰高度等不仅丰富了登山精神的时代内涵,促进了我国登山事业的发展,更向世界展示了我国坚强的民族力量与傲人的综合国力。

户外运动对弘扬民族精神具有重要价值。例如"重走长征路"系列活动,以徒步的形式重走长征路,感受老一辈革命家征途过程中的不易与艰辛,弘扬"坚忍不拔、自强不息、勇往直前"的红军精神。此外再测珠峰高度,见证"中国力量",镌刻"中国高度",弘扬了"不畏艰险、顽强拼搏、团结协作、勇攀高峰"的登山精神。

二、教育价值

在教育方面,户外教育进入学校教育、社会教育领域,在个体实现自我价值中发挥重要作用。户外运动作为一项新型运动项目进入高校的时间是在20世纪90年代末,尽管时间不长,但已是一项备受欢迎、极具教育价值的体育课程。户外运动在加深对自然科学知识的理解、促进身心健康、增强身体活动能力、培养独立生活能力、增强自信心、发展意志品质、培养人际沟通交往能力、团队协作精神和社会责任意识等方面具有积极的作用。通过户外运动，学生可以享受大自然、挑战自我、锻炼体魄、激发灵感、丰富情感世界、促进人的理性成长，还可以为当代人高层次的生活需求创造条件，为自我价值的实现提供途径。

户外运动在育人方面的地位和作用。帮助年轻人探索个人和社会身份有关的思考，为探索构成群体认同的态度和行为提供了理想的环境，包括智力、身体、情感、审美和精神发展以及与人的沟通技巧、合作意识等。正是有了对环境的理解，年轻人认识到环境的重要性，在教学方法上强调素质教育，尊重学生的人格与个体差异，重视学生的个性发展。《全国普通高等学校体育课程教学指导纲要》(2002年)、《全国普通高等学校体育教育本科专业课程方案》(2003年)都将户外运动项目列为本科体育教育的主干课程之一。2005年4月，国家体育总局确立山地户外运动为我国正式体育项目。至此，户外运动在我国高校迅速推广与发展，目前，全国已有百余所高校相继开设了野外生存、攀岩、拓展、定向等户外运动类的相关课程。

三、军事价值

户外运动作为集挑战、突破为一体的极限运动广泛应用于军事训练。户外运动在军事训练上的应用最早出现于"二战"时期。"二战"期间，英国特种部队开始利用自然屏障和绳网进行障碍训，其目的是提高野外作战能力和团队合作能力。例如定向运动、户外拓展、野外生存、海上求生等最初也只是一项军事体育活动。"定向"两个字的意思是：在地图和指南针的帮助下，越过不被人所知的地带。真正的定向比赛于1895年在瑞典斯德哥尔摩和挪威奥斯陆的军营区中举行，主要用于军事训练。

四、经济价值

体育的经济价值体现在它对社会经济发展的促进方面，它已成为国民经济的支柱产业之一。随着科学技术进步、社会文明昌达，人们的余暇时间越来越多，对生活质量的要求越来越高，应运而生的以体育用品生产、体育旅游等为主要内容的体育产业成为朝阳产业，促使体育在社会发展进程中扮演着重要角色。由于户外运动是一项具挑战性、观赏性、刺激性、锻炼性为一体的新型体育运动项目，它在我国的兴起，不仅带动了参与者人数的剧增，同时它在促进和带动体育用品的生产、体育旅游的发展方面又有着特殊的价值。

在欧美发达国家，户外运动已经成为体育发展中的一种重要形式，体育市场的重要组成部分。欧洲户外联合会（the european outdoor group，EOG）的统计，目前整个欧洲的户外产业（用品制造、销售）总额大约300亿欧元(2017年)。美国户外产业联盟统计(2017年)，户外产业是当时美国最活跃的经济领域之一，户外人口超过1.4亿人，户外产值8870亿美元，提供760万个工作岗位，创造1245亿美元国家和地方税收，在美国各行业中排名第四。户外行业工作委员会的统计，2011年，我国户外运动爱好者约6000万人，各种专业、半专业户外俱乐部1000余家，而到2015年，户外运动俱乐部数量增至15 000余个，会员数量300余万人且呈现持续增长的态势。中国户外协会的报告显示，2014年中国户外核心市场的销售额是170.6亿元，2016年核心户外市场销售额增至184.4亿元。

目前，我国户外产业向纵深发展，户外运动消费由"小众"向"大众"迅速挺进，家庭、亲子户外活动受到青睐,户外消费呈现生活化、休闲化的特点。

2014年《国务院关于加快发展体育产业促进体育消费的若干意见》中指出:大力支持发展健身跑、健步走、自行车、水上运动、登山攀岩、射击射箭、马术、航空、极限运动等群众喜闻乐见和有发展空间的项目。2016年后,《户外运动产业发展规划》《水上运动产业发展规划》《航空运动产业发展规划》等多个文件先后下发。在国家政策的引导下,老牌旅游企业也逐步开展体育旅游,例如国旅联合股份有限公司、北京众信国际旅行社股份有限公司、北京凯撒国际旅行社有限责任公司等传统旅游机构纷纷开辟滑雪、探险、骑行等户外线路。新时代背景下政策引导的社会资本争相涌入,我国户外运动供给与消费持续增长,产业规模日臻扩大,户外运动的直接经济价值正被充分挖掘。2022年10月25日,国家体育总局联合八部门共同印发了《户外运动产业发展规划(2022—2025年)》提出推进户外运动与旅游深度融合,以徒步、骑行、汽车自驾、航空运动等项目串联景区、景点、度假区。这一规划为新时期进一步深化体育旅游融合发展谋划了发展路径。

近年来,国家体育总局会同文化和旅游部持续打造体育旅游发展载体,先后发布了国庆、春节假期体育旅游路线,认定了国家体育旅游精品赛事、国家体育旅游示范基地,以及国家级滑雪旅游度假地。两部门充分发挥这些示范工程的引领作用,不断提高体育旅游产业品质和服务水平,初步推动形成了以冰雪、水上航空、山地户外、自行车、汽车自驾等户外运动为主要内容,以滑雪场、船艇码头、航空飞行营地、山地户外营地、骑行驿站、汽车自驾运动营地等场地设施为支撑,以赛事活动、休闲体验、技能培训及相关用品制造业等为载体的体育旅游产品体系。同时户外运动产业正朝着与其他产业融合的方向发展,如户外运动产业+休闲农业、户外运动产业+休闲旅游、户外运动产业+互联网等。2022年体育旅游参与现状调查报告表明户外运动最受欢迎,占运动总数的53.57%,户外运动与旅游相融合迸发出强大力量。伴随着户外运动产业与其他产业的有机融合,泛户外消费正把户外产业引向纵深发展之路。中国国际泛户外产业高峰论坛的资料显示:中国泛户外产业有超过1万亿美元的市场容量。

五、社会文化价值

户外运动在我国已发展30余年,一直坚持挖掘和整合区域民族文化,并将地域民族文化、自然奇观、传统民俗、人文景观和民族传统体育文化融入户外活动和大型户外赛事中。

例如贵州的户外运动大赛将特色民族资源包括民族节日、民族服饰、民族建筑、民族体育项目、民族饮食等融入其中。赛事团队将贵州的民族特色文化与户外运动结合起来,既挖掘发扬了传统文化,又创新发展了户外运动。

又如2018"行知修文·心净桃源"山地马拉松赛中,能量补给就设有极具贵州特色的饮食——冰粉、凉面、碗儿糕、猕猴桃果汁,以及色香味俱全的扎佐蹄髈和当地绿色生态食品菌干等。2017贵州·镇宁黄果树国际半程马拉松赛的赛事标志和奖牌就极具布依族民族特色,其奖牌外围一环为浪花水纹,象征黄果树瀑布的奔腾不息,主题采用布依族蜡染民俗图案鱼形和鸟形,而鱼和鸟都是布依族典型的图腾崇拜。

再如2021年全运会攀岩赛事,攀岩展示团队将攀岩与陕北文化有机地结合起来,观众不但可以了解攀岩的专业知识,还可以欣赏到陕西地道的"华阴老腔",老腔刚直高亢、磅礴豪迈:"伙计们,带上你的装备,来攀岩哎!"户外运动在增进民族团结、推进国家民族文化繁荣中发挥着越来越重要的作用。

此外,户外运动还在促进中外文化交流中发挥重要作用。2019年10月27日,由桂林市委市政府主办的第八届桂林国际山水文化旅游节暨第十一届中国桂林国际市民徒步大会中,来自英国、澳大利亚、加拿大、阿根廷、俄罗斯、法国、墨西哥等国的徒步爱好者共800余人参加了启动仪式。中国桂林国际市民徒步大会举办至今,以徒步运动为媒介,积极推动户外运动的国际交流,通过徒步大会,我国桂林市与土耳其穆塔帕萨市结为友好城市,丰富和促进了我国桂林旅游体育多元化发展。

自2015年以来,在黔西南州连续成功举办六届国际山地旅游暨户外运动大会,丰富了"贵州山地旅游"品牌,有效推动黔西南山地旅游、山地文化、山地经济、山地生态康养融合发展,成为展示贵州乃至中外山地旅游资源、户外运动发展水平、旅游扶贫经验的重要窗口,以及中国山地旅游和户外运动国际交流合作的高端平台。

六、生态文明价值

2012年11月,党的十八大提出"大力推进生态文明建设"的战略决策,从10个方面绘出生态文明建设的宏伟蓝图。习近平总书记在党的十九大报告中指出,加快生态文明体制改革,建设美丽中国。2018年,《中华人民共和国宪法修正案》首次将"生态文明"写入宪法,提出:推动物质文明、政治文明、精神文明、社会文明、生态文明协调发展,把我国建设成为富强、民主、文明、和谐、美丽的社会主义现代化强国,实现中华民族伟大复兴。

户外运动是以自然环境或模拟的自然环境为场所的运动形式,户外运动的开展过程事实上就是参与者与自然、生态互动的过程。在参与户外运动的过程中,人们通过近距离地接触自然、感受自然,进而认知自然、享受自然、领悟人与自然和谐的重要性,树立正确的自然观。

通过促进环境保护、人与自然和谐相处的重要实践探索,能够为生态文明建设提供持久且创新的力量,在共建地球生命共同体中承担着重要使命。同时户外运动能够让人们真正理解个体在环境保护中的作用,养成保护环境的习惯。

户外教学集体验、认知与行为于一体,引导学生在荒野环境中获得亲身体验和实践,从而积累经验、增长知识,形成健康的心理品格。在户外教育的引导下,人们加强了对环境和生态的认识,帮助人们在自然中掌握知识与技能,产生尊重自然、敬畏自然的意识和环境保护行为,以积极主动的态度和正确的价值理念开展环境保护。

第二节 户外运动的教育功能

联合国世界卫生组织曾对健康下过这样的定义:健康不仅仅是没有疾病,而且是身体上、心理上和社会上的完好状态,即人的健康包括身体健康、心理健康和社会适应功能良好三个方面。参与户外运动在促进人体机能发育、增强体质、促进身体健康等方面有着重要作用,同时研究者在对参与户外运动后的调查发现,户外运动的健身意义不仅体现在身体健康上,同样还体现在心理健康、安全教育、素质教育等培养德智体美劳全面发展的价值上。

一、户外运动与身心健康

(一)促进身体健康

古人云:"动则无疾",人只要运动就能预防和减少疾病。户外运动是备受大众喜爱的健身方式,利用空气、阳光、江、河、湖、海、沙滩、田野、森林、山地、草原、荒原等自然资源,并根据实际情况进行登山、攀岩、徒步、溯溪、溪降、漂流、山地自行车、探洞、直排轮滑、野外生存等活动,已成为世界各国十分普及的一项体育运动。如英国研究报告指出,骑自行车的人数如能增加20%,医疗成本节省约5200万英镑。近年来,我国群众性户外运动发展迅猛。根据中国登山协会数据,2019年我国约有1.3亿人开展徒步旅行、休闲户外等户外运动,而且这一数据正在逐年上升,户外运动已成为大众休闲健身的重要运动项目。户外运动对于身体产生的积极影响主要体现在以下几个方面。

(1)促进身体发育。研究表明,这些项目能有效促进人体的新陈代谢,可以使心血管系统循环供血能力增强、骨骼肌的骨密度增加,对身高的增长有一定的促进作用。

(2)发展体能。户外运动项目丰富多彩,个人或群体可以根据自己的喜好、身体健康状况有目的地选择适合自己的项目,以提升体能。

(3)发展身体机能。通过参加户外运动,如登山、攀岩、自行车、徒步等,能充分提高人的力量、耐力、速度、灵敏、柔韧、协调、反应等身体机能。

(4)发展身体适应能力。参与户外运动,可以帮助参与者不断提高与外界环境的适应性。在各种天气、环境的变化下,人体可提升身体适应能力,甚至还可以提升身体免疫力。

(5)放松身体。由于当前人们工作多使用手机或电脑,适当地参与户外运动,多看绿色,亲近自然,放松身心的同时可缓解眼部疲劳。经常参加户外运动,可以在大自然的"氧吧"中呼吸新鲜空气,使疲惫的躯干充分放松。户外运动能够驱除忧虑,使人精神焕发,对社会的进步和发展起到了积极的作用。

(二)促进心理与精神健康

天人合一是中国哲学的一个基本观点。天人合一追求的终极目标是宇宙、自然、人、物的和谐统一,它至少包含人体身心的和谐、人际和谐、天人和谐三部分内容,而户外运动过程可以将这三部分内容充分地展现出来。研究表明,户外运动在促进心理健康、规范道德行为、控制情绪、缓解压力、增加自信和提升社交能力等方面具有积极作用。素质拓展、攀岩、定向越野等具有探险性的活动对提升青少年的逆境意识、挫折承受能力等积极心理品质有显著作用,而且这些变化可以长期维持。

1. 陶冶情操、愉悦心情,培养人坚韧不拔、拼搏向上的精神品格

户外运动将人们从钢筋水泥中带到大自然,从高强度的生活节奏中解脱出来,人们从事攀岩、漂流、丛林穿越、溯溪等运动,与自然交融、互动,在尽情享受大自然带给人类带来的快乐之时,使人胸襟开阔,也促进了人与自然的和谐发展。自古以来,很多文人骚客,通过登山眺望壮丽的山河而激发灵感,孔子:"登泰山小天下",杜甫:"会当凌绝顶,一览众山小"等脍炙人口的诗句,丰富着人们的精神文化生活。由此看来,当你陶醉于大自然美景中时,清新的空气、美丽的风光可以使人身心愉悦,通过"参禅悟道"体会人生的哲理,陶冶情操,正所谓人依木而"休"。户外运动中,精神的修整和颐养得以充分进行,使人与自然融为一体,赋予生命真、善、美。而人在饱享自然之美时,由感而生的环境保护意识赋予了户外运动新的内涵,使古朴的天人合一思想在运动过程中得到完美展现。

同时,气候多变、环境复杂、条件艰苦是荒野区域从事户外运动的主要特征。人们通过跨沟壑、涉山溪、攀岩壁、过荆棘,适应险恶的自然环境,不仅能练就过硬的技术,还能锻造超强的胆识,机敏的思维,沉着冷静的处事作风和勇往直前、坚韧不拔的英雄气概。

2. 促进人际关系和谐发展,培养团队精神

社会的和谐很大程度上是指人际和谐,人际和谐是社会和谐的一个重要标志,人只有融入社会之中才能不断地发展自我、完善自我。然而,市场经济的建立增强了人们的功利意识,将人际关系、人与人之间的情感、友谊湮没在利己主义的冰水之中。高楼大厦减少了人们之间的交往与交流,信息技术改变了人们的交往方式,却引起了人际关系的信任危机和情感淡化。户外运动作为群体项目,团队活动给参与者创造了一个畅所欲言交流、互相帮助的空间和机会。在户外运动中,每个人都必须时刻想着集体,严格的组织纪律是活动成功的基本保障,团结互助、关心同伴是参与者必备的思想基础。当你累了走不动时,同伴一声亲切的鼓励;当你遇到屏障而胆怯徘徊不前时,同伴送来的掌声;当你疲乏至极时,同伴伸出的援助之手,都能使你倍添战胜困难的信心和坚持下去的勇气,更能增进你和同伴间的友情。同饮一壶水,同用一只碗,同睡一个帐篷,大家相互配合、相互帮助,大大提高了人与人之间的相互信任,形成互帮互助、团队战斗的集体精神,同时也培养了吃苦耐劳的精神。户外运动给人以挑战自我、发掘自身潜能,培养坚忍不拔、坚定信念、勇往直前的意志品质,促进人际关系的和谐,弘扬互帮互助的高尚情操,为人际关系的健康发展提供了一块肥沃的土壤。

3. 增强分析判断能力

户外运动项目,如攀岩、岩降、漂流、洞穴、丛林徒步、皮划艇和滑雪等项目,要判断安全且快捷的线路。例如,攀岩过程中如何寻找好的支撑点;定向时如何结合地图寻找藏匿的标识;丛林地带如何判定自己的位置;山地车如何在快速运动中避开障碍选择路线;漂流中如何避开回流,避免冲撞礁石。对自然界出现的各种状况的应对无疑是对人分析判断决策能力一种很好的锻炼。

二、户外运动与思政教育

2020年5月28日,教育部关于印发《高等学校课程思政建设指导纲要》的通知,提出深入贯彻落实习近平总书记关于教育的重要论述和全国教育大会精神,贯彻落实中共中央办公厅、国务院办公厅《关于深化新时代学校思想政治理论课改革创新的若干意见》,把思想政治教育贯穿人才培养体系,全面推进高校课程思政建设,发挥好每门课程的育人作用,提高高校人才培养质量。

培养什么人、如何培养人,是我国社会主义教育事业发展中必须解决好的根本问题。青少年是国家最宝贵的资源,是民族的希望、祖国的未来。要使青少年成长为中国特色社会主义事业的合格建设者和可靠接班人,不仅要提高他们的科学文化素质,更要提高他们的思想政治素质。只有将青少年的思想品德教育落到实处,才能确保党和人民的事业代代相传、长治久安。在新时代,充分认识到进一步加强和改进青少年思想政治教育工作的重要性和紧迫性、增强历史责任感和使命感、坚定信心、狠抓落实,切实把青少年的思想政治教育工作提高到一个新的水平。在新时代教育改革中,要求各个学科在教学中要将思想政治理念融入进来,要落实立德树人的根本任务,将价值塑造、知识传授和能力培养三者融为一体。

研究表明,户外运动对于人的全面发展具有积极作用。户外运动课程是以户外运动项目所涵盖的基本知识、技术、技能为主要教学内容,以培养学生参与户外运动及相关竞赛为目的,通过课程的教学使学生掌握参加户外运动的基本知识、技能、技术,形成良好的行为习惯及健康、成熟的心理品质,以全面提高综合素质和适应能力为教学目的,按教学计划组织实施教学的过程。2020年5月28日教育部关于印发《高等学校课程思政建设指导纲要》的通知,为贯彻落实立德树人根本任务,通过国家课程思政的方针政策,各高校丰富了课程内容,以培养学生的专业能力和创新意识。经过多年的发展,户外运动课程已经列入体育课教学大纲,成为学校体育课程的重要组成部分,将其与思想品德教育有机结合,使户外运动课程与思政课程同向而行是户外运动健康发展的必经之路。因此,建立户外运动与思政教育的联系,挖掘户外运动的思政元素,在户外运动课程中融入思政是其根本价值体现。

(一)户外运动课程思政的优势

作为学校体育公共课与专业课程的重要组成部分,践行课程思政,寓思想品德教育、人生观价值观教育于户外知识传授和能力培养之中,帮助青少年塑造正确的世界观、人生观、价值观,以实现立德树人根本任务。从户外运动课程开展实际情况来看,户外运动课程更容易结合课程思政开展思想政治教育。户外运动实践课程由理论课和实践课两部分组成,理论与实践的结合、课程环境的特色、学习方式与课程内涵的风险等构成户外运动课程思政的优势。

1. 户外运动课程为思政教育营造良好的氛围

户外运动课程实践、运动项目学习需要学生身临其境,使学生在真实的环境中直接感受,由此对思想和行为产生影响。如生存技能模块的野外徒步与生活,往往需要学生在陌生且不适的野外环境中克服各种困难,培养学生适应环境能力,勇于突破舒适圈。再如LNT环保教育中,教师指导学生将自己拟化成自然环境中的一部分,教师化为外来事物,在"自然环境"中肆意"破坏",并向学生提问,"这样你感到舒适吗?""这样环境生态还能得以维持吗?"学生切实感受到此种教育形式背后真正想被传达的知识与理念。户外运动课程思政教育注重在潜移默化中教导学生,切身体验能使学生在教师设置的特定情境与氛围内收获特定的思政元素,如在野外重装徒步过程中,教师通常引入红军长征时的情景,想象红军战士长征途中的艰险,培养学生热爱祖国、坚持不懈、永不言弃的精神品质。在这种课程环境下,由教师主导营造思政教育的浓厚氛围,从而实现思政教育的目的。

2. 户外运动实践课程能够强化思政教育效果

户外运动教学强调发挥学生主体性作用,注重回顾与反思。区别于教师直接教授学生所取得的收获,学生通过自省与反思所取得的收获其影响将更为深远与有效,例如定向技能模块中,在学生完成一次定向后,引导学生思考在定向过程中是否出现迷向的问题,为什么会出现迷向问题?由学生进行发言反思,最后再由教师进行总结。在此类课程的教师话语表述中,教师多以提问的形式引导学生思考,充分发挥学生的主观能动性,以学生自我感受结合教师总结以达到教学目的。在户外运动课程中,学生的回顾和反思与思想政治教育深刻结合能使思政效果更深入学生内心,起到更加深远且持久的影响。

3. 户外运动课程有利于思政目标有机融合

在各课程模块的教学目标中要体现课程思政,各教学目标应联动为实现课程目标服务,以达到思想政治教育的目的。例如,定向越野有利于实现锤炼学生意志、培养学生判断决策等目标;户外竞赛模块中将培养学生沉着冷静、永不言弃、敢于拼搏的精神融入教学目标中;户外运动项目在自然环境中进行,为提升学生环保意识,可在理论课程中注重环境保护的重要性与必要性,在实践课程中注重环境保护的具体操作与方式方法,使学生全面且清晰地了解环境保护的相关细则。

(二)户外运动课程思政元素

挖掘课程思政元素是实施课程思政的基础。户外运动课程内容包括户外运动基础理论、运动技能、身体素质、户外竞赛等知识技能模块,基础理论内容涉及体育学、教育学、心理学、社会学、管理学等相关知识;运动技能为青少年提供了挑战自我、发掘自身潜能,培养坚忍不拔、勇往直前的意志品质的广阔空间,有助于培养学生坚定的信念、坚强的自信心和勇敢顽强的意志品质。在满足学生身体及心理素质发展的同时,户外运动课程还起到了完善学生人格、培养学生集体意识和提高学生沟通交流能力的作用。研究表明,户外运动课程内容蕴含丰富的思政元素,将户外运动课程各知识技能划分为模块后,遵循社会主义核心价值观、大学教育德育目标等原则,分析户外运动课程结构体系及课程目标价值取向,将知识技能模块、课程主要内容与思政元素与目标一一对应,可形成户外运动课程思政元素结构体系(表5-2-1)。充分发挥户外课程的德育功能,运用德育的学科思维,提炼户外运动课程中蕴含的文化基因和价值范式,将其转化为社会主义核心价值观教学的有效载体,将思政之"盐"融入课程之"汤",在"润物细无声"的户外知识技能学习中融入理想信念层面的精神指引。

表 5-2-1 户外运动思政元素对应表

知识技能模块	教学项目	课程主要内容	思政元素
户外运动基础理论	户外运动概述、运动项目发展、理论、分类、价值功能	教育学、社会学相关理论	中国特色价值观、中国特色文化、爱国热情、社会责任意识
	户外专业心理素质	心理学理论与原理	职业道德、心理品质与行为、协同合作、自主思维
	户外专业身体素质	身体素质锻炼原理与方法	理性与感性、心理与行为、国家相关战略与政策
专业技术知识技能	绳索技能	自由攀登:攀岩、器械攀登、溪降、探洞;攀树等	探索精神;团队协作;社会责任、团队意识、信任、热爱户外、敬畏自然;挑战自我、安全技能
	定向技能	地形图知识、跑图技能、项目设计	个人品格、智力与体力、辨图与军事地形学、激发爱国主义情怀
	山地车技能	骑行技术、骑行安全	冒险精神、决策判断、果断顽强
	生存技能	野外徒步与生活	团结互助、吃苦耐劳、意志品质、信念坚持、解决问题的能力
	生态环境	环保	新时代背景下绿色可持续发展理念和行为;人与自然和谐发展、品质与道德形象
户外安全与风险管理	户外安全与安全教育	安全教育与教育安全	社会责任、户外道德、责任心
户外竞赛组织与户外运动策划	户外竞赛组织	户外运动知识技能综合运用	创新意识与实践、团结互助、顽强拼搏
	户外运动策划与规划	活动策划	系统思维、规划能力、诚信、职业道德素养、职业认同感、组织能力、执行能力

(三)户外运动课程思政策略

《高等学校课程思政建设指导纲要》中指出"体育类课程要树立健康第一的教育理念,注重爱国主义教育和传统文化教育,培养学生顽强拼搏、奋斗有我的信念,激发学生提升全民族身体素质的责任感。"这是习近平总书记对思政教育系列讲话精神的重要延伸,为高校体育教学部门实现"课程思政"体育教学改革、推动综合素质发展指明了方向。

课程思政并不是指增开一门课,也不是增设一项活动,而是将思想政治教育融入课程顶层设计与教学实践改革的各个环节。课程思政可以理解为依托、借助专业课而进行的思想政治教育实践活动,或是将思想政治教育融入专业课的一项教育实践活动。因此,户外运动课程思政是根据户外课程的特点,结合专业课程知识点,挖掘并积累"思政元素",精心设计教学过程,找准融入点,用灵活自然的教学方式开展"课程思政"。

1. 围绕立德树人的根本任务,树立课程思政理念

应建立课程思政整体观,将"课程思政"理念贯穿户外运动教育教学全过程,推进户外运动课程思政建设,将立德树人融入户外教学目标当中,以目标为导向,将知识、能力、素质目标与思政目标有机结合,系统性地进行课程思政教学设计,将体育价值引领融入户外运动课程思政建设。教师作为教学过程设计、教学内容传授和教学活动实施的主体,在课程思政建设中起主导作用,教师的思政意识与行为将直接影响到课程思政的效果,教师应围绕立德树人根本任务,加强理论学习,增强育德意识与提升育德能力,增强课程思政的亲和力与使命感,在传授户外专业知识的同时,注重青少年思想品德的塑造,不断为户外运动课程思政教育助力。

2. 将课程思政目标纳入户外课程总目标中

课程目标是课程要实现的具体目标和意图的展现,是课程编制过程中起到指导性作用的最关键的准则。课程思政建设要以目标为导向,将知识、能力、素质目标与思政目标有机结合,系统性地进行户外运动课程思政教学设计,将思想政治教育融入户外运动课程教学中,首先必须融入户外运动课程的顶层设计,按照课程建设规律,结合户外运动课程特点,将思政元素的培育和践行列入户外运动课程的思想道德目标中去,强调立德树人是户外运动课程的根本任务。帮助青少年通过学习掌握基本科学思维方法,以及分析知识与技能所涉及的所有思政点,挖掘显性与隐性条件,综合所有因素的可行性,选择解决方案,多次练习,引导青少年逐渐认知思政要义,达到思政教育目的。

3. 增强教师德育意识与能力,提升课程思政效果

教师一方面应具备良好的政治意识和强烈的责任感,另一方面也要树立良好的个人品质,以身作则、严于律己。在教学过程中要有意、有效地进行思想政治教育,具体是在教学的顶层设计上要将思想政治培养作为课程教学目标的首位,并与专业发展教育相结合。户外技能发展是培养学生品质的重要环节,将其与人生哲理、道德品质联系起来,让学生树立正确的世界观、人生观和价值观,向学生传递正能量,相互关心,认真履行职责,以深化教育教学改革的视野贯彻"课程思政",遵循青少年成才的规律,科学挖掘体育课程教学中的思政元素,营造课程思政的学习锻炼情境,创新思想政治教育在体育课程中方式,全方位提升思想政治工作的效果,帮助广大青少年逐步形成正确的世界观、人生观、价值观。

4. 将思政元素与户外理论和技能深度融合

将户外运动课程中蕴含的思政元素融入课程内容,很大程度上决定着户外运动课程思政推进的深度及发展的高度。在户外运动教学过程中,教师按照"学科理论类课程"和"户外专业技术类课程"两大类,依托课堂教学情景将思政元素嵌入课程教学具体环节,从而取得更优的课程思政效果。

学科理论类课程思政侧重于"情境式"融合,即在授课过程中将与本课程密切相关的国家战略、哲学理论及历史背景进行融合。以无痕山野环保课程为例,该课程旨在教导学生在自然中活动时关注生态环境,并在户外环境中减少对生态环境的破坏,这与国家生态可持续发展理念相吻合。在授课过程中,教师可通过教导学生将自身拟化成自然环境中的一部分,然后对其心灵进行"冲击",让学生通过"切身感受"的方式认识到保护环境的重要性。

户外专业技术类课程思政侧重于"嵌入式"融合,即挖掘技术技能课程所蕴含的体育精神、意志品质及相关思政元素。例如,攀岩运动有助于培养学生拼搏向上、不断自我挑战的精神;绳索技术有助于培养学生自主思考、换位思考、举一反三的能力;团队项目培养学生合作与担当精神。教师应在授课过程中通过有效的引导,培育学生良好的思想道德品质与体育精神。

5. 构建灵活多样的课程思政效果评价方式

对于课程思政效果的评价是检验课程思政目标达成的关键,评价结果可以反映课程思政的实施效果,作为课程教师评价者,应认识到思政效果评价对户外运动课程思政建设的重要性,针对不同的教学内容创设相应主题的评价方式,给出客观、真实、有效的评价,以达到课程思政的目的。例如,山地户外课程评价既要从青少年的知识技能、专业能力入手,又要从青少年的情感、态度、价值观变化等方面进行综合评价,思政成效须立足于青少年思想政治素养发展的过程中,以过程为主、结果为辅,引导青少年树立正确的世界观、人生观和价值观无疑是课程思政建设的根本目的。

针对课程思政教育效果的评价以观察青少年的行为为主,并贯穿于课程全程,如"相比国外户外运动的发展,我国户外运动发展有何特色与优势"重点在考察青少年,他们通过课程学习是否对我国丰富的山地资源以及具有中国特色的户外运动文化有自己独到的见解;在课程学习过程中,对理论、技术、技能考察的同时考查青少年的大局意识、系统思维与规划能力,如在观察青少年骑行技术掌握的同时也关注青少年对待骑行的态度与情感、过障碍时的决策能力、同学间的互帮互助情况,考察青少年是否树立正确的人生观。

全面推进课程思政是落实"立德树人"根本任务的重要举措,是全面提高人才综合素质的有效途径。具有丰富思想政治教育资源的户外运动可以为课程思政教育提供良好的载体。完善户外运动课程思政建设既是新时代高等教育贯彻"立德树人"的根本任务,也是促进户外运动课程改革发展的重要途径,户外运动课程将课程思政理念纳入课程建设目标中,挖掘课程思政元素,采取有效的思政策略与方法,使户外运动课程从不同角度对学生认知、情感、价值观等多方面产生积极的影响,这也从侧面反映了户外运动课程具备独特的价值。

三、户外运动与安全教育

户外运动风险是指在参与户外运动时,由于参与者自身安全认知、身体状况、运动技能、等因素,复杂的气候环境、地域环境、运动场地环境,以及装备器材等各因素或组织工作疏忽而造成参与者受到伤害或财产损失的可能性。在从事户外运动时要求参与者具备安全意识,掌握一定的安全知识、安全技能等,并具备一定的风险管理能力。户外运动的知识与技能中蕴含有安全知识技能,在户外运动中,安全知识与技能要融入每一个具体的运动项目或活动中的。

(一)户外运动的风险与安全教育

户外运动是人与自然环境互动的过程,户外运动属于高危运动项目,研究表明,风险是户外休闲冒险、户外探险类活动的基本属性和固有特征。风险是一个外来词语,最初源于法文的 rispuě,在 17 世纪中叶被引申为英文的风险含义(risk),最早在保险交易中被引用。目前学术界对风险的理解有两个侧重点:一是侧重"可能性",也就是事故发生的概率;二是侧重"损失与收益"。"损失与收益"认为风险是安全事件发生概率存在的各种结果的可能性,侧重"损失与利益"的理解认为风险既可能带来伤害与损失,也能带来收益。

户外安全教育是有目的、有计划、有组织地对户外参与者的身心施加影响,教授户外安全知识、安全技能、安全态度的活动过程。户外安全教育是指根据参与者身心发展特征、运动项目特点和运动环境特征,在从事户外运动时,创设一定情景,并传授相关安全知识、安全技能,提升风险认知,对参与者进行安全意识、安全行为教育,以提升参与者应对户外运动风险的管理能力,增强安全意识及整体安全技能水平,以减少或消除户外运动中安全事故发生的概率。

(二)户外运动是安全教育的重要途径

安全是指不受威胁,没有危险、危害、损失,在户外运动的每一个活动项目中都融入了安全知识与技能培训。户外运动可以使参与者养成安全意识的习惯,获得安全知识,从而能够主动辨识户外活动中的风险,即从"要我安全"到"我要安全",变被动安全为主动积极学习安全知识、技能,形成安全行为,达到安全开展户外运动的目的。通过对户外运动中的安全教育内容、形式等进行梳理分析,认为户外运动中的安全教育体现在以下几个方面。

1. 户外运动使参与者切身感受到风险,有助于安全意识提升

在户外运动中,能够利用户外环境中原本存在并很常见的情境进行安全教育,同时对于不常见的情境,可以进行模拟来开展安全教育。在自然生态情境或模拟情境中,参与者最能切身地感受到风险的存在。西格蒙德·弗洛伊德提出的心理防御机制认为个体在面对压力时,会有意识或无意识地释放个体内部心理活动中的焦虑,减轻内在焦虑,恢复心理平衡性和稳定性。这种"适应性倾向"可激发参与者的主观能动性,主动认识危险,学习和锻炼自身处理风险的能力,提高安全意识。而安全意识是人们头脑中建立起来的对于风险的认知和安全的观念,有助于青少年安全知识技能的掌握。户外运动具有探险性、趣味性、体验性、风险性等特点,如当户外运动参与者在直面悬崖、雷电、陡坡等危险情景时,切身感受危险所带来的内心紧张感,能够让参与者对风险产生清晰的认识,从而渴望学习安全知识技能保护自己。这种紧张和安全渴望是人的一种基本需求,有助于安全知识的学习和安全意识的形成。

2. 户外运动实践性增强参与者安全意识与知识技能掌握

户外运动项目涵盖了安全知识与技能,与其他运动项目相比,户外运动具有极强的实践性,特别是安全技能实践。以攀岩为例,在进行攀岩前需要掌握攀爬及保护的相关知识和技能,以便保护自己和队友在攀岩中的安全;又如徒步穿越,需要掌握辨别方向、识图、山地徒步、野外生存等知识。教师在户外活动中通过安全课程、案例事故、个人经历等形式,向学生传授户外安全知识,包含户外安全知识技能、户外安全观念和意识,有助于学生做出安全行为。戴尔金字塔理论指出实践方法对于所学知识与技能在大脑里的留存率高达75%,远高于其他学习方式,而户外运动项目是在传授运动项目技能的同时进行安全教育,通过户外技能、抵御环境风险等实践,可以强化参与者对户外安全知识技能的理解,提升对所学安全知识与技能的掌握与贯通。

3. 户外安全文化有助于安全意识与行为培养

户外运动的组织与实施过程中所蕴含的安全第一的户外安全文化,对参与者安全意识的形成产生积极的影响。安全文化涵盖所有参与者,包括管理者、旅行领导者。参与式安全的概念,是团队成员互相监督,确保整个团队安全,其中安全第一意识、自我保护意识、群体意识是安全意识的具体表现形式。而户外安全氛围对于参与者安全素养的提升产生积极影响,安全氛围是对组织安全重视程度及实施状况的个体性评价,能够有效提升员工安全行为水平,降低事故率和伤残率(Zohar et al.,1980)。在户外运动的开展过程中,一个团队是否具有浓厚的安全氛围,可以体现在从思想上重视安全所表现出的安全责任意识,以及丰富的户外活动实践经验与安全素养。组织者创造出浓厚的安全氛围会对户外运动参与者产生潜移默化的影响,有利于加深参与者对安全的印象,引导户外运动参与者获得户外安全知识与技能,增强安全意识。因此,组织者创造的安全氛围是具有安全教育功能的。

4. 教师的安全经验对安全意识与行为产生潜移默化影响

教师的实践知识是指教师通过反思和提炼自己的教学经验而形成对教育教学的认识。教师解释自己的教育教学经历,形成经验,并实际指导自己的惯例性教育教学行为。也就是说,户外教师在长期的户外实践中能够积累丰富的户外安全经验和实践性安全知识技能,他们在教学中会自觉将这些经验、行为、方法体现出来并指导教育教学实践。他们的实践性知识是其长年累月的教育教学实践的结晶,而其以实践性知识为指导,是户外教师在户外教育教学实践中总结的安全知识和技能经验的分享。户外教师在教学中体现出来的安全意识与行为对于其他参与者而言会产生潜移默化的影响,会促进户外参与者安全素养的形成。

四、户外运动与素质教育

素质教育是我国教育特有的教育思想,汲取了中国传统育人智慧,具有鲜明的民族性,吸收古今中外教育思想精华,适应我国青少年个体发展和社会发展对国民素质的需要,素质教育发展了马克思主义关于人的全面发展的学说,提升国民综合素质是素质教育的核心价值追求。户外教育将素质教育贯穿到教育教学的各个环节,进行道德品质、心理素质、实践能力素质、人文素质等多方面教育,能体现全面育人及全面发展的思想倾向和行为。通过在户外环境中运动,能够很好地将自然环境、地理及其他自然学科领域的知识相结合,是全面教育的一种学习形式,许多户外教育项目通过户外运动来建立跨学科的联系,其实用性和自然环境对完善学生的价值观、道德观、人生观,促进青少年的德智体美劳全面发展具有积极作用。

（一）户外运动的德育价值

德育是培养青少年正确的人生观、道德观、价值观,培养青少年具有良好的道德品质和正确的政治观念,培养青少年形成正确的思想教育方法。户外运动的德育价值主要体现在积极心理品质的形成、帮助学生塑造人生观与价值观。

人生观、道德观、价值观与人们所接触的社会环境、家庭环境、教育等有着密切的关系,个人在成长过程中会逐渐形成自己的人生观、道德观与价值观,户外运动是建立在人类与自然关系上的一种体验形式,这一说法强调了户外运动中最关键的两类关系,"人与人的关系"与"人与自然的关系"。通过参与户外运动,能够学会处理人与人、人与社会、人与自然的关系。通过登山、徒步、攀岩、滑翔、漂流、蹦极、冲浪等充满激情与活力的户外运动项目,为人们提供了能够最大限度地挑战自我、表现自我、追求自我、战胜自我、体现自我实现价值的平台,满足人们达到自我实现的目的需求,青少年通过自我价值实现,获得了满足感,增强了自信心,增进了自我认知和自我效能,有助于塑造积极向上的人生观和价值观。

促进积极心理品质的形成。通过户外运动,人们在大自然中体验人生的价值和原始的生命力。更重要的是,户外运动者在自然中激发生命的活力和超越一切的勇气,在气候多变、环境复杂、条件艰苦以及跨沟壑、涉山溪、攀岩壁、过荆棘中不仅能练就过硬的技术,还能锻造超强的胆识、机敏的思维、沉着冷静的处事作风和勇往直前、坚韧不拔的英雄气概。户外运动给人以挑战自我、发掘自身潜能,培养坚忍不拔、拼搏向上、勇往直前的意志品质的广阔空间,锻炼吃苦耐劳的精神,锻造了参与者坚定信念、坚强自信心和勇敢顽强的心理品质。

当然,户外运动的德育价值远不止于此,通过户外运动对青少年进行爱国主义教育、理想教育、集体主义教育、人道主义与社会公德教育、自觉纪律教育、民主与法治观念的教育、科学世界观和人生观教育、心理健康均是德育的范畴。

（二）户外运动的智育价值

智育是青少年系统的科学文化知识、技能,应积极发展他们的智力和与学习有关的非智力因素的教育。户外运动与其他运动最大的区别就在于参与户外运动的过程中需要与大自然密切接触,在与自然环境密切接触的过程中,往往会获得比户外运动本身更多的知识,通过户外运动发展青少年智力主要表现在,可以通过项目整合不同领域的知识,建立起与不同领域的知识及体验之间的联系,将在教室里学习的知识、概念等抽象的东西带到自然中直接体验,更具体地学习,以取得更好的效果。例如:以河流为题材,数学、物理教师进行河道宽度的测量和流量计算方法的指导;生物学教师指导大家亲自观察周围和水中的生物;地理和历史教师可让学生调查河岸侵蚀、地层构造,以了解河流的变迁历史等,从而为学生提供对自然环境与人的关系的联想思索;美术老师指导演奏、写生、绘画、制作手工艺品等超越学科范围,增加学生的知识面。同时,让学生在野外活动中发现问题、讨论和解决问题,引导学生将这些融入日常生活中,这也是户外活动的教育之所在。通过户外活动,将体育、道德、人文、地理、生活技能、科学和环境等教育领域的课程内容整合,丰富体验与学习的关系,鼓励青少年更深入、更全面地进行学习体验,丰富了他们的情感,促进其智力的全面发展。

(三)户外运动的体育价值

古人云:"动则无疾。"表明运动对于健康的意义。户外运动作为众多体育运动项目中以自然环境为场地的体育项目,其健身价值是不言而喻的。它是充分利用空气、阳光、江、河、湖、海、沙滩、田野、森林、山地、草原、荒原等自然资源,根据实际情况进行登山、攀岩、徒步、溯溪、溪降、漂流、越野自行车、探洞、野外生存等项目的活动或竞赛,项目丰富多彩,参与者可以根据自己的喜好、身体健康状况有目的地选择适合自己的项目进行锻炼,长时间地在自然环境中运动,能充分提高人的力量、耐力、速度、灵敏、柔韧、协调、反应等素质,能有效地促进人体的新陈代谢,提高身体抵抗疾病的能力。户外运动的健身意义不仅表现在促进身体的健康上,而是由于其本身的魅力,吸引人们从了解到参与进而喜欢这项运动,达到在运动中健身强体的目的,解决在参加健身运动中的问题,对社会的进步、发展起到了积极作用。

(四)户外运动的美育价值

美育是培养青少年的审美观,发展鉴赏美、创造美的能力,培养高尚情操和文明素质。户外运动作为一项与大自然亲密接触的运动,户外运动的美育价值主要体现在于培养青少年感受大自然之美、欣赏大自然之美的能力,以及培养青少年保护大自然、爱护大自然的良好品质。户外运动以其惊险、刺激、挑战等极具价值。同时,陡峭的岩壁、湍急的河水、荆棘密布的丛林等又赋予人们一种神秘色彩,挑起观众观看并为之震撼的激情。大自然美丽怡人的风光更是吸引人们欣赏风光,领悟大自然壮阔与宏伟,感受其魅力,很好地丰富了人们精神生活需要。通过户外运动,教师传授给学生如大自然为什么美、美在哪里、美的组成等知识,培养青少年发现美、欣赏美的眼界,培养构建美、创造美的能力。由于户外极具观赏价值,使参与人员由观看上升到参与从而到热爱、钟情于户外运动。

(五)户外运动与环境教育

户外运动对自然资源和人文资源有较高的依赖,同时也会对自然环境、生态产生影响,由此,出现了以教育来代替行政管理的"Leave No Trace(无痕山林)"理念,并运用于户外活动与生活,简称LNT。今天,LNT已推广到世界各地。通过户外运动在自然领域的实践经验让参与者学习掌握LNT,学习生态环境保护知识,加强对环境问题的认识,培养环保意识与行为。

参与环境可持续发展的活动,有助于青少年理解有关动植物及其生存系统,加强自然生态系统认知,产生对自然的兴趣,户外教育涵盖环境地理主题和景观主题,生物群落和粮食安全主题,人类福祉、环境变化和环境管理主题等,对于发掘青少年对生物学和地球科学等自然科学的深刻理解和智力潜能具有积极作用,户外教育的环境教育(包括环境教育和生态文学),使青少年对环境有更深入的认识并产生真正的兴趣,开展可持续发展的环境行动。青少年通过水资源保护、生物多样性保护等行动,了解水生物等真实场景,感受水生物生态系统存在的危机,为青少年保护环境创造了条件。

(六)户外运动与劳动教育

2020年3月26日,《中共中央 国务院关于全面加强新时代大中小学劳动教育的意见》指出,劳动教育是中国特色社会主义教育制度的重要内容,直接决定社会主义建设者和接班人的劳动精神面貌、劳动价值取向和劳动技能水平,全党全社会必须高度重视,采取有效措施切实加强劳动教育。劳动教育涵盖了劳动观念与劳动技能两部分的教育。人们在劳动的过程中形成对劳动的看法和认识,这就是劳动观。劳动观作为意识形态领域的内容,与人生观、世界观一脉相承,人生观、世界观虽然看不见摸不着,但在工作或生活中都会有所表现,而这种表现的过程大都是劳动的过程。劳动观反映着劳动者对劳动的态度,决定着劳动者在劳动过程中的行为。从这个意义上讲,人生观、世界观决定着劳动观,劳动观生动地反映着人生观、世界观。只有树立了正确的劳动观,才能自觉强化"辛勤劳动最光荣"的意识,用双手和智慧去创造人生,实现自己的理想,并对人生观、世界观的形成起到积极的作用。

树立劳动观中最重要的就是动手意识的形成,户外运动中,动手实践一直是户外教育者强调的核心观点。户外运动的知识技能不仅包括体验感较强的运动技能,同时也包括户外生活等与动手能力相关的活动,是很好的劳动技能教育内容。在户外运动过程中进行劳动技能教育具有极大的优势,通过户外劳动教育,掌握劳动技能,培养孩子的动手能力、独立能力以及吃苦耐劳的品质,增强劳动意识,培养劳动习惯,对孩子的成长大有裨益,有助于孩子的全面发展。

第二篇

户外运动项目

第六章　户外运动装备

户外装备是指户外运动参与者在进行户外活动、生活时使用到的生活用品和进行运动时所用器材的总称。户外环境恶劣且气候多变，因此，户外运动中装备占有极其重要的地位，它是保证参与者生命安全和户外活动正常、有序进行的物质基础。在户外，装备就如同战士的武器，保护好装备就等同于保护好自己的生命。随着户外运动外延的扩大，参与群体的大众化，户外运动逐渐成为一种休闲生活方式，这种变化需要户外运动装备具有平日穿着普通服装的特点。由此，户外运动装备的设计、开发、生产逐渐开始融入休闲的元素，在满足功能化要求的基础上，趋向以舒适、美观、便捷为主的休闲系列，功能化与休闲化的有机结合正在成为户外运动装备发展的新潮流。如今，户外生活装备的开发和生产广泛采用新材料、新技术和新工艺，不断推出功能性强、款式新颖、品质可靠的新产品，兼顾户外运动和户外休闲消费者多场合的穿着需要，进一步满足消费者对安全、轻松和舒适户外生活的需求，帮助更多的家庭感受户外运动休闲的快乐。

目前，在户外用品市场上，各种品牌的户外装备品种繁多，根据适用范围，户外装备可分为个人装备、集体装备和技术装备。本章节主要介绍山地户外运动中常用的一些装备及其使用注意事项。

第一节　个人装备

个人装备是指进行户外运动时参与者在户外生活、活动所必需的个人用具。它主要包括背包、睡袋、防潮垫、户外服装、登山鞋、火种、手套、运动眼镜、帽子、水具、灯具、刀具、登山杖等用品。

一、背包

背包是户外运动中最基本且最重要的装备，户外登山、攀岩、探险、野外生存携带的大量物品都要放入包内。就背包容积而言，40～60L的背包适合1～5天使用，2～7天建议50～75L，活动在一周以上的以60～85L为宜。从事登山、攀岩、徒步、探险、野外生存时所携带的背包容积一般在65L以上，如图6-1-1所示。

图6-1-1　背包

(一)分类

1. 软式背包

没有任何内外支架,没有良好的背负系统,和学生的双肩背包差不多,轻便,体积较小。但较为简单的背负系统无法承受较大的负荷,舒适度不佳,只适合一般的都市旅游、单日远足或是单日的郊区攀登活动。

2. 外架式背包

外架式背包外部有一个"H"形的金属框架(铝合金最常见),背袋内置,且有拉紧的尼龙肩背带及臀部固定带,能够使重量由肩部和臀部共同承担。优点是容积大,易于物品的装填取用;身体和背包之间的空间大,利于空气流通,在背负时能够保持背部的凉爽,具有舒适感。但因体积大且与背部不贴合,在钻行密集丛林时,易被勾勒。当包满载时,外架包重心更高,在路况差的情况下或攀登滑雪时容易突然重心移位而失去平衡。此类背包较适用于在路况平坦的场景背负大件行李。

3. 内架式背包

将金属骨架移至背包内部,原理同外架式背包。内架式背包是现在主流的登山包类型,现在多数品牌采用可调节的背负系统,与外架式背包相比,它可根据身形适当调节更贴合身体,重心更稳定,背负感更舒适,使用者在活动中更灵活,更易掌握平衡。

(二)背包的构成

1. 背负系统

它是背包最重要的部分,承受着全部装备的质量。减少体力,延缓肌肉疲劳,保证舒适及承重,提供舒适的负重是一个好的背负系统最基本的要求。背负系统包括双肩背带、腰带、胸带、受力调整带、背负支撑机构以及调整装置。根据背包的发展历程,可以看到其经历了从无背负系统到简易背负系统,再到现在的智能背负系统。

2. 装载系统

装载系统指背包装载物品部分,由主袋、顶包和侧包构成,主袋采用上下分层式,上端和下端各设一开口,中间有一个活动隔层,可连通亦可断开,依据需要分装物品,便于装取。部分品牌推出四开门背包,除上、下口外,两侧新增开口装置,使取放物品更方便。

3. 外挂系统

外挂分为顶挂、侧挂、背挂、底挂等,采用点固定或条固定形式。点挂式设两个或四个对应挂点,采用两点或四点捆绑固定;条挂式在背包正面装两排外挂条带,每条设若干固定点,可以固定物品,防止其随意摆动。

（三）装填原则与方法

所谓 ABCs 的背包打包法,是由 4 个英文单词所组成,分别为:accessibility、balance、compression and streamline。至于 s 为什么会用小写,则是因为如果做到了 ABC,那么 s 就自然会出现,如图 6-1-2 所示。

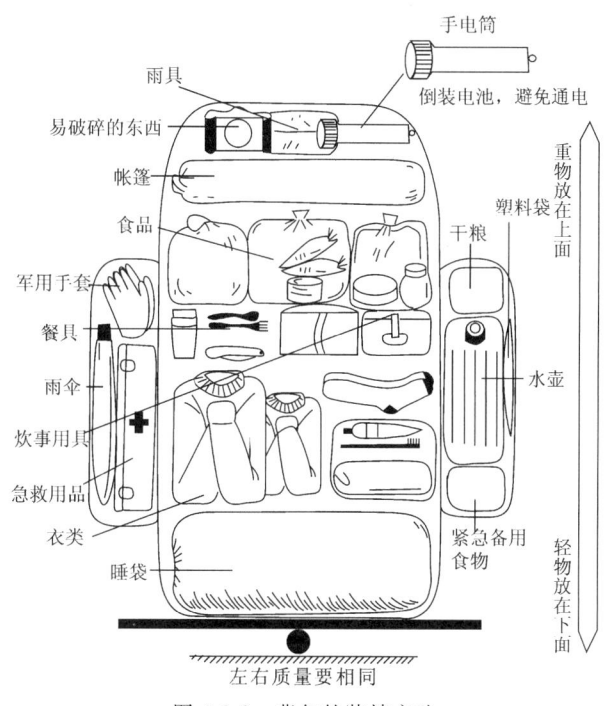

图 6-1-2　背包的装填方法

1. 易取性（accessibility）

装包物品要分类填装,保持物品便于取用,如手套、帽子、墨镜、地图、防雨罩等,最好放入头包或侧包中。物品的装填顺序须与取用顺序一致,以方便拿取。比如说,在登山的过程中头灯是必需品,那么如果放在背包的底部就失去了易取性。又或者我们将睡觉才会取出的睡袋放在最顶端也会影响其他物品的易取性。帐篷、防潮垫等可放在背包的外部,使用外挂来固定。为了防水,可将物品用塑料袋分装好,再放入背包中,以保证在雨中行走或背包不慎落入水中时包内的物品不会打湿。

2. 平衡性（balance）

所有放入背包的物品必须使背包达到前后平衡、左右平衡。其中,前后平衡比较特别,并不是要均重,而是靠近我们肩胛骨下缘中心的部分最重,背起来重心要靠近背部,让臀部承受大部分重量,保持上重下轻更省力(上山下山各有区别)。同时,也要考量路耗中的平衡,例如带了1L的水放在左边,一开始是平衡的状态,但在经过一段行走之后,水喝完了就会左右不平衡。

3. 压缩性(compression)

所有的物品能够压缩的就要压缩(如睡袋、衣物等),如果不能压缩的也可以利用小件物品将空隙填满(如用袜子、毛巾、备用衣物塞满锅具或食物等形成的空隙)。

4. 流线性(streamline)

从外观上去检查背包是否饱满,是否有皱褶(有皱褶代表有空隙),是否有额外的突出(代表不平衡)。

(四)使用注意事项

(1)行军通过急流或陡峭地段时,应扣紧胸带和腰带,使背包与人形成一个整体,如遇意外情况,背包可能会挽救生命。如落水时,背包在一定时间内可以充当救生圈;滑倒时背包可以起到缓冲作用,防止身体受伤。

(2)宿营时,背包扣要扣好,避免昆虫及其他动物进入背包。

(3)在外宿营,背包可以当枕头用,如果将背包放置于帐篷外,则应用防雨罩盖住背包,以免露水打湿背包。

(4)在有利地形时,背包的重心移到上部;处于较为不利地形时,背包重心移到中部。

(5)背负时腰带的中心点要处于坐骨中央,腰带不可太紧或太松。调整肩带固定点,使肩带曲线贴紧背负者的背部。头部不能撞击到背包顶包,顶包不能阻碍头盔。

(五)选择注意事项

(1)根据装载物品的数量选择背包的容积。
(2)根据用途选择背包的类型。
(3)根据身材选择背负系统的尺码。
(4)材料的质量。背包是否结实耐用关键在于制造材料,主要从织带、面料、耐磨度、涂层等方面进行考虑。
(5)良好的结构和设计是背包性能优越的保证。部分背负系统借鉴尼泊尔背篓的原理,采用了双"V"形设计。

二、睡袋

睡袋是把"被子"和"褥子"结合在一起的用具。在户外,睡袋为登山、探险、野外生存者提供良好、安全、温暖的睡眠条件,对保障户外运动者体力恢复起着举足轻重的作用。睡袋的质量从100g到2000g不等,使用者可根据活动地区的气温来选择。现在睡袋普遍都标有温标,并标明适合使用温度的相关数据,以便于户外运动爱好者选择使用。温标一般由3个数据组成:低温度(该睡袋适用极限温度)、舒适低温(该睡袋适用舒适的理想温度)、高温度(该睡袋适用温度范围的上限)。

(一)睡袋的分类

1. 按照材质划分

选择什么材质的睡袋,应该先了解活动区域的气候变化情况,选择轻便保暖,适合活动区域地理气候条件的睡袋。

(1)棉睡袋或人造纤维棉睡袋。棉睡袋里的棉不是纯棉,纯棉较重,松软度不够。一般情况下棉睡袋都采用纤维棉,也叫中空棉。纯棉和人造棉的种类较多,质量价格参差不齐,但都相对便宜,使用寿命一般为3～4年。各种人造棉保暖程度相对低,随着使用时间的累积保暖性能会慢慢降低直至无法使用,挤压后体积较大,不便于携带,但具有一定的拒水性能,湿后仍保持一定的保暖性能,而且晾干速度快。在比较潮湿的环境条件中适合选择人造真空棉睡袋,应避免将睡袋弄湿,否则睡眠就会受到严重影响。通常温标舒适温度为-5℃左右的睡袋多为三季用睡袋(春、夏、秋),此类睡袋大多是纯棉睡袋或人造棉睡袋。

(2)羽绒睡袋。羽绒睡袋价格较为昂贵,保暖程度高,羽绒制品的使用寿命很长,良好保养下可使用10年以上。羽绒睡袋又分为鸭绒和鹅绒,同等条件下鹅绒的保暖程度稍高于鸭绒。羽绒睡袋十分轻便而且隔热保温效果较好,但必须保持干燥,一旦潮湿,不仅会丧失几乎全部的保暖能力,而且不易干。因此,严酷登山环境下往往使用具有防水透气性能强的材料做羽绒睡袋的外料。如果进行冬季露营、登雪山等活动,睡袋的温标应该达到-30℃～-15℃,此类睡袋是羽绒睡袋。

2. 按照容量划分

按照容量划分,睡袋分为单人睡袋和双人睡袋。

3. 按外形划分

从睡袋的外形上来区分,睡袋分为信封式(图6-1-3)、木乃伊式(图6-1-4)和混合型睡袋。下面着重介绍信封式和木乃伊式。

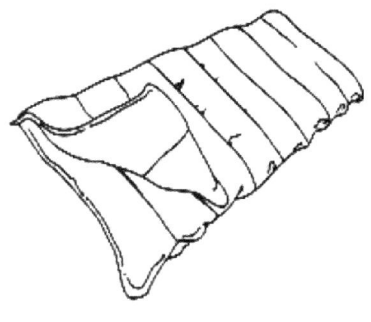
图6-1-3 信封式

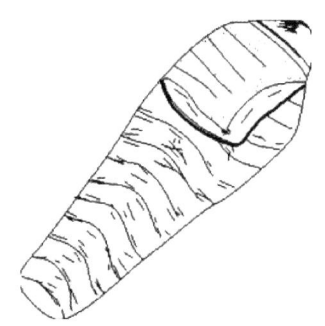
图6-1-4 木乃伊式

(1)信封式。顾名思义,信封式睡袋的外形与我们日常生活中使用的信封十分相似,只不过它的封口在短边。因为信封式睡袋的肩部和脚部的宽度一样,总体上呈长方形,所以也被称为长方形睡袋或者是四方形睡袋。信封式是一种较为传统、常用的睡袋构造。这种睡袋的活动空间大,使用者在睡眠过程中较为自由。宽松的后果就是不可避免地导致更多热量散失,因此其保暖性能一般,适用于温暖条件下的野外宿营。

(2)木乃伊式。木乃伊式睡袋,又叫妈咪式睡袋。据了解,这种睡袋目前是国际上保温效果最好的一种睡袋。这种睡袋之所以被称为木乃伊式,是因为它的形状与人体的体型线条十分吻合。这种睡袋的肩部较宽,然后向下逐渐紧缩,直至脚部缩到最窄,适用于寒冷环境。这种睡袋的肩部有一个头兜,头兜束紧后,可以有效阻隔冷风、寒气,阻止热量大量散失,不仅提高了睡袋的保暖效率,而且节省了空间。考虑到人在睡眠时脚部最易感到寒冷,一些木乃伊式睡袋在下部特别加厚,有些款式还设计有加厚的脚垫。但是它紧凑贴合的形状使得使用者在睡眠时感觉自由舒适度不够。

(二)使用、清洗和存放

1. 使用

(1)进行户外运动前1~2天请将睡袋完全舒展,出发前再将睡袋装入压缩袋,有助于在野外充分发挥其保暖性能。

(2)寒冷环境下请勿穿着外套进入睡袋,建议只穿内衣,有助于快速提高睡袋内的温度和睡眠的舒适性。

(3)在营地里如时间许可,早晨将睡袋外翻,置于帐篷顶或干燥、通风、阳光照射的环境,有助于睡袋的风干,但是要避免长时间暴晒。

(4)收纳时,可先将睡袋卷收一次,挤出大部分空气。再将睡袋摊开,从尾部开始将睡袋不规则地放入压缩袋内。不推荐用卷收的方式放入压缩袋内,因为长期有规则的卷收会使睡袋面布因为受力不均衡而加速老化。

(5)羽绒睡袋面料具有防水功能,但如果途中天气极其潮湿,请将睡袋用塑料袋密封,避免潮湿的空气进入睡袋。

2. 清洗

人造纤维棉睡袋可以直接洗涤,清洗前睡袋可短时间浸泡,用软刷轻轻刷净头部、领口、脚部等易脏部位,使用中性洗涤剂或专用睡袋清洗剂,切勿使用强烈的清洗剂、漂白剂和衣物柔顺剂。睡袋可用前置式滚筒洗衣机机洗,但不能使用上置式涡轮洗衣机;机洗前将睡袋外翻,拉好所有拉链并且扣好搭扣。洗衣机选择温水或温和模式,切勿使用甩干功能,因为强大的离心力会损坏睡袋面料和里衬;清洗完毕,切勿将睡袋从一边拿起,而要将睡袋从底部整个拿起,否则会损坏睡袋面料和内衬;晾晒时尽量平铺或多处挂搭,以免过度下垂。

根据羽绒专家的建议,羽绒睡袋4年左右清洗一次即可。过度的洗涤会损坏睡袋的保暖介质——羽绒,因此在保持清洁的前提下尽量减少洗涤次数。如果不太脏,可简单清洁,如用毛巾沾汽油清洁表面材料即可。清洗后风干或晾干,确认干燥后轻轻拍打,待其自然膨胀后存入睡袋存储袋。羽绒睡袋洗涤忌用碱性洗涤剂、忌拧绞、忌火烤烘干。羽绒睡袋可和棉质的睡袋内衬共用(睡袋套),以减少洗涤机会,同时棉质睡袋内衬有助于吸汗。

3. 存放

(1)日常存放请尽量选择干燥、阴凉的环境,并且确保睡袋是清洁的。

(2)不可置于压缩袋内存放,长期压缩会使羽绒或保暖层失去弹性从而降低保暖性能。推荐使用存储袋存放,也可使用底部织带倒挂于衣柜内。

(3)如果长期不使用,建议过一段时间整理一次睡袋,使它完全舒展并风干,重新装入存储袋或倒挂存放。

三、防潮垫

防潮垫的作用在于防潮、隔热、抵御来自地面的寒气,保证睡眠的质量,保护宿营者的身体健康。对一个登山者而言,晚上能够睡个好觉是很重要的事情,好的防潮垫能够起到重要作用。现代的防潮垫体积一般都不大,质量也较轻。因此,建议在进行登山等户外运动时一定要带上防潮垫,给自己一个安全、舒适的睡眠环境。

(一)分类

1. 充气垫

优点是舒适度佳,柔软度可调节,价格适宜。缺点是体积大、重、易破损。里面空气层流动性高,不能提供良好的保温效果,如图6-1-5所示。

2. 开放式发泡防潮垫

一般是由膨胀的聚脲乙烯制成,里面有许多细微的气室可以允许外界空气进入,形成隔绝层。优点是比充气式更舒适、更保暖、质量更轻、价格适宜。由于材料是开放式结构,所以防潮能力较差,不宜在较潮湿的环境下使用。保温性能比封闭式要差,而且压缩性能也较差(不宜携带),使用寿命也较短,隔绝效果没有封闭式发泡防潮垫好,如图6-1-6所示。

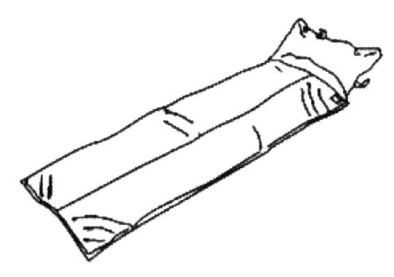
图 6-1-5　充气防潮垫

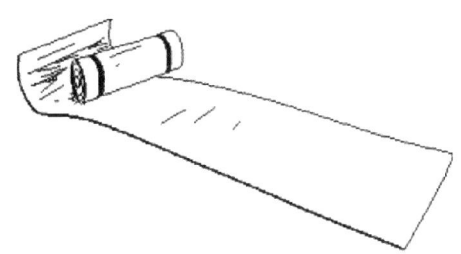
图 6-1-6　开放式发泡防潮垫

3. 封闭式发泡防潮垫

使用一种由大量的微小封闭气室构成的泡沫材料,内部含有很多封闭的细微气室,一般市面上又分为泡棉防潮垫、锡箔披覆防潮垫、折叠式防潮垫等。优点是价格便宜、耐用性好、绝佳的绝缘性和防潮性,但由于厚度较薄,舒适度欠佳。

4. 自动充气防潮垫

内部是开放式发泡防潮垫,外层再加上组织紧密、防水性佳的尼龙布,同时在角落设有一个充气阀以方便空气的流通。优点是具有开放式发泡防潮垫同样的舒适性,但是隔绝性更优于开放式,防水防潮,气室充气量可调节。外层的防水尼龙布限制住防潮垫内部空气的流动,将开放气室封闭于一个防水的尼龙外壳内,使用时会自动膨胀。缺点是价格昂贵、易破损、体积较大而且质量较重。

5. 铝膜防潮垫

EVA发泡,防潮和舒适性佳。优点是轻便、便宜、性价比高。缺点是容易破损。

(二)注意事项

(1)防潮垫应用垫套包好,以减轻运动时的磨损,延长使用寿命。
(2)在行军过程中防潮垫一般外挂在背包外,应用背包外挂带系紧挂好。
(3)为了延长使用寿命,请不要折叠,卷起来保存即可。
(4)自动充气的防潮垫应该让其自动充气,切勿频繁用嘴补气,口中水汽会影响防潮垫使用寿命。
(5)使用防潮垫时,地面要整平,清除地面上的石子和树枝等坚硬的物体,以防损坏防潮垫。
(6)防潮垫的材料多为易燃物,应注意防火,不要在垫上抽烟或使用炉具等。

四、户外服装

野外环境复杂多变,为抵御恶劣环境对人体的伤害,保护身体热量不散失,快速排出运动中产生的汗水,在各种气候条件下参与户外活动时尽可能舒适,在登山、攀岩及其他户外运动时应做到分层着装(分层着装是指在户外运动中穿着不同材质的衣服,适应野外各种天气变化对人体所带来的影响)。

(一)分类

1. 排汗层(内衣)

排汗层的主要用途是保持人体皮肤的干爽。如果人体排出的汗水在体表蒸发就会带走身体上巨大的热量,使人感到寒冷。所以,排汗层应为排汗性强的合成纤维材质内衣。棉制品吸水性强,但干燥较慢。在高寒地区剧烈活动后,一旦体温下降可能导致感冒,所以应避免穿着纯棉、纯毛的内衣。

2. 中间层:保暖层(或绝缘层)

保暖层衣服的作用是在衣服内形成空气层。空气是良好的隔热媒介,在保暖衣内形成空气层之后,外界的冷空气与身体被隔开,达到保持体温的目的。通常中间层多采用人工材料(如抓绒)和天然材料(如羽绒、羊毛、织物等),中间层的衣物一般没有防水功能,主要配合外层穿着。

3. 外层:保护层

登山、户外运动外层一般指的是冲锋衣、冲锋裤、风雨衣之类的服装。它的主要功能是防水、防风、防撕。随着现在科技的发展,已开发出 Gore Tex 等防水透气面料,原理是在薄膜状态下,表面的小孔直径正好处于水分子与蒸汽分子之间,蒸汽分子可以通过,而水分子不能通过,从而达到防水透气的效果。

三层着装的好处在于可以因地制宜、因气候制宜。衣服穿着热或冷对身体都不好,适宜温度在 37℃ 左右。温度太低会造成失温,太高又会中暑,如果体感过热可以脱去中间层。天气寒冷时可以穿着不止一个中间层,以提供更多的空气层达到更好的保暖效果,外层也有保温作用。毛衣、棉衣、牛仔裤等日常穿着的衣物在登山、探险的户外环境中缺点明显,应尽量少穿。

(二)选择原则

(1)保暖。虽然保暖性是与织物厚度密切相关的,但是户外运动不允许服装过于厚重,因此既要保暖又要轻便才符合户外运动服装的特殊要求。

(2)透湿。运动会使人体产生大量的汗液,而在户外环境又难免遭遇风雨,这本身就是矛盾的。既能防雨雪浸湿,又能及时把产生的汗液排出去。幸好人体散发出的是单分子状态的水蒸气,而雨雪则是聚集状态的液态水滴,它们的体积大小相差甚远。此外,液体的水具有表面张力的特性,防水透湿服装就是利用了水的表面张力特性,在织物上涂一层 PTFE(与"耐腐蚀纤维之王"聚四氟乙烯 PTFE 的化学成分相同但物理结构不同)的增强织物表面张力的化学涂层,使水珠尽量收紧而不能散开、浸润织物表面,从而无法透过织物组织上的孔隙。同时这种涂层又是多孔性的,单分子状态的水蒸气可以顺利透过纤维间的毛细管孔道散发到织物表面。

(3)防水。户外服装提供的首要功能就是防水,大多数传统织物的防水性能是通过涂层或薄膜来实现的,后来出现了用含氟化合物或有机硅做整理剂的防水处理技术。

(4)透气。透气性是空气透过织物的能力。一件好的户外服装,不仅要防水还要透气。它的透气性能由薄膜的微孔结构决定,允许气态水分子逸出,阻止液态水分子进入。

(5)速干。吸湿速干性是把身体产生的汗水迅速吸收,尽量排向外层并尽快挥发,使身体保持干爽。

(6)抗静电。户外服装基本都是化学纤维织物制成,当户外环境比较干燥的时候,就会产生静电问题,表现为衣服易起毛起球、容易沾染灰尘污垢、贴近皮肤产生静电吸附。如果携带有如电子罗盘、海拔表、GPS 导航仪等精密电子仪器,还有可能被服装的静电所干扰而产生错误,造成严重后果。

(7)防风。为了保持体温,防止人体失温,一旦处于失温的状况,就可能会导致死亡。

(8)防紫外线。纺织品防紫外线辐射的评定参数采用的是紫外线防护系数 upf 值,它表示皮肤无防护时计算出的紫外线辐射平均效应与皮肤有织物防护时计算出的紫外线辐射平均效应的比值。

(三)常见户外服装

(1)内衣。内衣是直接贴身穿着的衣物,它将汗从皮肤表面传导开,保持皮肤干爽,还具有一定保暖作用。在较凉或寒冷天气进行出汗较多的运动,应该穿导汗功能较强的内衣。导汗内衣有不同的厚度,以适应不同活动和气候条件。

(2)快干衣。快干衣有短裤、T 恤、单裤和长袖衫等。选择时要侧重舒适、耐久和轻巧。在暖和天气提供基本的保护和保暖作用,一般在温暖的天气里进行短途户外活动时使用,如图 6-1-7 所示。

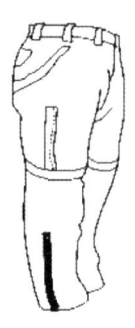

图 6-1-7　快干衣

(3)保暖的抓绒衣和羽绒服。保暖层使更多的空气滞留在身体附近,保持身体温暖。保暖层衣物松软、轻暖,尽可能占用较少的体积。若透气排汗,则保暖能力会受影响,潮湿情况下的保暖能力和干燥速度是选择保暖层的重要因素。

(4)冲锋衣等功能外衣。外衣起防风、防雨和防雪作用,户外活动时一定要携带一件功能外衣。根据活动不同,选择防雨冲锋衣或防风、耐磨、保暖等多功能的外衣。

(四)户外服装选择注意事项

(1)合身:外衣宽松,穿上内层服装后不紧绷。考虑最厚的着装需要,外衣要良好的遮蔽全身,上衣下摆要在指尖左右,功能性外衣衣袖在举起双手时以不露出手腕为宜。

(2)方便:选择全拉链上衣容易穿脱,裤子为两侧从上到下全开拉链,方便穿脱。

(3)可调整收口:根据天气冷热情况,自由收缩袖口、下摆、领口等位置。

(4)通风口:衣服在合适的位置设有纵开拉链、侧拉链、网罩等通风口,增强透气性。

(5)衣兜:易开关,易拿放东西,防止兜盖进水。

(6)帽子:防水帽子,内藏式帽子不用时可卷起藏到领子里。

(7)防水盖层:所有拉链、衣兜和能打开的东西都应有防水盖层,防止进水。

(8)接缝压胶:针脚和接缝有压胶处理,防止漏水。车缝有贴条(热封胶条),高档次的贴条要求宽度达到20mm以上,双针车线位有3条(每条车线压一条,中间再加一条)。

五、户外登山鞋

户外运动鞋的种类很多,随着技术的发展,户外运动鞋的分类越来越细化,各种用途的户外运动鞋为户外运动爱好者提供了坚实的脚下基础。户外鞋从功能和用途上可分为高山靴、登山鞋和轻型登山鞋。另外在一些户外运动中,还需要有专门的鞋类,如竞技攀岩中使用的攀岩鞋、溯溪运动中的溯溪鞋等。

(一)户外登山鞋功能

户外鞋具有显著的功能,能够为户外者的脚部提供良好的支撑力,具有良好的减震功能,并具备防滑、防水功能及持久耐用性。户外鞋应具备以下五方面的功能。

(1)良好的支撑力:为适应户外复杂的地形,满足负重状态下的登山或徒步。户外鞋的支撑力除了与鞋面有很大关系外,与鞋底的结构也有直接关系。鞋面紧缩设计,鞋面各部分和脚表面可靠结合,穿着舒服,克服脚向四周分散力量,支持脚部垂直受力,增强支撑力。

(2)减震功能:有效吸收人体的垂直压力,良好减震性能减轻地面对大脑的震动,减轻疲惫感,硬度强的大底有效抗击坚硬地面冲击,使行走轻松。

(3)防滑功能:行走在复杂险峻地形时,每行走一步都存在着潜在危机,良好的防滑性能牢牢地抓稳地面。

(4)防水功能:户外鞋浸水后重、摩擦力增大,脚易受伤,严寒季节易冻伤。目前许多户外鞋使用 Gore Tex 胶膜衬里,满足防水功能。但不像雨鞋一样防水,良好的维护能减少损伤,延长鞋的寿命。

(5)耐用性:坚固耐用才能适应各种复杂地形。

(二)分类

户外鞋有明确的针对性,户外登山鞋从功能和用途上可分为五大系列。

(1)高山系列(重型登山靴,图 6-1-8)。适用范围为高海拔登山等。因为使用环境较为恶劣,这类鞋一般自重较大,保暖性好,非常坚固,有很强的抗冲击力,可装冰爪,靴帮设计高,一般在 20cm 以上,但柔软性较差。高山靴分为内、外两层靴,内靴作用是保温防寒,外靴质地坚硬,有防水、防风作用,适应复杂恶劣的积雪、坚冰、岩石混合地形可有效保护双脚,保证使用者在−40℃的地区环境中不被冻伤。外靴带有专门的卡槽以安装冰爪或滑雪板。

(2)低山系列(重型攀登鞋,图 6-1-9)。适于海拔 6000m 以下山峰,攀爬冰壁或冰雪混合岩壁,大底用耐磨橡胶(Vibram 或 Sky walk),大底间衬为有机碳素板,鞋底硬,抗冲击力强,攀登时有足够的支撑力,鞋面用加厚的(3.0mm 以上)整张牛皮或羊皮缝制,增强防水透湿效果,常用 Gore Tex 或 Sympa Tex 作衬里,中间夹保温层。鞋帮通常高 15cm 以上,有效保护双脚免受伤害,部分款式设有冰爪结构,没有固定结构的可用捆绑式冰爪。比重型登山靴轻,卸下冰爪行走比重型登山靴舒适。

(3)低山系列(中型登山鞋,图 6-1-10)。用于低山、峡谷、荒漠、戈壁等较为复杂的地形,适应中长距离负重徒步。鞋帮高度通常为 13~15cm,支撑力较强,有效地保护踝骨减少伤害。大底选用耐磨橡胶,部分品牌在大底和中底间设计有尼龙板支撑,增强鞋底的硬度,有效防止鞋底变形,增强抗冲击力。鞋面中等厚度,材料为头层牛皮、羊皮或皮革混合,革面相比高山系和低山系列要轻得多,柔韧性更好。Gore Tex 材料作衬里或油皮防水,可在踝骨以下水面或雨中行走。

图 6-1-8　高山系列　　　图 6-1-9　低山系列(重型)　　　图 6-1-10　低山系列(中型)

(4)徒步系列(图 6-1-11)。质轻、柔软、舒适、透气性好,为中短距离负重较轻的徒步而设计,适用平缓山地、丛林,一般用于郊游或野营活动。鞋帮在 12cm 以下,有保护脚踝作用。大底塑板夹层有较好的抗冲击力和减震作用,鞋帮为全皮、革面或皮革混合材料。Gore Tex 里衬防水,在地形不复杂的环境行走时,中帮鞋优于高帮鞋。

(5)健行系列(图 6-1-12)。为常穿着和不负重的运动设计,又称为低帮鞋。耐磨橡胶大底,弹性中底减轻地面对脚的冲击,缓解体重对脚的压力,龙骨设计防止鞋底变形,增强支撑力。紧缩的鞋面紧贴双脚,皮鞋面或尼龙网面质轻、柔韧性好。

图 6-1-11　徒步系列　　　　　　图 6-1-12　健行系列

(三)注意事项

(1)由于登山鞋较硬,因此外出前,新鞋应进行一定时期的磨合,可在家里穿几周再外出使用。

(2)由于鞋底硬,摩擦系数小,走过湿滑道路或石块时容易滑倒,应特别小心。

(3)户外登山鞋有防水功能,但它毕竟不是雨鞋,因此不要故意在水中行走。

(4)户外登山鞋由于材质较硬会有磨脚情况。解决此类问题的办法是穿两双袜子或垫厚易磨部位。

(5)户外登山鞋的鞋带多是圆形,不易系死,系好后也容易脱开。行走时要留意鞋带情况,以免把自己绊倒。

（四）鞋子的保养

(1)活动后将鞋上的泥土灰尘刷掉,保持鞋的清洁。

(2)多数材质的鞋子,可用中性肥皂加清水清洗(不可随便使用清洁剂清洗),湿鞋水沥干后塞废纸置于阴凉通风处,切忌用火或烘干机烤干,否则会破坏鞋子的材料(特别是Gore Tex的鞋子)。

(3)清理鞋内杂物,鞋垫取出另外清洗。鞋子干燥后,皮面涂上保革油(Gore Tex的鞋子注意不要将保革油涂在尼龙布上,否则会影响透气性)。涂保革油时,用手指慢慢涂抹均匀,透过体温帮助皮革将油吸收进去,缝线处的上油要注意。

(4)鞋子(特别是皮革部分)要经常保养,每次活动后要及时清洁保养。

(5)置于干燥、恒温、灰尘少的地方。

六、火种

在户外运动中,火种是必备物品。疲惫一天过后,一顿热餐可减少身体的疲惫感,雨后快速烘干衣物及取暖也少不了它。火也是驱赶野兽的一种办法。进行户外运动千万别忘记携带火种。现在取火的方法一般为火柴和打火机。在一般环境中,普通火柴和打火机都能应付。如果是登雪山或探险建议最好携带防风防水的专业火柴,扎成一捆放在防水容器内,防止相互摩擦,以防自燃,另外也可防止火柴自身变潮。火柴受潮也是有办法补救的,如果头发干燥并且不油腻,可将潮湿的火柴放在头发里摩擦一番,头发产生的静电会使它干燥。另外,通过在火柴上滴蜡可防止火柴变潮,点火时,可用指甲将蜡层剥除,以备急需。如果在严酷的野外环境中,应携带外壳坚硬且有良好防风设计的打火机,如Zippo等类型的打火机、专业火柴等,它能适应户外的要求,如图6-1-13和图6-1-14所示。

图6-1-13　打火机

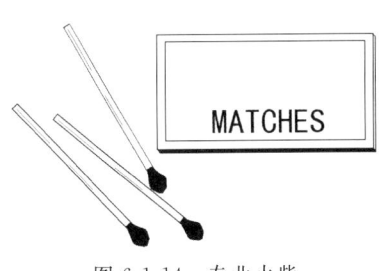

图6-1-14　专业火柴

（一）野外取火的方法

原始人类在没有火柴、打火机的情况下，依旧凭借着自身智慧利用自然中材料成功引燃引火物。考虑到户外恶劣天气等客观因素造成火柴、打火机失效，户外人必须掌握野外取火的基本方法。

1. 击石取火

击石取火是用小刀的背或小片钢铁向下敲击"火石"，使火花落到火种上。一条边缘带齿的钢锯比普通小刀可产生更多的火星。当火种开始冒烟时，缓缓地吹或扇，使其燃起明火。当然并不是任何一块石头都能点燃火种的，石头击出的火花必须有一定的热量和持续时间才能点燃火种。

2. 弓钻取火

弓钻取火是将强韧的树枝或竹片绑上鞋带、绳子或皮带，做成一个弓子。在弓上缠一根干燥的木棍，用它在一小块硬木上迅速地旋转，这样会钻出黑色粉末。最后，这些粉末会冒烟而生出火花，点燃火种。

3. 藤条取火

藤条取火是找一根干的树干，一头劈开，并将裂缝撑开，塞上火种，用一根长约两尺（约67cm）的藤条，穿在火种后面，双脚踩紧树干，迅速的左右抽动藤条，使之摩擦发热而将火种点燃。

4. 打火石

打火石或者镁棒是很多户外求生者非常喜爱的取火工具。它在任何情况下都可以点燃，所以非常受欢迎。只需要刮点镁粉，然后用刀子快速地擦几下，便可以产生非常高热量的火星，这样就可以点燃引火种了。

5. 聚焦法

凸透镜取火是用一个直径为两英寸（约5.08cm）或更大些的凸透镜（如望远镜片），在明亮的阳光下聚集太阳的光线，使之照射在准备好的引火物上，便可点燃引火物。用放大镜（凸透镜）透过阳光聚焦照射易燃的引火物（腐木、布中抽出的纱线、撕成薄片的干树皮、干木屑等）取火，为人所熟知。利用放大镜取火最为迅速的是照射汽油、酒精和枪弹的发射药或导火索，可在1～2s内点燃引火物。此外，放大镜透过阳光聚焦照射，还可将受潮或被水浸湿后晒干的火柴点燃。

放大镜是一种重要的引火工具。如果没有现成的放大镜，可从望远镜和瞄准镜、照相机上取下一块凸透镜来代替。曾有这样的事例：100多年前，一支外国的探队在冰天雪地的南极，突然发生了火种断绝的意外事故。有一位探险队员把一块晶莹剔透的冰块加工成中间厚、周边薄的一个圆形特大凸透镜，再将这冰制的凸透镜立起来使其在阳光下聚焦，最后燃着了引火物获得了火种。在手电筒反光碗的焦点上放引火物,向着太阳也能取火。

6. 其他方法

在平坦的木板上摩擦玻璃片,也能生热发火,待剧烈摩擦发烫时,将火种吹燃。还可用两块软质的木头或竹片用力相互摩擦取火,下面垫以棕榈树皮或椰子叶底部的干燥物作火种。也可以在一块软木底部刨一条直沟,然后用一根矛状硬木的尖端(前后"犁"形),这样可以产生火种,最后将其点燃。

(二)注意事项

野外用火应十分小心,使用不当会造成火灾。
(1)用火时应选择近水的地方,并备一桶水,以免发生意外。
(2)在多树、多草的地方行进时,不能抽烟。
(3)不要在禁止用火的地方用火。
(4)大风时,最好不要用火,以免强风吹散火堆,引起火灾。
(5)在野外用火应有专人负责生火、灭火,并及时检查,火防区应随时有人。
(6)灭火时,应充分用水把火堆浇灭或用土盖灭,并恢复自然环境原状。

七、手套

手套是户外登山过程中必备的物品,是手部保暖或劳动保护用品。手是人体活动最主要的部位,因此对手的保护也应格外重视,因为寒冷时手会变得僵硬,使操作变得困难。又因为野外的特殊环境与意外情况可能将手磨破,以致工作无法进行。所以,一双手套会显得非常重要。

(一)分类

手套按外形可分为并指手套、分指手套和半指手套。并指手套又称直型手套,是指除大拇指以外其他四指连在一起,处于一个空间内,如图6-1-15所示。分指手套是指五指各自独立完全分开,可以自由活动,如图6-1-16所示。还有一种半指手套是五个手指的指头部位露出在外不加保护,如图6-1-17所示。

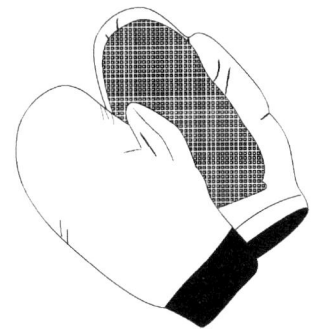
图6-1-15 并指手套

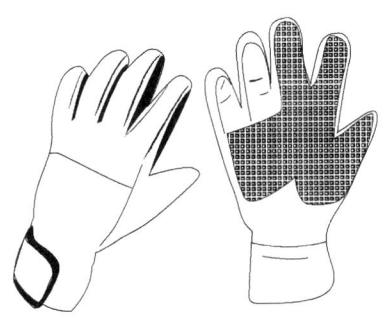
图6-1-16 分指手套

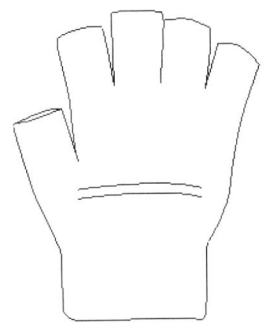
图6-1-17 半指手套

并指手套和全指手套在发生碰撞时能对手掌起到足够的保护,半指手套下裸露在外的手指与地面接触容易受伤,防护性能较差,并且在极端天气里起不到保暖作用。当然在户外行进途中需要从背包中拿取物资,半指手套在灵活性方面略胜一筹。因此,在户外戴怎样的手套可根据具体环境自主选择。

户外手套一般分为两层,内层保温保暖,外层防水防风、耐磨。户外手套在制作上通常在手掌部分加有防滑功能的材料,手背部分还有硬质材料做保护。一副好的户外手套是户外工作中的好帮手。

(二)注意事项

在使用手套的过程中要注意以下几点。

(1)手套尺寸要适当,如果手套太紧,限制血液流通,容易造成疲劳,并且不舒适;如果太松,使用不灵活且容易脱落。

(2)所选用的手套要具有足够的防护作用,如选用钢丝抗割手套的环境,就不能选用合成纱的抗割手套等。要保证其防护功能,就必须定期更换手套。如果超过使用期限,则有可能使手或皮肤受到伤害。

(3)随时对手套进行检查,检查有无小孔或破损、磨蚀的地方,尤其是指缝。

(4)注意手套的使用场合,如果一副手套用在不同的场所,则可能会大大降低手套的使用寿命。

(5)使用中要注意安全,不要将污染的手套任意丢放,避免造成对他人的伤害。暂时不用的手套要放在安全的地方。

(6)摘取手套一定要注意正确的方法,防止手套上沾染的有害物质接触到皮肤和衣服上,造成二次污染。

(7)尽量不要与他人共用手套,因为手套内部是滋生细菌和微生物的温床,共用手套容易造成交叉感染。

(8)戴手套前要洗净双手,手套要戴在干净(无菌)的手上,否则容易滋生细菌。摘掉手套后要洗净双手,并擦点护手霜以补充油脂。

(9)在戴手套前要罩住伤口,皮肤是抵御外界环境伤害的天然屏障,可以阻止细菌和化学物质的进入。

(10)不要忽略任何皮肤红斑或痛痒,防止皮炎等皮肤病的发生。如果手部出现干燥、刺痒、气泡等,要及时就医。

八、运动眼镜

运动眼镜是指运动中所佩戴的安全防护眼镜,通常高级装备具有安全(PC镜片)、保护(TR-90镜框,柔软既有弹性)、舒适(防滑的鼻垫及脚套)、美观(配合运动、休闲服饰搭配)的功效。PC镜片,即太空片,是一种不碎不裂的镜片,安全性好,为世界上最轻薄、最耐冲击的镜片,100%抗紫外线(UV 400)。在雪山、沙漠及阳光照射强、紫外线强的区域,需要准备一副运动眼镜。

(一)户外眼镜的功能

(1)防紫外线伤害,防止强烈的紫外线灼伤眼睛。
(2)防风,抵挡寒风对眼睛的刺激。
(3)预防眼睛疲劳。
(4)防止异物进入眼睛。

(二)分类

现代运动眼镜可分为偏光镜、变色镜,如图6-1-18所示。

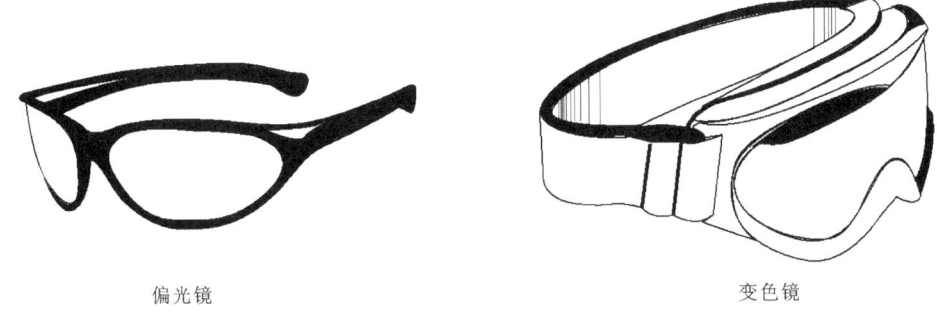

偏光镜　　　　　　　　　变色镜

图 6-1-18　户外眼镜

1. 偏光镜

偏光镜片采用偏振原理(即百叶窗的原理),只允许自然光中某一特定偏振方向的光穿过的镜片。可有效地排除和滤除光束中的散射光线,使光线能于正轨之透光轴投入眼睛视觉影像,使视野清晰自然;可滤去自然的强烈的反射光线,使景物看起来柔和而不刺眼,以保护眼睛,通常用于野游、开车、雪地、水上等运动。不足是虽然能滤除诸多不规则光的干扰,避免眩目、刺目等现象的发生,但若镜片本身的弧弯度不能呈现光学标准屈光状态,则偏光效果削弱,影响影像真实性,且耐用性差。

2. 变色镜

变色眼镜是由变色玻璃做成的眼镜。在适当波长光的辐照下改变其颜色,而移去光源时则恢复其原来颜色的玻璃,又称光致变色玻璃或光色玻璃。它会根据光线强弱变化镜片本身颜色深浅,以抵挡紫外线的照射。

户外运动眼镜根据用途可分为登山镜、雪镜、防风镜、自行车眼镜等。它们的用途分别为:①登山镜用于高海拔的登山活动,登山镜具有防风作用且对于过滤紫外线的要求较高;②雪镜用于雪地穿越、雪山攀登等活动,要求有防风设计;③防风镜主要防止大风及风沙对眼睛的伤害;④自行车眼镜主要是防风及紫外线,它设计为流线型,以减少风阻。在准备户外眼镜时,可根据户外活动的内容、性质、当地气候环境条件,选择适合的户外运动眼镜。

（三）注意事项

（1）避免接触香水、杀虫剂等含化学成分的物品，防止对镜片、镜框产生化学腐蚀，更好地保护眼镜。

（2）使用后请擦拭镜片并装入眼镜袋中妥善保存，切勿与硬物或尖锐物品一起存放，以免刮伤镜片或面漆。

（3）使用前请用专业眼镜擦拭布擦拭，必要时可用专业清洁剂冲洗。

（4）特别注意使用偏光镜片的眼镜不能用超声波及水清洗，否则会破坏偏光效果。

（5）坚持双手摘戴眼镜，单手摘戴时如果用力过大，可能导致镜框变形、断裂。

（6）切忌将运动眼镜长时间置于高温环境下，并请勿把运动眼镜长时间浸泡于水中。

（7）若长期不使用，请将运动眼镜放置于专用的眼镜袋。

（8）运动眼镜在长期使用后难免会有擦伤和阴暗斑，如果出现上述情况，建议及时更换眼镜或镜片以保护眼睛；若需更换镜片时，请到专业配镜选配或直接与厂家联系。

（9）装配太空镜片的眼镜，具有不碎不裂功能，可以保证专业运动中的佩戴安全，但它相对其他材料较容易刮划，需要做好运动眼镜的防护工作。

九、帽子

户外用品中，帽子是一种比较容易忽略的装备，戴上帽子，冬季可以保暖，夏季可以防晒，而且还可以防止落下来的物体或树枝损伤头部，是户外必备品之一。

（一）分类

1. 太阳帽

太阳帽具有紫外线防护功能，其大帽檐阴天遮风，晴天遮阳，在户外行驶途中可有效防止异物进入毛发里。材质有速干、防水等特性，如图6-1-19所示。

2. 棉帽

常见的雷锋帽就属于棉帽的一种，棉帽首先对皮肤无刺激，不易造成皮肤瘙痒的感觉；其次保暖性能好，不易冻坏耳朵等身体器官；再次棉帽的最大优点是在运动时的吸汗能力强，使运动者皮肤在运动排汗过程中保持干爽，不受凉；最后就是让佩戴者感觉舒适。

3. 抓绒帽

抓绒面料就是在织成面料之后，经过磨毛后再进行梳理得到的表面有绒的面料，一般都是纯棉或涤棉的。由于抓绒的组绒方式不同，所使用的材料不同，因此抓绒的种类异常丰富，户外所使用的抓绒大致可以实现以下几方面的功能：保暖、防风、轻量、快干、耐磨、延展、易压缩、易打理、抗静电、防泼水等。按照主要功能，它可简化分为两类：一是保暖；二是防风。如图6-1-20所示。

图 6-1-19 太阳帽

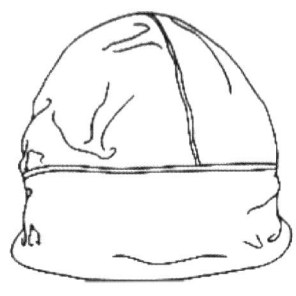
图 6-1-20 抓绒帽

(二)选择与注意事项

帽子的种类繁多,有太阳帽、棉帽、抓绒帽、毛绒帽,还有多数户外外衣上所带的折叠式帽子。户外活动中需要根据户外的环境、天气等来选定适合的帽子,一般春夏户外活动的帽子,一要有防晒防紫外线功能,二是快干透气凉爽材料,这样即使是在大汗淋漓的环境下也能保持干爽凉快。不同的户外活动需要不同的帽子,如丛林活动需要有防树枝、防虫子的丛林帽;垂钓可以用大帽檐的渔夫帽;登雪山可选择抓绒帽,抓绒帽有很好的保暖效果,再配合冲锋衣上的防水透气的帽子一起使用可达到很好的保暖效果;一般登山运动则是棒球帽和军帽更受大家欢迎。选择专业的户外帽子,才能让你的户外生活得心应手。

十、水具

户外水壶是户外运动中携带的水具。人体中水的含量占到体重的 2/3,同时,水又是人体活动的重要介质,其重要性众所周知。户外运动中,人体的水分随着排汗、呼吸等大量地流失,及时补充水是人体机能得以正常维系的关键。因此,随身携带装有水的水具显得尤为重要。如图 6-1-21 所示。

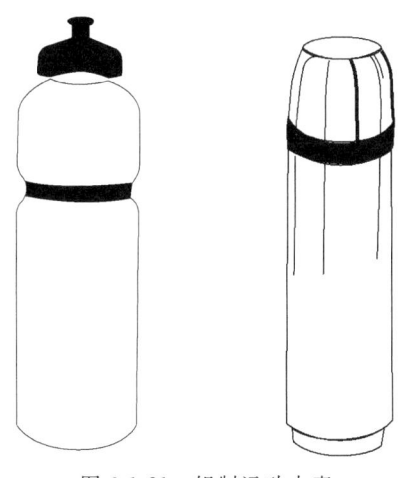
图 6-1-21 铝制运动水壶

（一）分类

1. 塑料运动水壶

塑料运动水壶的优点是轻便，口大，价格便宜。缺点是不耐磨，装热水烫，材质不合格会产生有害物质。

2. 不锈钢运动水壶

不锈钢运动水壶的优点是坚固，通常无有害物质，耐热。缺点是单层的导热快不耐磨，双层的不锈钢容器对加工精度要求较高，接缝处容易漏水且易滋生细菌。

3. 铝制运动水壶

铝制运动水壶的优点是轻便，外观时尚。缺点是导热太快，装热水容易发烫不便手握。铝制品太软容易磕碰出凹坑，铝摄入量过多会对人体造成伤害。

4. 硅胶运动水壶

硅胶运动水壶的优点是可以折叠，携带方便，轻便，导热慢装热水不烫，口大，耐热，通常无有害物质，耐摔。缺点是材质太软，水少时喝水需用双手。

（二）选择

户外用的水具由于材质的不同，选择使用时应根据具体情况而选定，总的原则是坚固耐用、安全可靠、便于携带，不会产生对人体有害的物质。而"坚固耐用"的关键是壶体材质和壁厚，"安全可靠"的关键是运动水壶的内涂层。

十一、灯具

灯具是户外运动的必需品，夜间操作、活动（包括生活）都离不开照明的灯具。

（一）分类

户外灯具可分为手电筒、头灯、营地灯等。

1. 手电筒

手电筒是最常用的夜间照明工具，它轻巧、操作方便、价格低廉，但主要缺点是必须手持。在野外行军或要用手来做其他事时，手电筒并不适合。如图 6-1-22 所示。

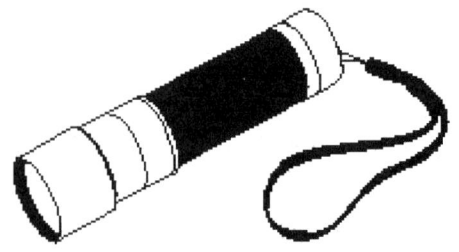

图 6-1-22　手电筒

2. 头灯

头灯是户外运动中较为专业、使用起来很方便的灯具。作为戴在头上的灯具,它能够使人们在夜间活动时解放双手去做其他重要事情,如搭建营地、做饭等。而且,头灯在使用过程中光线与视线同向,使用起来方便,同时也提高了户外运动的安全性,是户外灯具的首选。如图 6-1-23 所示。

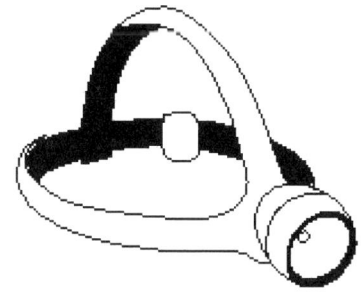

图 6-1-23　头灯

3. 营地灯

营地灯在使用时首先要注意防水。有些营地灯具有防水的功能,但也不能长时间在雨中使用。如图 6-1-24 所示。

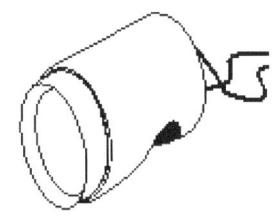
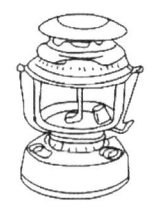

图 6-1-24　营地灯

(二)注意事项

外出时应根据时间长短备足各种灯具的电池及备用灯泡,以防途中损坏,还有白天时最好取出电池,以防无意中打开电源,使电量耗尽。

十二、刀具

户外使用的刀具其材料必须具有较高的高温硬度和耐磨性,必要的抗弯强度、冲击韧性和化学惰性,良好的工艺性(切削加工、锻造和热处理等),且不易变形。在户外活动中一把好的刀具可以帮助排除困难,脱离险境,在特殊情况下还可能挽救生命。出门在外携带一把多功能刀具,可以完成很多工作,如料理食物,整理、修理装备等。

(一) 分类

户外用刀主要有多功能折叠刀(如瑞士军刀)、野战刀等。

1. 多功能折叠刀

多功能折叠刀具有多种功能,包括切刀、螺丝刀、镊子、开瓶器、罐头开启器等。大多折叠刀有十几种功能,有的能达到几十种功能,在户外使用十分便携。比较多见的是瑞士军刀,一把好的刀具可增强野外生存的信心。如图 6-1-25 所示。

图 6-1-25　多功能折叠刀

2. 野战刀

野战刀比较大,可用于野外丛林开路,其刀背有锋利锯齿,可切割绳索、树木等,是户外探险应携带的刀具。如图 6-1-26 所示。

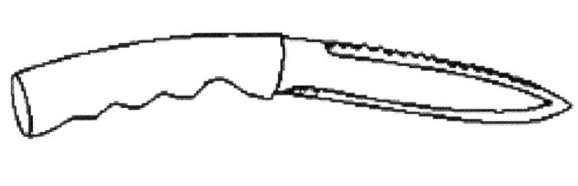

图 6-1-26　野战刀

(二) 刀具的使用

(1) 在户外活动时,刀具应放置在便于拿取的地方,以应对突发情况。
(2) 刀具在使用过程中应特别小心,谨防意外伤人。
(3) 刀具不能放在火中烧,不要用刀锋去砍石头等硬物。
(4) 用野战刀砍树木等时,入刀角度在 45°左右,削切物品时刀锋应远离人体。

十三、登山杖

登山杖是从事登山运动时使用的辅助器械。登山杖能够提高步行的稳定性,减轻腿部负担。研究表明,行走时使用登山杖可减轻至少 22% 施予腿部和膝盖等肌肉关节的力量,让腿部感觉更舒服,两支登山杖同时使用能够保持较好的平衡性。

(一) 构造

登山杖由把手、腕带、支杆、避震系统、滑雪圈和杖尖构成。
(1) 把手:通常用橡胶、软木、塑料和泡棉等材料制成,提升抓握舒适性。

(2)腕带:登山杖与使用者力量的传递通过腕带,腕带材料的耐用性、柔软度、舒适性和宽度十分重要,调整腕带长度以方便手腕活动。

(3)支杆:支杆材料通常是钢、铝合金和钛合金。钛合金最轻,铝合金次之,质量越轻,价格越贵。

(4)避震系统:登山杖内设弹簧称为避震系统,根据需要缓冲冲击力。

(5)防雪圈:防止登山杖陷入泥地,会妨碍穿越荆棘灌木的便利性。

(6)杖尖:切入地面,材质有橡胶头、铁制、碳钨钢等。碳钨钢最硬,橡胶头最软,但不能应付崎岖户外地形,耐磨性不如碳钨钢头。

(二)杖杆的材料

(1)铝合金,坚固、轻便、便宜。大部分的厂商都采用这种材料。

(2)碳合金,像铝合金一样的坚固,但是质量要更轻一些,价格比较昂贵。

(3)钛合金,钛合金比铝合金,碳合金都要轻,也更坚固,但价格更昂贵。

(三)手杖的分类

根据手杖的用途和形状可分为:健行杖(图6-1-27)、T型手杖(图6-1-28)、直柄登山杖(图6-1-29)、独脚架手杖(图6-1-30)。

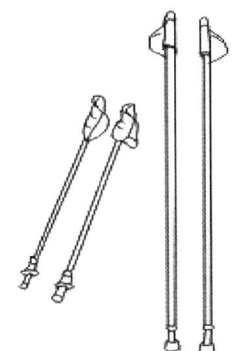
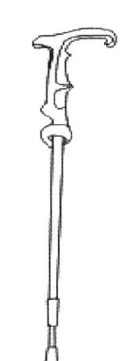

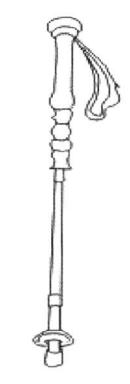

图6-1-27 健行杖　　图6-1-28 T型手杖　　图6-1-29 直柄登山杖　　图6-1-30 独脚架手杖

(四)操作方式

登山杖的使用并没有唯一的方式,在实际操作中可稍做调整,找到适合自己的方式,充分运用登山杖的功能。

(1)平地。平地及平缓上坡采取平常走路的节奏,肘部成90°时为最佳长度。右手臂在左脚向前同时顺势将登山杖往前带,杖尖不超过身体前面,顶住地面向后推,左右手交互做相同的动作。

(2)上坡。在上坡行进时,适当缩短以更好支撑身体重量。较倾斜的上坡动作和平常走路一样,手臂往前将登山杖放在身体前面,利用登山杖支撑身体往上,减轻腿部压力,必要时同时使用两支登山杖做爬升动作,推动身体往上时,手掌可放在杖的顶部加强推的力量。

(3)下坡。在下坡行进时,将登山杖长度调长。下坡时冲击力比较大,利用登山杖减轻腿部负荷,将登山杖放在身体前面,前脚先着地能达到分担力量的效果,此时身体向前倾斜,经常练习感觉出登山杖触地的位置,达到减缓腿部压力的效果。

(4)侧行。在斜坡上侧行时,两根杖应有不同的长度以适应地形。靠近坡下方一侧的登山杖长度要长,靠近坡上方一侧的登山杖要短。

(五)使用注意事项

(1)无论何种材质的登山杖,都不能用来抽打物体,以免发生弯折和变形,更不能用登山杖拉人。

(2)登山杖内部固定旋扣需用力适度,不可旋钮太紧,3节登山杖调节长度时注意下2节的长度成正比。

(3)长时间徒步须经常检查登山杖,防止出现杖托丢失、杖尖磨平或脱落、固定杖杆的膨胀塞失效、腕带断裂、杖杆松动等现象,用合适的力度使用登山杖。

(4)在山路上行走,当一侧有悬崖时,要将登山杖在向山侧使用,否则易发生危险,平时养成左右手都能使用手杖的习惯。

(5)较陡的山路,尽量远离前边使用登山杖的人,否则易被扎伤;登山杖携带时要注意杖尖不可朝外,以免扎伤他人。

(6)尽量不要将登山杖插入海水或含钙量高的水中,否则会腐蚀手杖或很难清理。

(7)登山杖在水泥或人工路面上使用时,需佩戴杖尖套,以免打滑或损伤杖尖。

(8)登山杖使用后,一定要将手杖逐一抽出,擦净内部水分和砂石,将膨胀塞中的泥砂用清水冲洗干净,以免下次使用时手杖无法打开;清水洗涤腕带、手柄,之后置于避光处阴干即可。

(9)每半年在膨胀塞处涂抹凡士林等润滑剂,使手杖的锁定更加顺畅。

第二节　集体装备

集体装备是指进行户外活动时群体人员共同使用的装备。常用的有帐篷、炉具、炊具、通信器材、定位设备等

一、帐篷

帐篷对于户外运动爱好者来说就是他们的家。帐篷具有防风、防雨、防寒的功能,同时还能防止小动物的干扰,给疲惫的户外爱好者提供相对舒适的休息环境,以便恢复体力进行后续活动,如图6-2-1所示。

(一)帐篷的分类

帐篷的分类方法有很多,以下主要介绍三种。

图 6-2-1 帐篷

(1)按适用的季节可分为三季帐和四季帐。三季帐为最常见的帐篷。此类帐篷可以满足除冬季以外的绝大多数环境,也可以承受突发的意外天气如降雪、大风、降雨等。四季帐主要适用较为严酷的自然环境,如攀登雪山和极地穿越等大风大雪恶劣天气,此类帐篷保暖性较好。

(2)按帐布的层次分为单层帐和双层帐。目前常用的多为双层帐。外帐主要用来防水、防风。内帐提供居住空间和保持透气通风的功能。单层帐对于材料要求很高,要集防风防水透气功能为一体,因此价格昂贵,此类帐篷主要为攀登雪山时使用。

(3)按容量大小可分为单人帐、双人帐、多人帐和集体帐。多人帐能容纳 4 人左右,集体帐容纳的人数可达 10 人以上。

(二)帐篷的组成

帐篷主要由帐杆、防风绳、帐钉、帐篷套、外帐、内帐六大件组成,以下主要介绍前四件。
(1)帐杆为帐篷的骨架,负责支撑起帐篷。
(2)防风绳主要用来固定帐篷,增加帐篷抗风的强度,提高稳定性。
(3)帐钉用来固定防风绳和帐篷的连接。
(4)帐篷套是用来收纳帐篷及其他附件的用品。

(三)好帐篷应具备的条件

(1)设计合理,搭建简便。
(2)用料科学,防风防雨,坚固耐用。
(3)质量轻,体积小,携带方便。

二、炉具

炉具是户外饮食的重要工具。现在,户外炉具有质量轻、体积小、便于携带、使用方便、快捷、安全等特点,而且利于环保。

(一)炉具种类

户外专用炉具主要有瓦斯炉、汽油炉等,主要是依据所用燃料不同而命名。

1. 瓦斯炉

瓦斯炉主要燃料是液态石油气(甲烷、乙烷、丙烷等)。瓦斯炉是目前户外运动使用最多、最广的炉具。因为它的极易点燃及便于控制火力(打开控制阀点燃即可使用,能在最短的时间内提供最大火力),同时又因其体积小、质量轻、不易发生故障等优点,广受户外爱好者青睐,如图 6-2-2 和图 6-2-3 所示。

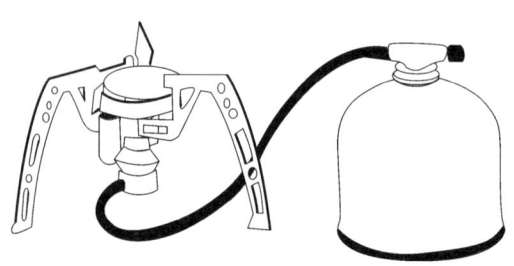
图 6-2-2 瓦斯炉(一)

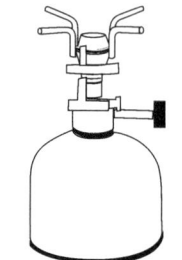
图 6-2-3 瓦斯炉(二)

2. 汽油炉

汽油炉的燃料为汽油、无铅汽油等,此类炉具的燃烧能力高于瓦斯炉。使用时,通常先将空气打入燃料瓶,增加瓶中压力,然后才能点火,故使用起来较瓦斯炉复杂。另外汽油炉要求燃油品质较高,外出使用时还需要携带备用油,这给安全带来一定隐患,使用也受到一定的局限,但在高海拔地区活动时应首先考虑汽油炉,如图 6-2-4 所示。

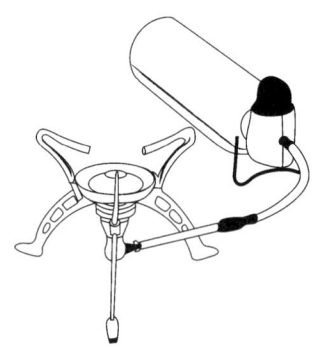
图 6-2-4 汽油炉

(二)炉具的使用

(1)外出前应检查炉具是否可用。
(2)每个炉子都有指定燃料,应按要求使用对应燃料,不能随意变换燃料。
(3)在使用过程中如发生爆燃,应立即关闭控制阀,并用湿毛巾将炉具覆盖。
(4)尽可能不在帐篷内使用炉具。在雪山环境中,帐内使用炉具一定要注意通风。
(5)使用时应注意节约燃料。火焰不能太大,以蓝色火苗覆盖锅底为宜。
(6)放置炉具的地方应平坦坚硬,上面尽量不要放置太重的锅,以免压坏炉具。

三、炊具

(一)套锅种类

套锅的种类根据可供使用人数不同而分类,分为单人套锅、2～3 人套锅和多人套锅。

单人套锅:适合单人出行使用,可以将一体炉头和气罐放入套锅内,具有体积小、质量轻的特点,如图 6-2-5 所示。

2~3人套锅:适合 2~3 人使用,如果单人出行,可以抽取单锅独立使用(图 6-2-6)。

多人套锅:适合自驾或多人使用,套锅种类丰富,使用范围广泛。

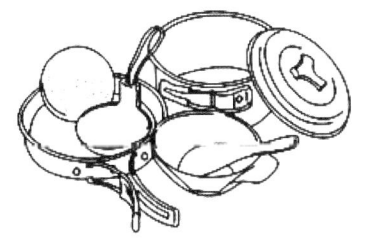
图 6-2-5　单人套锅

图 6-2-6　2~3 人套锅

(二)套锅的特点

(1)质量轻,满足装备轻量化的趋势和要求。
(2)硬度高,不会轻易变形。
(3)耐腐蚀,不生锈。
(4)体积小,占用空间小。
(5)导热性能好,节省燃料。
(6)环保,易于清洗,不粘锅。

四、通信器材

在户外,如何保持人员之间的联络十分重要,无论是保持队伍行进的一致,还是紧急情况下的救援等,都需要良好的通信器材。在野外的大多数情况下,手机不能发挥作用,而人声和哨响的有效范围有限,不能满足户外活动的需要。在户外,为了更好地完成计划,保证活动者的人身安全,携带有效的通信工具十分必要。

(一)对讲机

户外常用的通信器材是对讲机(或手台),它是一种双向移动通信工具,在不需要任何网络支持的情况下就可以通话,并没有话费产生,适用于相对固定且频繁通话的场合。户外用的对讲机,发射功率应达到 2~5W,工作频率在 144MHz 和 430MHz,并具有防水、防震功能,以及质量轻、便于携带的特点。对讲机便于操作,可在规定的频道范围内人工选取一个频道进行单对单通信或小组对讲通信,比较适合户外团队内部使用。

(二)对讲机的基本操作

(1)装上电池并确认机身锁定。
(2)检查天线,确认接触良好。
(3)开机。

(4)设置或检查频率(频道),应使本机和同队(组)其他对讲机在一个频率(频道)上。

(5)设置发射功率大小。首先检查电池的电量是否充足,如按下发射键 PTT 时发射指示灯(通常是红色的)闪动说明电量已不足,这时候用大功率发射将使最后一点电即刻耗尽,此时最好立即更换电池。

(6)将静噪门限 SQL 旋钮调到刚好没有"沙沙"噪声的位置。静噪 SQL 旋钮调得过大,会漏掉比较微弱的信号,缩短通话距离,应予注意。

(7)按下发射键 PTT,和同队(组)对讲机试通,同时调好音量,确认收发正常后即可投入使用。

(三)对讲机的使用注意事项及技巧

(1)一般的户外活动,根据团队的大小,应配备相应数量的对讲机,一般 10 人左右配备 2~3 个对讲机。

(2)在抵达活动地点的长途旅行中,可以将电池取出,避免因碰撞挤压使对讲机自行开机浪费电量。

(3)携带足够的备用电池,最好选择大容量电池,低温状态下要注意电池的保暖。

(4)为了节省电量,正常行进过程中可以约好定时开机,比如间隔 1 小时开机一次,但在恶劣危险情况下应该保证全程开机。

(5)对讲机为单向工作方式,一人讲话的同时,其他机器接听,不能同时讲话。

(6)使用时要注意语言的简短、扼要,语速均匀,声音短促有力,这样才能保证对方收听清楚。

(7)在保持通话效果的情况下,应尽量使用较小功率,以维持较长的通话时间。

(8)因为使用无线对讲机需占用频率资源,所以必须向当地无线电管理委员会申请,办理相关手续,待委员会批准后方可购买使用。

五、定位设备

定位设备是户外运动重要的装备。在确定方向、行进路线、判断行程等方面起着重要的作用。户外运动中常用的定位仪器主要有指北针和 GPS(global positioning system)。

(1)指北针。指北针是利用地球磁场的原理来确定方位的仪器。

(2)GPS。GPS 是 global positioning system 的缩写,译为卫星定位仪、全球定位系统。它具有定向、记录行动轨迹、测定海拔高度、授时等功能,是非常理想的户外活动装备。指北针和 GPS 在后文中会详细介绍。

第三节 技术装备

山地户外运动技术装备是指在进行户外运动时,为保障人身安全所需的器具。它主要包括登山绳索(主、辅绳)、安全带、铁锁、下降(保护)器、上升器、扁带、头盔、冰爪、冰镐、人工支点装备等。

一、登山绳索

山地户外运动中,登山绳是攀登的基本装备之一,是确保攀登安全中最重要的一环,是整个保护体系的核心,所有保护器材都是围绕着登山绳而设计和生产的。登山、攀岩的生命安全就靠绳子维系,因此它被称为户外运动中的"生命线"。如图6-3-1所示。

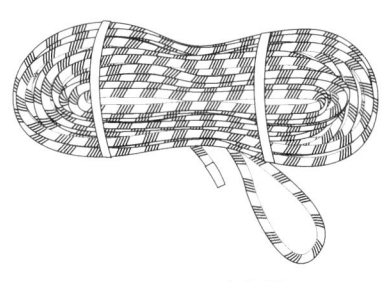

图6-3-1 登山绳

(一)登山绳的结构

登山绳采用芯鞘结构,由绳芯和绳鞘构成,绝大部分登山绳的绳芯和绳鞘均为尼龙成分。

1. 绳芯

绳芯纤维经过致密处理后,由多股绳芯扭绞制成,具有较好弹性,这也就是攀登绳能够吸收冲坠时产生能量的主要原因。

2. 绳鞘

绳鞘约占绳索总质量的1/3,其主要作用是保护绳芯、改善绳索手感,同时也提供一定的强度。不同的绳鞘编制方式可以产生不同的摩擦力和柔软程度。

(二)登山绳的分类

1. 动力绳

动力绳一般是几种颜色交织在一起的花色绳。动力绳具有延展性,可以吸收滑坠时所带来的动能,防止攀登者受伤。一般动力绳的延展率为7%~8%,国际标准要求延展率不得超过10%。绳子直径在9~12mm之间,一般在9.5~11mm之间。

国际登山联合会(UIAA)规定在攀登者发生严重冲坠时,绳子上的拉力(绳子对攀登者的作用力)不得大于12kN(相当于质量约1200kg的物体所受重力),如超过这个值就会损伤攀登者的身体。

2. 静力绳

静力绳伸缩性很小,一般在2%~3%之间,硬度较动力绳大,一般为单色。静力绳在受到拉力的情况下只有很小的延伸性,本身不能通过绳子的伸缩来吸收拉力,所以冲坠时静力绳会给身体带来巨大冲力并造成攀登者受伤,因此静力绳不能用来做下方保护。静力绳主要用于探洞、登雪山(作路绳)、溯溪等活动。

3. 辅绳

辅绳是在攀登活动中起辅助作用绳子的统称,直径在4~8mm之间,结构和外观与主绳区别不大,主要用于绳套或绑扎物品。

（三）登山绳相关技术标准

冲击力：绳索的冲击力参数,是指新绳在承受80kg重物且冲坠系数为2时,绳子上的最大拉力值。冲击力参数越低的绳索,缓冲时性能就越好,在发生冲坠时的拉力就越小,对攀登者身体和保护垫的冲击力就越小。

符合标准的攀登绳索应标明以下标志。

(1)"CE"证明此种产品符合欧共体安全标准,准许携带CE标志,如图6-3-2示。

(2)"UIAA"证明此种产品符合国际登山运动联合会标准,是制定登山装备的国际权威,如图6-3-3所示。

图6-3-2　CE　　　　　　　图6-3-3　UIAA

（四）使用注意事项

(1)在使用登山绳的过程中应整理好多余的绳段,杜绝踩踏登山绳,尤其在登雪山的过程中,冰爪踩踏绳子后可能造成绳子断裂从而引发严重后果。

(2)在使用中应避免绳子与岩石、砂地、冰块或其他尖锐物体产生摩擦,可使用麻布块垫好或用绳套增加支点等方法减少绳子的磨损。

(3)绳子与支点连接时,不能直接通过挂件、岩钎、扁带等方式连接,应通过铁索连接。

(4)在最初清点物资以及使用前要经常检查绳子的磨损情况,发现问题后应及时处理。

(5)使用中尽量避免两条绳子之间相互摩擦。

（五）登山绳的保养

(1)使用前进行检查,用手捋一遍,无鼓包、无变硬或变软部分、无表皮破损。

(2)使用后,将绳子悬垂放松,使扭曲的绳子恢复。

(3)不使用时,存放于干燥、阴凉的通风处。

(4)不要经常清洗绳子。如需清洗,要用清水或专业的洗绳液清洗,然后风干。

二、安全带

安全带是连接主绳和攀登者的安全装备。安全带大多为尼龙制品,符合国际标准的安全带可承受的瞬间拉力在30kN左右。作为保护系统的一部分，安全带的作用是为攀登者提供安全、舒适的保护环境。

（一）安全带的分类

（1）安全带根据使用类型可分为半调式安全带、完全调试安全带和不可调式安全带。可调式安全带的腰带和腿环用一种带弹性的材料连接，大小可根据体型进行调节，使穿戴者感到舒适、安全，适合不同体形人群使用。不可调节式设计简洁、质量轻便，适合竞技攀登。

（2）安全带根据形式可分为坐式安全带、胸式安全带、全身式安全带。山地户外多用的是坐式安全带（图6-3-4）。此类安全带结构简单、质量轻、便于携带、使用安全方便，是登山、攀岩、户外探险的首选。坐式安全带的腿环可以根据需要调节到适当大小，舒适地固定在臀骨上，并将攀爬者坠落的冲击力分散到整个骨盆，在做垂降时就如同一个舒适的座椅。胸式安全带（图6-3-5）可以让坠落者保持身体直立，但是胸式安全带会将部分坠落的力量传导至胸部，而胸部较骨盆更容易受到伤害。完整的全身式安全带（图6-3-6）包含胸式和坐式吊带，绳子的连接点也较高，可以降低坠落时身体向后倾斜的概率，并将坠落的冲击力充分分散到身体躯干，不易造成下背部的伤害。一般成人攀岩者都是使用坐式安全带，而对于孩童，因其臀部尚未发育完成，所以必须使用完整的全身式安全带。现在坐式安全带的应用趋于广泛，因为坐式安全带配上胸式安全带就可以达到全身式安全带的效果，胸式安全带又可以使用长扁带代替。如果是在登山过程中，背包的两根背带也可以代替长扁带的功能。

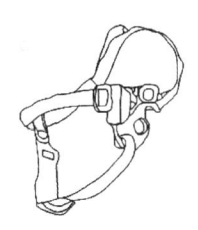
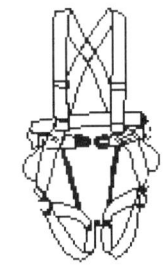

图6-3-4　坐式安全带　　　图6-3-5　胸式安全带　　　图6-3-6　全身式安全带

（3）根据用途还可分为登山专用安全带和攀岩专用安全带。在登山的行程中发生坠落的频率比攀岩要少得多，考虑到长时间的登山行程，一般登山用的吊带都会尽量减少护垫的设计，以减轻吊带的质量和体积；可调式的腿环可以方便穿脱衣服，且不需要脱下安全带；至少有2个吊环，但有的登山安全带可能没有垂降绳环。运动攀岩安全带的主要特点是质量轻、舒适性好，柔软的护垫内侧可以增加攀爬的舒适度，固定式的腿环不会影响攀爬动作，如果是比赛型的安全带，腿环的宽度通常比一般攀岩型的还要窄。

（二）安全带使用注意事项

（1）使用安全带之前一定要检查，查看安全带是否有损坏情况。
（2）使用者要熟悉安全带的使用方法。

(3)安全带上可调节的带子必须收紧,特别是腰带应穿到胯骨以上的位置并收紧。

(4)坐式安全带在寒冷季节使用时,腰带应尽量贴住内衣,不要穿到外衣以外。

(5)所有可调节的带子必须反扣并拉紧。

(6)安全带上的装备环不能受力,因此不能用于任何形式的保护。

三、铁锁

铁锁是一种特殊的锁具,它由一个金属环和一个能够回弹的弹簧门构成,能够快速、可逆地连接各种部件(绳索、滑轮等),并保证在承重时能够完全的、双向的锁定,是户外运动中用途最广、使用最多的装备之一。铁锁的最主要用途是连接登山绳与中间支点,在攀登中铁锁可以替代许多复杂而繁琐的绳结,安全带、上升器、下降器等许多攀登装备的组合和使用都要靠铁锁来连接。如登山绳与保护点的连接、攀登者与主绳的连接等。在登山探险及攀登岩壁时,主锁是安全的保障,并可以代替绳子,使用起来较为方便。

(一)材质

目前铁锁大多为合金材料,承受的瞬间拉力可达 20~30kN。钢制铁锁多用于室内岩场或是相对永久保护点上,因为具有很强的承重能力和抗耐磨损性,但其质量太大不适合户外攀爬,钛铁锁质量更轻但却价格昂贵,因此铝合金铁锁是最好的选择。所购买的铁锁应有 UIAA 或 CE 字样,这表明是经过国际登山联合会或欧盟认证的产品。

(二)铁锁基本参数

通过铁锁上的标识,我们可以得知一款主锁的基本参数,一般都显示在锁脊上。人体能够承受的最大冲击力为 12kN,超过 6kN 就会受伤。12kN 的冲击力传导到主锁上,冲击力为 18kN,因此铁锁的纵向拉力必须大于 18kN。

(三)分类

1.铁锁根据形状可分为 O 型、D 型和梨型锁,见图 6-3-7。

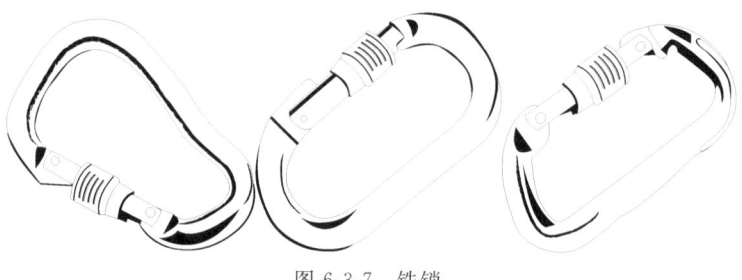

图 6-3-7　铁锁

锁形,是我们拿到一个主锁首先就能观察到的,它也是最为重要的考量点,因为锁形决定了主锁的用途。由于这三类铁锁一般都带有丝扣,也被称为主锁。使用时丝扣转紧即可锁定,丝扣闭合时所能承受的拉力是开启时的 3 倍,从而为攀登者提供安全保障。

(1)O 型锁

O 型锁是最早用于攀登的锁形,呈现出标准的椭圆形。锁上后,承重均匀的分布在环形的两侧。摩擦力小,使用范围广,但 O 型锁的负荷是由铁锁两边平均分担,锁门易受损伤,承受冲击拉力相对较小。

(2)D 型铁锁

D 型锁形状多为大三角形或大 D 型,也被称为保护铁锁。让绳子偏向锁脊,锁脊粗壮强韧,承受了大部分质量,因此承受冲击拉力大,安全系数高。D 型主锁的承重几乎全在垂直的锁脊上,对于两端都需要连接硬质器材的情况,强韧的 D 型锁最为合适。

(3)梨形锁

梨形锁以其对称式的上大下小,形似香梨,直观命名。梨形主锁尺寸一般较大,是为了大量地钩挂。梨形锁适用于顶绳保护、连接 ATC 等(大头有利于过绳,减少磨绳和绕绳)、保护站的着力点、安全带与其他设备的连接。

(三)注意事项

(1)使用前应检查铁锁的情况,是否有龟裂或裂痕,开口的开启、闭合应平顺没有阻碍。

(2)使用铁锁时,避免与金属物体直接连接,但直接连接保护点除外(例如扣入挂片中)。

(3)挂上铁锁后,应将铁锁开口翻至向下并朝外。铁锁开口如朝岩面,在岩石上摩擦或碰撞可能被意外开启,易发生危险。

(4)在进行攀登下降或作保护之前,一定要检查确认铁锁是否锁上。

(5)铁锁扣在锁紧时,可以锁紧后回半圈,以免在冲击下锁死。

(6)绳子从攀登者经铁锁到保护者,必须要始终保持不扭曲或不纠缠。

(7)保证锁在使用中呈现纵向受力。

(8)铁索在不使用时,扣在安全带的装备环上,避免坠落。

(9)铁锁要远离盐水和其他酸性溶剂,如果在海边攀岩,那么用完后要用清水清洗铁锁。

四、下降(保护)器

下降器是在下降或保护过程中,通过绳子与器材之间的摩擦,以抵消自身重力或坠落的冲击力,使操作者可以使用较小的力来控制自身下降的速度或控制住坠落者下坠的一种器械。此类器械结构简单,质量轻,体积小,是登山攀岩的必备品。它的原理是通过摩擦力或凸轮挤压来抵消冲击力达到可以随意控制速度的目的。

(一)分类

按设计用途可以分为:可用作下降器的保护器和专门的下降器。

1.可作下降器的保护器

常用的下降(保护)器有 8 字环、ATC 和 GRIGRI 等。它的原理也是通过摩擦力来抵消冲击力达到可以随意控制速度的目的。

1) 8字环

8字环是最常见、最常用的下降(保护)器,形如一个"8"字,结构简单,如图6-3-8所示。

优点:8字环给绳速度快,绳子行走顺畅,操作简单,通用性强,价格低廉。

缺点:8字环自重大,体积大,下降时绳子易扭曲。另外8字环双绳下降时,由于摩擦力太大容易造成操作不便。

2) ATC

ATC是目前较为常用的保护器,较8字环轻,如图6-3-9所示。

优点:价格便宜,自重轻,不易变形,送绳和收绳都非常流畅,不易产生卷曲缠绕,操作方法简单,可用于单绳或双绳。ATC的随圈孔设计可以除去绳上的冰雪,尤其适合在冰雪环境中使用。

缺点:升温太快,不适合长距离、较快速度的下降。绳子湿了会较硬,不能提供平稳的下降。

3) GRIGRI

GRIGRI是一种辅助制停保护器(assisted braking belay device),是带有自锁装置的保护器,可利用自锁达到制动效果,如图6-3-10所示。

优点:具有自动制停系统,良好的可操作性,结实耐用。

缺点:容易操作错误,正确使用需要经验,自重大,价格贵,只能用于单绳操作。

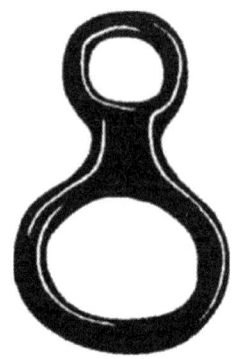
图6-3-8 8字环

图6-3-9 ATC

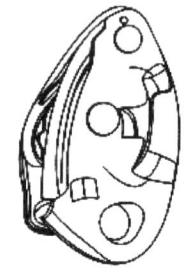
图6-3-10 GRIGRI

2. 专门的下降器

常用的专门下降器有STOP、RACK等。

1) STOP

STOP是带有自锁装置的下降器,如图6-3-11所示。

优点:一旦承重自动锁死,可以用于单绳下降,适用于长距离下降且能很好地控制下降速度,可防止保护者的疏忽造成的事故,很小的握力就能阻止下落。

缺点:价格贵,质量大,不灵活,只对单绳有效,当绳子装到这些装置上时,很容易犯下绳子装反、保护手完全放开等致命错误。

2) RACK

RACK 专为长距离下降、救援和负重下降设计,如图 6-3-12 所示。

优点:可用于单绳或双绳下降,能根据绳索及重荷的情况来调节速度。很好地分配摩擦力和热量,从而保护绳索,下降时绳索不会产生缠绕。

缺点:价格贵,体积大,质量大,不灵活。

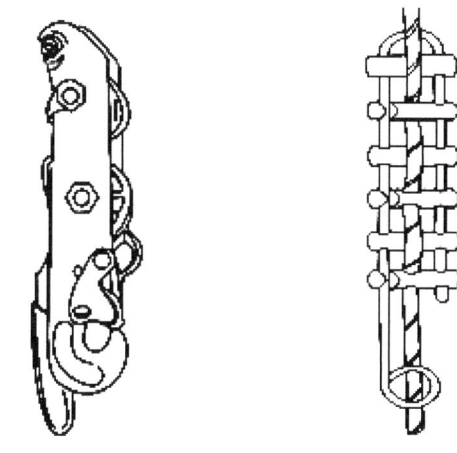

图6-3-11　STOP 下降器　　　　图 6-3-12　RACK 下降器

(二)使用注意事项

(1)使用前应检查下降器是否磨损严重,是否有裂隙。自锁保护器使用前,可在安装好后用力拉绳索检查能否锁定。

(2)使用前应熟练掌握保护器的安装使用方法,错误的操作是产生危险的主要原因。

(3)穿绳子的方向要正确,下降速度不能过快,手控制绳子的力度合适,身体姿态正确。

(4)不要乱扔、摔打下降器,使用完成后应收纳好。

五、上升器

上升器被各国登山和探洞爱好者用作通过危险地区时的重要自我保护装备。它主要用于陡峭地形上升,探洞上升,或保护时与安全带、主绳配合使用。此外,上升器也是拉升系统的重要组成部分。上升器的原理是依靠内部设计的偏心装置以及其上的倒齿(棘轮),当上升器沿绳索上推时,偏心装置受绳索的摩擦力处于放松状态,上升器与绳索间可以顺畅地移动;当上升器沿绳索反向运动时,偏心装置受绳索的反向摩擦力而处夹紧状态,其上方的棘轮在加紧力的作用下挤入绳索外层,从而使运动停止。所以通俗地说,上升器就是一种能与绳索产生单向运动并能从锁紧状态放松的器具。

(一)分类

上升器分为手持上升器、胸式上升器和脚式上升器、无手柄上升器四种,其中手持上升器分为左手和右手两种款式。手持上升器(图 6-3-13)、胸式上升器(图 6-3-14)、脚式上升器(图 6-3-15)、无手柄上升器。手持上升器是用途最广的、最常见的上升器,被广泛用于登山、攀岩、探洞、溯溪、搭绳过涧等户外运动中,而且使用方便,单手就能完成操作,适用于任何环境。其他类型的上升器只是手持上升器的变种,在使用过程中都要配合手持上升器使用。

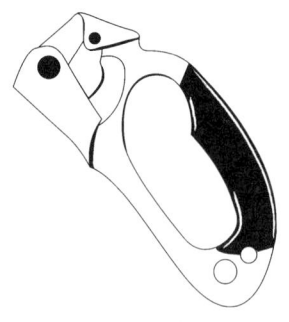 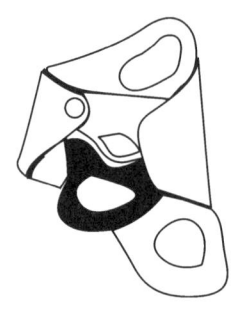 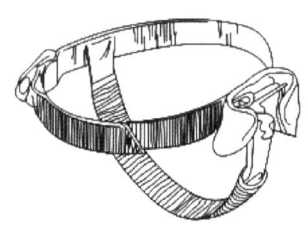

图 6-3-13　手持上升器　　　图 6-3-14　胸式上升器　　　图 6-3-15　脚式上升器

(二)操作

双手式:利用左右手持上升器,每个上升器应自带绳梯,左手上升时通过绳梯带动左脚抬起;左手到位后,开始左手拉,左脚踩,使身体上升;左脚站稳后,开始右手的同样动作,通过左右依次动作来使身体向上攀升。

胸式:手式的操作如上,胸式上升器固定在胸部,和安全带通过铁锁连接,随着身体一起运动。如果出现胸式无法上升的情况,首先应检查安装是否正确,然后用手拉动胸式下方的主绳,就可以正常动作。

脚式:手式的操作如上,脚式的使用首先要安装正确,脚踝扣一定要扣紧,才可以顺利上升。由于手式多为左手,则脚式的自然为右脚。

(三)功能

上升器是登山、攀岩户外运动最常用的技术装备之一。上升器上有一个专门的绳索通道,只能让绳索向一个方向移动,当绳索有向另外一个方向移动的趋势时,锁齿装置会立即锁止绳索。上升器与绳索、攀登者的安全带共同组成了一个保护系统。由于此种设计结构,上升器成为通过危险地区自我保护的重要装备之一。

攀登者技术水平不够时,可利用上升器攀爬,即使在没有岩壁的地方也可利用上升器沿绳垂直上升。由于具有绳索只能向一个方向移动的功能,它还可以用作拉紧绳子的用具,如搭绳过涧时就用它来拉紧绳索,使人可以在拉紧的绳索上攀爬。

(四)注意事项

(1)用脚来上升,不要尝试用手来拉升自己。

(2)在绳子底部系上重物或者用人拉住绳子,可以限制绳子随人上升。

(3)如果你的背包很重,要么等人攀上去以后再拖上去,要么将其悬挂在安全带上铁锁的下方。

(4)使用上升器时应尽量保持推进的方向与绳索的方向一致,将绳索拉直。只有在登山中,当绳索表面附着冰雪时,应在推进上升器时将上升器前部抬高以去除附着在绳索的冰雪。

(5)上升器不能承受冲击力,突然冲坠会拉坏上升器。使用前要看清楚上升器适用于多粗的绳子(一般直径在8~13mm之间)。

(6)不要将上升器作为保护支点的连接,上升器受到冲击时容易与绳索脱离。

(7)安装好上升器后,应在上升器上端小孔位置处装上一支铁锁以防止绳索在受不同方向用力时从上升器中脱出。

(8)手持上升器必须通过首尾连接到安全带上。

(9)推上升器的时候,不要将上升器推到离固定保护点太近的位置,一旦推到头很难将上升器取下来。

(10)在探洞等垂直上升活动时,手持上升器可配合扁带、绳子制作的脚踏来减轻体力消耗,保持身体平衡等。

六、扁带

(一)种类

目前经常使用的有三种扁带:散扁带、快挂扁带和成型扁带。

(1)散扁带。散扁带成圈出售,使用者可根据需要裁剪、打结后使用。打结后的散扁带拉力很难达到20kN。

(2)快挂扁带。快挂扁带是连接两个铁索形成快挂的连接用扁带,其长度一般为10~25cm。它的原理通常是把扁带折成若干层,并用在一定作用力下会撕裂的缝线缝在一起。快挂扁带的撕裂阈值在2.5kN左右,撕裂后的最大承受力可达22kN。

(3)成型扁带。成型扁带是厂家出厂时根据不同需要已经制作好的扁带,此类扁带出厂时必须经过检测,拉力达22kN,强度高、安全系数较高,是目前使用最为广泛的扁带类型,其长度一般为60~120cm,如图6-3-16所示。

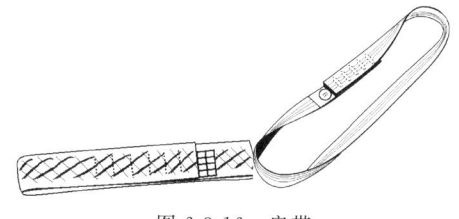

图6-3-16 扁带

(二)功能

扁带是户外用途较广泛的用具,其作用是连接快挂、铁锁和上升器等,扁带与保护支点直接接触可减少绳子的磨损。扁带可制作成攀爬的辅助工具,具有很高强度的抗拉性与耐磨性,增强了保护系统的安全系数。

(三)使用注意事项

(1)避免接触强烈紫外线、水、冰、火、高温物体。

(2)避免接触尖锐物品(挂片、冰爪、冰镐尖、锋利的岩石)。

(3)避免接触油类、酒精、油漆、油漆溶剂、酸碱性化学物品和强腐蚀性化学物品。

(4)散扁带制作好后留出的头应用胶布绑好,以免脱开,自制扁带在使用过程中应经常检查。

(5)在使用过程中应避免扁带扭曲。与固定支点连接时最好使用两根扁带,以确保安全。

(6)与上升器等装备连接的扁带使用时要检查其长度是否合适,不合适时可通过打结的方式调节其长短。

(7)携带扁带时可斜挂在肩上,或放在便于取放的地方,应避免扁带妨碍自身的行动。

(8)扁带表面出现破裂、纤维断裂、严重起毛等情况时,不得再使用。

七、头盔

头盔(图 6-3-17)是参加户外运动时的必备装备之一,在自然环境中攀登时,可防止落石等物体对头部的伤害;在滑坠时,可防止撞击岩壁对头部造成的伤害;在自行车翻倒时,可缓冲头部着地带来的冲击以保护头部。因此,应根据不同活动内容进行准备。

图 6-3-17 头盔

(一)结构与保护原理

头盔的组成:外壳、泡沫保护垫、调节系统和头灯卡。登山中的头盔为专用头盔,不能用自行车头盔、工地头盔代替,因为登山专用头盔具有特殊的设计特点,如有硬物坠落、冲击力过大时,一经碰撞就会裂开并分散撞击的力量达到保护头部的目的。

(二)分类

(1)根据制作材料可分为轻质头盔、硬质头盔、混合式头盔等。
(2)根据外形可分为全盔和半盔。
(3)根据用途可分为登山头盔、攀岩头盔、自行车头盔等。

(三)注意事项

(1)应根据运动项目佩戴头盔。
(2)使用前进行检查,戴好后再开始活动,确保头部在出现意外情况时不受伤害。
(3)不要用硬质物敲击头盔,经过强烈撞击的头盔最好不要继续使用。

八、冰爪

冰爪(图 6-3-18)是攀登雪山时的防滑用具。使用时冰爪安装在登山靴下,以增强抓地力和摩擦力。

图 6-3-18 冰爪

(一)分类

冰爪从固定方式上可分为系带式(绑式)冰爪、全卡式冰爪和前绑后卡式冰爪。绑式冰爪通过绳带与登山靴相连,其适用范围较大,可以适用各种登山靴。卡式冰爪必须与带有专门卡槽的登山靴配合使用,它主要用于攀冰和登雪山。前绑后卡式冰爪也必须与带有专门卡槽的登山靴配合使用,穿较容易。

(二)基本构造

通常冰爪主要看三个方面。第一是金属自身材质。冰爪用金属应该选择质地硬、韧性高的钢材制作,如果质地不够坚硬则很快冰爪的尖头就会变圆而失去刺冰的能力;有些钢材虽然坚硬但是很脆,这种冰爪在不小心踢到石头的时候很容易折断。第二应该注意冰爪齿的数量。通常冰爪齿数从4齿到14齿不等,齿数越多则冰爪能够应对的路面越复杂。不建议购买6齿以下的冰爪,这类冰爪通常钢材选择并不是很好,而且6齿以下的冰爪在使用过程中固定性和爬坡能力上表现欠佳。建议选择10齿以上的冰爪。第三点是针对10齿以上且有前齿的冰爪,这种冰爪分立齿和平齿两类,立齿冰爪是为了攀登垂直或近乎垂直的冰壁而设计的;平齿则是为了平地行走而设计的,偶尔也可以用来攀登。

(三)使用注意事项

(1)不要在岩石或山路上使用冰爪。
(2)穿着前要了解冰爪的穿脱方式,分清左右脚,穿好后走几步再进行调整,一定要绑紧、卡牢。
(3)攀登行走时,要随时注意观察绑带、卡扣是否松脱,发现问题应及时解决。
(4)气温较高时,雪面可能融化,大块雪可能会填满尖齿空隙,使冰爪失去作用而带来危险,出现该情况应及时处理。
(5)攀登行走时,注意两脚之间的宽度,避免一只靴子的冰爪绊到另一只靴子或裤脚,导致意外摔倒发生滑坠。
(6)注意冰爪能伤人,应谨慎保存与使用。
(7)不可将又脏又湿的冰爪遗留在防水袋中,保持干净与干燥是冰爪保养的原则。
(8)调整至适合靴子的大小。最适合的长度是比靴子略短3～5mm,不可太短或超过靴长,超过靴长会在下撤中造成不适甚至引发危险。
(9)切忌将冰爪加热火烤,以免冰爪的强度与耐用度受损。

九、冰镐

冰镐是攀登雪山最常用的装备之一,在攀登中是人体肢体的延伸。它在攀登雪山过程中用途最大,其主要作用为攀爬雪坡、修路、滑坠保护、挖雪坑、整理营地、维持自身平衡等。

(一)结构

冰镐由镐头、镐柄及腕带组成。

镐头主要用于敲入冰面,因此锋利的镐头便于着力,常用于攀冰运动;圆钝的镐头则利于爬坡行走和滑坠时的制动保护。腕带是冰镐与身体连接的带子,为了保证出现滑坠或其他意外情况时,冰镐不会离开身体而设计。一般是将腕带戴在手上或用铁锁连在安全带上。

(二)分类

冰镐有大小之分。大冰镐长度一般为55～75cm,小冰镐一般为45～55cm。大冰镐主要用于攀登、保护等。小冰镐主要用于攀冰及登山时的修路。镐柄还有直镐柄和曲镐柄之分。直镐柄(图6-3-19)利于行走支撑和制动,曲镐柄(图6-3-20)则利于冰壁的攀爬。

 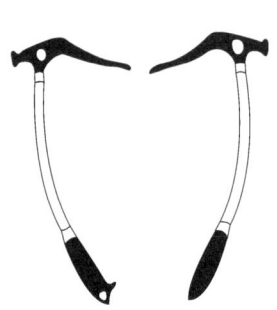

图6-3-19 直镐柄　　　　　　　图6-3-20 曲镐柄

(三)注意事项

(1)登雪山时主要使用大冰镐,冰镐头应该钝些。
(2)冰镐应与手腕或安全带相连,以避免出现意外情况时冰镐离身体太远。
(3)使用冰镐时应注意安全,防止伤到自己或队友。
(4)冰镐在攀登行进中必须离地,不可将冰镐拖地前进。
(5)无论上坡或下坡攀登,冰镐必须都朝向坡壁。
(6)在挥动冰镐时,不应抓握太紧,以腕带来支撑,放松手掌及手臂。
(7)取冰镐时,一般上下摇动镐柄,然后向上、向外拉冰镐,即可很容易取出。切忌左右摇晃冰镐,否则容易折断镐尖。

十、人工支点装备

在野外攀岩中,攀岩者要根据实际情况自行确定攀爬路线,其中建立安全有效的保护,对自身或他人进行保护就显得尤为重要。在岩壁上设保护点的装备主要有岩锥、岩石塞、膨胀钉、挂片等,还有安装这些装备的电钻、扳手、起子等。

(一)岩锥

岩锥是建立保护点的最基本器材。

1. 分类

(1)片形岩锥:整体成片状,适合较小岩缝,如图6-3-21所示。

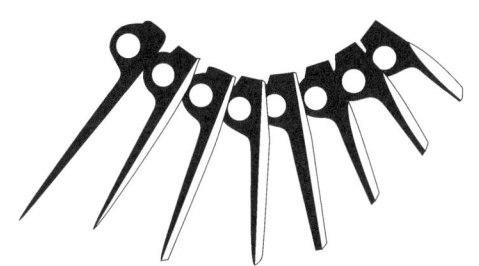

图 6-3-21　片形岩锥

（2）角岩锥：如 V 型，利用三点良好的支撑保持平衡，适合较大的岩缝。

（3）舰形岩锥：适用于中等宽度的岩缝。

2. 使用注意事项

（1）在野外攀岩中，岩锥作为消耗品，用量较大。

（2）设点时一定要考虑好两个岩锥之间的位置与角度。

（3）作为保护点，设点之后一定要检查。

（4）使用完后尽量回收岩锥。

（二）岩石塞

岩石塞是另一种建立保护点的器材。根据构造不同，它可分为金属塞和机械塞。

（1）金属塞：不带机械部件，是由大小不同、形状各异的金属块制成；使用时根据岩缝的大小塞进对应的金属塞即构成一个保护点。

（2）机械塞：是通过改进的岩石塞，以内置弹簧来控制凸轮动作的装置，使用时将其塞入岩缝。机械塞会根据岩缝的大小自动调节，紧紧卡在岩缝里，使用后，能方便地取出来。

岩石塞点由塞头、钢索、肩带三个部分组成。

使用注意事项如下。

（1）尽量熟悉岩石塞的直径和用途。

（2）岩锥、岩石塞可以搭配使用。

（3）要注意岩石塞不能在受力方向上移动，否则可能会脱落，可以用两个岩石塞同时做保护点。

（4）设保护点时，无论何种岩石塞，放置完毕后都要检查，应使劲拉几下，检查其是否牢固。

（5）岩石塞主要适用于坚硬的砂岩或石英岩，软性石质不能用，以免发生危险。

（三）膨胀钉、挂片

挂片一般是透过膨胀钉固定在岩壁上，其作用在于连接快挂，建立保护点，攀登者可以通过绳索安全带与挂片相连形成保护系统。

使用注意事项如下。

(1)挂片必须通过快挂来连接绳索。

(2)挂片的安装形成了一条攀爬线路,挂片安装位置应仔细选择,不能影响攀爬者纵向攀爬。挂片之间的距离也应适当,不能过于密集。

(3)安装时间过长的挂片使用前应检查,以免在使用中发生脱落。

(四)电钻、扳手、起子

这类工具都是安装岩锥、挂片、岩石塞等的辅助工具,主要是在建设攀登修路或设立保护点时使用。

以上所列举的装备只是山地户外运动中的一些常用装备,由于山地户外运动包含了多组运动项目,各项目中有些特殊的装备我们会在相应的章节中专门提及。

第七章 攀 岩

攀岩是从登山派生出来的现代竞技运动项目,是一项集竞技、休闲、娱乐于一体的运动,同时也是一项挑战自我能力和心理极限的运动项目。攀岩要求攀登者能够在不同高度和角度的岩壁上准确地完成腾挪、转身、跳跃、引体等惊险动作,被人们誉为"岩壁上的芭蕾"。最早的攀岩运动起源于 20 世纪 50 年代末至 60 年代初的欧洲,目的是让更多的人了解登山,使登山运动更具有观赏性,让更多人参与其中,把登山中攀登陡峭岩壁的技术和方法移到市郊、市内的自然、人工攀岩壁上。到 20 世纪 70 年代,攀岩运动发展成为一个国际性比赛项目。攀岩运动 20 世纪 90 年代传入中国,目前成为奥运会的正式比赛项目。户外攀岩形式分为两种:一种是自由攀登,即攀登者不用保护绳、膨胀锚桩、岩钉等技术装备,利用攀岩上的裂缝、岩洞、悬岩等徒手攀登;另一种是用器械攀登,即常指的器械攀岩。本章所讲述的内容主要是山地自然环境中攀岩所要掌握的基本知识、技术和技能,通过本章的学习,了解攀岩的知识和技术,主要包括结绳技术、保护站设置、攀岩保护、户外攀岩、下降技术,用知识指导户外活动,减少或避免户外运动中伤害事故的发生。

第一节 攀岩结绳技术

一、结绳技术概述

结绳技术是攀岩运动员必须掌握的基本技术之一。绳索是攀岩技术中所使用的最重要的装备,在攀岩中进行各种技术操作都离不开绳索,而绳索只有与攀爬者身体或其他物体建立连接和固定之后,才能在技术运用中起到辅助和安全保障作用。

二、结绳技术

(一)固定绳结

固定绳结是将绳索一端直接固定于自然物体(岩石、树)或攀登者身体上的结绳技术。主要包括布林结、双套结、蝴蝶结、双 8 字结,具体打法如下。

1. 布林结(称人结)

布林结用于绳索与自然固定物的连接,有时也用于结组中的胸绳连接。打法如图 7-1-1~

图 7-1-3 所示，切记布林结一定要与防脱结配合使用。

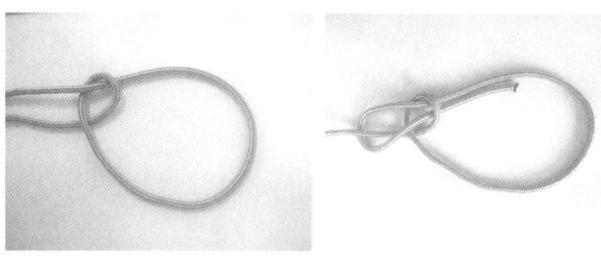

图 7-1-1　绕打布林结

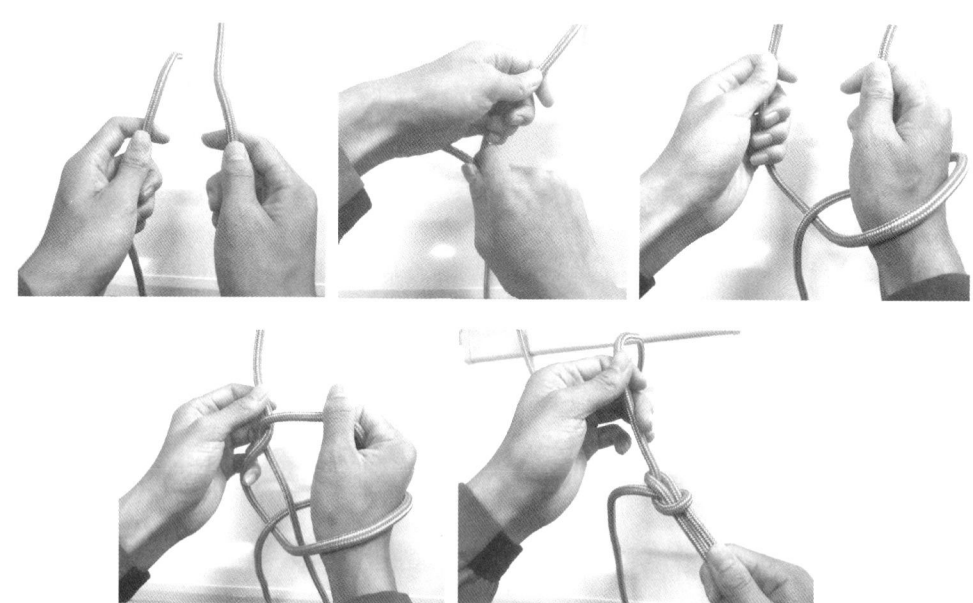

图 7-1-2　打胸绳时的布林结

图 7-1-3　固定物上打布林结

2. 双套结（丁香结）

连接中间开放性固定点的绳结（树桩、铁锁等），在攀登特别陡险的岩石时也可用来作脚蹬。打法如图 7-1-4、图 7-1-5 所示。

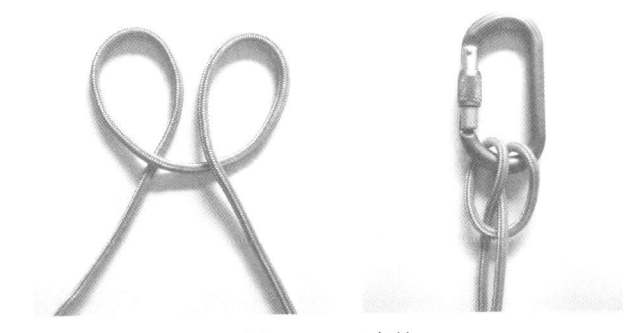

图 7-1-4 双套结

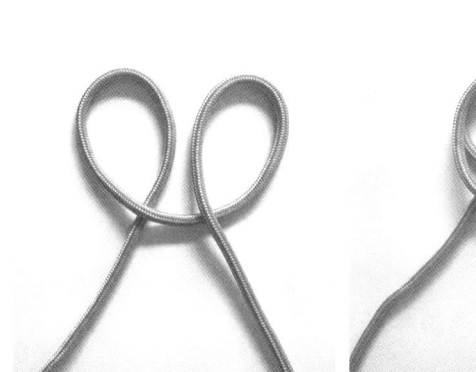

图 7-1-5 固定物上打双套结

3. 蝴蝶结

常用于登山修路临时保护点和危险路段的路绳设置中,也用于多人结组行进,还可用作脚蹬和抓点。如出现绳子破损,也可用此绳结把破损部位隔离开。打法如图 7-1-6、图 7-1-7 所示。

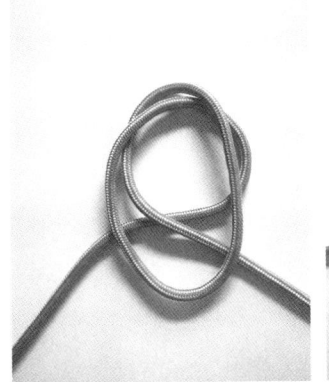

图 7-1-6 蝴蝶结打法(一)

图 7-1-7　蝴蝶结打法(二)

4. 双 8 字结

用于安全带与主绳之间的连接,因这种方法打的结形似双"8"字而得名。打法如图 7-1-8、图 7-1-9 所示。

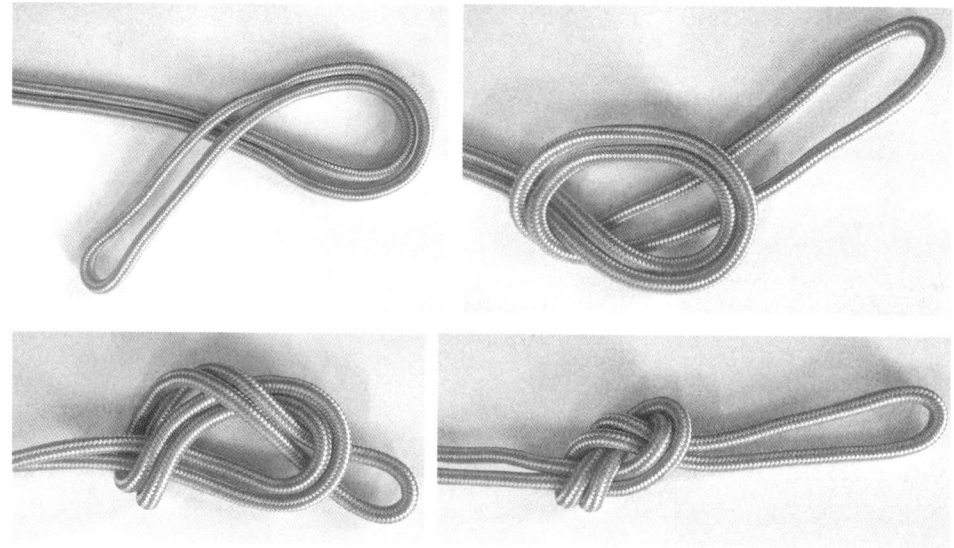

图 7-1-8　8 字结

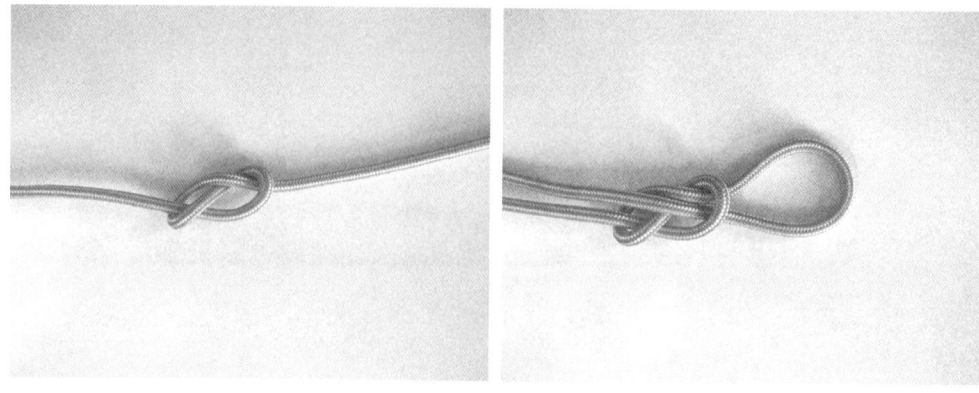

图 7-1-9　8字通过结

(二)连接绳结

连接绳结是在绳索长度不够的情况下,将两根或几根短绳结成长绳时使用的绳结。绳的直径相同与否,决定连接时所采用的打结方法是否相同,一般连接绳结的打法有如下几种。

1. 平结(又称平行结,海员结)

用于直径相同的两条绳索之间的连接。平结受力后不易松开,不受力易解开,因此平结只能用于捆绑物体,不能用于受力操作。打法如图 7-1-10、图 7-1-11 所示。

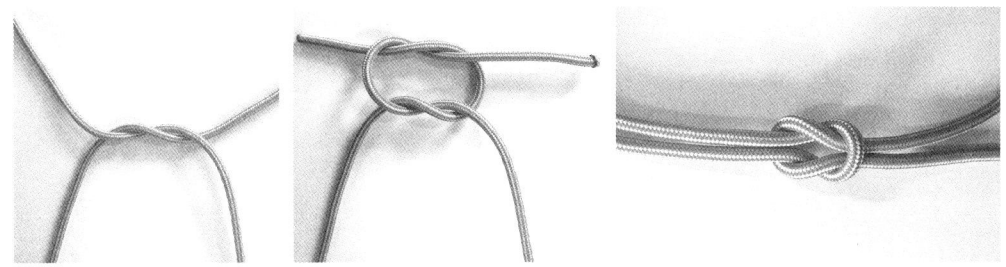

图 7-1-10　平结打法(一)

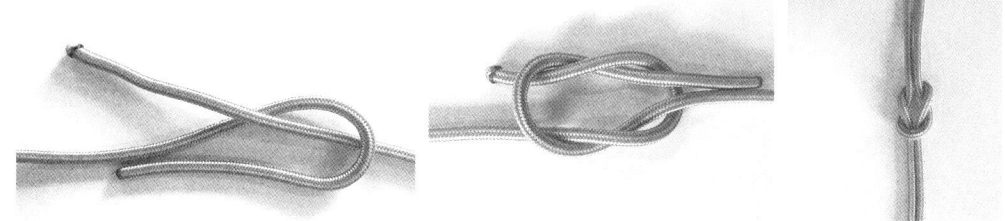

图 7-1-11　平结打法(二)

2. 渔人结

用于直径相同的两条绳索之间的连接,通常用于连接辅绳,形成绳圈。打法如图 7-1-12 所示。

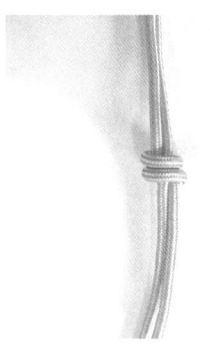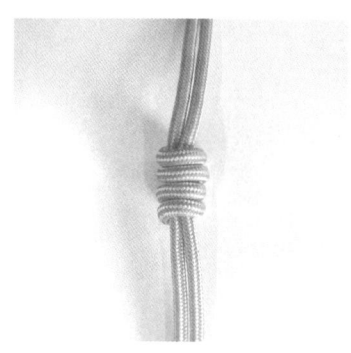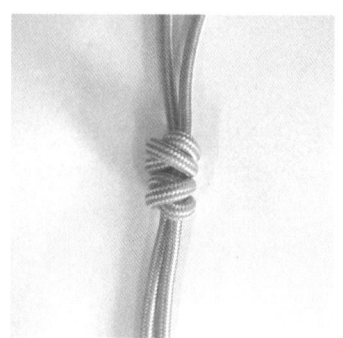

图 7-1-12　双渔人结(正面、反面)

3. 混合结

又叫科学结,用于不同直径绳索之间的连接,也可以用于连接两条直径相同的绳索。打法如图 7-1-13 所示。

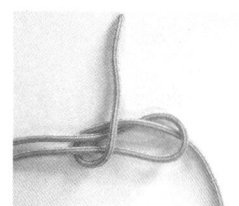

图 7-1-13　混合结

4. 水结

用于相同直径绳索之间的连接,一种简单而结实的绳结。这种绳结主要用于连接扁带。打法如图 7-1-14 所示。

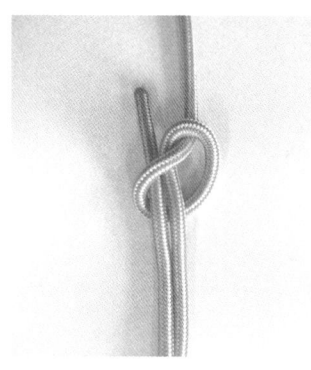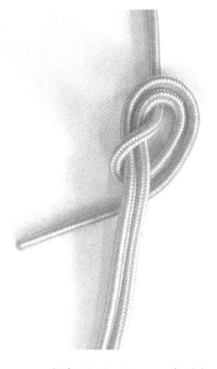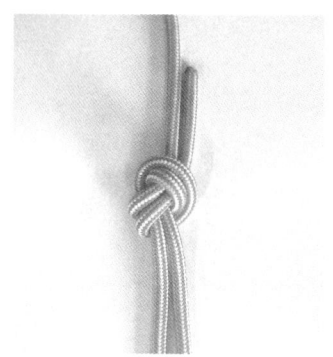

图 7-1-14　水结

(三)保护绳结

保护绳结是使绳索之间或绳索与铁索之间能够产生摩擦和滑动的绳结。根据其用途的不同,可分为单环结和抓结。

1. 单环结(意大利半扣)

通常在沿主绳快速下降时用以控制速度的绳结,也称为意大利半扣,与主锁配合使用。使用前检查制动端绳索方向,制动端绳索与锁门不可在同侧。打结方法如图 7-1-15 所示。

图 7-1-15　意大利半扣

2. 抓结

抓结在户外运动绳索操作中十分广泛。在下降过程中利用其临时制动,起到保护作用;在救援系统中利用抓结起单向受力作用;在临时保护中或沿绳上升时可替代上升器使用。按其打结的方法可分为法式、克式、普鲁士 3 种,如图 7-1-16～图 7-1-18 所示。

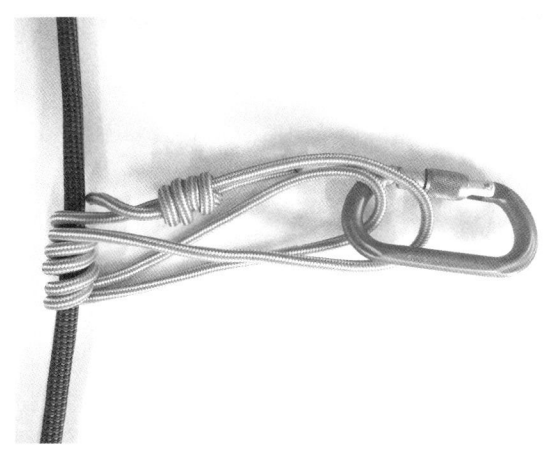

图 7-1-16　法式抓结

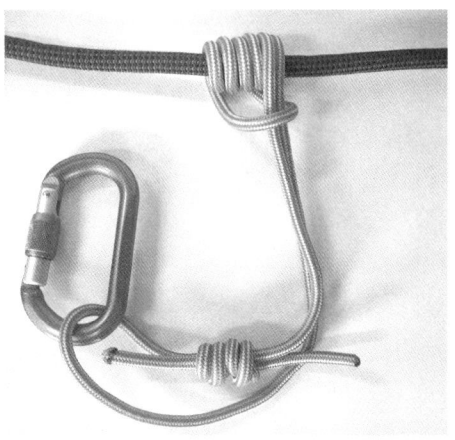

图 7-1-17　克氏抓结

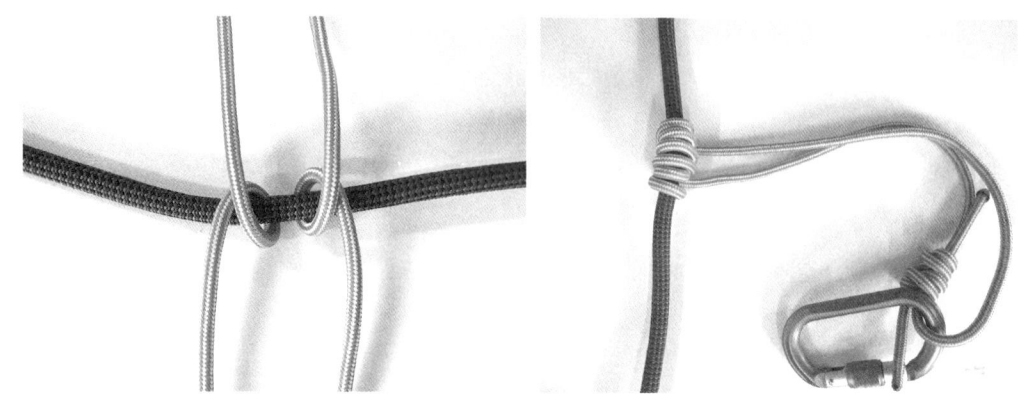

图 7-1-18　普鲁士抓结

3. 整理绳索

绳索用过之后必须收拢好,以便下次再用。包括理单绳与双绳。

(1)收单绳。①用手从绳索的一端开始从头到尾捋绳,整理绳索并检查绳索是否损坏。②开始盘绳,每一股收同样的长度分别放置到肩膀两侧,收至最后剩绳 2m 左右。③预留的绳子分别取 40cm 的绳子左右放置。④将已绕的绳子用手抓紧后,用余下的绳子反向缠绕 5~6 圈,边缠绕边收紧。⑤缠绕完毕后,将绳头从另外一端的半绳圈里穿过,用半绳圈另外一端的绳子将绳圈拉紧,绳圈与绳头形成挤压,完成收绳(图 7-1-19)。

图 7-1-19　单绳

(2)收双绳(背绳)。①用手从绳索的一端开始从头到尾捋绳,整理绳索并检查绳索是否损坏。将两个绳头合在一起后再次捋绳,找出中间点并打单结作为标记。②以单结为起点,左右各自持绳置于肩两侧,两侧长度均等,收绳至绳尾留 2~3m。③将盘好的主绳取下,抓住所盘绳的中间点,将预留的绳子在主绳上缠绕 3~4 圈。④预留的绳子从缠绕所形成的绳圈中穿过,将穿过主绳所形成的绳圈回拉套入主绳收紧。⑤收紧后将绳子理顺,将绳索背上肩膀,两绳在胸前交叉后,在背后压住绳子,再次交叉一次后从腰部绕回,打上平结收尾。

三、结绳技术教学

(一)教学重难点

1. 教学重点

(1)固定绳结、连接绳结以及保护绳结三大类绳结的打法。
(2)固定绳结、连接绳结以及保护绳结三大类绳结的具体应用。

2. 教学难点

(1)固定绳结、连接绳结以及保护绳结三大类绳结在实际应用过程中的注意事项。
(2)保证绳结在应用过程中的灵活、准确、安全。

(二)教学提示

(1)分组练习,设置小组长,让学生能够互相帮助,共同进步。
(2)利用手机 APP、微信小程序等现代化手段进行教学,学生可在课外进行自学。如使用"户外绳结"微信小程序。
(3)教学手段以教学为辅、学生练习为主,给予学生充足的练习时间。

四、结绳注意事项

(一)结绳的要求

(1)对结绳的基本要求是牢固、简单易行、结解方便。
(2)绳结打好后要仔细检查是否正确,否则要解开重新打结。
(3)熟悉掌握各种结绳的具体应用。

(二)结绳的注意事项

(1)在使用绳索的过程中,绳索的展、收要有条理,不乱拉乱放,以免造成交结混杂。
(2)使用绳索的过程中应避开岩缝、尖石等障碍物,排除自然物对绳索损伤。
(3)切忌踩踏绳索。
(4)应远离明火以及高温物体。
(5)应避免接触油类、酒精、油漆及油漆溶剂和酸碱性、腐蚀性化学用品。

第二节 保护站设置

一、保护站设置概述

保护支点亦称保护点,指任何一个可用于连接承载绳索或攀登者身体的点。由多个安全的保护点合理连接所组成的能够提供长时间固定保护的保护系统叫作保护站。一个保护站通常由两个或多个保护点组成。设置保护站首先要设置自我保护支点,在确保自身安全的前提下,再设置保护点。

二、保护站设置介绍

1. 保护站设置原则

(1)独立:保护站的各个保护点要相互独立,从而避免其中某个保护点脱落而全部失效。
(2)均衡:保护站的保护点要均衡受力,否则容易造成个别保护点因承受力量过大而失效脱落。
(3)备份:在设定保护站的时候,一个保护站至少要两个保护点来组成。

2. 人工支点的设置、安装

人工支点是指利用膨胀栓、岩锥、岩塞、机械塞、冰锥、雪锥等器械固定在岩壁上、冰雪中对攀登或下降起到保护作用的支点。

1)人工支点的设置、安装步骤

(1)到达设置保护点的位置后,先设置自我保护支点。
(2)选择安全、合理的位置用扁带与第一个保护点连接;
(3)在另一个相对独立的位置用另一个扁带与保护点连接。
(4)调整扁带的位置使夹角小于60°,均衡受力。
(5)用两把主锁将两条扁带连接在一起,且锁门相对,大头朝下。
(6)如有条件,再设置一个备份保护点与保护系统相连,这个备份点不得因受力而牵扯主保护点,但要能保证在主保护系统失效时它能第一时间承重。
(7)将主绳的绳尾打上防脱结后与保护系统连接并确保两个绳尾均落地;落绳时应大喊"落绳",防止下方人员被落绳砸伤。
(8)确保绳子无扭曲后将保护系统上的主锁锁门拧紧。
图7-2-1为高空架保护站。

图7-2-1 高空架保护站

2)人工支点的检查

支点的牢固性、可靠程度,直接关系到攀登者的生命安全,因此,支点的牢固性检验是保护点设置后必须进行的工作,但是目前尚无先进的检测手段,主要靠攀登者的经验进行综合检验。这种综合检验方法主要有:①听。打岩石锥时,应选择坚硬而适于岩锥的裂缝,岩石锥越往里打,敲打声越清脆,听起来有"噔噔"声,说明支点打的结实。若是"砰砰"声,则说明支点打得很不结实。②感。敲打岩石锥时手的感觉很舒适,每打一锤都有所进展,且四周无岩石松动。越打岩石锥挤得越紧,左右摇不动,用力也拉不下,锥体也因部分被打进而逐渐埋入岩壁,这些情况都说明支点牢固可靠。③观。通过观察,看岩石锥打得是否牢固,是否合乎要求。在岩石锥挂上铁索和连接绳套后,看看其周围有无凸出的可能会割破或磨损绳索的岩石棱角等,若发现支点不符合要求,则绝对不能使用。

3. 自然支点的设置

自然支点是指利用自然界现有的固定物体,如粗壮的树、大丛灌木、形状合适的岩石等,对攀登或下降起到保护作用的支点。

自然支点的设置、安装方法如下所述。

(1)观察、判断攀登或下降路线。观察岩壁或山坡的角度、高度、形态等情况,选择有利于攀登或下降路线的上方或下方设置支点。在较长的攀登或下降路线上,应判断路线是否能够顺利地分段,每段的距离是否小于可用绳的长度。

(2)确定每段都有稳妥可靠的攀登、下降的支点。比如粗壮的树、大丛灌木、形状合适的岩石等。

(3)确定路线的安全性。路线上是否有不稳定的石头?茂密的灌木是否会影响下降和抽绳?路线是否能够连成一个基本垂直的线路?是否会造成危险的摆荡,摆荡的情况下是否会切割主绳?路线上是否有明显的仰角或屋檐?上述这些问题都必须充分考虑。

(4)设置保护支点。先设置自我保护支点,再在树上或大块的岩石上设置、安装保护点。

方法一:将绳套或扁带套在树上或大块的岩石上。如果岩石上的绳套或扁带看起来有向某侧滑动的趋势,应考虑用双套结系紧并加上抑制滑动的反向拉力。绕在大丛灌木的绳套或扁带,可使用单套结,或者绕两圈拉其中的一圈,这样便是绳圈越受力,树丛捆得越紧,避免只有树丛一侧受力的情况。设置备份支点。原则上应使用至少 2 个均衡受力的支点。若由于某些原因,被迫使用单点,备份支点可以不受力,但必须设置,密切注意主支点的情况,确保安全。如图 7-2-2、图 7-2-3 所示。

图 7-2-2　备份支点 1 示意图

图 7-2-3　备份支点 2 示意图

方法二:在确定树或岩石非常牢固的基础上,也可直接用主绳在树上或大块的岩石上打上布林结。这种方法主要用于岩降中。

(5)检验支点牢固性。支点的牢固性、可靠程度,直接关系到攀登技术的实施和攀登者的生命安全。因此,支点的牢固性检验是保护点设置后必须进行的工作。

三、保护站设置教学

(一)教学的重难点

1. 教学重点

(1)保护站设置原则的理解与掌握。
(2)人工支点、自然支点的设置与安装。

2. 教学难点

在进行野外活动时,保护点的选择。

(二)教学提示

(1)讲解与示范应强调保护站的设置原则,注重个人、环境、装备等风险评估与风险处理。
(2)学生设置保护站须处于自保状态,教师应保障教学安全,全程观察学生练习。
(3)应运用激励等手段,激励学生主动参与练习,防止厌学等不良情绪。
(4)进行安全教育,重视对环境的观察与分析,同时对风险点要有一定掌控。
(5)强调自我保护支点与备份支点的重要性。
(6)重点讲解两棵树保护站设置的注意事项,及在设置保护站过程中的风险防范及处理措施。
(7)重点强调保护站设置的完整性,要对保护站进行全面检查,培养耐心细致的行为习惯。
(8)鼓励创新思维,引导反思,并将设置保护站的技能向生活迁移。

四、保护点设置注意事项

(1)安装人工支点一定要根据攀登路段的实际情况,尽量做到一点多用。
(2)安装人工支点时,一定要遵循力学原理,使打进岩壁的岩石锥充分显露其承受能力。因此要特别注意安装方法,绝不能粗心大意,否则就会因人工支点不牢固而造成攀登坠落事故。
(3)设置保护点前要仔细观察地形,选取合理的位置设置保护点。
(4)保护点、自我保护支点设置时的首要问题是安全,要仔细认真,不要忙中出错。
(5)保护点设置完之后一定要测试并检查每一个环节。
(6)抛绳之前一定要理绳,否则会很容易在半空中缠绕,再拉上来就很费事。
(7)抛绳前建议将绳子先与身体连接,避免出现差错导致绳子落地,这将很难补救。
(8)保护站的两把主锁,开口方向应相反,不能朝向同一方向。

第三节　攀岩保护

一、攀岩保护概述

在攀岩和通过危险路段的过程中，最大的危险是滑坠和摔落，因此为了保障攀岩者的安全，保护技术至关重要。保护的作用就在于出现上述情况时，可以保护攀岩者脱离险境，同时还会使攀岩者有一种安全感，并产生积极的心理作用。

攀岩保护技术是攀岩的核心技术，是攀岩运动开展的前提与基础，熟练掌握保护技术，才能安全攀岩，安全享受户外。

二、攀岩保护介绍

根据保护技术所使用的场合及范围，通常将保护技术分为固定保护、行进中保护和自我保护3种。

（一）固定保护

固定保护是对行进者或攀登者预设的专门保护。保护者将主绳进行某种固定，并选择有利的位置专门负责保护。在攀登岩石、峭壁、冰壁等技术复杂且危险性大的路段时多被采用。

固定保护时保护者任务明确，随时处于操纵保护装置对攀登者进行保护的戒备状态。根据保护与被保护者的相对位置和保护点设置位置，固定保护有3种保护方式。

1. 交替固定保护

两人结组攀登陡峭的岩壁或冰雪坡时，多采用这种保护方式。具体方法是：一个结组内一个人行进，另外一个人停止行进，将冰雪锥或冰镐打入坡面作为牢固支点，并将主绳在它上面按特定的要求缠绕；同时保护者要根据行进者的速度做收绳、放绳动作，行进者走完主绳，间隔一段距离后停下来，两人交换身份，重复做保护者的动作，依次反复进行。

2. 上方固定保护

保护支点设置在线路顶部的保护方法。这种保护方法使保护者处于被保护者的下方，常用于顶绳攀登中。

上方固定保护对攀登者没有特殊要求，发生坠落时冲击力较小，较为安全。进行上方固定保护时，使用的器材主要有安全带、主锁和下降器。根据保护者所采取的姿势或装备，又分为站立式保护法、坐式保护法2种。

1）站立式保护法

保护者采用站立式保护法对攀登者进行保护时，应首先选好保护位置，做好自我保护。然后身体侧对岩壁站立。站立时先将一腿（左或右）迈出一步，脚蹬在有利的支点上，腿要伸直，脚尖指向攀登者，后腿稍屈成弓箭步，身体重心落在后腿上，形成保护姿势。保护者站立的重心不宜过高，否则一旦受力，保护者就有被牵动而拉倒的危险。在控制好身体重心的前提下，左手或右手（活动手）抓紧保护器上方的主绳，右手或左手（制动手）抓紧保护器下方的主绳，并两眼注视攀登者，保持一定的预见性。根据攀登者攀爬情况及时收绳，使保护绳索保持松紧适当，既不影响攀登者完成动作又达到安全保护的目的。当攀爬者力竭或意外从岩壁上脱落时，保护者应保持后坐姿势，重心放在两腿之间缓解冲坠力量，达到保护攀登者的目的。

保护者采用的收绳方法（五步保护法），通常可以总结为"提、拉、拽、拽、扶"，如图 7-3-1 所示。

图 7-3-1 上方固定保护

第一步（提）：起始动作：活动手握住与攀登者相连接的绳子，制动手握住保护装置下方主绳。活动手将连接攀登者的绳子向保护装置方向收回，同时制动手顺势将通过保护装置的绳子抽出。

第二步（拉）：制动手迅速将抽出的绳子折放髋关节处，手心向里，折放过程不能出现停顿动作。

第三步（拽）：活动手绕过保护装置在制动手前握住从保护装置抽出的绳子。

第四步（拽）：制动手握住活动手前的绳子。

第五步（扶）：活动手握回到与攀登者连接的绳子上，准备向保护装置方向收回，并重复以上的步骤。

在攀登者下降时，保护者要做放绳动作，其方法是制动手握紧主绳，活动手空握绳子，并同时将绳放出，制动手控制力度让绳子缓慢从手中滑过，绳子从活动手滑过，主绳就会逐渐放出。

在保护中无论是收绳或放绳，都不要把绳拉得过紧或放得过松。过松就失去了保护作用，过紧则会影响攀登者或下降者的动作操作。

2）坐式保护法

保护者采用坐式保护法对攀登者进行保护时，首先选好有利地形，做好自我保护。保护者面对被保护者（攀登者），坐在地（岩石或雪坡）上，两腿自然分开，两脚蹬住较凸出的岩石等做支撑点。在控制好身体重心的前提下，活动手抓紧保护器上方的主绳，制动手抓紧保护器下方的主绳，并两眼注视攀登者，保持一定的预见性。根据攀登者攀爬情况及时收绳，使保护绳索保持松紧适当,既不影响攀登者完成动作又达到安全保护的目的。当攀爬者力竭或意外从岩壁上脱落时,保护者应保持后坐的姿势,重心放在脚上缓解冲坠力量,达到保护攀登者的目的。收绳与放绳方法与站立式保护法基本一致。

3. 下方固定保护

保护支点位于攀登者下方的保护方式,用于先锋攀登(运动攀)的保护方法。攀登自然岩壁或人工岩壁时,若上方没有预设的保护支点,只能采用下方固定保护,如图7-3-2所示。

图7-3-2　下方固定保护

下方固定保护要求攀登者在攀爬过程中,不断把保护绳挂入途中安全支点上的快挂中,这对攀爬者的技术有较高要求。同时攀爬者发生坠落时,坠落距离大,冲击力强,因此在进行先锋攀登的保护时,为便于观察攀登者情况并防止攀登者意外脱落冲坠,保护者选择在攀登者线路侧面保护。在控制好身体重心的前提下,活动手抓紧保护器上方的主绳,制动手抓紧保护器下方的主绳,并两眼注视攀登者,保持一定的预见性。根据攀爬者攀爬和抽绳动作的需要给予及时送绳,使保护绳索保持松紧适当,既不影响攀登者完成动作又达到安全保护的目的。当攀爬者力竭或意外从岩壁上脱落冲坠时,保护者应在主绳即将拉紧受力时,保持后坐的平衡姿势向前上方轻微跳起以缓解冲坠力量,达到保护攀登者的目的。

无论是上方固定保护还是下方固定保护,要想一个人用绳索拉住一个同自己体重差不多而又突然下落的物体是根本不可能的。攀登保护技术之所以能够奏效,是因为它并非只依赖保护者上肢对主绳的握力和拉力,而是主要借助于两方面的摩擦力。一方面是主绳在保护装置上经过一定缠绕而产生的摩擦,另一方面是主绳在保护者与被保护者之间的支点上产生的摩擦,从而加大了对主绳的摩擦,增大了安全系数。

（二）行进中保护

行进中保护指行进中不设置专人保护,只是在出现险情后依靠保护装置而采取的一种应急保护技术。最普通而简便的方法是用主绳将2～5名攀爬者的身体连接牢固,构成一个结组。结组行进中,一旦有人失误滑坠,同组其他人都要利用保护装置机敏地进行保护性操作,即立刻以最方便的姿势和最快速的动作,将冰镐或其他辅助设备全力插入冰雪碎石或裂缝中,以期通过固定自己的身体而拉住滑坠者。

（三）自我保护

攀登者在攀登过程中应注重自我保护,在发生危险时,不能消极地依赖别人,而要尽量采取相应的自救措施。在固定保护中,保护者首先要设置自我保护支点。在行进保护中失误滑坠,就要立即做出自我保护动作,即在向同伴高呼"保护"的同时,迅速将身体呈俯卧姿势,并用全力使冰镐尖或其他辅助装备与坡面摩擦,以降低下滑速度。

三、攀岩保护教学

（一）教学的重难点

1. 教学重点

(1)上方固定保护中"五步保护法"的规范操作流程与注意事项。
(2)不同环境中自我保护的使用。

2. 教学难点

下方固定保护(先锋)的规范操作流程与注意事项。

（二）教学提示

(1)示范讲解上方固定保护和下方固定保护技术时,强调保护的差异性。
(2)进行安全教育,分析攀岩的风险、应对措施,提升责任意识和风险防范意识。
(3)学生分组进行相互的保护练习,分组应考虑学生的体重,练习中应互相提醒。
(4)练习前,必须进行装备互查,打好绳尾防脱结,注意攀登者的状态,关注攀登者与保护绳、快挂等之间的关系,多与攀登者进行沟通交流。
(5)配备安全员,检查并及时指出保护操作中存在的问题。
(6)练习应严肃认真,严禁嬉戏打闹。
(7)学生练习过程中,要全程关注学生的技术动作,防止学生出现操作不规范和失误而出现安全事故。
(8)组织引导学生总结反思保护过程中可能出现的问题,并引导学生提出解决方法。

四、攀岩保护注意事项

(1)保护前对所使用的装备器械,要认真进行检查。
(2)保护地点要尽量选在安全的地方,有利于保护者进行活动的地方。禁止在雪崩、冰崩、滚石区做保护。
(3)保护者首先要做好自我保护,设置自我保护支点,带上手套,然后再保护别人。
(4)保护过程中保护者制动手勿靠近保护器,以免被意外夹伤。

(5)保护者不论采用何种保护方法,制动手绝不离开绳索,一定要规范操作。

(6)攀登者准备攀登前,保护员和攀登者双方相互检查,确认无误。

(7)攀登者准备攀登前,保护者和攀登者要进行沟通,确定保护者进入保护状态。

(8)在攀岩保护中,一定要注意绳索的磨损。随时同攀登者进行联系,密切配合,被保护者没有达到安全地点前,保护者一定要注意力集中,以高度负责的精神,克服一切困难完成保护任务。

第四节　户外攀登

一、户外攀登概述

攀岩现已发展成为一项独立的运动,其特有的惊险性、技巧性、刺激性、竞争性和趣味性,吸引着越来越多的人,其影响也越来越大。在很多公园和游乐场所,也都建有攀岩场地。我国也把攀岩项目引入学校教学课程。

根据攀登者在攀岩的过程中运用的登山技术装备及攀登岩石特点的不同,可将攀岩技术分为:徒手攀登法、器械攀登的方法、顶绳攀登法、先锋攀登法及攀登裂缝法等。

二、户外攀登介绍

(一)徒手攀登法

攀登时,攀岩者的双手和双脚构成了人体的四个支撑点(简称支点),当移动一手或一脚时,其他三个支点保持固定状态以使身体平衡。简单来说,攀登的技术要领就是"三点固定",在双手握或双脚蹬牢三个支点的条件下才能移动第四点,其技术动作是:攀岩时身体要自然放松,以三个支点稳定身体重心,随攀岩动作的转换身体重心要随之移动,这是攀岩能否平衡、稳定、省力和成功的关键。

三点固定法是攀岩的基本方法,它对身体各部位的姿势和动作要求如下。

1. 身体姿势

在攀登自然岩壁时,身体要自然放松,以三个支点稳定身体重心,在攀登过程中身体重心要随着攀登动作的转换而移动,这是能否稳定、平衡攀岩的关键。要想身体放松就要使身体和岩壁保持一定距离,靠得太近,会影响观察攀岩路线和选择支点。同时上、下肢要协调舒展,上拉、下蹬要同时用力,身体重心一定要落在脚上,保持面向岩壁、三点固定支撑、直立于岩壁上的攀登姿势。

2. 手的动作

手在攀岩中起抓握支点、维持身体的平衡,是身体顺利向上攀登的关键所在。手臂力量的大小和技术动作掌握的好坏会直接影响攀岩的质量,效果和速度。对于初学者来说,在不善于充分利用下肢力量的情况下,手臂的动作就显得更为重要。手的动作较复杂,虽然脚是支撑全身重量的,但如果没有手的辅助就不能攀登。在攀登自然岩壁时,手的动作包括握、抓、抠、压、捏、摁、撑、搂、戳,如图7-4-1所示。

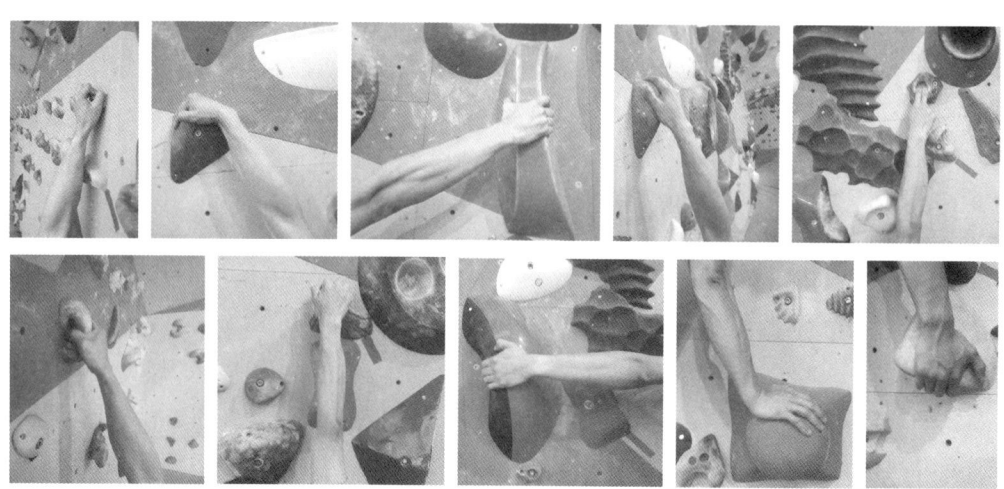

图7-4-1 手臂动作

3. 下肢的动作

双脚是全身重量的主要支撑点,在攀岩过程中是否能快速、顺利、省力地完成攀登,充分利用腿部的力量非常重要。脚的动作要领是:两腿外旋,大脚趾内侧贴近岩面,两腿微屈以脚踩稳支点维持身体重心,膝部不能接触岩壁。两脚踩支点维持身体重心,如图7-4-2所示。

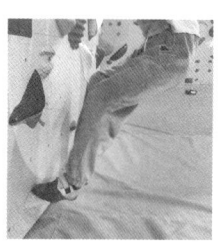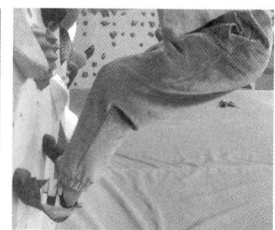

图7-4-2 下肢动作

在自然岩壁支点大小不一和方向不同的情况下,动作要灵活运用。但要切记,膝部不要接触岩石面,否则会影响到脚的支撑和身体平衡。攀登时,要尽可能地用全脚掌踏在凸出或凹入的岩石上,如果找不到适当的踏脚点就要看具体情况来决定。如有的棱角或小台阶是直角或斜坡状时,那么踏脚就要根据它的形状下脚;如遇到岩石裂缝,双脚需根据裂缝的形状、方向及大小而采用不同的动作。在遇到直角的裂缝时,将脚前部插入裂缝,脚跟比脚趾低,脚趾向下用力;在遇到纵向的裂缝时,由于裂缝的大小不同,脚的插入角度及用力方向不同,此时要把握一个原则,即调整好的脚能紧紧地卡在岩石缝中,这样才便于用力。

4. 手脚全身协调配合

对技术还不够熟练的攀登者来说,上肢力量显得更为重要,攀登时往往是上肢引体,下肢蹬压抬腿,同时需要用腰的动作配合来移动身体。如果仅仅靠上臂引体,攀登时手臂就容易疲劳,表现为手臂乏力,酸疼麻木,逐渐失去抓握能力。失去抓握能力后,即使有好的下肢力量,也难以维持身体平衡。所以要学习攀岩,攀登者首先要练好上肢力量,上肢又要以手指和手腕、小臂力量为主,再配合以脚腕、脚趾以及腿部的力量,使身体重心随着用力方向的不同而协调地移动,那么也就能够较为顺利地攀岩了。

(二)器械攀登的方法

很多路线都需要使用一处或多处器械保护点,只要拉、踩的地方非岩石,就算是器械攀登。根据攀登岩石峭壁时攀登者所使用的器械,可将利用器械的攀岩方法分成以下三种。

1. 上升器攀登法

第一个攀登者攀到岩石峭壁顶部后,在上方将主绳一端固定好,将另一端扔至峭壁下方,下方固定拉紧。攀登者将上升器用扁带等连接到安全带上,调整好长度(一般以手臂伸直的长度为宜),手握上升器,并将它们卡于主绳上,如图 7-4-3 所示。一手握上升器,另一手在上升器下方握主绳,沿绳子的方向蹬伸双腿时向上快速推上升器,使身体不断沿主绳上攀。

图 7-4-3　上升器攀登法

2. 抓结攀登法

利用抓结进行攀登是在没有上升器的情况下采用的攀登方法。它的连接方法是在主绳上打好抓结与身体连接,手推抓结向上攀登,如图 7-4-4 所示。

图 7-4-4　手推抓结攀登

3. 缘绳攀登法

当攀登的岩石峭壁坡度小于 90°时,在岩石顶部固定好主绳,将另一端扔至下方,攀登者可拉紧主绳,屈臂引体,向上攀登。向上引体时,身体后仰角度不宜过大,两脚随着屈臂引体及时有力地向上蹬踏岩壁,蹬踏时以前脚掌为主,手脚协调配合。这种方法是在缺乏装备时使用,对身体素质有一定要求,在野外不建议使用此种攀爬方法。

(三)顶绳攀登法

主绳从通过顶端的保护支点,一端连接在攀登者安全带上,另一端连接保护者的保护器。如果攀登者在攀爬过程中脱落,保护者能够及时地拉住主绳,防止攀登者坠落,对攀登者进行保护,具体见图 7-4-5。顶绳攀登法对应的顶绳保护也就是上方固定保护。上方固定保护请参见本章第三节。

(四)先锋攀登法

先锋攀登是在没有现成保护点和保护站的情况下,一边攀登一边设置保护点和保护站来实现自我保护的攀登。在线路成熟的情况下,保护点可以是预先设置好的,也可以是在攀登过程中临时设置的。

由于在先锋攀登的过程中,攀登者的位置有可能高于最后一个保护点的位置,所以攀登者一旦脱落,有可能发生冲坠,冲坠是攀登过程中危险的来源之一。缓解冲坠力量的主要方式是缓冲,缓冲来自于保护绳、保护点和保护者三个方面,即主绳的延展性、主锁与主绳之间的摩擦和保护者的操作技术,具体见图 7-4-6 所示。

先锋攀登的绳索操作是一个复杂的系统,所有操作都应遵循更安全、更快捷的原则。首先要强调的是使用正确的装备,使用动力主绳,并在使用之前认真检查。

扣锁的方向:先锋攀登中攀登者需要将主绳扣进快挂,扣入时,主绳要从贴近岩壁的一侧穿入,再从远离岩壁的一侧穿出,且快挂的开口方向应与攀登者的攀登方向相反。如果主绳在扣入快挂时出现方向问题,在脱落时主绳容易从快挂中脱出,造成危险。

图 7-4-5 顶绳攀登图

图 7-4-6 先锋攀登

先锋攀登对应的保护方式是下方固定保护。下方固定保护请参见本章第三节。

(五)攀登岩石裂缝的技术

攀登岩石裂缝技术仅适用于宽度不超过 1m 的裂缝。根据裂缝宽度的不同采用不同的攀登技术。主要有窄裂缝攀登和宽裂缝攀登。

(1)窄裂缝攀登:窄裂缝攀登相关技术请参见徒手攀登法的手法和脚法。

(2)宽裂缝攀登:一般将攀登者攀登时所采用的姿势分为立式攀登、箭式攀登、坐式攀登和跪式攀登等。攀登岩石裂缝时手脚的用力作用应根据裂缝的宽窄程度,将手和脚塞进裂缝采取变换手法和脚法取得暂时的固定,从而逐渐向上攀登。在攀登岩石裂缝过程中身体各部分相互配合以完成攀登动作,有些过窄的裂缝及具有特殊地形的地段,可根据具体情况,采取相应的攀登法。

三、户外攀登教学

(一)教学的重难点

1. 教学重点

(1)攀岩的身体姿势、手的动作、脚的动作以及攀岩过程中四肢如何协调用力。
(2)顶绳攀登的技术动作与注意事项。

2. 教学难点

先锋攀登的技术动作与注意事项。

（二）教学提示

（1）进行热身活动，避免拉伤。

（2）安全教育。分析攀岩练习中，由人、装备、环境等因素可能产生的安全风险，提出应对策略，提升安全意识，规范操作行为，锻炼攀岩风险处置能力。

（3）分组练习。学生相互保护，循序渐进进行练习，横移时学生未经允许不得超过两米的高度。

（4）徒手攀岩练习过程中，在练习时通过调整身体部位，尽量贴近岩壁，避免过多地使用上肢肩背力量，注意身体部位发力的先后顺序，进行风险提示及技术提示，对错误动作进行纠正。

（5）手法练习强调多做横移练习，体会重心移动基本技巧，适时进行攀岩游戏提高学生练习热情，例如加减点游戏、抢岩点游戏、岩壁接力、岩壁穿衣等游戏。

（6）示范讲解攀岩身法，着重讲解侧身、折膝、挺胯等基本身法以及腰膝胯肘肩的综合运用，分组练习，安排保护员；学生在岩壁进行横移，鼓励学生积极参与练习，保证练习密度；练习中教师进行纠错与技术提示。

（7）训练时尽量选小角度岩壁，确保学生在摔落时会自我保护，备好急救用品。

（8）组织攀高体验与保护练习，学生分享攀高体验时的身法与保护感受，激励学生反思自己的优势与不足。

（9）安全教育，确保学生在摔落时会自我保护，提升安全意识，规范操作行为，锻炼攀岩风险处置能力。

四、户外攀岩注意事项

（1）尽量节省手的力量。攀岩是用手和脚，通过寻找岩面上一切可利用的支点，克服攀爬者自身的体重及所携带器械的质量向上进行攀登。所有攀爬者应该有一定的手臂、手指、下肢及腰腹力量。由于手臂力量相对有限，在攀登过程中，应尽量用腿部力量，而节省手的力量。

（2）控制好重心。控制重心平衡是攀岩过程中最关键的问题，重心控制得好就省力，反之，就会消耗许多力量，同时也就影响整个攀登过程。

（3）有效地休息。在一条攀登路线中有些地方简单，有些地方难，要想一口气爬完全程比较困难（除非这条线对你来讲很容易），所以想爬得高一些，应该有效地进行休息，一般是到达一个比较容易的位置，以最省力的姿势，边休息边观察下一段要攀爬的线路。这一点在比赛过程中显得更为重要，因为正式的比赛，攀登路线是完全陌生的，而且只有一次机会。

（4）主动调节呼吸。攀爬一条路线是一个连续的过程，从一开始就应该主动去调节呼吸，不应等快坚持不住了再去调整。

(5)保护操作规范、认真,攀岩运动中的保护是每个参与者都应该时刻注意的问题。

(6)先锋攀登必须用动力绳进行保护操作,用静力绳对攀登者可能造成较大伤害。

第五节 下降技术

一、下降技术概述

在坡度45°以上的山坡、峭壁、雪坡下降时,必须使用下降技术。利用器械下降是登山中最常用的下降方法,其原理是利用主绳与下降器械之间的摩擦,减缓并控制下滑速度,从而达到下降的目的。根据下降时所采用的器械,有以下几种器械下降法。

二、下降技术介绍

(一)利用下降器下降

1. 下降器下降步骤

(1)设置保护站:先设置自我保护装置,再将主绳一端在峭壁顶部用布林结固定,形成保护站。

(2)抛绳:将另一端进行末端处理(绳尾结)后抛至下方。

(3)安装下降系统:利用下降器与抓结,抓结安装在下降器之前,如图7-5-1所示。

图 7-5-1 下降系统

(4)检查下降系统:安全带、头盔穿戴正确无误,保护站系统正确无误,下降器的安装方向正确无误。

(5)负荷转移:负荷(质量)转移至主绳,制动手紧握下降器下方的主绳,另一只手解除自我保护并扣在安全带的装备环上。

(6)开始下降。

(7)下降结束,解除装备。

2. 动作要领

下降者解除自保后,制动手紧握主绳,活动手握住抓结后,就可开始下降。下降时下降者的身体姿态是:面向岩壁,两腿分开比肩略宽,前脚掌尽可能与下降坡面接触,微微屈膝,臀部后坐,上半身要保持直立。下降时制动端松绳,活动手向下顺捋抓结,两脚随身体的下降而迅速向下移步,始终保持身体的平衡,如图 7-5-2 所示。

图 7-5-2　利用下降器下降

在下降的过程中,如果制动手松绳,臀部后坐,而两脚仍停留不动,则会使身体失去平衡,造成向后翻倒的危险。因此,制动手松绳,两脚应随身体重心的下移及时向下倒脚,并保持两腿分开比肩略宽,支撑身体维持平衡,这是能否顺利下降的关键。制动手松绳,两脚迅速向下移动,要协调配合,并要有节奏。下降速度的快慢主要看制动手松绳的快慢。快松绳就要快倒脚,下降速度也就加快,一旦要停止下降,制动手只要将主绳拉紧,即刻就可停下来。

(二)意大利半结下降

在没有下降器的情况下,可用主锁和单环结连接,代替下降器。这种下降方法和动作要领与利用下降器下降的方法相同。连接方法如图 7-5-3 所示。

(三)缘绳下降

在坡度小于 90°时,可采用缘绳下降法,只要有一条主绳就可进行下降操作。将主绳在岩壁上方固定,进行末端处理(绳尾结)后将余下的主绳扔至坡下,下降者在主绳上打好抓结,另一端与安全带连接。抓结到连接处的距离不能过长,也不能过短,以臂伸开能抓住抓结为限。下降者面向崖壁,两腿分开站到崖棱上时一定要用制动手抓住主绳,活动手抓住抓结,方可开始下降。具体如图 7-5-4 所示。

图 7-5-3　利用意大利半结下降

图 7-5-4　使用抓结缘绳下降

下降方法及要领：沿主绳依次向下倒手，在倒手时一手先将抓结捋下，两脚随着双手的下移，也同时向下倒步，前脚掌尽量踩住突起的岩石或棱角，以便减轻手臂的负担，倒手和移步要有节奏地协调配合，两腿稍分开，以便使身体保持平衡。倒手时握住主绳的手一定要抓紧。

（四）绳索回收技术

下降到目的地后必须收回绳索，能否顺利将绳索收回，主要在于上方固定的技巧。一般采用活牵引结固定法：在上方固定时利用凸出的岩石或树木作固定点，将主绳绕岩石一圈后，做活牵引结固定。绳子的长端扔至崖下，短的一头与一辅助绳连接，其连接处应打混合结。将绳端接好后，也将辅助绳扔至崖下，最后一人下来后，只要将辅助绳拉动，上面的固定就会解开。继续拉动辅助绳，就可将主绳拉下来。

三、下降技术教学

（一）教学的重难点

1. 教学重点

（1）利用下降器下降的具体步骤、具体动作要领与注意事项。
（2）不同下降器（8字环、ATC、GRIGRI、STOP）下降的注意事项。

2. 教学难点

（1）意大利半结下降的技术动作，特别是意大利半结的打法。
（2）绳索回收技术（活牵引结固定法、双主绳法）的掌握。
（3）不同环境中，岩降技术的区别与关键点。

（二）教学提示

（1）运用自我效能、期望价值、自我决定等理论引导学生确立学习目标。

（2）利用下降器下降是本部分学生必须掌握的技术，示范与讲解岩降的技术操作步骤并要求学生牢记。

（3）进行安全教育，分析评估岩降环境的风险，严格规范岩降操作步骤，提升岩降的风险防范与处置能力。

（4）分组练习中，设置安全员，重视同伴的保护与检查提示，教师或安全员检查正确后，方可下降。

（5）密切关注岩降时心理压力过大（恐高）的学生并分析原因，运用教育学、心理学相关理论和方法进行心理疏导，激励其勇于尝试。

（6）引导学生分享岩降感受，增强技术理解与完成操作的成就感，同时分析不同环境中安全岩降的关键要点。

四、下降技术注意事项

无论采用何种方法进行下降，都应注意以下几点。

（1）下降前要有充分的心理准备，将自己全部注意力集中在动作要领上，这样既可消除恐惧心理，又便于熟悉下降动作的操作，使下降时的动作敏捷、准确。

（2）下降前要选择下降路线，选择原则以坡较缓而且支点多处为好；对于同样困难程度的路线，应选择坡壁的风化程度小、路程较短的线路。

（3）不论采取何种方法下降，为防止擦伤都应戴手套进行操作。

（4）不论采取何种方法下降，一定要进行绳子的末端处理（绳尾结）。

第八章 徒步穿越

穿越是靠徒步行走或跑步的形式去完成起点到终点的运动项目,涉及的地貌有山岭、丛林、沙漠、雪原、溪流、峡谷等,集登山、攀岩、漂流、溯溪、野外生存于一体。徒步穿越对穿越人员的野外综合技能要求较高,需要穿越人员具备良好的体能、稳定的心理素质和乐于助人的团队精神,同时要求行前要有计划,对穿越的区域进行了解,包括穿越时间的天气、地貌、难度、风险系数,所需的装备、食物、药品等。

徒步穿越是一项融合人与自然的项目,它能让参与者回归自然、放松身心、融洽关系、增加乐趣。本章主要介绍了地形图以及徒步和溯溪的相关知识与技能。

第一节 地形图

一、地形图概述

要进行徒步穿越就必需学会识别地形图。什么是地形图呢?我们知道地图是经过缩小描绘在平面图纸上的,地图是我们生活不可或缺的一种工具,有县、市地图、街道图、游乐区简图、全球地图等。然而户外活动尤其是登山、远足,它最需要的是地形图,此种地图特点是地表的各种地形如高山、溪谷、险段或缓坡、悬崖或峭壁等都能在图上表露无遗。

地形是地貌和地物的总称。地貌是指地球表面高低起伏的状态,如山脊、山谷、鞍部等。地物是指地面上的固定物体,如居民点、道路、大坝、电厂等。任何一定范围的地形都是由地貌和地物构成,如果将地貌和地物称为地形要素,那么地形就是诸要素的自然组合。

地形图是按照一定的数学法则,用规定的图示符号、颜色、文字、注记,采用制图综合原则,科学地将地球表面的自然地理要素和社会经济要素测绘于地图上。它较全面地反映出自然地理要素和社会经济要素的基本特征、分布规律及其相互关系。地形图一般包括数学要素、自然地理要素、社会经济要素、辅助要素等内容。

二、地形图介绍

(一)数学要素

数学要素包括地图的比例尺、坐标、方位角与偏角等。

1. 比例尺

地形图的比例尺是地图必须标示的要素,显示地表实际距离与地图显示距离的比例关系,测绘地图时,必须把实地大幅度缩小才能够绘制在有限的图纸上。实地长度的缩小倍数就是地图的比例尺,也就是地图上一定直线段的长度与地面上相应距离的水平投影长度之比。例如1∶100 000的地图表示:地图上的1cm实际距离为1km;1∶50 000的地图表示:地图上的1cm实际距离为500m。

比例尺的大小是按比值的大小衡量的。比值的大小,可按比例尺分母来确定(分母小则比值大,比例尺就大;分母大则比值小,比例尺就小。如1∶1万大于1∶1.5万;1∶5万小于1∶1万)。对于不同比例的地图与实际距离的精确度而言,大比例尺的地图精确度较高。

比例尺精度:相当于图上0.1mm的实地水平距离,$\Delta=0.1mm \times M$(M为比例尺分母)。如:1∶500比例尺的精度为$\Delta=0.1mm \times 500=0.05(m)$,这样较小的地物能详细地描述在地形图上。而1∶5万比例尺的精度为5(m),则较小的地物不能详细在地形图上描述出来。

地形图上有两种比例尺:数字比例尺和直线图形比例尺(图8-1-1)。

1∶5万

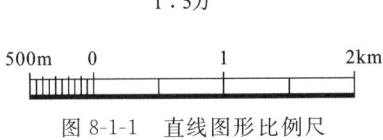

图 8-1-1　直线图形比例尺

目前,我国所绘制的地形图按比例尺可分为大、中、小三类,见表8-1-1。

表 8-1-1　地形图比例尺的分类

比例尺的大小	比例尺的范围
大	1∶500;1∶1000;1∶2000;1∶5000
中	1∶1万;1∶2.5万;1∶5万;1∶10万
小	1∶20万;1∶50万;1∶100万

通常,大比例尺图是采用平板仪和经纬仪及其它常规测量仪器直接测绘的,中比例尺图一般根据航空摄影测量方法测制,小比例尺图则由大中比例尺图缩编绘制而成。因此地形图的测绘,一般是指大比例尺地形图的测绘。一般来讲,地图比例尺越大,所表示的内容各要素越详细,精度越高;随着比例尺的缩小,地图内容的概括程度越大,精度越低。徒步穿越所用地形图比例尺大多为1∶5万或1∶10万。

计算地形图上A、B两点间的实地距离可以用直尺或线绳等测出图上两点间的长度(km),然后乘以比例尺的分母,即:实地距离=图上长度(km)×比例尺的分母。这只是理论上的实地距离,要从A点走或跑到B点,在平原、公路等地区用这些方法计算距离,误差不会很大。但在山区或地形较复杂的地域,由于地形的起伏、峭壁的陡立、山路的曲折等因素的影响,实际距离比在图上测定的距离要远很多,通常实际距离是我们在图上测定距离的1.5~2倍,有时甚至会更多。因此看图时应根据实地的具体情况进行认真分析。

2. 坐标

地面某点位置的角度值或长度值，叫该点的坐标。坐标分为地理坐标和平面直角坐标。

1）地理坐标

地面某点位置的经、纬度数值，叫该点的地理坐标。

地理坐标网由经线和纬线构成。我们把所有通过地球南北极的平面，均称为子午面。子午面与地球椭球面的交线，称为子午线或经线，经线呈椭圆形。所有垂直于地轴的平面与地球椭球面的交线，称为纬线。纬线是半径不同的圆，其中半径最大的纬线称为赤道。纬度是从赤道起算，赤道上纬度为 0°，向北至北极为＋90°，称为北纬；向南至南极为－90°，称为南纬。1884 年国际子午线会议决定，通过英国伦敦格林尼治天文台的子午线为首子午线，为计算经度的起点，首子午线的经度为 0°，向东从 0°到＋180°为东经；向西从 0°到－180°为西经。经度是过一点的子午面与首子午面所夹的二面角。地面上点的经纬度须通过测量方法求出。地图上所用的经纬度是大地经纬度。由于地图比例尺不同，表示地理坐标网的形式也有区别。一般在小比例尺地形图上，其内外图廓间均绘有分度带，每一分划相应为经度或纬度一分，图廓的四角注有经纬度数值。如将两对边相应的分度带分划连接起来，即可构成地理坐标网。

地理坐标的应用：用地理坐标指示目标和确定某点在图上的位置时，一般按先纬度后经度的顺序进行。

①在图上量读点的地理坐标。在小比例尺地形图上绘有地理坐标，在量取地理坐标时，先用两脚规量取目标点下方纬线的垂直距离，并保持此张度，平移到西（或东）图廓的纬度分划上去比量，即得其纬度。由于纬度不同，地图上南、北图廓的长度也不同，在量取点的经度小数值时，靠近南图廓的应在南图廓上比量，靠近北图廓的应在北图廓上比量。在大比例尺地形图上不绘地理坐标网，若量取某点的地理坐标，首先分别在东、西图廓和南、北图廓间的分度带上，找出接近该点的经纬度分划，并连成经纬线；其次量取该点至所连经纬线的垂直距离，并根据分度带 1 分的长度估算或按比例计算数值；最后分别与所连经纬线的度、分数值相加，即可得出该点的地理坐标，如图 8-1-2 所示，甲点的地理坐标为：北纬 30°21′26″。东经 114°01′45″。

②按地理坐标确定点的图上位置。如已知某点地理坐标为：北纬 24°09′，东经 120°40′，求该点在地图上的位置，首先在图 8-1-3 上找到 24°纬线和 120°经线的交点，再用两脚规在西（或东）图廓的纬度分划上量出 09′，并作一记号；其次在南（或北）图廓的经度分划上量出 40′，并使下脚尖垂直于 24°纬线，则上脚尖落处就是所求点的位置。在大比例尺地形图上，依地理坐标求某点的图上位置时，可先按纬度作纬线，再按经度作经线，两线交点就是所求点的图上位置。若所求点较多时，可先按分度带连成地理坐标网，再按各点的经纬度数值来确定各点在图上的位置，具体见图 8-1-3。

2）平面直角坐标

平面上某点位置的长度值，叫该点的平面直角坐标。

平面直角坐标网的构成。我国地形图上的平面直角坐标网是按高斯投影以经度 6°为一

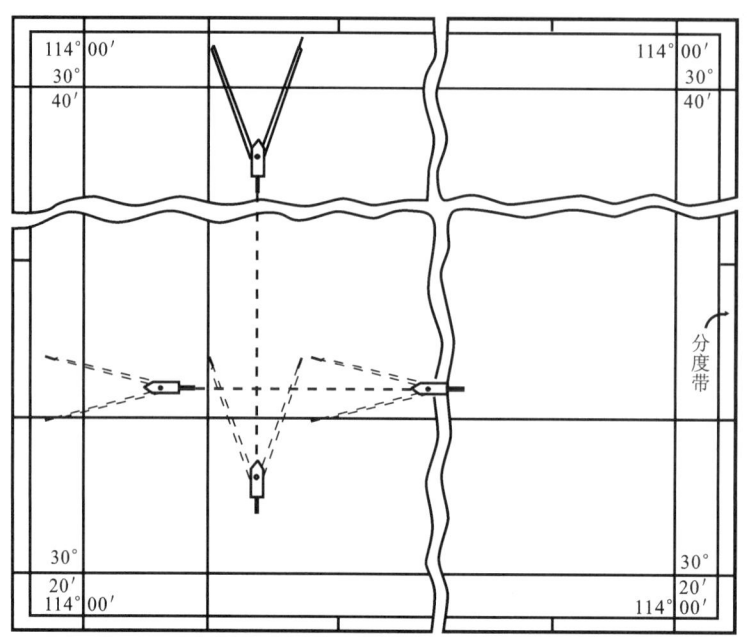

图 8-1-2 依分度带量读地理坐标

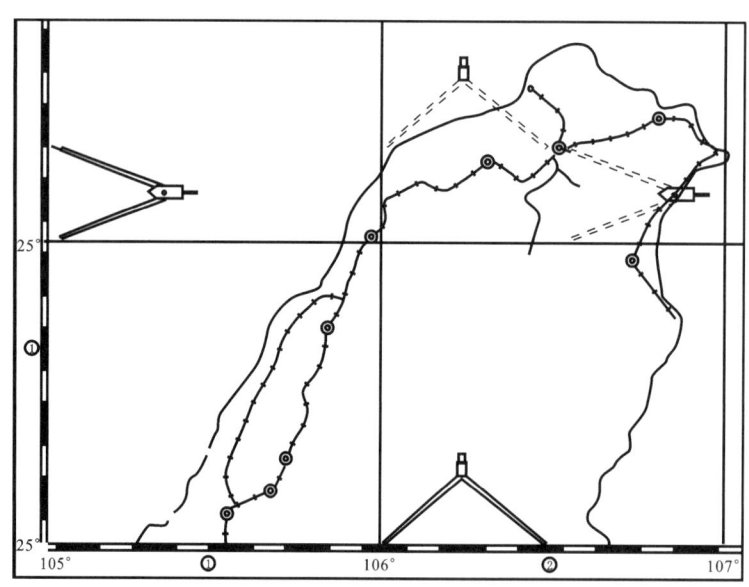

图 8-1-3 按地理坐标找该点在图上的位置

投影带绘制的,每投影带的中央经线为纵轴(X 轴),赤道为横轴(Y 轴),其交点为坐标原点(O)。这样,每一投影带便构成了一个独立的坐标系,如图 8-1-4 所示。

为便于从每幅地图上量测任意点的坐标,以千米为单位,按相等的距离作平行于纵横轴的若干直线,就构成了平面直角坐标网,也叫公里网,如图 8-1-5 所示。

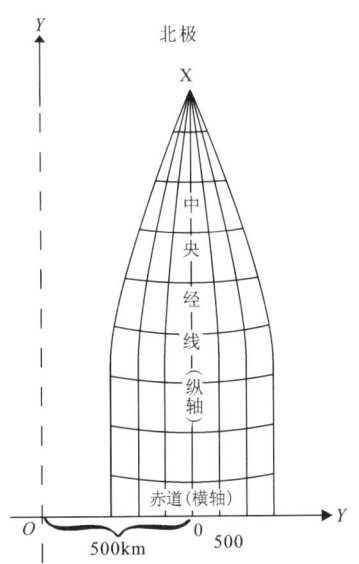

图 8-1-4　高斯投影带北半球平面直角坐标系

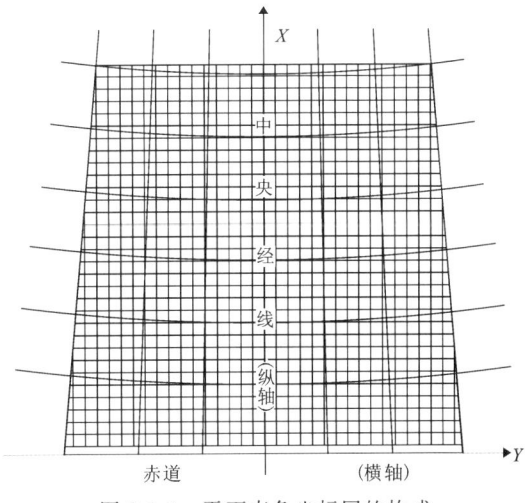

图 8-1-5　平面直角坐标网的构成

平面直角坐标的应用。平面直角坐标,主要用于指示和确定目标在图上的位置,也可根据方格估算距离和面积。指示和确定目标时,按先纵坐标后横坐标的顺序进行。用概略坐标指示目标和确定目标在图上的位置时,只使用该目标所在方格的公里数值即可;用精确坐标指示目标和确定目标在图上的位置时,由目标的概略坐标(公里数)加上该点至所在方格下边和左边坐标线的垂直距离(米数)组成,用于精确地指示和确定某点的图上位置。

3. 方位角与偏角

1) 方位角

从某点的指北方向线起,依顺时针方向到目标方向线之间的水平夹角,叫该点至目标的方位角,通常用度来表示的。如图 8-1-6 所示,站立点至 B 点的方位角是 $65°$,到 A 点的方位角是 $230°$。

根据现有地形图的需要,在地图上定向时采用了三种不同的起始方向线,即真子午线、磁子午线、坐标纵线。因此,从某点到同一目标,就有 3 种不同意义的方位角,如图 8-1-7 所示。

(1) 真子午线和真方位角。真子午线,就是通过任一点的经线。因为经线是通过地球南北极的,所以它所指的方向是真正的南北方向,故某点向北极方向称真北。从某点的真子午线起,依顺时针方向到目标方向线之间的水平夹角,叫该点至目标的真方位角。通常在精密测量中使用。

(2) 磁子午线和磁方位角。磁子午线,就是地面上任一点磁针所指的南北方向线。磁针北称磁北。磁子午线通过地球的南北磁极,南北磁极与地球南北极不在一处,根据 1975 年的测量,北磁极位于北纬 $76°12′$、西经 $100°36′$,南磁极位于南纬 $65°48′$、东经 $139°24′$。在地图南、北图廓上绘有磁南、磁北(或 P、$P′$),这两点的连线就是该图的磁子午线。

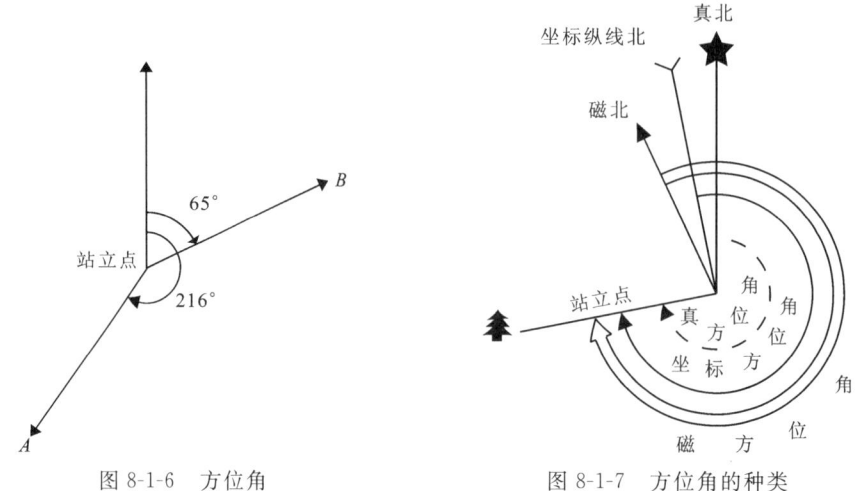

图 8-1-6 方位角　　　　图 8-1-7 方位角的种类

从某点的磁北方向线起,依顺时针方向到目标方向线之间的水平夹角,叫该点至目标的磁方位角(Am)。在航空、航海、户外探险、军队行进时,都广泛使用磁方位角。

(3) 坐标纵线和坐标方位角。地图标定后,地图上纵方向线即坐标纵线北端,大致指向北方,故称坐标北。

从某点坐标纵线北起,依顺时针方向到目标方向线间的水平夹角,叫该点至目标的坐标方位角(α)。

2) 偏角

由真子午线、磁子午线、坐标纵线(简称三北方向线)构成的水平夹角叫偏角。偏角共有3种。

(1) 磁偏角。磁子午线与真子午线间的水平夹角,叫磁偏角(δ)。磁偏角是以真子午线为准,磁子午线在真子午线以东的为东偏,角度值为正;磁子午线在真子午线以西为西偏,角度值为负。磁偏角是经实地测得的,偏角大小因地而异,注记在地形图上的磁偏角是该图幅范围内磁偏角的平均值。

(2) 坐标纵线偏角。坐标纵线与真子午线间的夹角,叫坐标纵线偏角(γ),又叫子午线收敛角。以真子午线为准,坐标纵线在真子午线以东的为东偏,角度值为正;坐标纵线在真子午线以西的为西偏,角度值为负。在每个高斯投影带中央经线以东的图幅均为东偏,以西的图幅均为西偏。距中央经线(即赤道)愈近,偏角值愈小;反之,偏角值愈大,但最大不超过3°。

(3) 磁坐标偏角。磁子午线与坐标纵线间的夹角,叫磁坐标偏角(ΔAm)。以坐标纵线为准,磁子午线在坐标纵线以东的为东偏,角度值为正;磁子午线在坐标纵线以西的为西偏,角度值为负。它有时为磁偏角的坐标纵线偏角值的和,有时为两者之差。

由上述 3 种偏角组成的偏角图绘在地形图南图廓下方。

磁偏角是表示正北(地球北极)、磁北(磁针显示北方)、方格北(地图指示北方)之间的关系与彼此偏差的角度,同时图下方注有该变数值,当我们使用指北针指示自身位置再对照地图就能很快知道自己身处何地且知道下一步该往何方向去。

我国位于北半球，因此，国家出版的地形图一般都规定以图廓的纵边向上指北，向下指南；横边则为右东左西。地形图内的坐标线按高斯直角坐标系绘制，故其纵轴与图廓边（即地理子午线）之间有一交角；另外常在地形图的下方注有该区地理子午线与磁子午线的交角（磁偏角）关系的图标。如果在该地区使用地形图工作，就必须将罗盘测得的方位角数字减去磁偏角，才能读得真正的地理方位角（这是因为我国境内磁偏角一般都是西偏，磁偏角取负值）。在野外使用地形图时一般先按当地的磁偏角校正罗盘，这样就可以避免每一次测量都要减去磁偏角了。

（二）自然地理要素

自然地理要素指的是地球上的水文（江、河、湖、海、溪等）、地势（缓坡、陡坡、峭壁、悬崖等）、土质（沙地、土地、河床等）、植被（草地、林地）等，这些不同的水系和地貌一起构成地形图的自然地理要素。但不同高度的地形在平面图上是无法立体显现出来的，在地形图上主要用等高线来表示地貌的形态。

1. 等高线显示地貌

1）等高线显示地貌的原理

等高线是由地面上高程相等的各点连接而成的曲线。想象把一座山从底到顶按相等的高度一层层水平切开，在山的表面就出现许多大小不同的截口线，再把这些截口线垂直投影到同一平面上，便形成闭环的曲线图形。因为同一条曲线上各点的高程都相等，所以叫等高线。地形图就是根据这个原理显示地貌的，如图8-1-8所示。

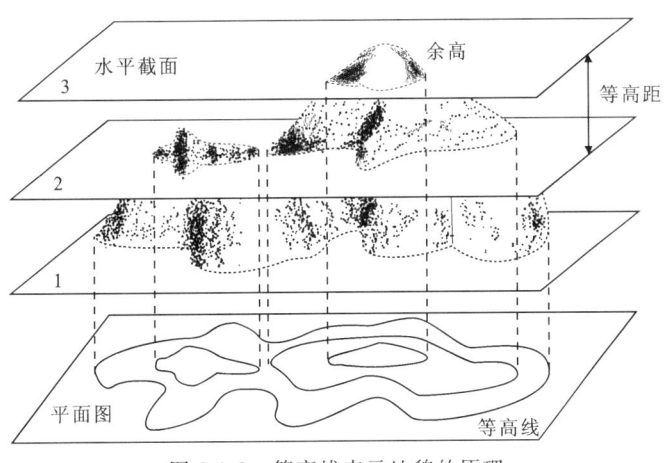

图 8-1-8　等高线表示地貌的原理

等高线有如下特性。

(1) 同一等高线上各点的高程都相同，且每条等高线的高程数值一定是等高距的整数倍。

(2) 等高线应是闭合曲线，若不在本图幅内闭合，就必在邻幅或几个图幅后闭合。只有遇到用符号表示的峭壁和陡坎或地物符号时，等高线才能断开。

(3) 除了悬崖或绝壁处，等高线在图上不能相交或重合。

(4)同一幅图上等高距相同。

(5)等高线与山脊、山谷线成正交,即山脊线和山谷线垂直于等高线转折点的切线。

2)等高线显示地貌的特点

地形图上的等高线是地面等高线的水平投影按比例缩小的,故等高线与实地地形有一定的数学关系。地形图上的每一根等高线,反映某一高度的地形平面轮廓,而一组等高线,以其疏密(平距)变化,反映地形的垂直轮廓(坡度变化)。其特点如下。

(1)图上每一条等高线都表示实地的一定高度,在同一条等高线上各点的高程相等,每条等高线都是闭合曲线。

(2)在同一幅地图上,等高线多的山高,等高线少的山低,凹地则与此相反。

(3)在同一幅地图上,等高线间隔大的坡度缓,间隔小的坡度陡。

(4)图上等高线的弯曲形状与相应实地地貌相似。

3)等高距

相邻两等高线水平截面的垂直距离叫等高距,指的是两相邻等高线之间的高差。从等高线显示地貌原理可知:等高距愈小,同一幅图上等高线愈多、愈密,图面愈不清晰,但地貌显示愈详细;等高距愈大,等高线愈少、愈稀疏,图面愈清晰,但地貌显示愈简略,如图8-1-9所示。为兼顾地貌显示较详细和图面清晰易读两方面,对等高距作如下规定:地面坡度45°时,相邻两基本等高线在图上的间隔为0.2mm,两等高线间的高差为基本等高距,也叫规定等高距。确定基本等高距的公式为:等高距=0.2mm×比例尺分母。在地形复杂、等高线过密地区,基本等高距扩大1倍。

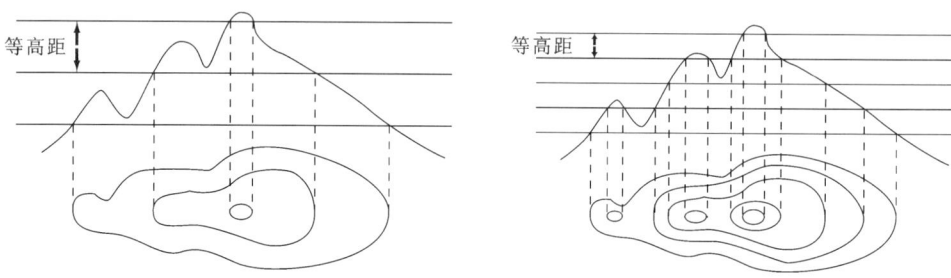

图8-1-9 等高距大小对地貌显示的影响

4)高程起算和注记

地面点对于大地水准面的高度称绝对高程(海拔);对于其他任一水准面的高度称相对高程。1985年以前,我国高程起算采用的是"1956年黄海高程系",1985年后,改用"1985国家高程基准"。

以国家规定的高程基准面起算,高于高程基准面的为正,低于该面的为负(负值要加"—"号)。以该高程基准面起算的高程,叫真高,也叫海拔或绝对高程。以假定水平面起算的高程,叫假定高程或相对高程。地物、地貌由所在地面起算的高度,叫比高,它是相对高程的一种。起算面相同的两点间高程之差,叫高差。如图8-1-10所示。

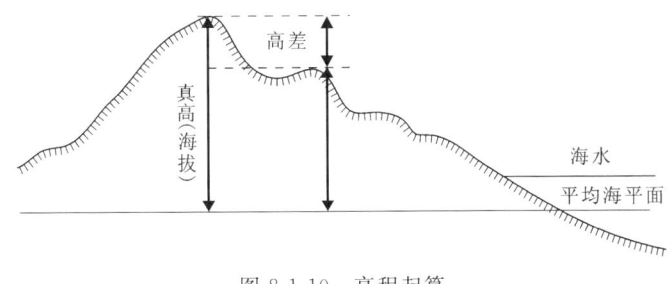

图 8-1-10　高程起算

地图上高程注记有三种:点的地面真高注记(习惯称点的高程注记)、等高线真高注记(习惯称等高线的高程注记)、点的比高注记。如图 8-1-11 所示。

点的地面真高注记。凡注有地面真高的点叫高程注记点,简称高程点。它包括测量控制点和明显地形点,如三角点、埋石点、水准点、山头定位点、道路交叉点等。高程注记用黑色,字头朝向北图廓。

等高线真高注记。字用棕色,字头朝向上坡方向。

点的比高注记。要与其所属要素的颜色一致,字头朝向北图廓。

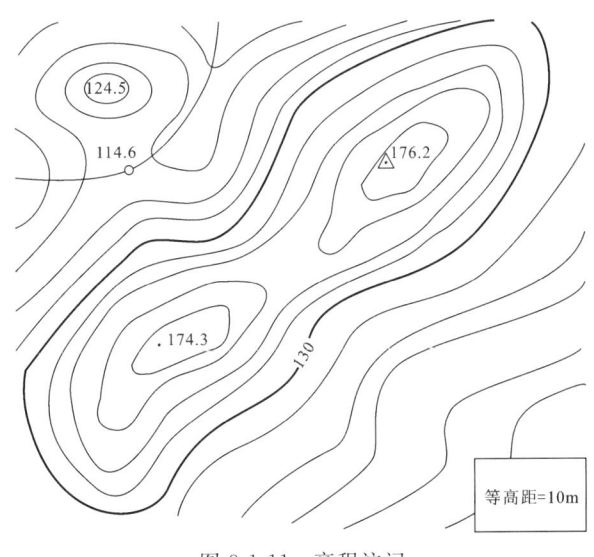

图 8-1-11　高程注记

2. 地貌识别

1)等高线显示山的各部形态

用等高线来表示地貌具有如下特点:①山头表现为一组同心圆状闭合曲线,高程向外递减;②洼地表现为一组同心圆状闭合曲线,高程向内递减;③鞍部为两山头之间较低的垭口,其等高线是一组双曲线;④绝壁是指近于直立的坡面,在这种地段等高线密度很大,甚至相交在一起,因而其形态不用等高线而用专门的符号来表示;⑤等高线的弯曲方向在沟谷处指向流水的上游,在山脊处则指向其下游。

具体表示如下。

(1)山顶、凹地。表示山顶的等高线呈小的闭合环圈。山顶依其形状可分为尖顶、圆顶和平顶三种,如图8-1-12所示。

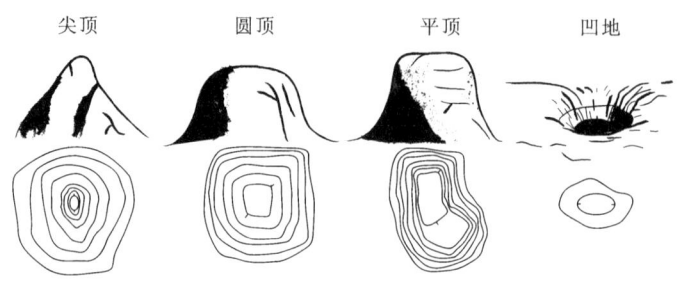

图 8-1-12　山顶和凹地

(2)表示凹地、盆地的等高线是一个或数个小闭合环圈。为了区别凹地与山顶,表示凹地和凸地的环圈都要加绘示坡线。示坡线是指示斜坡降落方向的棕色短线,它与等高线垂直相交,与等高线不相接的一端指向下坡方向,如图8-1-13所示。

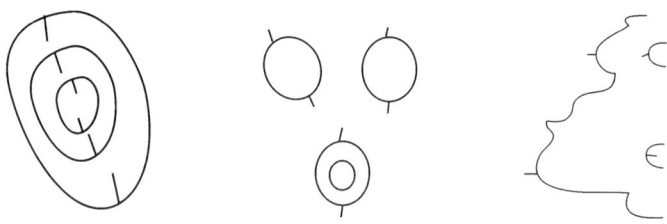

图 8-1-13　加绘示坡线的几种情况

(3)山背、山谷。山背,是从山顶到山脚的凸起部分,很像动物的脊背。下雨时,雨水落在山背上向两边分流,所以最高凸起的棱线又叫分水线。图上表示山背的等高线以山顶为准,等高线向外凸出,各等高线凸出部分顶点的边线,就是分水线,如图8-1-14所示。

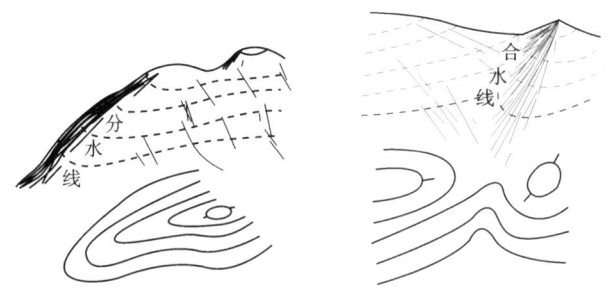

图 8-1-14　山背和山谷

山谷是相邻山背之间的低凹部分。由于山谷是聚水的地方,所以最低凹入部分的底线叫合水线。图上表示山谷的等高线与山背相反,以山顶或鞍部为准,等高线向里凹入(或向高处凸出),各等高线凹入部分顶点的边线,就是合水线,如图8-1-14所示。

鞍部。鞍部是相连两山顶间的凹下部分,其形如马鞍,如图8-1-15所示。

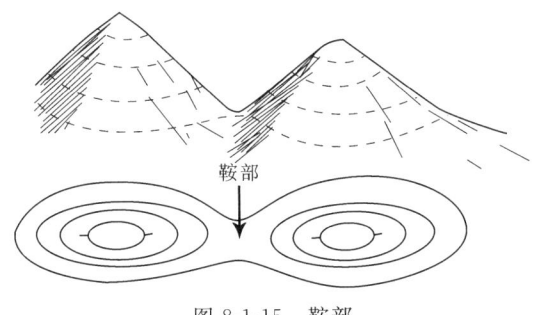

图 8-1-15　鞍部

(4)山脊。是由数个山顶、山背、鞍部相连所形成的凸棱部分。山脊的最高棱线叫山脊线,如图 8-1-16 所示。

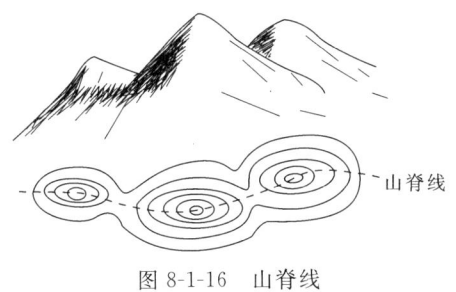

图 8-1-16　山脊线

(5)山脚、山腰。山脚,山体最下部位,下接平地或谷地。地形图上山脚是等高线由密变疏的明显部位。山腰指山顶到山脚的中间部分。

冲沟:是在土质疏松、植被稀少的斜坡上由暂时性流水冲蚀而形成的大小沟壑,如图 8-1-17 所示。

陡崖:是坡度在 70°以上难于攀登的陡峭崖壁。实线表示陡崖的上缘,齿线表示斜坡降落方向,如图 8-1-18 所示。

陡石山:是岩石大部或全部裸露在外、坡度大于 70°的山地,如图 8-1-19 所示。

崩崖:是山坡受风化作用后,岩石碎屑从山坡上崩落下来的地段,用密集的小圆点表示沙土质崩崖,用三角块加小圆点表示石质崩崖,大面积的崩崖用等高线配合表示,如图 8-1-20 所示。

滑坡:是斜坡表层因地下水(或地表水)的影响,在重力作用下沿着斜坡下滑的地段,如图 8-1-21 所示。

2)地貌符号显示山的形态或特征

用等高线表示地貌的方法虽然比较科学,但由于地貌形态复杂多变,不论等高距选择得如何正确,它都不可能逼真地反映地形的全貌,在等高距之间总有落选的微小地貌,这是等高线本身无法克服的缺点。因此,还必须采用地貌符号来弥补等高线的不足。例如山隘、山洞(溶洞)、岩峰等用等高线无法表示的地方用微型地貌符号并加文字注记来说明。再如砂地、砂砾地、石块地、草丘地、龟裂地等地区,地势总的起伏与走向用等高线表示,并以土质特征符号显示地貌的种类。

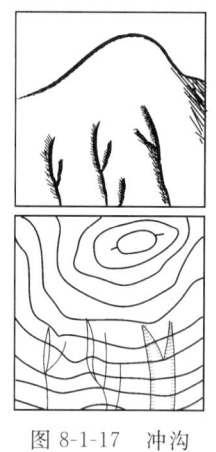   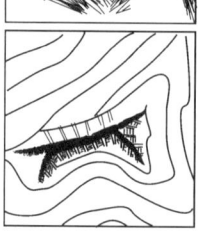 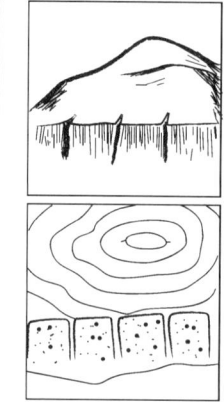 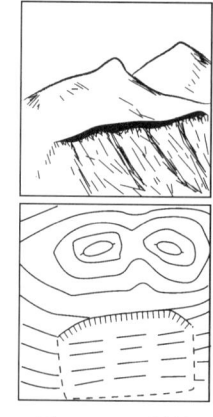

图 8-1-17 冲沟　　图 8-1-18 陡崖　　图 8-1-19 陡石山　　图 8-1-20 崩崖　　图 8-1-21 滑坡

3. 地面起伏判定

判定地形起伏，首先要根据等高线疏密、高程注记、河流的位置和流向来判明各山脊的分布状况和地形总的升降趋势，再具体分析山顶、鞍部、山脊、山谷的分布，其判定原则如下。

（1）根据等高线疏密判定：在地图上，一般来说等高线密处地势陡峭，等高线稀处地势平缓。

（2）根据示坡线方向判定：示坡线与等高线相连接的一端指的是上坡方向，另一端指向下坡方向。

（3）根据高程注记判定：高程点高程递增的方向为上坡方向，递减的方向为下坡方向。方向等高线的高程注记，字头朝向上坡方向。

（4）根据河流情况判定：地形图上河流符号多数由细渐粗，大的河流还绘有流向箭头，从而能判定河的上下游。当一组等高线横穿河流时，上游等高线的高程高，由此可判定上、下坡方向。

（5）根据山的各部形态判定：山顶高，鞍部低；山背高，山谷低；山脊高，山脚低。通过图上各部形态的等高线图形，就能判定其高低或上下坡方向。具体判定时应根据上述方法，逐片逐段进行。

4. 高程与高差的判定

在地形图上判定高程和高差，是根据等高距和高程注记进行的。要做到迅速准确，就必须掌握判定的方法。

1）高程的判定

（1）先从南图廓外查明本图的等高距，并在判定点附近找出高程点的注记或等高线的高程注记。

（2）根据判定点与高程点或有高程注记的等高线的位置关系，判断上、下坡方向，即高程增减方向。

(3)根据判定点与等高线位置,判定该点高程。

2)高差的判定

判定两点的高差时,应先分别判明两点各自的高程,然后两数相减,即得高差。

(三)社会经济要素

社会经济要素是指人类在地球上生活所建设的建筑物,如居民地、交通网、政治行政界线等。自然地理要素和社会经济要素是地形图必须标注的内容,这些要素用规定的图示符号、颜色和文字、注记等方法绘制在图上。图示符号、颜色、注记的识别方法如下。

1.地物符号

实地的地物,在地图上是用统一规定的符号结合注记表示的,这些规定的图形符号叫地物符号。它是构成地图的重要要素,是地图的语言。

(1)地物符号的图形,依其形状主要有三个特点。第一,图形与地物的平面形状相似;第二,图形与地物的侧面形状相近;第三,图形与地物的有关意义相应,见表8-1-2。

表8-1-2 地物符号的图形特点

图形特点	符号及名称		
与平面形状相似	居民地	河流、苗圃	公路、桥梁
与侧面形状相近	突出阔叶树	烟囱	水塔
与有关意义相应	变电场	矿井	气象站

(2)地物符号与实地地物的比例关系分为四类。一是依比例尺符号。如大居民地、森林、湖泊等,该类符号可直接在图上量取面积、长度。二是半依比例尺符号。如道路、垣栅、土堤、通信线等,该类符号在图上不能量取面积,只能量取长度。三是不依比例尺符号。如突出树、亭、塔等。此类符号标志的是一种象形图案,根据图案可直接判定其性质。四是说明和配置

符号。在以上三种条件下都无法在图上表达其意义时,使用此种符号,如江河流向的箭头、草地、果园、石块地等。

2. 地物符号的注记

地物符号,只能表示地物和地貌的形状、位置、大小和种类,但不能表示其质量、数量和名称,因此,还需要文字和数字予以注记。

文字注记用来说明地物和地貌名称或性质特征。如居民地、江河和山的名称、森林树种、公路的质量等。

数字注记用来说明地物的数量特征。如高程,河宽,水深,桥梁的长、宽及载重等。

地物符号的定位点一般在其图形的几何中心,如由两个或两个以上的几何图形组成的地物符号,其定位点一般在其下部图形的几何中心。

3. 地物符号的颜色

为了提高地图的表现力,丰富地图内容,使地图层次分明,清晰易读,地图符号采用不同的颜色,一般采用四色图,见表8-1-3。

表8-1-3 地物符号的颜色表

颜色	表示物
黑色	人工物体(居民点、独立建筑、道路、管线)、境界线及名称、文字注记等
绿色	植被要素(森林、草地、果园)、1978年后图上的符号及注记等
棕色	地貌要素(等高线及高程注记、地貌符号、土质特征等)
蓝色	水系要素

4. 识别与记忆符号的一般规律

地物符号虽然很多,但识别和记忆这些符号是有规律可循的。

(1)符号具有象形特点。符号的图形主要来源于三个方面。

一是选择地物最有代表性的部位。如:以风向标表示气象站;以开矿的风镐表示矿井,以水轮表示水(风)车等。

二是用容易产生联想的图形。如:以房屋的上方示意有电表示变电所;以我国古代传统的大屋顶建筑表示庙、亭和钟鼓楼;以象征有棱角的三角石块表示石块地等。

三是用象征会意的图形。如:有指向的箭形符号表示河流流向和海洋潮流等。

(2)符号构图具有逻辑性。符号的图形应与符号的意义具有内在的、有机的联系,即符号构图要合乎逻辑。

虚(点)线符号。虚(点)线符号在地图上很常见,并有黑、棕、蓝三种颜色之分。这类符号所表示的为同类地物中比较低级的、不稳定的、地下的或无形的实地地物,如表8-1-4。

表 8-1-4　虚(点)线符号

表示意义	符号	名称
低级的		小路 棚房 助曲线
不稳定的		无定路 时令河 干河床
地下的		隧道 坎儿井 滚水坝 消失河段
无形的		境界

"齿线"符号。"齿线"符号的基本含义是"陡面",实线代表坡折线,齿线所指为斜坡方向。单面齿线符号为单面陡坡,双面齿线符号为双面陡坡,颜色仅为棕色和蓝色(天然物体)或是黑色(人工物体),见表 8-1-5。

"反括号"符号。凡是线状符号遇有"反括号"则说明于此处转入地下。例如:铁路符号遇有"反括号",则说明铁路线进入隧道;河流遇有"反括号"则说明河流流入地下,为地下河段。

桥梁符号。桥梁,通常是道路跨越河流的设施。当两种线状地物于不同平面相交时,也用桥梁符号表示。例如公路在铁路上(下)方通过,沟渠从河流上方通过,沟渠在道路上方通过等。当沟渠位于上层平面时,桥梁符号用蓝色表示,不留间隔,一般称作输水槽或过水桥。

此外,水闸、拦水坝等,也是以桥梁符号为基础表示的。如:在符号中间开口,则为水闸;在桥梁符号上加绘齿线,则为拦水坝。如果它们上面不能通行汽车,则桥梁符号两端没有短折线。

注记字体具有联想意义。地形图上的各种注记字体,都是经过人们选择并讨论之后才予以规定的。如城镇居民地用仿宋体,乡镇政府所在地用中等线体,水系名称用左斜仿宋体等。这些阅读习惯的规定,会使人容易联想到实地地物。

表 8-1-5 "齿线"符号

齿形符号	与水系配合		与地貌配合		与道路配合	
陡面		有滩陡岸（土）		梯田坎		路堤
		无滩陡岸（石）		冲沟		
		瀑布 防波堤		陡崖		路堑
		堤岸		土堆		
				土坑		
		高于地面沟渠		采石场		堤
				土堆上的三角点		

5. 识别与使用地物符号应注意的问题

（1）地物位置的准确程度。通常符号在图上都是有准确位置的,随着地图比例尺的缩小,其准确程度也有所降低。但是,重要的点位,如控制点、高程点、线状符号的交叉点和转折点以及比例尺表示的地物轮廓线等,即使在比例尺缩小的情况下,其位置依然准确。

（2）地物的综合取舍。地形图上的符号,一般都经过制图综合,即数量上的取舍和形状上的概括。因此,其形状、数量、分布等与实地并非完全一致。如：成片的房屋,在图上是用街区符号表示的;密集居住区的独立房屋有取舍,一般是外围的准确;梯田符号,最上和最下一个梯田坎位置准确;在水网区中,沟渠一般是保留主要的,舍去次要的。

（3）地物的位移。有些线状符号,如铁路、公路、街道等,都是宽度夸大了的符号,比例尺愈小夸大就愈厉害。这种符号由于宽度的夸大,必然引起两旁其他符号（房屋、独立地物等）的位移。因此,其位置可能不准确,但相关位置是正确的。

（4）地物的实地变化。实地地物由于自然和人工的作用,在不断发生着变化,地图绘制工作一完成,实地就可能出现新的变化。因此,使用地图时,除注重地图的内容外,必要时还应做现地调查,或利用最新资料校正地图内容。

（四）其他辅助要素

地形图除包含以上所讲述的内容之外，还必须标注该幅地图的一些基本信息，以便于查找和使用，这些基本信息包括图名、图号、图例、坡度尺和量图用表等。

1. 图名

图名指该幅地图在主要行政地区的名称。如图 8-1-22 所示，它标注在地形图上方的中间位置。在地形图上还绘有该幅地图周边与之相连地区的图名，如图 8-1-23 所示，以便于查找和几幅图连接使用。

温　泉　镇

8 - 50 - 73 - 丁

湖北省　咸宁县　通山县　崇阳县

图 8-1-22　图名

神　山	咸宁县	高　桥
汀泗桥	//////	黄砂铺
崇阳县	楠林桥	通山县

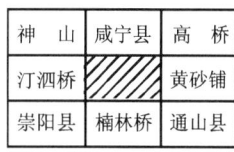

图 8-1-23　与周边相连地区的图名

2. 图号

为了地图的生产（测绘、编绘和印制）、管理和使用方便，地形图必须按适当的面积进行图幅划分，并给予固定的号码，称之为该幅地图的图号。特别是对一个国家或世界范围测制成套的各种比例尺地形图时，分幅编号尤为必要。它标注在地形图上方的中间位置。

3. 图例

图例是指地形图内标注符号所代表的地理要素和社会经济要素的具体含义。图例列举在地形图的右侧，包含了该幅地图内所有标注符号所代表事物的含义，如图 8-1-24 所示。

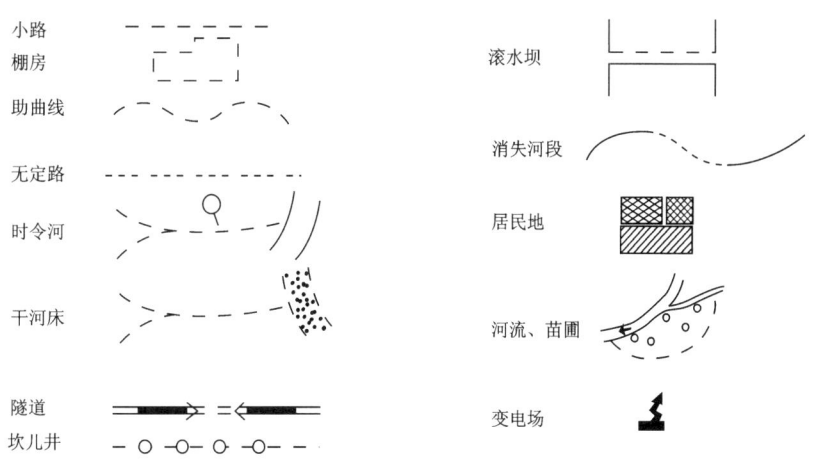

图 8-1-24　图例

4.坡度尺

坡度尺是本幅地形图等高线疏密程度与实地坡度的关系。坡度尺在地形图的左下方,如图 8-1-25 所示。

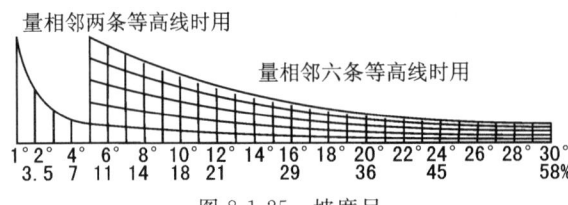

图 8-1-25 坡度尺

(五)地形图的使用

1.地形图的阅读

1)地形图的阅读原则

阅读地形图一般遵循先读图外,后读图内;先阅整体,再阅局部;先略读,再详读;先水系,后山地的读图原则。

(1)图外内容:正式出版的中等比例尺地形图,在图廓的外面有图名、图幅编号、磁子午线与真子午线和高斯坐标的关系、等高线、比例尺、资料来源、测绘日期和编图单位等。读图时应该重点了解图区的地理方位和比例尺大小等内容。

(2)图内内容:图廓以内的内容主要是地形等高线和各种地物。读图时应该首先注意水系的全局特征,如水系的总体流向、支流数目和水系格式等,在此基础上,大致了解全区地势的概貌。其次,要了解山地的主要特征,注意等高线最密处的山峰高程,以及各山峰的分布有无规律性。

2)地形图的阅读方法

(1)了解所在区域的地理概况,再分要素详细研究。

(2)熟识地形图的图示符号,了解图上各种符号所代表的地物及其数量与质量的特征,分析各种地理现象的相互关系。

(3)根据地形图判明地势形态的类型。先从水系分布和等高线的密度及其图形特征来判断地势的一般形态(平原、丘陵、山地或沟谷等),进而仔细研究每一形态的分布地区和范围,主岭和支岭的位置、形态和大小,地面斜坡变化情况,各山坡的坡形、坡向和坡度,山谷形态、宽度和深度,绝对高程和相对高程,有无阶地、陡崖、新的堆积物、河流漫滩、河漫滩阶地、沼泽地以及它们的分布、高程等情况。

(4)了解居民地、道路、水系等的分布状况。了解各要素的分布规律和一般特征。

2. 标定地图

给地图定向就是标定地图，使地图的方位与实地的方位一致。通过标定地图，就可以将地图上的地物地貌符号与实地的地物地貌一一对应，这不仅可以帮助我们迅速查看地图，了解实地地物的分布和地貌的起伏以及它们之间的关系，还可以帮助我们根据地图上的路线选择具体的实地运动路线，这一技能将贯穿整个运动过程。常用的标定地图的方法有概略标定、利用指北针标定、利用地物标定。

（1）概略标定地图。地形图上的方位是：上北、下南、左西、右东。当我们在正确地辨别了方向之后，只要将地形图的上方对向现地的北方，地图即已标定。这种方法简便迅速，是徒步穿越中最常用的方法。

（2）利用指北针标定地图。利用指北针标定地图时，通过转动地图，使指北针上的红色指针与磁北线的方向吻合或平行。由于指北针上的指针和地图上的磁北线都是红色的，所以也称此方法为"红对红"或"北对北"。

（3）利用地物标定地图。①利用直长物标定地图：直长地物是指较长的线状地物，如铁路、公路、沟渠、高压线等。方法：首先应在地图上找到一段直长物；转动地图，使图上的直长地物与实地的直长地物方向一致；对照两侧地形，使地图与实物各地形点的关系位置相符。②利用明显地形点标定地图：在实地找出一个与地图上地物符号对应的明显地物，如小桥、亭子、独立的建筑等。方法：选择一个地图与实地都有的明显地物。转动地图，使地图上的站立点至目标的连线与实地的站立点至目标的连线相重合。

3. 确定站立点在地图上的位置

在野外，我们时刻要注意确定自己站立的地点在地图上的位置，这是从事定向运动必须掌握的一项基本技能。其主要方法是通过标定地图，将地图与现有的地物、地貌进行逐一对照来确定自己的方位。

1）地物估测法

根据明显的地形和地物判定站立点的位置，当站立点附近有明显的地形或地物时，可利用它们与实地对照，迅速确定站立点在图上的位置。

如果站立点不在地形点上，但附近有明显地形特征时，可先标定地图，对照站立点周围的地形细部，分析站立点与周围地形特征的关系位置，即可判定站立点在图上的位置。

2）后方交会法

当站立点附近地形特征不明显，但周围有两个以上图上和实地都有的地形点时，可采用后方交会法确定站立点，如图8-1-26所示。

（1）标定地图。

（2）选择离站立点较远的2~3个明显的地形点。

（3）将指北针直尺边分别切于图上两个地形点符号的定位点上；依次瞄准实地相应的地形点，然后分别沿直尺边向后画方向线；图上两方向线的交点，就是站立点的图上位置。

图 8-1-26　后方交会法

3）截线法

当站立点在线状地物（如道路、河流、土堤等）上时，可利用截线法确定其图上位置，如图 8-1-27 所示。其操作要领如下。

图 8-1-27　截线法

（1）标定地图。

（2）在线状地物的侧方选择一个明显的地形点。

（3）进行侧方交会。交会时，先将指北针直尺边切于图上相应地形点符号的定位点上（可插细针);再瞄准实地该地形点;然后沿直尺边向后画方向线,该方向线与线状地物符号的交点,就是站立点在图上的位置。

4)利用位置关系确定

当站立点位于明显地形点附近时,可以采用位置关系法。利用位置关系法确定站立点主要依据两个要素,一是站立点至明显点的方向,二是站立点至明显点的距离。在地形起伏明显的地方,还可以结合高差情况进行判定,如图 8-1-28 所示。

图 8-1-28 利用位置关系确定站立点

5)连线法确定站立点

当待测点位于线状地形,同时待测点的位置恰好在某两个明显地形点的连线上,可利用连线法确定站立点,如图 8-1-29 所示。

(六)利用地形图行进

1. 准备

1)路线选择

根据任务、地形情况选定路线,一般应选择在地貌起伏较小、障碍较少、特征明显的地段。路线的各转折点应有明显的方位物。为防止行进时方位偏差过大,要求各转折点间的距离在 1km 左右,平原地区可远一些,山区和夜间则应近些。

2)量测方位角和距离

在图上量测磁方位角时,先用指北针标定地图,再将指北针有准星的一端指向前进方向,直尺边与两转弯点的连线重合,磁针静止后,其北端所指的密位数即为该段路线的磁方位角,如图 8-1-30 所示。

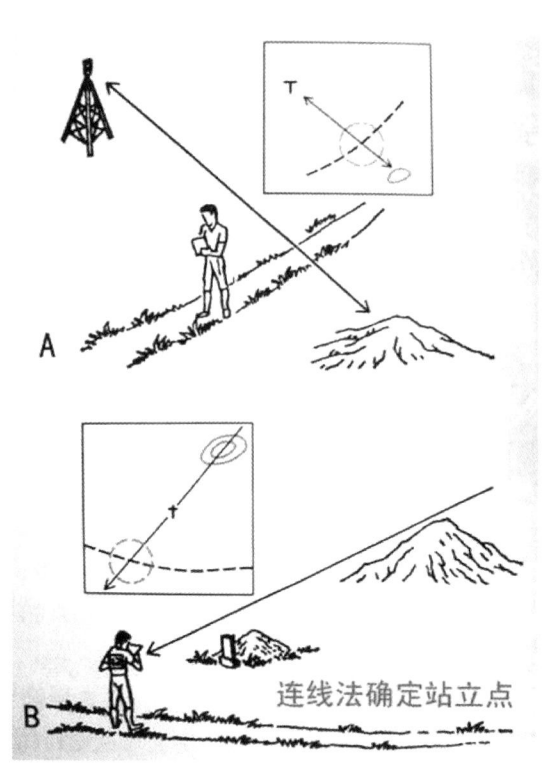

图 8-1-29 连线法确立站立点

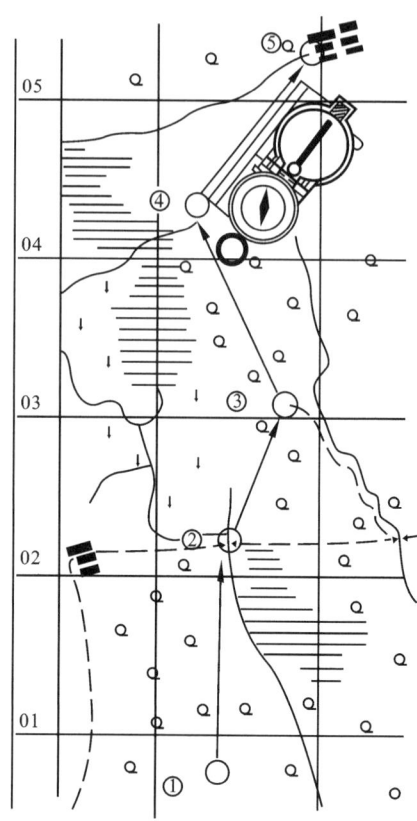

图 8-1-30 图上量测方位角

3）确定行进路线

路线图可直接在地图上标绘，即在各段方向线的一侧注记路线。绘制略图时，先把出发点、转弯点、终点等附近的主要地形与方位物标绘出来，再把各转变点按行进顺序依次编号，最后注记各段磁方位角与行进距离或行进时间。

选择行进路线时要遵循下述原则：应尽量在道路上行进，道路上更容易确定站立点，这会使你更具信心，同时地面相对平滑、平坦，有利于提高行进速度。应尽量在高处（如山脊、山背）行进，避免在低处（如山谷、凹地）行进。这是因为：地势高，展望好，便于确定站立点和保持行进方向；高处通风、干燥，荆棘、杂草、虫害及其他危险少；人们都习惯在高处行走。因此，像在山脊这样的地方，常常会有放牧、砍柴的人踏出的小路，这样会便于提高运动速度。

2. 行进要领

1）在站立点

首先，依据行进资料在实地找到站立点的准确位置，查明到达下一点的磁方位角、距离并估计此段行程用时，并记住沿途经过的重要地形和下一点的地形特征。

2）行进中

要随时根据地图或记忆对照地形，用指北针检查行进方向，记清走过的路线和行进时间，有条件的话可以沿路布置一些醒目的标志。到达辅助方位物后,如看不到第二点方位物时,则按原磁方位角再选一辅助方位物,继续前进。

3）岔路口

山间小路有很多岔路,在行进中遇到岔路口时需特别注意,应即时查看地形图,确定站立点,对照附近地形特征确定所走路线。可以沿着自己认为正确的路向前走一小段,查看小路的延伸方向及周围山体走向是否与下一目标点一致,再做出最后决定。

当走完预定距离,未见到第二点方位物时,应仔细分析原因,是地形发生了变化,还是方向、距离出了差错,利用反方位角向第一点瞄准,进行检查。到达第二点方位物后,仍按出发点的要领,再向下一点前进。依此要领逐段前进,直到终点。

4）绕行障碍物

行进中如果遇到障碍物,应根据不同情况采取不同的办法通过。遇到可通视障碍,可沿行进方向在障碍地段的对面选一辅助方位物,然后找一迂回路线绕过障碍地段,但应将该段的距离加到已走过的距离内,到达方位物后继续按原方向前进。遇到不能通视的障碍地段时,可采取走直角四边形(或平行四边形)的方法绕过,然后按原方向继续前进。

三、地形图教学

（一）教学的重难点

1. 教学重点

(1)地形图四大要素的理解与掌握。
(2)能够看懂地形图,看懂地形图上的地物与地貌。

2. 教学难点

(1)在自然环境中,如何使用恰当的方法确定自身站立点位置。
(2)后方交会法在实际自然环境中的应用。

（二）教学提示

(1)在学习地形图要素的过程中,多用实例法进行讲解,帮助学生理解。
(2)设置情景,在不同的环境中进行标定地图练习。
(3)由易到难讲解在地图上确定站立点位置的方法。
(4)进行安全教育,教师根据特定的教学地域环境,分析可能遇到的风险,组织讨论如何预防和规避风险。
(5)安全员协助教师,负责检查与提示教学过程中潜在的安全风险。
(6)教师带领学生在不同地域环境进行实地练习,在地形图上确定站立点的位置,说明判定站立点位置的依据和使用方法。
(7)在地图上设置几个标志点,学生以团队的形式快速到达标志点。

四、地形图学习注意事项

地形图实地教学过程中应注意以下问题。

(1)在经过岔路口、道路转弯点、居民地进出口时,应对照地形图。

(2)在遇到实地地形变化与地图不一致时,应仔细对照全貌,全面分析地形的变化和位置关系,然后准确地判定站立点的位置和行进方向。做到有疑不走、有矛盾不走、方向不明不走。

(3)当发现走错了路时,应立即对照地形图。回忆所走过的路程,判明从什么地方走错的,偏离原定路线有多远,再根据情况另选迂回路线或原路返回,再继续前进。

第二节 徒 步

一、徒步概述

徒步(tramp),是指有目的的在城市的郊区、农村或者山野间进行中长距离的走路锻炼,是户外运动中最为典型和最为普遍的一种。由于短距离徒步活动比较简单,不需要太讲究技巧和装备,经常也被认为是一种休闲的活动。徒步穿越对于徒步者的技巧和装备要求更高,其间可能会经历山岭、丛林、沙漠、雪原、溪流、峡谷等地貌,因此徒步穿越是集登山、攀岩、漂流、溯溪、野外生存于一体的户外运动形式,一般要求穿越人员必须具备良好的体能、稳定的心理素质和良好的道德水准,以及乐于助人的团队精神。

二、徒步技术介绍

本部分主要着重介绍徒步路线的选择、徒步的基本方法、不同路段通过技巧等。

(一)徒步路线选择

徒步路线的选择对于徒步者而言至关重要。徒步路线的选择受多种因素的影响,其中包括以下几点。

(1)个人体能。若个人体能状况一般,就不适宜选择路线较长、难度较大的徒步线路。

(2)天气。徒步路线的选择受天气影响极大,如大雨、大雪天气不适宜到深山、峡谷进行徒步。

(3)装备。装备是决定徒步路线难易的重要因素,技术装备与个人装备较少时,为避免出现事故,千万不能选择有难度的线路。

(4)对路线的了解程度。在户外徒步前,一定要提前进行踩线,对路线要有较为完整的了解与认识,尽量选择熟悉且成熟的徒步线路。

(二)徒步的基本方法

1. 徒步行走的基本要领

(1)缓慢开头：刚开始放缓一点，有个适应的过程，5～10min后再加快步伐。

(2)匀速前进：以相同的节奏速度来走路，不要时快时慢。容易疲劳的原因多是在平地跨大步，加快速度赶路，这破坏了的节奏性。徒步要做好"打持久战"的准备。

(3)全身协调：徒步行走是全身运动，要全脚掌触地，从脚跟到脚尖位移，注意通过摆臂来平衡身体、调整步伐、控制节奏，用腹部深呼吸。上坡时：身体重心应落在脚掌前部，身体稍向前倾。同时走上坡路如果迈大步走路，身体会左右摇晃，失去平衡。所以走上坡路，步幅要改小，一步步扎实地走。下坡时：降低重心，身体重心应落在后脚掌，身体稍微下蹲。下坡路一般觉得很轻松，但如果破坏原来走路的节奏性，很容易跌倒受伤。尤其不可又跑又跳，自己容易受伤，溅起的碎石也会伤到别人。下坡路慢走，并把鞋带系紧，以免脚尖撞到鞋顶，弄伤指尖。无论上坡下坡，对于较大角度的坡，应走"之"字形路线，尽量避免直线上下，这是一种相对安全的走法。上下坡时，手可攀拉石块、树枝、藤条等。

(4)合理控距：团体行走时，每个人走路的节奏都不一样，有人快，有人慢，队员之间应该保持一个合理的距离，一般为2～3m，这样可以避免有人因各种原因暂停而互相影响。团体速度不宜太快，领队要注意前后队伍速度。

(5)集中精神：在行走中，要养成良好习惯，集中精力行走，不能打闹嬉戏，这样不但会分散其他队员的注意力，同时还会消耗自己的体能。

2. 行走中的休息原则

在户外徒步的过程中应采取主动、积极、定量、按时的休息原则，休息一般是长短结合。一般途中短暂休息控制在5min以内，以站着休息、调整呼吸为主，不必卸掉背包等装备。长时间休息以每45～60min一次为宜，若天气炎热，可缩短时至10～15min，长时间的休息应卸下背包等负重装备，先站着调整呼吸2～3min，再坐下。不要一停下来就坐下休息，这样会加重心脏负担，自己或者队员之间可以互相按摩腿部、腰部、肩部等肌肉，也可以躺下，抬高腿部，让充血的腿部血液尽量回流心脏。休息的过程是积极主动的，可以说说笑笑，唱歌等。

3. 徒步中水的饮用

(1)饮水带够：徒步行走时，应带足饮用水，每人每天约3L的量，根据天气情况来增减，宁多勿少。

(2)安全饮水：在户外徒步过程中，通常需要在自然环境中补水，如果途中溪流、湖塘、沟河有水补给，一定要先观察水源污染情况，是否有人畜活动、是否有动物尸体倒于水旁，有无粪便、毛虫污染，是否发黑发臭，根据观察到的情况，采取沉淀、过滤、离析等方法处理后再饮用。一般情况下最好先用少量水珠涂擦嘴唇，等过3～5min后，嘴唇不发麻发痒、无臭无味再饮用。野外补充的水,有条件的话最好煮沸5min再饮用。

(3)少量多次:喝水要以少量多次为原则,喝水也是主动的,不要等口渴了才被动喝水。每次喝两三小口为宜,太口渴的话可以缩短喝水时间,增多喝水次数,一次喝水太多,身体吸收不了,不但浪费宝贵的水源,反而增加心脏的负担。

(三)不同路段通过技巧

徒步活动离不开路,路况的好坏直接关系到我们是否能够成功穿越,路面条件太差有时会使我们受到伤害。如能很好地掌握行走不同路面的技巧,在路上就会更轻松、更愉快。

1. 灌木丛

灌木丛包括很多种,大致可以划分为自然灌木丛和人造灌木丛。自然灌木丛生长于潮湿地带、低纬度地区,以及树木稀少的亚高山地带。在我国的南方地区,灌木丛覆盖率高。在野外环境中,茂密的灌木丛常常会掩盖住危险的地形环境,如悬崖、漂石,同时灌木丛也会让绳索操作变得艰难。因此掌握灌木丛穿越的技巧对保障徒步安全十分重要。

1)灌木丛行走技巧

运用以下办法对于徒步者而言可降低难度。穿越灌木丛需找最短的路径;行走在长而直的倒木上;推开和拉开灌木枝,较低的枝条用脚踩,抬起或攀着高处的枝条以便通过;碰上陡峭的地形,利用粗壮的枝条作为抓手。

灌木丛行走需要注意以下问题:走灌木丛要带上眼镜、帽子,穿高帮、防滑鞋底、纹路大且凹凸较深的丛林靴,长袖、长裤,拉上冲锋衣的拉锁等;队员之间至少保持1.5m的距离,防止前面队友带倒的树枝反弹回来伤到自己。徒步经过自然类灌木丛时最好有辅助设备及经验丰富的领队或当地向导探路先行。

2)灌木丛规避技巧

在户外徒步过程中,灌风吹倒的树木、雪崩冲积扇后生长起来的灌木丛,以及伐木留下的树枝更难通过,因此避开灌木丛,变换路线才是上上之策。避开灌木丛的诀窍如下。

(1)尽量利用山径,走五里山径比穿越一里的灌木丛轻松。

(2)考虑在积雪掩埋灌木丛的时节出游。有些山谷覆满冰雪,很好走,但冰雪一融,非披荆斩棘无法通行。

(3)徒步线路多选择密林,因为通常大树下灌木较稀疏。

(4)走在碎石或残雪上,不要走旁边的灌木丛。

(5)尽量寻找猎径与兽道。动物通常会找出最好走的路。

(6)路线若与溪流平行,考虑直接走进河道。溪床或许在灌木桩中形成隧道,便于行走,但可能须涉水。干溪床很理想,但在深峡谷中,溪流有可能遭倒木阻断或是形成瀑布。

(7)路线若与山谷平行,考虑直接爬上林线,选择高于灌木的路线。如果山谷两侧有绝壁,往绝壁脚下走,绝壁下往往形成平坦开阔的走廊。

2. 山地

1）山地行走一般技巧

有道路不穿林翻山，有大路不走小路，走梁不走沟，走纵不走横。行进应遵循大步走的原则，步幅加大，三步并作两步走，节省体力。"不怕慢就怕站"，疲劳时，应用放松的慢行来休息，但不要停下来。

山区往往有大小不等的林木和疏密不等的蒿草。穿越时，应特别注意穿越方向，尤其是在穿越不熟悉的山林时，应带上指南针，最好请熟悉该地区地形的人做向导，还应携带简易的无线电通信设备，加强通信联络工作。队伍不能拉得太长太散，以免和指挥中心失去联系。在横穿密林或在夜间穿林时，更要规定特定联络信号和加强队伍的组织纪律性。

个人在穿林和通过高草地时，最好穿长袖和长裤，这样可避免和减少草木树杈刺伤或划破皮肤以及防止蚊虫叮咬。在通过藤蔓竹草交织的丛林时，常常要使用砍刀开路行进。对于横的挡道应"两刀三段，拿掉中间"，直的挡道应"一刀两断，拨开就算"。对于草深而密的茅草丛地，用刀开路的方法是"不过头，两边分，走中间；若草不是很茂密，则可本着"用手把草向两侧分开、用脚压踏、迈进低草"的原则通过。

往斜坡上走，身体的姿势最好稍微前倾，使身体在斜坡上保持平衡。而斜度愈大则步幅就要越小，同时步行要保持一定且适当的速率，走起来就不会太累。途中遇到下坡或稍微平坦的地段，不可乱了步行频率，加快或加大脚步，这样反而会使身体的状况一下子适应不过来而感到难受。

山路一般都布满岩石、砾石、树根等而凹凸不平，所以徒步时要看着脚下，充分利用鞋底和地面所产生的摩擦，每一步都要踏得很平实，而且要保持相同的速度。走山谷斜坡时最好先用脚尖把坡面踢出踏脚（路）阶，这样会更便于行走。

2）山地徒步中常见的地形的技巧

山地行走，经常会遇到各种岩石坡、草坡以及碎石坡。那么在以下环境中进行徒步，应具备相应的技巧。

草坡、碎石坡：草坡和碎石坡是山间分布最广泛的一种地形。在海拔3000m以下的山地，除了悬崖峭壁以外，几乎大都是草坡和碎石坡。攀登30°以下的山坡，可沿直线上升。身体稍向前倾，全脚掌着地，两膝弯曲，两脚呈外八字形，迈步不要过大过快。当坡度大于30°时，不建议采用直线攀登，因为两脚腕关节不好伸展，容易疲劳，且坡度大，碎石易滚动，容易滑倒。因此一般采取"之"字形上升法，即按照"之"字形路线横上斜进，攀登时，腿微曲，上体前倾，内侧脚尖向前，全脚掌着地，外侧脚尖稍向外撇。

通过草坡时，注意不要乱抓树木和攀引草蔓，以免拔断使人摔倒。在碎石坡上行进，要特别注意脚要踏实，抬脚要轻，以免碎石滚动。在行进中不小心滑倒时，应立即面向山坡，张开两臂，伸直两腿（脚尖翘起），使身体重心尽量上移，以减低滑行速度，并设法在滑行中寻找攀引和支撑物。

俗话说"上山容易下山难"，下山时人体不易掌握自身的平衡而容易产生翻滚。那么如何下山呢？在山区的人们流传着这样一句话："上山弯腰，下山凸肚。"这就是说，上山时身体要前倾,下山时身体要后倾。另外,下山时越是陡坡越要慢行。在下坡度小于30°的山坡时,一般是两腿微微弯曲,膝关节放松,用脚跟先着地,身体重心先放在两脚跟上,而后过渡到全脚掌,将整个身体的重量压在脚上,步子要小而有弹性(这种下法速度较快)。在下坡度大于30°的山坡时,则仍需采用"之"字形路线斜着下山。一般是内侧脚用脚掌和脚外侧蹬地,外侧脚用脚跟和脚内侧蹬地,身体向内后方(指山坡方向)倾斜以保持身体的平衡。

高原山区:在高原的山地地区,可能遇到冰雪,即使没有冰雪覆盖,那些松软易崩的岩石、险峻的陡坡和悬崖峭壁在前进中也可能会遇到,因此,通过险坡时通常采用"之"字形路线横上斜进。当然不同的地形环境要采用不同的方法,不能一概而论。

3. 沙漠、戈壁

在沙漠戈壁行进,一定要按设计好的线路行进,少走弯路,并在行进中不断修正路线,确保行走方向正确。除正确行走方向之外,要特别注意三个相互依存的因素:周围的温度、活动量及饮用水的贮存量。

在阳光的直接照射下,即使不进行体力活动,人所消耗的水也要比阴凉环境下多3倍。如果人们将水的消耗量降到最低限度,在沙漠戈壁行进中,生存下来的可能性便随之增加。

在我国西北沙漠,特别是新疆,夏季最炎热时如若不带水,在有遮阳的地方休息,可生存3d左右,如果白天在太阳下行走,只能生存1~2d。在沙漠戈壁中行进,保持体力最好采用慢行,每小时休息10min。在感到疲劳或缺乏充足食物和水的情况下,可再走慢一些。夜间走减少脱水,"夜行晓宿"是沙漠行走的要诀,但是可能会错过水源或有人居住的地方。白天要防止在太阳下暴晒,尽可能利用阴影遮蔽,衣服的颜色最好是白色或浅色。头部应避免太阳暴晒,可用毛巾等物品作头巾遮盖头部。

4. 热带丛林地

在热带丛林地中行进,为防止蚊虫、蚂蟥、毒蛇等的叮咬,应穿靴子,并扎紧裤腿和袖口、领口,最好将裤腿塞进靴子里面,有条件的应戴手套。在鞋面上涂驱避剂或肥皂,可防止蚂蟥上爬。为了防止毒蛇的袭击,行进中可用木棍"打草惊蛇"。同时,也应注意树上有无毒蛇,休息时,要仔细观察后再坐下。在接近森林或悬崖下的草坡时,发现有蜂在其周围飞动或有蜂钻入地下时,此地可能有蜂窝,这时应注意绕行。遇到成群的毒蜂,最好的办法就是快跑,因为人比蜂跑得快,或者伏地蹲下,用雨衣遮住皮肤,附近有水,潜入水中最好,潜游至蜂看不到的地方再脱逃。

在高原草地中行进,应先在前面高处选一个明显方位物,测好距离和估算好时间,然后戴上手套(或用毛巾包住手),护住两耳及面部,开始前行,等到预计时间还未走出,就应停下,在高处寻找预定的方位物,校正方向后再前进。热带丛林中藤蔓竹草交织,使人无法通行,有时需使用砍刀开路。对于密集、树干细、弹力强的竹子,应采用分、压、拨、钻等方法通过。

丛林中行进时,要注意猎人设置的陷阱(甚至是绊线地枪),特别是路中间突然有散落的乱草和树叶,或是路边突然有不自然弯下来的树干或竹竿,有可能是捕兽的铁夹子或吊索。

5. 渡河

在穿越过程中,还会遇到各种各样的河流,有的缓缓流淌,清澈见底;有的则是水深湍急。由于山间地形复杂,再加上天气变化无常,河水的流速和水位变化不定。这就要求在准备涉水渡河时,对河流的深浅、流速及河底的结构仔细观察,确定渡河的地点和方案。

当判断河流深度与水流速度后,通常会采取徒步涉水或扎阀渡河与搭索过涧。

1) 徒步涉水

徒步涉水渡河适用于水流不太急和河水较浅的地方。徒步涉水渡河有单人、双人和多人等几种方法。

(1) 单人渡河:单人渡河时,可用一根长棍(或帐篷杆、竹竿等),撑着河底渡河。木棍的支点要在上游的一侧。两脚交替移动时,身体微向上游倾斜,依靠木棍的支点,两脚站稳后再移动木棍。出脚时不要太快、太高,要固定两个支点后再移动另一个支点。如水流较急时,可在腰间系上保护绳,另一人站在岸上保护,在水中摔倒或被水冲倒时,有保护措施可避免危险。

(2) 双人渡河:两人面对面站立,双手相互搭在肩上,侧跨步前进。前进时,两人步调必须一致。

(3) 多人渡河:如渡河人数很多时,则可采用3~5人一组的"墙式"渡河法,互相牵手或互搭肩膀,面向水流的方向,横渡前进。

2) 扎阀渡河

遇到较大的河流或水深急流时,不要轻易涉渡,可就地取材制作漂渡工具,如木筏子、竹筏子等,有条件也可制作单兵木筏。渡河时,背囊的背带要调整得当,以备必要时迅速从这些装具中脱身。

木筏或竹筏制作步骤:准备材料(直径较大的竹子、绳子、刀);将竹子截成合适的长度作为主体结构,准备3~4根细竹子作为支撑架构;准备好的竹材整齐地排列在平坦的地上并绑在一起(使用双套结);用细竹子呈直角横向固定(使用方回结);竹筏完成后放入浅水区进行浮力测试,如果浮力不够,需要增加浮力辅助块,如大块的泡沫板、充气轮胎、密闭空桶等。只有测试成功的竹筏(浮力足够、竹筏捆绑扎实),才能使用。

3) 搭索过涧

搭索过涧是在户外活动中渡河常用的一种方法。

所需装备:头盔、安全带、长扁带、短扁带、滑轮、主绳、锁、STOP等。装备用途:头盔、安全带穿戴好保障自身安全;主绳作为溜索绳索与副保;主锁、扁带和STOP用来作紧绳系统(若没有STOP,可以用上升器代替,但不建议);滑轮连接过涧者;8字环用于建立搭索,过涧者下降渡水将主绳带到对岸。

操作步骤:①穿好安全带,戴好头盔。到达保护站位置后建立自保。②在保护点将主绳固定好,并做好副保,建立的保护站做到独立、均衡、备份。树上的保护点建立遵循"一棵树上做保护站"的方法。③建立保护站者将溜索的主绳连接在安全带上,利用单绳下降,泅渡过河将主绳带到对岸。④在对岸保护点上用两条长扁带连接主锁后连接STOP作为保护点。将主绳嵌入STOP(注意绳子的方向),运用滑轮组原理组成紧绳系统,如图8-2-1。⑤将主绳通过紧绳系统收紧后需要将多余的主绳拉到后方固定建立副保系统,将两根主绳收紧固定后需检查其受力程度和安全性。⑥将作为保护过涧者的主绳一端打上8字结连接主锁,连接到溜索者身上成为副保,则整个溜索过涧的系统完成。

图8-2-1 滑轮组紧绳系统

过涧者应安抚情绪,避免紧张和过度兴奋。女性需要将头发整理好,盘入头盔,避免头发卷入装备。过涧时注意手不能触碰溜索装备,防止因速度过快手被烧伤。上身往后倾斜,尽量远离主绳。快到达终点时,要注意用脚缓冲,保护自己,如图8-2-2所示。

图8-2-2 溜索人员动作及身体姿态

若两个固定点落差不大,需爬越时,两手前后握绳,腹部微收,一腿膝窝挂住绳索,使身体仰挂在绳索下面,臀部稍上提,两臂弯屈约90°。前移时,后握手前移,异侧腿由下向上向内摆动,并将膝窝挂于绳上;当一腿膝窝挂上绳索时,另一腿离开绳索悬摆,两臂、两腿依次协调配合,交替向前移进。

6. 其他路面

1) 青石板路

路面特点：这种路面主要是清朝末年、民国时期修建的，主要就是古香路，是由大小不等的青石板人工铺设而成。由于年代久远，走的人比较多，这种青石板路的路面已经变得非常光滑。一旦遇到雨雪容易发生事故，轻则跌跤、崴脚，重则骨折重伤。

行走经验：雨后，上山时除了穿防滑的鞋以外，心情还要放松。行走时重心不要太靠前，重心方向要和地面的石板垂直，尽量使用登山杖。背大包时包的重心应该是中部偏下，手尽量扶着岩壁或树木。下山时一定要用登山杖，重心略微前倾。脚的落点尽量踩在石板之间的缝隙，或者路旁的草木上。两个人之间需要拉开一点距离，避免跌倒影响到后方人员行进。

雪后，最好用四齿的冰爪，如果不用冰爪，脚一定要落在路旁树根或草木上，登山杖必不可少。

2) 跳石

路面特点：跳石路面就是没有明显的路，所谓的"路"主要由山谷沟壑经山洪暴发后的长期雨水冲刷形成。在这种路面上行走，需要在石头上跳来跳去前进，细纱、小溪、巨石参差交错，"杀机"四伏。

行走技巧：最主要的是克服对跳石的恐惧心理，这就要求注意力集中。雨季，大雨来临之前、大雨刚过时不要去峡谷跳石，小心山洪暴发。准备好一双底厚一点、硬一点的登山鞋，在跳石之前要先检查鞋带是否松动，然后要把背包肩带和腰带拉紧，让背包紧贴背部，以免跳跃时背包晃动、重心不稳导致失足。跳石时眼睛要注意观察前方的情况，准确判断下一个落脚点，注意观察某些石头上留下的暗痕。另外，一定要把鞋底清理干净以保证安全，如果鞋底粘上了沙子、黏土、植物叶子等降低摩擦系数的物质，容易让脚底打滑，导致摔跤。

3) 土路

路面特点：这种路面很常见的，形成原因主要是石头风化和没有植被覆盖的山皮经过人们的长时间踩踏形成的。雨季时这种路面就是传说中的烂泥路，非常容易跌倒，伤到膝盖。

行走技巧：大雨后经过太阳的暴晒，土路表面虽然已经被晒干，但实际上已经吸足了水分，这个时候上下山很容易出现危险。走这种路面时鞋底一定要抓地，要充分利用登山杖作为支点，以免不注意一脚踩进很深的烂泥里。另外，春秋两季昼夜温差大，雨雪天后土路路面非常容易结冰，危险系数比较高，遇到这种情况上下山时要充分利用登山杖和可以攀扶的东西，注意攀扶物体时要先确保该支点是牢固的，这一点非常重要。

4) 过吊桥

行走技巧：吊桥很容易摇荡，最好是逐个通过。假如看到桥下的河流，尽量把视线移向前方，同时不要改变走的速度，有节奏性走过。

5) 过独木桥

行走技巧：过独木桥时，脚步跨开与肩同宽，并以外"八"字走路，眼睛看向前方1m处，一步步牢固贴在桥上，迅速走过。与其慢慢走，不如稍加速度，保持平衡快速通过。

7.特殊危险路段通过——路绳的设置

在户外徒步的过程中,我们经常会遇见陡坡、悬崖等特殊路段,这些路段若处理不当可能会危及徒步者的生命安全。所以通过此路段,需要设置路绳以保障安全,铺设路绳技能是户外运动中一项重要的专业技能。

1)所需装备

通过危险路段所需要的装备包括主绳、主锁、8字环、上升器、长扁带、短扁带、头盔与安全带。具体数量依据实际情况而定。

2)路绳的设置

(1)观察环境,选择牢固的支点,依据固定点的数量,确定装备数量。

(2)清点装备,整理绳索(对于无法确定节点数量的地段,尽量携带多的装备)。

(3)自保或保护状态下进行路绳链接设置操作。

(4)利用绳结将绳子与固定物连接,形成第一个固定点;依据地形及固定物的类型,运用布林结、蝴蝶结、双套结等设置固定点;线路末端的固定点采用布林结将绳子与固定物连接;两固定点之间的距离不宜过长,绳子松紧状态适宜。具体绳结如图8-2-3所示。

(5)理绳:将多余的绳子整理放置。

图8-2-3 设置路绳所需绳结(布林结、双套结、蝴蝶结)

3)路绳的通过

(1)检查安全装备并穿戴正确。

(2)将"牛尾"与安全带攀登环连接,需借助上升器攀登的危险路段,牛尾的一端连接上升器;悬崖等可以徒手行走的路段,可使用主锁作为保护;可用菊绳代替"牛尾"。

(3)"牛尾"两端主锁(或上升器)分别套入主绳。

(4)过固定点时,首先将牛尾一端主锁扣入固定点前端的路绳,再取下后端的主锁(上升器)。须保证牛尾一端始终与保护绳连接。

(5)按顺序依次进行。通过方法如图8-2-4所示。

4)注意事项

(1)设置自我保护为路绳设置的第一步,设置每一个固定点之前,必须处于自保状态。

(2)绳结操作应正确,绳结悬着应合理。

(3)两节点之间的距离应根据具体情况设置,但两节点距离不应过长。

图 8-2-4　固定点通过

（4）两节点之间绳子的距离不宜过长，处于松紧适宜状态。
（5）在设置路绳中，绳子应整理携带。

三、徒步教学提示

（一）教学重难点

1. 教学重点

（1）徒步路线选择的基本原理、徒步基本方法的掌握。
（2）面对不同路段时的通过技巧。

2. 教学难点

（1）灌木丛、山地环境徒步通过技巧的掌握。
（2）扎阀泗渡、搭索过涧以及危险路段通过的规范操作流程。

（二）教学提示

（1）在野外教学时，制定安全规范，提出安全纪律要求，所有的团队成员都需要对行程负责，分工明确且应该共享。
（2）提前了解户外教学地域的自然环境特征，了解徒步路线，提前计划路途中的补水点、休息处等，实施风险管理程序，制定风险预案。
（3）加强安全教育，学习风险评估、风险预防知识，提升风险防范意识和风险处置能力。
（4）给予体能较弱者重点关注，避免因身体疲劳导致严重后果。
（5）在特殊路段行走时应集中注意力，保持良好的情绪，避免急躁，避免在过度流汗、疲惫和体力下降的情况下继续行走。
（6）携带户外通信设备，经常检查人数或点名，以确保队伍完整无缺。
（7）搭索过涧以及危险路段通过技术性较强，应增加学生练习时间。

四、徒步注意事项

（1）行李尽量带得少而轻，且一定要带一些常用药。

(2)出发前就应对所需要经过的地区各方面的情况、自己的身体状况(例如有下肢血管病、皮肤溃疡及扁平足症者不宜徒步旅行)以及当时的气候条件有所了解。

(3)要掌握步行速度,徒步旅行应根据自己的身体条件确定每日的行程,一般每小时走4~5km。每走一程,可选择树荫、凉亭等处休息15min,以恢复体力。休息地点应避免烈日直晒和低洼、潮湿处。

(4)要保证足够的睡眠时间和营养的补充,不应长时间徒步仅食用干粮,要尽量多吃新鲜的水果、蔬菜。

(5)每天步行结束后要用温水洗脚,以解除疲劳。脚掌有水泡时,可用针穿孔引出水,再进行消毒,防止感染。

(6)正常的徒步时间里排尿也应该是1次/4h,可以通过观察尿液颜色了解自己体内水分脱失症状。尿液呈深黄色,微感口渴,脉搏速度正常为轻微脱水症状;尿液呈暗黄色;口内黏膜干燥,口渴,脉搏速度加快但弱为中度脱水症状;重度脱水症状为无尿液,脸部皮肤苍白,呼吸急促,口渴昏睡,脉搏快但无力(很弱)。

(7)雨季在山地行进,应尽量避开低洼地,如沟谷、河溪,以防山洪和塌方。如遇雷雨,应立即到附近的低洼地或稠密的灌木丛去,不要躲在高大的树下。大树常常引来落地雷,使人遭到雷击。避雷雨时,应把金属物品暂时存放到一个容易找到的地方,不要带在身上,也可以寻找地势低的地方卧倒。在山地如遇风雪、浓雾、强风等恶劣天气,应停止行进,躲避在山崖下或山洞里,待气候好转时再行进。

(8)山地行进不要高估自己的体力,疲劳时,就应适时休息。正确的方法是大步走一段,再放松缓步慢行一段,或停下来休息一会,调整呼吸。站着休息时,不要卸掉装具背包,可以在背包下支撑一根木棍,以减轻身体负重。若天气冷,不要坐在石头上休息,石头会迅速将身体的热量吸走。

第三节 溯 溪

一、溯溪概述

溯溪是阿尔卑斯山区的一种登山方式,所谓溯溪,是由峡谷溪流的下游向上游,克服地形上的各处障碍,溯水之源而登山之巅的一种探险活动。

溯溪是一项可以结合登山、攀岩、游泳、绳索操作、野外生存、定位等综合性技术的户外活动。在溯溪的过程中,溯溪者借助一定的装备,利用一定的技术,去克服急流险滩,深潭瀑布。由于溯溪的场地多种多样,不同的地形环境需要不同的装备与技术去完成,因而此项运动被赋予了无穷的魅力,并深受大家喜爱。溯溪需要团队协作,同伴间密切配合,去完成不同环境中的溯溪,对于参与者而言,既是挑战,同时也可以获得"高峰体验"。目前溯溪主要包括以下两种类型:①以地域研究为主的溯溪,这种溯溪形式除了带有休闲娱乐的目的外,还带有科学考察的目的;②休闲溯溪,这种溯溪方式就是兴趣相投的朋友组成小队,结伴溯溪,尽兴而至,这是目前国内最盛行的方式。

二、溯溪技术介绍

(一)溯溪装备

适当的装备,可以减轻个人的负担,安全地通过困难地形,降低伤害的发生。溯溪装备的选择要充分考虑溪流的特点,同时尽量精简,去除不必要装备,保障在溯溪中行动的敏捷性。

1. 穿着

衣着方面应以轻便、透气性良好、易干燥的尼龙面料的防水衣物为佳,脚上除一般健行鞋外需准备溯溪鞋。溯溪鞋鞋底摩擦力特别大,在湿滑的岩石上行走特别方便。另外手工编织的草鞋也可作为防滑鞋。同时护腿罩可防止溯行间的碰撞伤害并防寒,也可防止蚂蟥和蚊虫的叮咬。

2. 技术装备

溯溪是登山的一种方式,所以登山装备必不可少。溯溪的技术装备基本上与登山及攀岩装备相似,其中溪降需用到长度 50~150m、直径 9~12mm 的溪降专业绳。

3. 溯溪图

溯溪图是根据峡谷溪流的地形特点而绘制的简单明了的溯行路线图,是溯行前必须准备的物品之一。有经验的溯溪者要根据该图清楚地了解溯行地区遇到的各种地形特征,从而有目的地进行各项准备工作。

1∶5万地形图作为溯溪图足以显示主要的地形特点,如岩石堆、瀑布、深潭等。标绘得过粗过细都不适宜,过粗无法体现整体路线上的特点,而过细则显得杂乱,没有特点。一般来说,地形图不足1cm的地形省略。图上所描绘的主要地形有岩石堆、峭壁、瀑布、深潭等。

4. 溯溪计划书

大自然的力量不容轻视,唯有多一分的认知、预防与规避,才能使伤害降至最低,让从事活动的人员可以有满意的活动体验。因此一份完整详细的溯溪计划非常重要,溯溪计划书与其他户外活动的计划书类似,主要包括目的、人数、活动安排、风险应对措施等。

(二)溯溪关键技术

溯溪除了基本的登山技能,还要求掌握其他技能。溯溪的技术大致可分为:地图的判读,攀登技术,溯溪专用技术(即穿越乱石,横移、涉水、泳渡,攀登瀑布和爬行高绕等)。

1. 攀登技术

攀登技术的基本要领为"三点式"攀登,与攀岩一致,即在攀登时采用四肢中的三点固定,使身体保持平衡,另一点向上移动。

2. 溯溪专用技术

穿越乱石:峡谷溪流中多滚石岩块,且湿滑难行,在溪流中行走应以踩踏小碎石为主,在小碎石上行走一般不会滑倒。在踩踏大块石行进时,应看准踩踏地点并踏稳,想好万一站不稳时的解决办法,避免因踏上无根岩块跌跤或被急流冲倒受到伤害。

横移:岩壁瀑布下深潭阻路,可尝试由两侧岩壁的岩根横移前进。岩石多湿滑,支点不易掌握,横移时须特别谨慎,有时支点隐藏于水下,此时以脚探测摸索移动,若特别困难,干脆涉水或泳渡更简单。

涉水、泳渡:涉水或泳渡时,必须清楚地判断水流的缓急、深度,有无暗流,必要时借助于绳索保护技术。在溯溪过程中经常使用绳索横渡过河,涉及一系列的绳网、绳桥技术,这里不作详细介绍。

攀登瀑布:这是溯溪过程中最刺激,也是难度最大的技术。攀登前必须事先观察好路线,熟记支点,要充分考虑好进退两难时的解决办法。瀑布主体水流湍急,但苔藓少,有时反而容易攀登。瀑布攀登虽然刺激,但难度大,经验和技术要求高,不具备娴熟技术经验或初学者不要轻易尝试。

爬行高绕:在遇到瀑布绝壁,其他方法不能实现时,可以考虑爬行高绕的方式前进。即从侧面较缓的山坡绕过去,高绕时小心在丛林中迷路,同时避免偏离原路线过远,并确认好原溪流。

(三)溪降

1. 溪降技术要求

(1)学习正确使用攀登保护装备,包括安全带、安全头盔、铁锁、下降器、上升器等。
(2)按顺序,拉紧保护绳,登至下降处,设置自我保护。
(3)在下降处连接下降系统,检查下降系统,解除自保方可下降。
(4)在下降过程中,要注意岩石、裂缝、陡坡、水流的冲击。
(5)在熟练掌握了下降的技术动作后,可选择适宜的着脚点做跳跃动作,并在接近瀑底时,解开保护绳索,轻松跃入潭中,充分体现溪降的乐趣与惊险。

2. 溪降技术

下降器下降:下降器下降与岩降动作基本一致。如果是悬空状态,脚自然分开、悬垂,身体靠向绳子。溪降一般使用8字环下降,同时不设置抓结。

单环结下降:在没有下降器的情况下,以铁锁和单环结的连接代替下降器下降的方法。这种下降方法和动作要领与下降器下降法相同。

三、溯溪教学提示

(一)教学重难点

1. 教学重点

(1)溯溪计划书的撰写。
(2)溯溪的安全注意事项。

2. 教学难点

溯溪专用技术(穿越乱石、横移、涉水、泳渡、攀登瀑布、爬行高绕)的掌握。

(二)教学提示

(1)山区水灾十分严重,雨后几个小时之内可能引发山洪,严禁雨中、雨后进入山沟内进行溯溪教学活动,在徒步溯溪途中若下雨,应立即撤出峡谷等低洼地。

(2)在特殊路段行走应集中注意力,保持良好的情绪,避免急躁,避免在过度流汗、疲惫和体力下降的情况下继续行走;预防身体疲惫、岩石坠落等情况发生。

(3)通过漫过膝盖以上的水路时,应松开背包的腰带和胸带,仅用一条肩带固定背包,在摔倒时可及时卸下背包;

(4)在野外教学时,制定安全规范,提出安全纪律要求,所有的团队成员都需要对行程负责,分工明确且应该共享。

四、溯溪注意事项

(1)溯溪是运动量极大的活动,平时就应强化体力及耐力。而对于各项溯溪技术,如游泳、攀岩、定位等及所需装备器材的使用,都应达到熟练的程度。参加溯溪活动之前,应阅读有关溯溪技术的书籍,学习各项攀登技术。参加溪降的人员必须具备游泳技能。

(2)溯溪活动一定要组队结伴,切忌单独进入溪谷中。

(3)溯溪活动之前都要做好行前准备计划,前进路线与临时撤退方案要让每个队员了解。溪降前应对路线进行细致的观察,然后确定溪降的路线,注意可能遇到的问题,并考虑好解决的方法。

(4)在参加溯溪运动时,溺水是极易发生的伤亡事故。为避免溺水事故,涉水过河地点应选择水最浅(浅于膝盖以下)并且水流平稳之处,避免在急流及瀑布上游处渡河,以免因不慎滑倒。若在水较深处渡河,应先架设好保护绳索或手持一根长杆试探水的深浅,小心地慢慢渡过。参加溯溪活动,需要经常进行涉过溪流的训练,最好装备头盔、救生衣及溯溪鞋等专用装备,以提供安全保障。

(5)发生意外事件时,不可慌乱,一定要视情况的轻重缓急,决定继续前进或撤退中止活动,将伤害减低至最低的程度。

(6)绝对不可以摸黑赶路,因为溪谷中高低不平,极容易失足受伤。

(7)天气转坏时,一定要及早考虑所去溪流及上游地区的天气情况,尤其是南方山区及多雨地区,因为在上游下小雨就可能导致山洪暴发,而山洪暴发是溯溪者所面临的最大危险。

(8)对于行进路线的选择,要考虑到溪水上涨的可能,最好能有撤退路线,以防万一。

(9)溪降前,必须将溪降所用的保护绳设置好,保护绳的上方固定支点必须是两个。保护装置必须牢固,保护者必须做好自身的安全保障,经常检查连结自身的固定支点的牢固性、绳子、绳结的情况及安全带的情况等。在练习过程中必须经常检查支点的牢固性和所系绳结是否有松动及绳子的磨损情况。保护者必须认真观察练习者溪降的整个过程,及时放绳,及早发现问题并及时进行保护。练习前,必须检查安全带穿带是否正确。检查包括:安全带主带是否在髂骨上方;安全带主带是否系紧;安全带主带是否反扣;连结保护绳的主锁丝扣是否拧紧锁好等。

(10)溪降时,应注意手脚的协调配合并保持身体的平衡。

第九章　定向运动

定向运动是借助地形图和指北针,按规定的顺序独立的寻找若干个标绘在地图上的地面检查点,并以最短的时间完成全赛程的运动。定向运动起源于瑞典,在1886年,斯堪的那维亚半岛的土地上覆盖着一望无际的森林和无数的湖泊,城镇村庄稀疏地散落其间,人们主要利用那些隐现在林中湖畔的小径往来。在这种地理环境中生活的人,理所当然的比地球上其他地区的人更需要精确辨别方向的技能,否则要穿越那片林海是极其危险而困难的。久而久之,那些经常在半岛山林中行动的族群,就地取材,制定了一套自娱自乐的游戏规则,也就是定向运动。1983年,定向运动被引进中国。20世纪80年代初,广州解放军体育部首次在广州白云山组织了一次"定向越野试验比赛",这是我国第一次举办定向比赛。1992年,我国以中国定向运动委员会的名义加入国际定联。1994年,第一届全国定向锦标赛在北京怀柔举行。1995年12月,国家体育总局"中国定向运动协会"在北京成立。定向运动在我国发展至今,已经成为了一个普及度较高的运动项目。定向运动是一项集体能和技能、体力和智力相结合的运动,由于它独特的运动形式和条件要求,它具有独特价值。它不仅能强健体魄,而且能培养人独立思考能力、独立解决困难的能力及在体力和智力受到压力下做出迅速反应并果断决策的能力。本章主要介绍定向运动的场地与器材、定向地图基本知识以及跑图中的路线选择与快速行进。

第一节　场地与器材

一、场地

户外运动挑战赛中的定向穿越比赛,比赛路线大多是开放型,起点和终点分别设在两个不同的地区或地域,参赛选手必须经过比赛途中所设置的标志点,从而到达终点目标。

可以开展定向运动的区域很多,它既可在森林、野外进行,也可以在我们所在的学校或者附近的公园进行,因为每个学校都会有一张校园建筑的平面图,公园也有导游图。对于感兴趣的初学者来说,就完全可以把它作为是一张简易的"定向地图",权当"识途"来初步体验一下定向运动的乐趣。但如果你想去参加定向运动比赛,成为一名定向运动的高手,那就必须系统地了解定向地图的知识和有关定向运动的技能,能够熟练地看懂定向地图,并能迅速地利用定向地图和指北针寻找目标。定向运动的竞赛场地与传统体育项目场地不同,传统的体育项目有标准化的竞赛场地,而定向运动的竞赛场地是多变的,是一种非固定式竞赛场地,所选择的比赛场地须是所有选手都不太熟悉或不熟悉的区域,并且在赛前要对竞赛场地的地理位置进行严格保密。通常情况下,合格的定向运动场地应该具备以下几个特点:植被适中;地形变化多样的有限通视地域;中等起伏的森林地;生疏的人烟稀少地区。做过定向运动的竞赛场地在三年之内一般不会重复使用。因此,定向运动竞赛场地具有复杂性和未知性的特点。

二、器材

定向运动器材是开展定向课程、定向越野赛事和定向运动拓展必须具备的装备。其中包括:指北针、检查卡(指卡)、点签器(到访指卡记录信息)、检查点标志(点标旗)、号码布和专业定向地图。

(一)指北针及其使用

1. 指北针介绍

定向越野中最重要的仪器就是人的大脑,而指北针是定向越野竞赛中可使用的唯一合法帮助。发明于中国的指南针在定向越野中被称为指北针,与大众熟知的指南针不同的是,指北针的红色指针永远指向北。大多正式定向越野赛事中指北针需要参赛者自备,没有特别对其性能、类型做出原则上的规定。指北针在野外定向中的作用主要有:辨别方向、标定地形图、确定站立点和辅助按图行进。标定地形图就是为了使地形图的方位与实地方向一致。

目前国际上使用较多的是一种透明式指北针,它的磁针盒内充满一种起稳定磁针作用的特殊液体,很适合在奔跑时使用,其构造如图9-1-1所示。

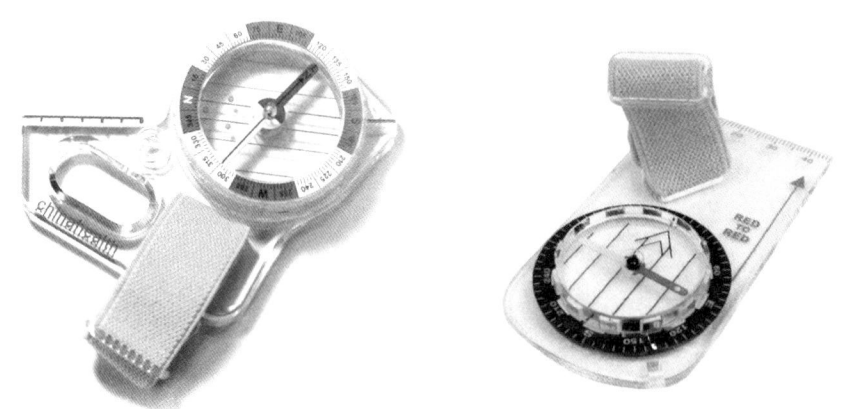

图 9-1-1 定向指北针

在指北针的分度盘上,刻有360°制角度数值,每一小格为2°,当0°(N)刻画与磁针北端(即磁北方向)对正之后,90°处为东,180°处为南,270°处为西。基于指北针的这一构造特点,就可以根据磁方位角的原理在图上或实地量测出站立点至任意一个目标的准确方位。

2. 用指北针在图上量读磁方位角的方法

用指北针在图上量读磁方位角的方法,如图 9-1-2 所示。

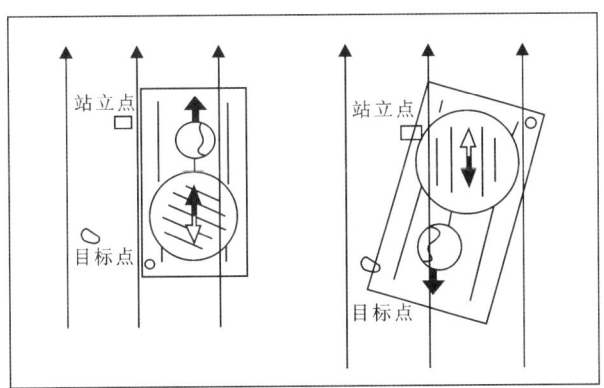

图 9-1-2　指北针在图上量读磁方位角

1)标定地形图
(1)将前进方向箭头朝向地形图上方,直尺边切于磁北线。
(2)转动地形图,使磁北针北端对正目标。
2)测定磁方位角,地形图不动
(1)将直尺边切于站立点至目标点的连线前进方向,箭头朝向目标方向。
(2)转动分度盘,使定向箭头与磁针重合。
(3)读数(60°)。
测定磁方位角,如图 9-1-3 所示。

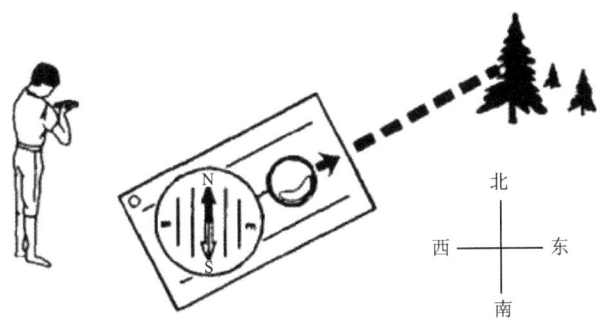

图 9-1-3　测定磁方位角

利用指北针行进,在野外定向中是一种补充利用地形图行进不足的有效方法,它适合在山林地中使用。

3. 利用指北针前进的方法

(1)指北针边切目标方向。
(2)转动分度盘,使磁北线与图上的磁北线重合。

(3)移动地形图,并将指北针平持于胸前适当位置。

(4)移动身体,使磁针与箭头重合,沿箭头所指方向明确目标,前进。

对照地形图的原则:要有发展变化的观点;要有立体和比例尺的观念;以地貌为准,地物、地貌结合对照;主要地形对照准确。

(二)检查卡(指卡)

1. 检查卡介绍

检查卡是竞赛选手/课堂学员身份的唯一标识。用于依次记录选手在各站点打卡时站点的编号和打卡时刻。目前有多种形式的检查卡,按打卡方式可分为贴面式、插入式与感应式,贴面式指在打卡时要将检查卡贴在点签面上,插入式即将指卡插在点签圆孔内,感应式则是在选手跑到点签附近感应范围内即可响应。3种类型具体如图9-1-4所示。

贴面式(乐嘉)

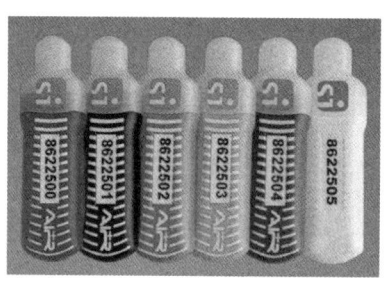
插入式

感应式

图9-1-4 检查卡

2. 检查卡使用方法

(1)贴面式。以乐嘉体育研发的指卡为例,佩戴时,将卡片内侧靠掌心方向绑在指跟处(图9-1-4),根据手指粗细调节松紧。一般来说,佩戴在右手食指内侧较为方便,日常生活中使用左手较多则反之。打卡时将手向点签伸出,手掌掌心向下,将卡片贴在点签器中间的圆孔正上方即可响应。

(2)插入式。以SPORTident指卡为例,佩戴时,将卡片内侧靠手背,大头朝指跟,尖头朝指尖方向绑在食指指跟处,调节松紧。打卡时,佩戴手虚握拳,手指微屈,将指卡小头处插入点签中央圆孔内即可响应。

(3)感应式。以由华瑞健(Chinahealth)公司研发生产的CH指卡为例,佩戴方式与贴面式指卡一致,打卡时,卡片距点签器打卡区两厘米以内即可响应。

以上检查卡的卡内芯片皆可至少存储60个检查点的数据(包括清除站和起终点站在内),一般不受磁场干扰,在强磁影响下可正常工作,同时具有一定的密封防水性。定向越野跑打完终点后需要打主站知晓成绩,当选手在主站上打卡时,主站将读取指卡中的所有数据。如果主站连接的是微型打印机则将数据传给微型打印机,打印出成绩条;如果主站连接的是计算机,则将数据上传给计算机处理。

(三)点签器

1. 点签器介绍

点签器是与检查卡(指卡)配合使用的,它提供给运动员一个到达位置的凭据。点签器的样式与外形根据各研发公司产品迭代程度区分。按外形可分为普通盒式、标牌式、圆柱式、地灯式等点签器(图9-1-5)。

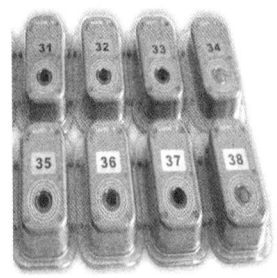   

盒式　　　　　　标牌式　　　　圆柱式　　　　　地灯式

图 9-1-5　点签器类型

按移动方式可分为可移动式(盒式与标牌式)与固定式(圆柱式与地灯式)点签器。可移动式点签器即可以按需求设计不同的检查点与路线,在定向越野比赛或训练活动前将点签器布置到既定位置,优点是保证运动员或参与者跑图的不可预知性,缺点是布点收点麻烦且耗时长。固定式点签器则只需要将点签器固定在一个位置,后续使用中不需要布点,优点是不需要花费精力布点与收点,但缺点是比赛及训练中只能更换不同路线,点签位置固定不动,寻点简单,没有新意,很难达成目标训练效果。按功能可分为一般站、清除站、起终点站、主站等(图9-1-6)。

图 9-1-6　点签器功能

2. 点签器使用方法

点签器置于赛场中与地图对应的检查点上,当选手在点签器上打卡时,将这一点的检查点编号和打卡时刻写入选手所持指卡的同时,点签器中自动备份选手的指卡号和打卡时刻,以备赛后有争议时进行数据比对。

(四)检查点标志(点标旗)

检查点标志(点标旗)是由三面标志旗连接组成。每面正方形小旗,沿对角线分开,左上为白色、右下为橙色,旗的尺寸为30cm×30cm(图9-1-7),可以用硬纸壳、胶合板、金属板、布等材料制作。标志旗通常要编上代号(国际上过去曾使用数字做代号,现已规定使用英文字母),以便于选手在比赛时根据旗上的代号来判断是否找到了正确的检查点。

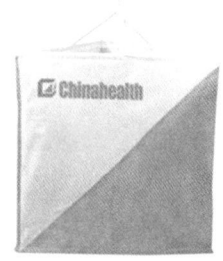

图 9-1-7 点标旗

第二节 定向地图基本知识

一、定向地图基本知识概述

定向地图是从事定向运动的重要工具,它是建立在地形图基础之上的运动用图,与一般地图相比,更加详尽地记录了地面的情况。定向地图利用等高线表示山的形状和高度,利用各种颜色表示前进的难易程度、植物分布,利用各种符号表示地面的特征。一张标准的定向运动地图,图上标有比例尺、等高线、磁北线、地貌、地物等各种符号。其中定向地图的比例尺、等高线、磁北线、地貌、地物知识与地形图的相同,这一部分在第八章第一节已经作详细介绍,本章不再赘述。本章着重介绍定向地图中的图例说明、检查点符号说明等内容。

二、定向地图基本知识介绍

(一)定向地图上的图例

图例说明是专业定向地图上的重要注记,它可帮助你理解地图所表示的事物。它采用的是国际语言符号,所有符号全球通用。根据国际定向联合会规定的定向越野地图制作规范将定向地图上的语言符号分为6个类别:

(1)地貌(用棕色表示)。表示地球表面高低起伏的各种形态,如山地、平地。这类符号还包括土坎(崖)、土墙、冲沟、小丘、小凹地、坑洼地等专门符号,如图9-2-1所示。

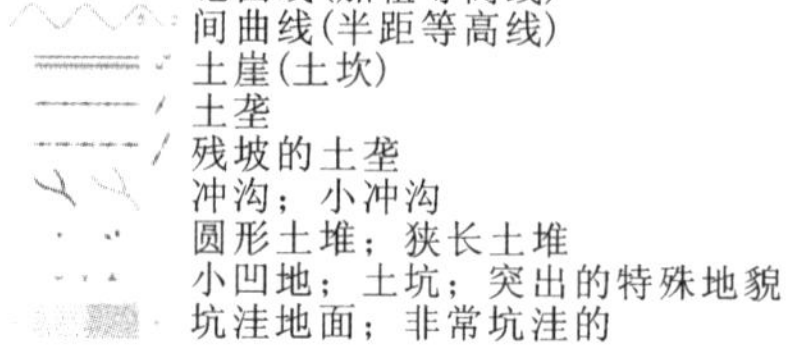

```
〜〜〜  首曲线(基本等高线);示坡线
〜〜〜  记曲线(加粗等高线)
〜〜〜  间曲线(半距等高线)
―――  土崖(土坎)
― ― ―  土垄
· · ·  残坡的土垄
Y      冲沟;小冲沟
· ·    圆形土堆;狭长土堆
▭▭    小凹地;土坑;突出的特殊地貌
▨▨    坑洼地面;非常坑洼的
```

图 9-2-1 常见地貌符号

(2)岩石与石块(用黑色加灰色表示)。岩石与石块是地貌的特殊形式。它既可以为读图和确定站立点提供参照物,还可以向运动员提供是危险道路还是可奔跑道路的通行情况,如图9-2-2所示。

(3)水系和沼泽(用蓝色表示)。这类符号包括露天的明水系和特殊的水生植被。它不仅能够表示对运动员通行的影响程度,还可以为读图和定点提供参照物。当水系植被周围着黑线时,表示该地物在通常气候条件下不能通过,如图9-2-3所示。

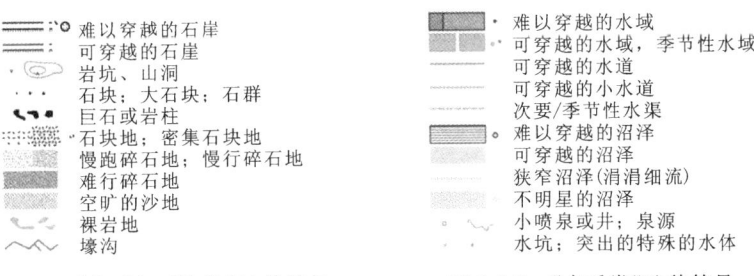

图9-2-2 "岩石与石块类"地貌符号　　图9-2-3 "水系类"地貌符号

(4)植被(用空白或黄色加绿色表示)。植被的表示对运动员来说很重要,因为它能反映地面的通透性,直接影响运动员的视野和奔跑速度,也可以给运动员提供参照物,如图9-2-4所示。

图9-2-4 "植被类"地貌符号

(5)人造特征物(用黑色表示)。它包括各种道路、村庄、建筑物等符号。道路为运动员奔跑时提供重要的信息,可以让运动员知道道路的宽度,它和其他地物符号一起帮助运动员读图和确定点位,如图9-2-5所示。

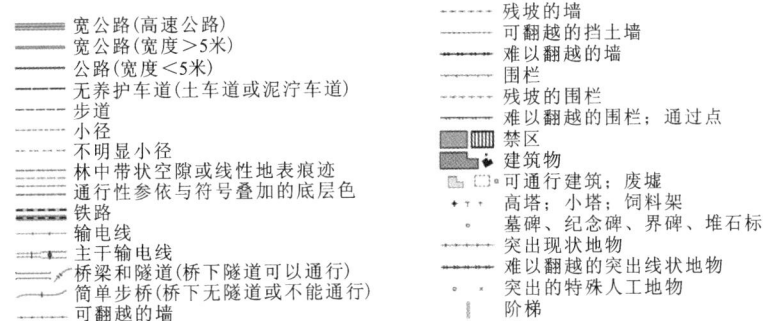

图9-2-5 "人造特征物"地貌符号

(6)技术符号(用黑色加蓝色以及紫色表示)。技术性符号对所有地图都是很重要的内容。在定向地图上主要有磁北线、高程注记等。高程注记表示某个点的高程(海拔高),运动员可利用它计算参照物的高差。还有比赛线路及其通行、障碍、危险等情况,如图9-2-6所示。

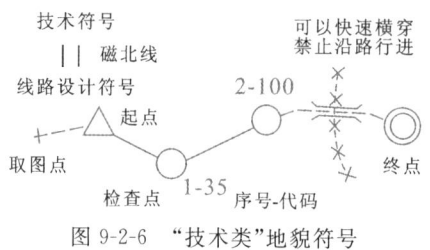

图9-2-6 "技术类"地貌符号

(二)定向地图上的检查点说明

运动员根据地图所提供的信息寻找检查点。为了更为详细说明检查点位置,国际定向运动联合会还制定了《检查点说明符号》,以便各国不同语言的运动员都能理解。《检查点说明符号》以统一的表格方式和符号具体说明一条线路,如图9-2-7所示。

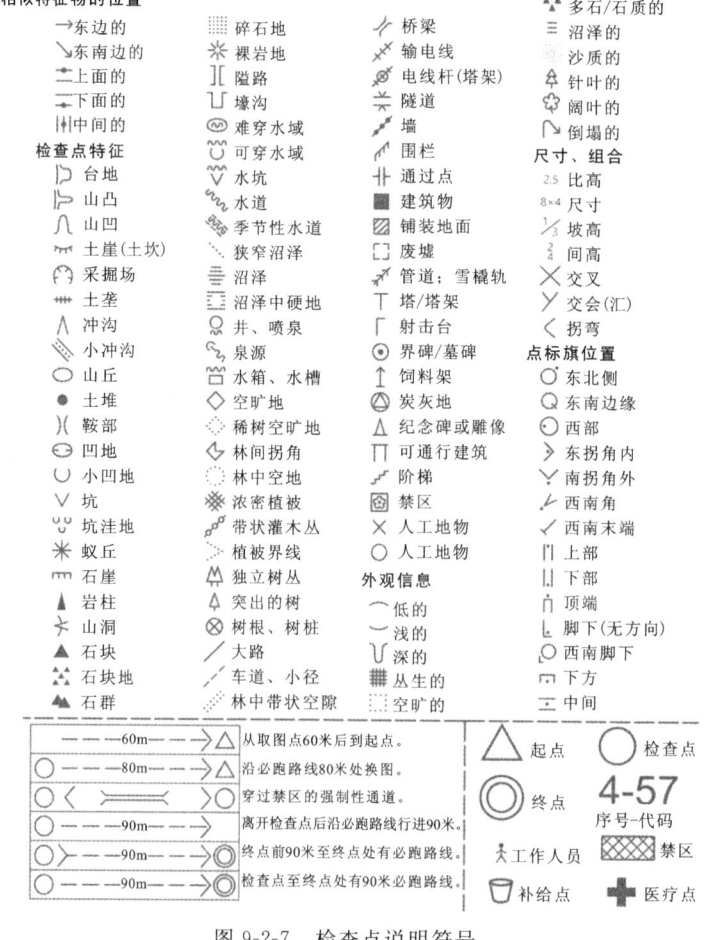

图9-2-7 检查点说明符号

在比赛中,根据这一说明系统,结合地图,可以帮助运动员迅速地找到检查点。

一条完整线路的检查点说明符号表由表头、表身和表尾三部分组成(表9-2-1)。

表 9-2-1　检查点说明表

W成年组		3.800		130	
▷		╱X╱			
1	50	╱Y		○	
2	47	↘	∧		
3	40	※			
4	75	↓	∧	▯	
5	74	‖‖	○		
6	62	⌒		9×6	
7	37	╱╱		◌	
8	35	∧			
9	84	∨		2×1	○
10	61	╱Y		♀	
11	32	╱╱		♀	+
⊗		450		⊗	

1)表头

甲:表示组别(分组);乙:表示路线长度(单位:km);丙:表示总爬高量(单位:m),如图9-2-8所示。

2)表身

依次对各检查点进行说明。

A栏:检查点序号(按比赛路线的顺序)。

B栏:检查点点标代号。

C栏:检查点所在地物(地貌)的方位。

D栏:检查点所在地物(地貌)的名称。

E栏:检查点所在地物(地貌)的外观特征。

F栏:检查点所在地物(地貌)的大小。

G栏:检查点标志与地物(地貌)的相对位置。

H栏:其他情况。

3)表尾

表示最后一个检查点距离终点的距离,图9-2-9表示的就是最后一个点到终点的距离为450m。

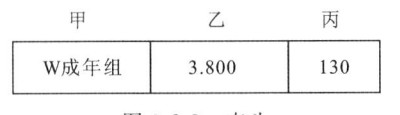

图 9-2-8　表头

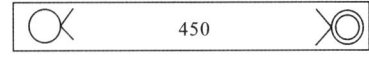

图 9-2-9　表尾

(三)读图的一般规则与注意事项

1. 读图的一般规则

(1)要完整、正确地理解定向地图。
(2)要有选择地了解地图的内容。
(3)要对各种符号进行综合分析。
(4)要注意读图与记图的关系。
(5)要考虑实地的可能性变化。

2. 读图注意事项

定向地图不是地面客观存在的机械反映,它是通过制图人采用综合、概括、夸大、取舍、移位等制图综合方法完成的。

(1)图上物体的数量、形状、大小、精确位置等与实地并非总是完全一致的。
(2)在多种地物聚集的地方只表示了对定向运动有价值的地物标识,其他地物通常不表示或有重点地选择表示。
(3)山脊上、河岸边的细小凸凹,地图上不可能全部表示,仅表示出了它们的概略形状。
(4)公路、铁路等线状地物,其符号的宽度是夸大的。地图比例尺越小夸大程度越高,这必然引起线状地物两旁其他符号的移位,因此这些符号的位置就不可能十分精确。

三、定向地图基本知识教学

(一)教学的重难点

1. 教学重点

定向地图中各种符号、图例说明、检查点符号说明等内容的理解与识别。

2. 教学难点

熟练掌握定向地图的内容要素;掌握识别地图的基本知识并具备相关教学能力。

(二)教学提示

(1)理论课,放映定向越野录像,教师讲解图片和地图,直观教学。
(2)分组讨论,根据定向地图中的图例、符号、说明表等内容,提出问题,小组讨论,分组回答。
(3)实践课,在熟练掌握识图认知的基础上,手持地图,在指定区域走图实践。
(4)安全教育,分析指定区域的自然环境状况与风险类型,提升安全意识。
(5)登高俯瞰,研究陡峭、斜坡及平缓地域在地图上的等高线特征,识别建筑物、水域等地物地貌在地图上的具体位置。

(6)标示沿途的明显地物,锻炼确定方向的能力。

(7)心象练习法,用心想象地图所反映的地形地貌的真实图像。对于遇到的问题采用灵活方法解决。

四、定向地图基本知识注意事项

(1)课前进行安全教育,分析评估教学区域地形地貌和潜在的风险,并制定紧急方案,及时制止学生可能出现的危险行为。

(2)查看近期天气预报,若天气恶劣则使用备用方案进行教学。

(3)制定安全规则,携带通讯工具,保持联络;遵守交通规则,坚持走道不看景,不嬉戏打闹。

(4)选安全员(有责任心和安全意识较强),负责清点人数和安全提示。

(5)穿透气长袖长裤、运动鞋袜上课,有过敏史的戴口罩和帽子;准备花露水、创口贴、消毒酒精棉等应急非处方药品。

(6)行至水域、土崖等危险地段,互相提醒,防止滑坠、踏空。

第三节 路线选择与快速行进

一、路线选择与快速行进概述

定向地图上各检查点之间的连线是提供方位的直线,沿着这条线一般不能直接到达,必须要根据地图上符号和颜色的提示,进行路线选择。每个人应按照不同的体能、技术等选择不同的路线。在路线确定后,如何快速行进在跑途中也是非常重要的。

二、路线选择与快速行进介绍

(一)路线选择

1. 选择路线的标准

省体力、省时间、最稳妥、最能发挥自己的特长,尽量不失误或减少失误,顺利完成赛程并最终夺取胜利,是选择路线的基本标准。

2. 选择路线的原则

(1)充分利用大路,坚持"有路不越野"的原则。

(2)地形起伏不大,树林稀疏可跑的地段,坚持"选近不选远"的原则。

(3)地形起伏较大,树林密集,障碍大的地段,坚持"统观全局,提前绕路"的原则。

(4)坚持"依线又依点"的原则。

(二)快速行进

快速行进需要借助地图和磁北方向线及指北针进行,快速行进过程中要始终明确自己在图上的位置。

1. 用拇指辅行法行进

在运动过程中,不断转动地图,使地图与实地方向一致,手指压在站立点上,做到"人在地上走,指在图上移"。拇指法如图9-3-1所示。

图9-3-1 拇指法

2. 沿地形地貌行进

如河流、栅栏、小路、围墙、房屋、独立树、石碑以及等高线等都是很好的参照物,可以提供安全、快捷的路线。其方法是按所跑路线的顺序,分段、连续或一次性地记住前进方向上经过的地形点、两侧的特征物等内容,使实地的情景不断地与记忆内容"叠印",做到"人在地上跑,心在图上移"。

3. 沿磁方位角方向行进

在地形比较平坦且易通行的地方可以采用此方法。沿磁方位角方向行进的技术关键在于对自己跑过的距离正确判断和行进方向的确立与保持。目标=方向+距离。

三、路线选择与快速行进技术教学

(一)教学的重难点

1. 教学重点

在实地定向越野训练与比赛中,越野者能够运用选择路线的标准与原则,合理选择越路线。

2. 教学难点

快速行进技术能够帮助运动员在定向越野训练与比赛中节省体力从而获得更好的比赛成绩。沿地形地貌行进与沿磁方位角方向行进均涉及到利用其他地理知识，那么如何在实际跑图中将理论应用于实践是本部分的难点。

（二）教学提示

(1)学生选择合适的路线，在地图上绘制路线并讲解设计的原理和依据。

(2)安全教育，教师根据特定的教学地域环境，分析潜在安全风险，组织讨论风险预防和处置。

(3)在地图上设置几个标志点，在安全的前提下，以团队的形式快速到达标志点，并记住跑过的路线。

(4)在不同地域环境进行实地练习，逐渐增加标志点，循序渐进地练习。

(5)要组织学生对课程内容进行总结、回顾与反思。

四、路线选择与快速行进技术注意事项

(1)跑图中准备水，服装和防晒物品。

(2)如遇身体不适，就暂时退出跑图，身体为重。

(3)在快速行进过程中，要根据当前的地形环境，最好在明显路径上运动，切勿贪小便宜抄近道而伤害自己。时刻把握自己所处的位置与前进方向，避免迷失。

(4)跑图过程中，应时刻注意四周避免被硬物划伤，可用手臂保护面部脆弱处，如拨开眼前的树枝，保护身体免受大伤害。

(5)每隔15~20min补水一次，水量适宜，尽可能按照少喝多次的原则补充。

第十章　野外露营

野外生活的起源最早可追溯至人类文明诞生之前,原始人通过钻木取火、筑巢等生活技能与自然和谐共处,延续生命,从而加快了人类文明出现的进程。这些实践技能与方法的发展构成了最初的野外生存,随着人类社会文明的进步,与野外生活相关的活动已不再是单纯为了维持生命的延续。现代意义上的野外生活可追溯至1919年美国"童子军"训练营,其核心任务是帮助年轻人学习如何通过自然环境中的探索活动保持健康的身体,并承担相应的责任。他们的活动包括定向越野、穿越沙漠、攀岩、营地建设、烹饪、急救以及动植物鉴别等。伴随着社会经济文化的不断进步,野外生活的目的从增强体能、学习海上生存技能演变为习得生活技能、磨炼个人意志、陶冶生活情操,逐渐向生活化方向转变。越来越多的人为了缓解压力,以个人、团队或家庭为单位,携带野外生活必需的装备,去森林公园、露营地等野外环境中体验生活,放松身心,感受自然带来的美好。本章主要介绍在野外的衣食住行,涵盖了野外着衣、野外饮食、野外露营以及野外环保理念。

第一节　野外着衣

一、野外着衣概述

在户外活动中,为了更有效地保护人的身体,穿着专业户外服装是非常有必要的,不仅可以提高舒适性和户外投入程度,甚至还能在极端情况下救人一命。因为户外活动的场所在自然环境中,与城市中的环境大不相同,所以应根据不同的季节、环境与气候条件,准备并穿着相应的户外服装。根据所处季节选择着装是最基本、最易行的方法,比如春秋季节在选择适合运动、便于排汗的速干衣裤的同时,也应准备冲锋衣裤或抓绒御寒;夏季天气炎热,一般选择速干衣裤或是加上一件风雨衣;冬季为了抵御严寒,一般采用三层着衣法,即内层主要是具有排汗速干功能的内衣裤,中间层是锁温保暖的保温层,外层是防风防雨层。除此之外,还要根据活动地所处的地域条件和特殊环境来综合考虑,比如处于夏季的高海拔地域,仍需要考虑带一两件较厚的冲锋衣或薄抓绒,甚至是更为保暖的服装。因此,户外活动之前应对着装预先做好准备和计划,以给自己带来舒适和安全。

二、野外着衣介绍

(一)野外着衣的原则

(1)适用性。服装大小必须适合户外活动时的各种身体姿势和动作,通常不能太大也不能太小。选择着装时还应根据具体的活动环境考虑适用性,比如在炎热的天气里穿越丛林,也应该选择长袖衣裤而不能穿短袖衣裤。

(2)实用性。参与户外活动时,服装选择既应该满足户外活动的要求,又应满足在各种环境下适用穿着和便于保管的要求,同时避免"最贵才是最好"的误区,要考虑着装实际的功能和自身的需求。

(3)舒适性。通常选择色型稳定、质地柔软、透气性好、易洗易干、不易变质的面料。所选服装要方便穿脱、折叠、洗涤、晾晒,此外,还要求不摩擦皮肤,不引起皮肤过敏,不产生异味等。

(4)耐用性。专业的户外服装必须耐磨损、耐撕扯。服装的口袋部位应尽量避免外露,档缝、袖口、腋缝等部位要加强缝制,肩背部、膝肘部和臀部应有加强层。

(5)美观性。选择户外服装时,既要满足功用性需求,又要具有美观性,以更好地体验自然之美。

(二)野外服装的选择

1. 以季节变化为主

我国绝大部分地区四季分明,根据季节选择着装是最基本、最易判断的选择方法,也是大部分人的基本生活习惯和常识。但同时户外服装也有其特殊的性能,所以根据季节选择户外服装的同时也应了解我们为什么要选择这些服装,这些着装具备什么样的性能。

1)春秋季节选择户外着装

在我国,春秋处于季节交替时期,气温忽高忽低,早晚温差较大,带服装应适应这一特点。春秋季节参与户外活动,总体的着衣思想是在一定运动量下保持舒适,并在一定条件下适度防寒。因此,我们可以准备以下着装。

速干衣裤:速干面料是指该种衣物与棉质、毛质衣物相比,在同等条件下更快散失水分,达到干燥。其材料为化纤面料,性能特点是不防水,不吸水,遇小雨有一定的防水功能,有一定的透气性,在体温或是风力的作用下,能快速干燥,一般较为宽松,适宜运动。春秋季节户外运动时,晚春和初秋气温较高,可以选择速干衣裤,会给活动带来极大的方便。

冲锋衣裤:冲锋衣裤有防风、防水、透气等功能。春秋季节的户外活动中气温变化较大,雨水较多,早晨雾水易弄湿衣服,因此,应该携带单层的冲锋衣裤以便应对。

抓绒衣:抓绒衣的特点是透气保暖而且轻便,但防水性不好,主要起保暖作用。春秋季户外活动中遇到天气较冷时可以穿上抓绒衣,如果风很大或是下雨时则应在外层穿上冲锋衣裤。

软壳：软壳分为软壳冲锋衣和软壳抓绒，前者是完全防水面料加保暖层，后者是保暖抓绒面料外层做防水处理，目的都是增加衣服的通用性。春秋季节户外活动时软壳有很好的实用价值，结合了多种服装的特性，适合气候变化较大时穿着。

鞋袜：由于春秋季有时气温会较低，露气较重，且易遇到雨天，所以要防止鞋被浸湿而影响活动，应选防水透气的登山鞋，准备一两双排汗户外袜。

2）夏季选择户外着装

夏季气温很高，活动中会伴随大量汗水排出。因此，在选择户外着装时一般会选择凉爽、透气、易干的衣服。

速干衣裤：速干衣裤是夏季普遍选择的服装，在大量流汗或是涉水活动后会很快被体温烘干，保证身体的舒适性。

超薄风雨衣：超薄风雨衣的主要目的是防止天气突变时淋雨而引发感冒。

鞋袜：夏季参与户外活动时，由于气温很高，鞋子的选择主要考虑透气性好，对于防水性没有特殊要求。可选择夏季登山鞋或带上溯溪鞋，袜子可以准备一两双排汗户外袜。

3）冬季选择户外着装

冬季是一年中气候最为寒冷的季节，尤其是处于山地环境中气温更为低下，因此对服装的保温性能要求更高。冬季中一般按照三层着衣法逐层穿衣。

贴身层：与皮肤直接接触，起到调节体温与排出水分的作用。该层在夏季保持身体凉爽，冬季防止失温，使汗水蒸发。选择时立足于材料透气性和合身程度，主要以速干内衣内裤为主。

最外层：防水织物可以在风、雨、雪的环境中保护你的身体，主要以冲锋衣裤为主；

中间层：提供保暖，阻隔基础层未能保留的身体热量，并防止外界冷空气进入身体。良好的隔离层应该具有透气性，帮助基础层的水汽通过并蒸发，主要是抓绒衣裤或羽绒衣裤。

鞋袜：冬季户外用鞋一般为防水且保暖性好的高帮登山鞋和一两双排汗的厚袜，严寒的地方最好选羊毛袜。

帽子：冬季严寒时户外活动一定要戴帽子，因为人体50%以上的热量是从头部和颈部散失的。应选择抓毛质料且带护耳，甚至与护颈连用的帽子。

手套：冬季选择手套有三个要素，即保暖、防风防水、耐磨。如果要上雪山，最好使用鸭绒手套。

2. 以地理环境、气候特点为主

跟随季节的变换选择服装是一个主要方面，但同时根据活动地的地理环境与气候特点综合考虑着衣，也是非常重要的一个方面。

1）地理环境与着装选择

平原：平原是指地面平坦广阔，海拔一般在200m以下的地区。我国南北方平原各具特色，南方平原多为水网稻田，河渠遍地；北方平原多旱地，道路四通八达，但河沟较少。平原气候较温和，一般不至于给人造成极大威胁。平原地区进行户外活动时衣着选择依据当地季节气候,衣着较为简单。

山地:山地地势起伏显著,高地的高差多在 200m 以上,而且群山连绵交错。我国山地面积约占国土总面积的 1/3。山地地形特点是山高、坡陡、谷深、岭脊纵横、蜿蜒起伏。因山地高度不同,又可分为低山(海拔 500~1000m)、中山(1000~3000m)、高山(3000~5000m)和极高山(5000m 以上)地区。各地山地的气候、植被和地表形态不同。沿海山地海拔不高、但高差较大,坡度较陡,人烟较密,道路较多,气候温湿。东北地区山地高差不大,坡度较缓,森林繁茂,人烟稀少,冬季严寒封冻,给冬季户外带来困难。西部地区山地海拔高,地形割切严重,植被稀少,空气稀薄。东南地区的山地顶尖地陡,谷窄岭狭,丛林密布,多河流峡谷。户外时应根据这些地方的山地特点有选择性地着装。着装时应注意携带适应气候变化的备用衣物。

高原:高原表面各具形态,有高山、平原、盆地和沙漠戈壁,地势高亢,地面较平缓宽广。在高原地区进行户外活动时,风沙较大,水源奇缺,气温变化剧烈,行进较为困难,对人畜消耗很大,防暑防寒的难度很大。在选择着装时应注意早晚气温变化,以及气候环境变化。

沙漠:沙漠地区地形开阔,视野良好,地表不稳定,植被覆盖面小,气候干燥,水源难寻,天气变化剧烈,自然环境较为恶劣。因此在沙漠进行户外活动时,着衣应注意:白天温度越高,衣着越宽松,戴浅色遮阳帽,防止身体在太阳下暴晒,尽可能利用阴影遮蔽,衣服的颜色最好是白色或浅色(白衣服可反射太阳辐射的 50%)。头部应避免太阳暴晒,除了戴帽外,可用毛巾衬衫、伞布等制作头巾遮盖头部,腿上应戴雪套以防砂子进入鞋子。

2) 气候特点与着装选择

户外着装的选择与气候有非常大的关系。气候指的是天气物理状态,如气温、气压、湿度、风、降水等。这些对户外有很大影响,地形越高,气压越低,对户外活动难度则越大。湿度、风、降雨一样会影响户外活动,同时着装也要进行相应的准备。如:气温决定了户外活动的着装、行装与活动状况,气温在 0~20℃ 之间,户外活动较为舒适;在 -10℃ 以下,就加大了着装的难度;而 30℃ 以上,着装则变得很简单。

3. 以活动内容为主

户外活动的内容各式各样,也是着衣参考的主要因素。在山地户外中所涉及的项目主要有登山、攀岩、溯溪、溪降、漂流、岩降、过堑、穿越等。这些项目各有特点,尽管部分项目会交错融合进行,但各自对着装有一定的特殊要求。

登山:登山通常是指登雪山。登山对着装的要求很高,主要是能够防寒,并且登山持续的时间一般较长,因此要准备更多的备用。一般采用三层着衣法,搭配穿着时要综合考虑头部帽子及眼镜、上身穿着、下身穿着、袜子及登山鞋、雪套等。

攀岩:攀岩属于极限运动,运动量很大。因此,攀岩时穿着应以轻松舒适、方便做各种难度动作为基本原则,速干的衣裤是很好的选择。

溯溪、溪降、漂流:溯溪、溪降和漂流属于水上户外活动,一般是选择在夏天天气炎热的时候开展。因为易出现衣服被打湿的情况,所以参与此类户外活动,最理想的着衣就是速干衣裤、凉鞋或溯溪鞋。

穿越:通常选择在丛林中进行穿越,考虑到肩上背负的重量和上下爬坡的运动量,外加丛林的蛇蝎和荆棘对人的干扰,因此,穿着的服装应以长袖筒的速干衣裤和高帮户外鞋为主,若丛林内气温较低,则根据情况穿着冲锋衣或是采用三层着衣。

岩降和过堑:一般来说,岩降和过堑是穿越活动过程中的内容,此过程中应以适合携带和背负尽量少为宜,因此,尽量减少背负和穿着。对着衣视具体的环境气候而定,无特殊要求。

三、户外着衣教学

（一）教学的重难点

1. 教学重点

在进行户外运动时,面对不同环境,不同气候、不同季节户外着装的选择。

2. 教学难点

在面对不同项目时,如何利用户外着装让运动的开展发挥出最大效益。

（二）教学提示

(1)本部分应以课堂讲解为主,重点讲解户外服装的性能和原理,以及不同季节,不同环境下户外服装的选择。

(2)本部分教学手段应尽可能采用多媒体手段,帮助学生加深对知识的理解。

(3)野外正确着装是保证安全的重要手段,因此要通过此部分的学习,提升学生的户外安全意识。

四、户外着衣注意事项

(1)进行户外活动时,衣物的携带要因人而异,要客观估计自己的耐寒性。一般说来,人的耐寒性有明显的差异,在同样着装条件下,怕冷与不怕冷的人对温度的适应性可相差10℃以上。

(2)配戴服装要客观估计活动地区的气候特征,一般说来同海拔高度的山区和平原温度相差5℃是很正常的,而同一地区海拔相差1000～2000m,温度相差10℃也不足为奇。

第二节　野外饮食

一、野外饮食概述

食物是生命延续的必需品,是为人体提供能量补充的重要来源。在户外活动中,几乎所有食物都需要自身携带,甚至部分活动地的特殊环境还需要一些特殊的食品。因此,饮食必须根据活动精心安排。而户外活动的饮食有别于日常生活饮食,食品加工、营养组合、食物分配等也需要非常精细地安排。因此,在户外活动之前应对饮食做好充分的准备,对活动中的饮食制定详细的计划。同时,食物的获取、火源的使用、食物的烹饪均是这一部分我们需要掌握的重点。

二、野外饮食介绍

(一)野外食物的选择与安排

1. 户外食物安排的原则

(1)合理计划,避免浪费。户外活动开始前,依据活动的内容、时间、环境、人数等因素,制订合理有效的食物计划。既不携带太多的食物,增加行军的负重和活动的困难,出现浪费的情况,又不能少带食物,引发危险。

(2)高能压缩,易于保存。食物需求贯穿整个户外活动过程,背包负荷不宜过重,因此,一般以能量高、质量轻的食品为首选,且密封性好,不宜腐坏,易于保存。

(3)经济实用,兼顾营养。制订户外活动食物计划清单时,既要考虑经济实用的原则,也要保证食物的营养全面丰富,确保户外活动顺利且愉悦地完成。

(4)食用方便,便于运输。食用的方便性和运输的便利性是户外食物准备时非常重要的特点。比如,路餐时间不够充足,方便快捷的食物既能保证午饭的正常进行,也可以有效供应能量;携带大量我们平时爱吃的新鲜青菜将给运输带来非常大的困难。

(5)减少包装,避免污染。整理食品的过程中要注意能去除的包装应尽量去除掉,在减轻重量的同时能够避免把更多的废物带到野外造成环境污染。

2. 户外活动中人体的能量需要及饮食的科学安排

1)户外活动中人体的能量需求

根据世界卫生组织出版的《热量和蛋白质摄取量》一书,一个健康的成年女性每天需要摄取 1800～1900kcal(1cal≈4.19J)的热量,男性则需要 1980～2340kcal 的热量。其中,蛋白质摄取量应为人体每日所需热量的 10%～15%;碳水化合物摄取量应不少于人体每日所需热量的 55%;脂肪的摄取量应不超过每日所需热量的 30%。此外,每日摄取的盐不应超过 6g,膳食纤维每天的摄取量应不少于 16g。

而在户外活动中,人体的能量消耗在遵循这些基本规律的同时更有其特殊性,由于所处的环境更为复杂、运动量较大,对热量的消耗和能源物质的需要有更高的要求,一般规律如下。

(1)一般户外活动中,早中晚三餐,按照早餐占 20%,午餐占 30%,晚餐占 50% 配给。

(2)人体每天消耗的能量与热量,60%～65% 来自碳水化合物(大米、面条、马铃薯),20%～25% 来自蛋白质(鱼类、肉类),10%～15% 来自脂肪(肉类)。

(3)春、夏、秋三季户外徒步,需要消耗热量 2500～3000cal,需要消耗食品 0.8～0.9kg 才能满足身体活动的热量需要。冬季户外徒步(低强度)需要消耗热量 3500～4000cal,需要消耗食品 0.9～1.0kg 才能满足身体活动的热能需要。

(4)冬季登山(低强度)需要消耗热量4500～6000cal,需要消耗食品1.0～1.1kg才能满足身体活动的热量需要。

(5)如果是在冬季或者恶劣气候条件下活动,负重20kg,上升海拔高度超过500m,需要消耗热量比冬季登山(低强度)最少时要消耗10%以上,需要消耗食品大于1.1kg才能产生满足身体活动的热量需要。

2)户外食品的安排

早餐:早餐安排的原则是清淡营养,避免生冷。人在休息一整晚后,早餐食物的补充显得异常重要,应含有较高营养成分。但由于早晨准备食物的时间有限,所以食物应易于准备,并在用餐后易于清理。

午餐:午餐安排的原则是方便快捷,快速供能,易于消化吸收。午餐通常当做路餐于途中食用,可在短时间内完成,易于准备且不需炊煮。主要目的是补充能量,食物在较短时间内能转化为能量供人体消耗。一般将午餐放在背包的头包内或背包的最上层,以方便行进中取食,在路餐的同时要补充水分或是饮料。

晚餐:晚餐安排时注意营养搭配,是补充脂肪和蛋白质的好时机。晚餐一般能有较长的时间,故可以炊煮加工,使饮食搭配和营养更加丰富,补充未摄取的养分及大量水分,如维生素、矿物质、纤维素等。

预备粮:预备粮即备份食品,一般以高能压缩和易于保存为原则,是在恶劣气候、行进错误、受伤或其他原因造成行程延误时的紧急储备粮食。应不须炊煮、质轻、易消化吸收、能量含量高、可长时间储存,如肉干、干果、糖果、谷类混合制成的饼、水果干、巧克力等。

(二)野外食物的获取

在野外除自己携带食物外,垂钓、捕鱼与采野菜也是重要获取食物的方式。

1. 野外垂钓

1)垂钓场地选择

选择鱼类最易找到食物的风平浪静的水域,应考虑气温变化的影响。气温高,水密度大,鱼类喜欢深水池中的阴凉水域。气温较低,应选择有日光照射的浅水区。当河水仍在缓缓流动时,选择相对静止的水域,例如河的外弯处,或选择较小的支流。鱼类喜欢游弋于岸边的蔽荫处、岩石水草边以及没入水中的杨柳林中。

2)垂钓用具

垂钓的用具包括鱼钩、浮标与下垂物、鱼饵、夜间垂钓线、漂浮板、鱼竿等。

3)垂钓的方法

由于水域环境、鱼类栖息特性等方面的复杂性和多样性以及钓具的不断发展,钓鱼的方法众多并且各自延伸出更加精细的分类,以下主要介绍4种常见的方法。

漂浮钓法:浮漂钓是一种常见的钓法,适用于淡水湖泊、河流等水域。该方法需要将浮漂调整到合适深度,使铅坠悬挂在水底,等待鱼儿上钩。此方法适用于捕捉各种淡水鱼类。

沉底钓法:沉底钓是一种简单有效的传统钓法,适用于淡水湖泊和河流等水域。该方法需要使用重量较大的铅坠让饵料下沉到水域底部,并等待着鱼儿上钩。此方法适用于捕捉底栖生物和喜欢在底部觅食的淡水鱼类。

抛投钓法:抛投钓是一种常见且简单易学的传统钓法,主要适用于河流和湖泊等水域。该方法需要使用较长的鱼竿和轻量级的饵料,将饵料抛向水面,等待着鱼儿上钩。此方法适用于捕捉各种淡水鱼类。

诱饵钓法:通过使用具有强烈气味、色彩、声响等特征的钓饵,吸引鱼咬钩。不同的鱼种需要用到不同的诱饵。掠食性的鱼种需要用到荤腥的诱饵,草食性和杂食性则可以用素饵来诱引。还有一种诱饵是仿生假饵,是路亚活动中才会使用到的诱饵,通过饵来诱引一些掠食性或者杂食性大鱼的进攻。适合于淡水和海水河口、湖泊、水库等地。

2. 野外捕鱼

1)捕鱼场地选择
根据各种捕鱼方法的特点和原理选择条件适合(地形、水流、水底植被等)的场地。
2)捕鱼用具
捕鱼的用具包括渔网、竹竿、绳套、布袋、浮标等。
3)捕鱼的方法

鱼笼:鱼笼可以有多种类型,基本原理相同,一端迎着水流为进口,鱼儿可以自由游进,但是会失去游出的自由。在狭窄的溪流中,迎着水流建一个木质或由岩石垒成的死胡同,让鱼儿自由游进,却无法掉转游出。

鱼套:大型鱼类,如狗鱼,躺在水草之中,可用活动鱼套捕捉。长棍上捆有许多硬线制成的小孔,或者直接用打通关节的竹竿穿过长线,线的末端是活动绳套。轻轻从鱼尾部套上绳套,迅速猛拉,可以系住鱼身,将鱼拖上岸。

鳗鲡袋:将新鲜动物内脏的残余系在麻袋或布袋中(塑料袋不行),袋内还应放入一些稻草秆、蔬菜或蕨类。用长线系住布袋,线上可系有重物以确保布袋能够下沉。如果水中有鳗鲡,会钻入袋中偷食饵料,当你收起布袋时,它们还缠在袋内杂物中。

筑堤:在溪流之中筑堤,使溪水流向一边,用石块在坝下游建一小型狭窄的水池,逆水而上的鱼儿会停留在池中。也可用拦网捕捉上游游下来的鱼。

刺网:编织渔网,网眼间隔约4cm。上网沿加有浮标,下网沿系有重物,将网横拦在河上,可以捕鱼。这种刺网会很快把一大片水域中的鱼儿不分大小一律捕光,如果你预期在该地长期待下去,就不要用这类网。在非求生境地下,也不应使用刺网,免得鱼儿被赶尽杀绝。如果刺网的上下沿两端都被紧紧固定在河岸边,就不需要用浮标和重物了。刺网两边都可以系在岸上,通过浮标和重物维持网形展开。如果刺网位置与水流方向呈一定角度,就不大可能会阻住上游而来的漂浮物。

其他技巧:如果以上方法都没法用,或都不成功,请接着尝试以下方法,如浑水摸鱼等。

注意:漂浮在水面上的死鱼看上去似乎是易得的肉食,但是很可能携有病原菌。如果时间长,就更不宜食用了。当然,如果是捕鱼者将鱼杀死后浮上水面,直接捞上来应该是安全的。

3. 野菜

野菜是指可以作蔬菜或用来充饥的野生植物的统称,广义上也包括野生食用菌。我国可作为野菜食用的植物很多,常见的包括蒲公英、荠菜、苦菜、鱼腥草、刺嫩芽等。常见的野生食用菌主要有:黑松露、白松露、羊肚菌、牛肝菌、松茸、鸡油菌、鸡枞菌、黑虎掌、松菇等。很多野生菌有毒,食用时应格外注意。

(三) 野外取火

在野外生活中,无论是取暖、烤干衣物、求救、夜行照明,还是加热饮用水、炊煮食物,火的需求无处不在,而自带燃料和就地取材是野外取火的主要方法。在草原上,可用枯草、干透的牛马粪便作燃料;在山野丛林中,可用地上的干柴、枯死的树木等作燃料。点燃引火物后放上干柴,即刻产生熊熊大火。正常情况下,野外取火并不难,但若碰上风雨冰雪天,要顺利地取火烧火,则需注意一定的方法。

1. 强风时的取火方法

在强风中点火火易被吹灭,用手掌阻挡也是徒劳。即使将火点燃,火堆也容易被风吹散,甚至有引发森林火灾的风险。比较可靠的方法是,利用地形,选择能遮风的地方,如巨石、高坎、石崖的背风面。若找不到这种地方,可采取叠石块、垒泥块、竖柴木等方法建造人工防风墙,如图10-2-1所示。在平原地区,还可采取挖坑的方法,坑的深浅大小根据实际情况和用途而定。

2. 下雨时的取火方法

雨天取火,柴草潮湿,不易引燃,雨势越大,点燃的火越容易被淋灭。若是遇上小雨、毛毛雨,被烧旺的火一般不会受影响,外表沾水的枯柴照样不影响燃烧。若遇上强雨,地面流水,不易取火,应采取用石块、木头等垒叠方法,在石块、木头之上取火,并用塑料布、草把和新鲜树枝遮雨,如图10-2-2所示。此外,在湿柴上喷淋汽油等燃料会有很大的助燃作用。

图10-2-1 强风时的生火方法

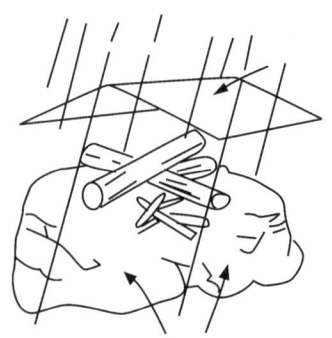

图10-2-2 下雨时的生火方法

3. 水上的取火方法

受地形限制或遇突发情况不能上岸时,水上取火就非常有必要。一般来说,直接在水上取火是不可能的,因此,想在水上取火成功有以下方法:一是水浅并有石块时,可叠起一个高出水面的平台;二是水较深时,可用木头在水底打桩,在桩上放置铁板、铁皮、铁桶或其他耐火材料,也可用粗木制作一只"木筏",在"木筏"上取火,如图10-2-3所示。总之,水上取火的前提是必须离开水,创造水上无水的取火条件。

4. 雪地上的取火方法

雪地气候寒冷,木柴结冻不易取火,直接在雪上取火,还会造成积雪融化,熄灭火苗。因此,雪地上取火与水上取火相同,必须离开冰雪。积雪不多时,可除掉积雪,直接在地面上取火。积雪厚时,可在积雪上铺较大的木头、石块等,然后在上面取火。如图10-2-4所示。

图10-2-3 水上生火方法

图10-2-4 雪地上的生火方法

5. 生木柴的取火方法

生木柴是指刚砍下来的新鲜草木,通常含水分多,不易燃烧,放在火上往往只会冒烟。秋冬季节,草木水分减少,生木柴相对容易燃烧。通常,山脊、山背、山顶的草木含水分少,易燃烧;山谷、山腰、山脚的草木含水分多,不易燃烧。

处理生木柴,最好的办法是晒干,如果来不及晒干就要取火,可采取烘干的方法:在火堆旁边插上4根柱子,上面放两条横杆即可把生木柴放在上面烘烤,也可把生木柴放在火堆旁烘烤、边烘边烧。

实际上,野外有许多蓬松、含油量高的草木,如杜鹃、株树、栋树、樟树、竹子等,这些草木即使刚砍下也比较容易燃烧。北方常见的桦树皮,含油量高达25%～30%,在雨中也能燃烧,相反,如果砍用青松枝、杉树皮和鲜花嫩草等,不仅难取火,反而会把火苗压灭。用生木柴取火时,还应尽量把粗大的树干、树枝、圆竹剖开,并将剖开的一面朝向火堆,以利于生木柴尽快失去水分,易于燃烧。

6. 篝火的烧法

燃烧篝火是为了取暖抗寒、驱蚊防兽、蒸煮烧烤、晚会助兴等。燃烧篝火时，应选择避风、平坦、安全之处。燃料宜选用粗大的木柴（包括树干、树枝和树茬），以利久烧。放置时，木柴之间要留有一定空隙，让空气流通循环，从而使篝火旺盛并燃烧充分。

篝火燃料如全是木料，比较典型的叠放方法有以下几种：横形篝火、圆锥形篝火、井字形篝火、长条形篝火等。

（1）横形篝火。横放一根较粗的圆木，在其上斜放干木头，边烧边动，使所烧木料一头始终靠在圆木上，如图 10-2-5 所示。

（2）圆锥形篝火。放置好后如同宝塔下粗上细，中间放置易燃的小木柴，外面用较粗的木料，中间点火后由里向外燃烧。这种方法，火势较大，适合人多时使用。

（3）"井"字形篝火。叠放"井"字形篝火十分简单，只要把木料按不同朝向叠放即可。叠放好后，如同一个"井"字。生火时，可在"井"字口里放置一些小树枝，以利燃烧，如图 10-2-6 所示。

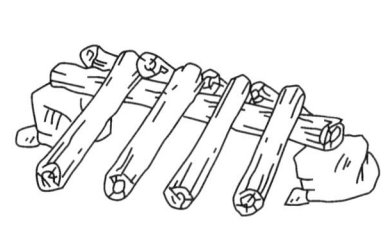
图 10-2-5　横形篝火

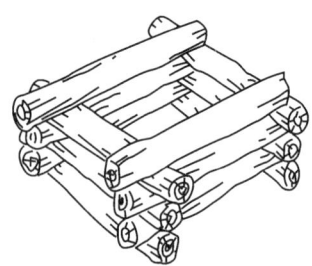
图 10-2-6　"井"字形篝火

（4）长条形篝火。用两段圆木顺风叠放，边上用湿木桩固定，防止圆木滚落。两圆木之间要有一定空隙，可用短木棍撑住。长条形篝火连续燃烧时间较长，一般不需要调整，适合冬天露营时取暖。

篝火的叠放方法很多，除以上 4 种外，还有横形、星形等，如图 10-2-7 所示。

实际上，在野外烤火取暖要因地制宜、就地取材。没有粗大的树干、树枝时，利用一般的小树枝、树根，甚至树叶、藤草都可以烧火，虽然需常添柴草，但燃烧篝火本身就是乐趣，也可以起到取暖的作用。

图 10-2-7　星形篝火

（四）野外取水

1. 饮用水的寻找

水对于人类维持生命活动至关重要，在某种程度上比食物还重要。没有食物的情况下人可以生存几周,如果没有水只要几天时间,人体就会发生机能衰竭而导致死亡。

1)旱地找水

在许多干旱的沙漠、戈壁地区,生长着柽柳、铃铛刺等灌木丛,通过这些植物可以知晓,这里地表下 6～7m 深就有地下水。有胡杨林生长的地方,则指示地下水位距地表面不过 10m。

芨芨草指示地下水位于地表下 2m 左右;茂盛的芦苇指示地下水位只有 1m 左右。

如果发现喜湿的金戴戴、马兰花等植物,便可知这里下挖 0.5～1m 就能找到地下水。

从植物种类得知地下水的水质情况,如见到马兰花、拂子茅等植物群,就可断定那里不太深的地方有淡水。

在南方,根深叶茂的竹丛不仅生长在河流岸边,也常生长在与地下河有关的岩溶大裂隙、落水洞口的地方。有的在洞口能看到水,有的在洞口看不到水,但只要深入下去,往往便能找到地下水。

在地下水埋藏浅的地方,泥土潮湿,蚂蚁、蜗牛、螃蟹等喜欢在此做窝聚居。地下水位的深浅,还可以试验,在地上挖一小坑,将盘子扣在坑底上,上面盖些草,次日早晨盘上有小水珠时,地下水位高。挖 1m 的坑,在坑中点燃多烟的草木,若烟柱呈弯曲状升起,地下水位高。

水在自然界中广泛分布和流动,特别是地表水流经地域很广,一般情况下很难保证水源不受污染。如果有地图,要注意水源上游有无矿山,若有矿山,水源有可能受矿物污染。

2)自然环境中的水

雨水:通常可直接饮用。下雨时,可用干净的雨布、塑料布大量收集雨水。亦可用空罐头盒、杯子、钢盔等容器收集雨水,放在远离地面的干净石头上,保证泥渍不会溅到容器中。

冰雪:冰雪由水凝结,如果取用冰雪,最好选用下层的积雪或冰块。

山泉:断崖裂缝或岩石中流出的清水为佳,最好不要直接饮用杂草中流出的水。

3)植物中取水

沙漠地区,仙人掌等植物中含有较多的汁液。

丛林地区,将榆树、桦树、椴树的树皮或者枝叶捣碎可得到水。另外,植物的根部通常有水,方法是将根部切碎,用布包裹起来挤压。

丛林地区,大型兰科植物、凤梨科植物等大叶植物的叶子与茎的连接处有大量的水。

在树藤上取水。在树藤尽量高的地方用刀割一小口,然后在底部砍断树藤,汁液会流出来。

凝结于植物上的露水也是宝贵的水源。

4)水的代用品

在找水极其困难或身处极特殊的环境里,我们的注意力可以转向饮用水的代用品。

人畜的尿液,在特殊情况下可直接饮用。

动物的血也可饮用。如:古代蒙古游牧民族,有时几天处于缺水状态下作战,为保证战斗力量,便切开马匹血管引血,而后再给马止血。

2. 饮用水的净化

在野外,我们找到的水不一定都是干净的,即使是看起来比较干净的水,也有可能被污染,例如动物的尸体、粪便、寄生虫和重金属离子等,有些水里还可能存在大量的细菌和变形虫等原生动物。在找到水源后,最好不要急于饮用,应就当时的条件,对水源进行必要的净化消毒处理,以免因饮水而中毒或感染上疾病。在野外,当没有可靠的饮用水又无检验设备时,我们可以根据水的色、味、温度、水迹概略地鉴别水质的好坏。

纯净的水在水层浅时无色透明,深时呈浅蓝色。可以用玻璃杯或白瓷碗盛水观察,通常水越清水质越好;水越浑则说明水里含杂质多。水色随含污不同而变化,如含有腐殖质呈黄色,含低价化合物呈淡绿色,含高价铁或锭呈黄棕色,含硫化氢呈浅蓝色。

一般清洁的水是无味的,而被污染的水则常有一些异味。如含硫化氢的水有臭鸡蛋味,含盐的水则带咸味,含铁较高的水带金属锈味,含硫酸镁的水有苦味,含有机物质的水有腐败、臭、霉、腥、药味。为了准确地辨别水的气味,可以用一只干净的小瓶,装半瓶水,摇荡数下,打开瓶塞后立即用鼻子闻,也可把盛水的瓶子放在约60℃的热水中,闻到水里有异味,就不能饮用。当然,在一般情况下,流动的或者有鱼类活动的山泉或小溪的水导致染病的概率并不大。在野外找到水后一定要净化处理后再饮用。

下面介绍几种简便可行的野外水处理方法。

1) 煮沸法

煮沸法是最常见也是最行之有效的方法。在海拔2500m以下,把水煮沸是对水进行消毒的好方法,且简便实用。在平原郊游或野炊时,多采用这种方法对河水、湖水、溪水、雨水、露水、雪水进行消毒以保证饮水和炊煮食物的需求。如果在海拔3000m以上,煮沸的时间应加长。因为在高海拔状态下,水的沸点会降低,不利于灭菌。以下的数据可以参考:海拔3000m左右,煮沸5分钟;海拔4000m左右,煮沸8分钟;海拔5000m左右,煮沸10分钟。

2) 沉淀法

将水收集到盆或壶等存水容器中,放入少量的明矾并充分搅拌,沉淀约1小时后就能得到清澈的饮用水。

牙膏对水里的悬浮物有较强的沉降作用。在水中挤少量牙膏,搅拌后沉淀也有同样的效果。

沉淀法也可以与煮沸法合起来使用,煮沸消灭病原体,沉淀清除悬浮物。

3) 吸附法

活性炭对水中的悬浮物和重金属有很强的吸附作用,在水中放入活性炭能有效地净化水质,也可以利用点篝火剩下的木炭,注意选择木炭时要选择相对坚固的,否则净化后的水还要过滤才能饮用。因条件限制,也可以用一些含有黏液质的野生植物净化浑浊的饮用水。如灌丛的根和茎,榆树的皮、叶、根,木棉的枝和皮,仙人掌和霸王鞭的全株,水芙蓉的皮和叶,都含有黏液质,其中富含的糖类高分子化合物与钙、铁、铅、镁等二价以上的金属盐溶液化合,会形成絮状物,在沉淀过程中能吸附悬浮物质沉底,起到净化浑水的作用。用野生植物净水,最好挑选新鲜的植物,将其捣烂磨碎。

4) 过滤法

在水源比较混浊,如有悬浮物、虫卵、蛔虫及昆虫幼虫等异物时,可以选择过滤法来净化水质。可以用长袜、手帕等制造一个过滤器,重复几遍后,就能得到相对干净的水。

过滤器的制作：用一个矿泉水瓶，把瓶底割掉，瓶口向下，在瓶里依次填紧木炭、细砂。将不清洁的水慢慢倒入自制的简易过滤器中，等过滤器下面有水溢出时，即可用盆或水壶等将过滤后的干净水收集起来。如果过滤后的水还不满意，可以重复进行以上操作。没有矿泉水瓶，也可以用其他的类似容器。关键是砂、木炭要交替放置，压紧。同样的原理，用竹筒、树皮也可以制作出这样的过滤器。

5）渗透法

发现水源里有悬浮物，或水质混浊不清，或饮用河流和湖泊中的水时，可以在离水源 2～3m 处下挖一个坑，让水自然渗到坑里，坑里渗出的水较从河、湖、池塘中直接提取的要清洁许多。

6）药物法

对野外的水源不放心，又没有时间进行其他方法净化时，最简单省事的办法是药物消毒。现有净水药片这种商品，只用一片就可以对 2L 水进行消毒。另外，碘、碘酒、漂白粉、漂白剂也可以起到消毒的作用。在每升水中加入碘 2 滴或者漂白剂 4 滴，充分摇匀，半小时后就可以饮用了，不过，这样消毒的水会有一定的异味。以上的方法交叉使用往往效果更好。

在一般情况下，泉水、井水、暗流水、雨水、原始河水可以直接饮用。水库水、湖水、溪水、池水、雪水等应该经过处理再饮用。对于煮饭来说，水库水、溪水、雪水和一般有鱼的河水都可以直接使用。

在原始森林中，许多小溪、河流表面看起来清澈干净，实际上却含有多种有害的病菌，人一旦直接饮用易染上痢疾、疟疾这类严重的疾病。切记，无论多么口渴，都不要饮用不洁净的水，以防止病菌通过饮水进入体内，这在热带丛林地区尤其重要。即使在万不得已的情况下，也一定要将水煮开再喝。

无论你用什么样的方法净化饮用水，在喝下后的几个小时里都要留意自己的身体反应。如果发现发生腹痛、腹胀、腹泻的现象，一方面要着手治疗，另一方面要纠正处理水的方法或者重新寻找水源。

3. 海水的淡化

在海边，如没有离子交换树脂脱盐剂，可以用锅煮海水收集蒸馏水的方法使海水淡化。煮海水时，在锅盖内侧贴上毛巾，将蒸馏水的水珠吸附在毛巾上，然后再拧在大贝壳或其他容器内。这样反复制作，就可得到所需要的淡水。

冬季，可将海水放在一个容器中冻结。当海水冻冰时，大部分溶解在水中的盐分就会结晶而离水，因此，冰块基本上是淡化的。

在万不得已的情况下，是否可以饮用海水，这个问题目前尚存争议。有人认为，海水盐度高于人体含盐量的 4 倍，饮用海水会使体内总渗透压升高，虽然暂时可以解渴，但不久就会大量排尿，使体内水分丧失。但是也有不少人认为，短时间饮少量海水有利于延长生命。有人试验，从落海第一天开始喝海水，每隔一个半小时喝一次，每次 50mL，每天只喝 500mL，连饮 4～5 天后，再喝淡水，结果，试验者体内新陈代谢很快恢复正常。

如果你有淡水，在严格控制比例的情况下可以将淡水与海水混合来延长你的供水时间；

如果你没有淡水就喝海水来维持生命,直到你能得到雨水。在生死紧急关头,在严格的控制下才能喝海水,一般是用淡水与海水 2∶1 的比例混合在一起饮用(必要时,可按 6∶1 的比例),通常不会伤害人体,还能大大延长海上遇险者的生命。因为只有延长时间,才能积聚力量去捕鱼和收集雨水,才能继续航行和向援救船发出信号。

(五)搭建炉灶

在燃料不足的情况下,可以用石块、泥土、树木等搭建简易炉灶。搭建简易炉灶主要有以下几种方法。

1. 石头炉灶

用 3 块较大的石头摆成三角形即成,没有大石头时,可用许多小石块垒砌出圆形开口,炉灶锅口应小于锅底,以利锅盆安稳平放,炉灶高度一般为 20~50cm,过高火力不足,过低则会造成燃烧困难,如图 10-2-8 所示。

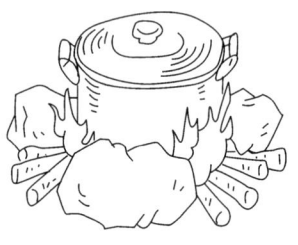

图 10-2-8　三石灶

2. 泥土炉灶

先把泥土制成泥砖或泥块,然后垒叠成炉灶。未干透的泥土灶壁容易塌陷,搭建时,要注意加厚并用木板(木棍)敲压,使灶壁厚实坚固。在有坡度的泥地或山地上,可采取挖洞埋锅的方法搭建炉灶。先平整灶台,削切灶口坡度使之垂直,然后从灶台上往下挖洞与烧火洞口相通。如果锅平放后因严密不通风影响燃烧,可在灶台上开一小孔作烟囱。

3. 树木炉灶

将两根粗树干横放在地上,上面放锅,下面放柴即可野炊。

4. 支架炉灶

用树枝、竹段或其他材料制作三角形、对柱形等支架,把锅或饭盒悬吊起来,下面放柴烧煮。

(六)野外食物的加工

1. 炊具

户外活动时能享受经过精心炊煮加工的丰盛晚餐是很有必要的。早期的营地炊事都是利用营火,但营火的残渣和痕迹会污染环境,如今,户外活动提倡使用炉具、锅具。

1)炉具

炉具分为使用气体燃料的瓦斯炉、使用液体燃料的煤油炉、汽油炉及酒精炉等。

选择炉具最大的考量是重量、高度、温度、燃料的燃烧能力,应尽量选用质量较好的炉具,即使是在寒冷、潮湿或强风的环境中,须易点火、易操作、持续火力长。炉具须先操作熟练后才能带出户外。炉具可以维持数年寿命,喷口常会脏,需常清理。

2)锅具

野外用的锅具品种和款式多样,在选择上除了考虑使用人数及与炉子的种类相配合外,还应符合野外炊煮、方便使用与方便携带的要求。最常见的野外锅具,要数圆形套锅组,它是由大小数个圆形锅、餐盘与碗组合而成,其中圆锅皆设有提把;锅盖亦有把手并可当煎盘用,这些提把或把手都可以折合收拢,以便完全收容在最大的圆锅中。

套锅组的大小从一个人到多人用的均有,产品相当完整,也很符合野外炊煮的需求,可以说是目前使用最多的野外锅具。其他较少见的产品,另有四方形套锅组、腰锅等。至于家用炊煮容器只要使用得当,在野外露营时,也可以派上用场,像是金属饭盒等,都值得考虑采用。而制作野外锅具所使用的材质有铝合金、不锈钢及钛合金等三种。

2. 炊具使用注意事项

(1)需熟悉炉子的操作,应尽可能在家里可以自行操作拆解,清楚炉子的构造与使用方式,野外使用发生故障时才能够迅速排查原因。新的炉子可能在组件上会发现有一些保护用的薄油,可以试着用打火机烧掉这些残余的薄油。

(2)燃料大都具有高挥发性,能轻易点燃,必须小心携带与使用。尽量避免在炉子四周抽烟,挥发的油气可能会导致危险。装填燃料时应该在空气流通的地方,让挥发的油气可以随着空气散发掉。

(3)使用适合的燃料。有些炉子虽可以适用于多种燃料,但最好使用厂商推荐的燃料,而且持续使用不要任意更换。因为使用不同的燃料容易造成炉头的堵塞,使用不合适的燃料更会损坏炉具,必须慎用。

(4)使用前务必检查燃料是否足够,如燃料不够,及时补充。炊煮食物时最好使用盖子盖上,可以集中热量,减少炊煮时间。如有风应加上挡风板以提升火焰燃烧的效果,节约燃料。

(5)不要将燃料与炉子一起存放,万一燃料发生泄漏会造成危险。存放炉子的地点最好保持干燥,避免金属生锈腐蚀。可以将炉子放在锅具里面,既拿取方便又可以保护炉子不受到碰撞。

(6)炉子燃烧时会吸收氧气及释放有毒的一氧化碳,所以绝对不要在密闭的空间里使用炉子,会漏气的瓦斯罐也不能使用,要放在通风的地方泄气后再处理。假如万不得已必须要在帐篷里面使用炉子,应在帐篷外面点火,而且使用时要做好随时可以离开帐篷的准备。

(7)瓦斯罐要小心处理,存放时不要靠近热源,也不要破坏瓦斯罐,瓦斯罐内的燃料可以使人的皮肤冻伤。空的瓦斯罐也不要乱丢,假如可以回收,就交给回收商,假如不能回收,也要当垃圾合理处理。

(8)使用炉子时尽量不要让食物的汤汁溢出沾到炉头,万一发生漫溢的情况,在炉子使用完后等炉头冷却后再行清理,避免炉头喷嘴阻塞。

(9)预备一组炉子的维修包,同时熟悉炉子的拆解和维护,平时好好保养,外出活动时才能轻松愉快。

3. 在营地野炊的环保要求

1）出发之前就准备好食物

（1）为了把营地炊事的脏乱降到最低，在出发之前就应将食物重新包装。将食物从包装盒、罐头和包装纸中取出，再用塑料袋将一餐份的粮食包装在一起，这样不仅可以降低垃圾量，也不会多煮太多食物。

（2）精准地计算所需食量就不用担心会有剩菜剩饭。

（3）尽量不要带油腻以及太多香料的食物，这样可以减少脏乱并且避免吸引野生动物。

2）选择炊事地点

（1）炊事地点最好与帐篷和道路保持一定距离，与水源至少保持60m的距离。

（2）如果在人迹罕至的地方扎营，炊事地点应选在裸露岩石这类耐受人类冲击的地方。

（3）在现存的营地扎营时，应在先前被使用过的地方炊事，并且避免使用边缘地带。

3）食物的处理

（1）要有一个干净的营地，先要有一个干净的炊事地点。

（2）当炊事或用餐的时候，尽量不要把食物碎屑掉在地上。

（3）请勿掩埋厨余和剩菜剩饭，因为野生动物会在你离开之后把它们挖出来。

（4）多余的剩饭剩菜都要背下山。

4）清洗锅碗

（1）建议使用热水和一个清洁洗碗布。尽量不使用清洁剂，减少对环境潜在的不利影响。

（2）过滤，用筛网过滤出食物残渣，筛网可以是一般筛网、头巾或是自己的手套。这些细小的食物残渣应收集起来并背下山，洗锅水要分散洒在距离水源至少60m的灌丛中。

（3）用厨房面纸擦拭锅碗并将油吸掉。

三、野外生活教学

（一）教学的重难点

1. 教学重点

掌握野外生活中与食物相关的知识与技能。

2. 教学难点

通过户外炊事教学培养团队合作意识、动手实践和独立生活能力，提升社会适应能力。

（二）教学提示

1. 野外食物选择与安排部分

（1）设计8人一组，三天或五天的食品计划；以科学、健康、安全的原则讲解选择与购置野外食品,以满足基于活动、地点和季节需要的热量标准。

(2)融入营养学及食品安全的相关知识,讨论热量摄入问题。

(3)讨论,为什么身体需要食物,不同环境和项目中什么样的食物搭配更科学,设计一项户外活动的膳食计划。

2. 野外用火部分

(1)提前准备好野外用火材料,了解操作步骤后进行实践。

(2)火炉应设置于避风区,必须远离树林、房屋、可燃物,与水源保持适当距离,配备装水容器随时能够灭火。

(3)强调其参与性和实践性,重视与学生的交流。

(4)注重学生参与过程,注重培养学生动手实践能力、沟通交流、团队合作、目标达成等社会适应能力。

3. 野外取水部分

(1)练习其他净水方法,练习过程中注重运用相关理论对小组予以激励。

(2)引导学生进行反思,对比不同净水方法,培养学生深入思考问题的能力。

4. 食物烹饪部分

(1)讨论野外生活中可使用的烹饪方法及其利弊。

(2)所有废弃物必须包装好并在室外处理。

(3)分享在野外生活中自己承担工作的职责及体验学习的收获。

四、野外生活注意事项

(1)注意食物营养搭配。户外食物的准备过程中要考虑到食物营养的搭配,营养含量丰富的同时还要注意全面性,要尽量多地涵盖人体所需要的糖类、脂肪、蛋白质、矿物质和维生素等各种营养素。比如我们在带上大米和面等含大量糖的主食时还要携带一些新鲜或是腌制的肉食和鸡蛋等,同时也不要忘记带上一些蔬菜、水果等。

(2)选择易于炊煮的食物。选择食物时为了节省燃料和炊煮的时间更加快捷方便,应选择更易加工和炊煮的食物。

(3)较不易保存及量重者先食。在几天的行程安排中,对食物的计划也要根据活动的进程详细安排。活动开始阶段应将不易保存和携带的食物先食,而把较轻或是易于保存的放在活动的后面食用,有利于充分利用食物和减轻重量。

(4)食物准备时应留有预备。携带备用粮是有必要的,携带食物时虽然越轻越好,但根据户外活动的安排考虑到食物携带应该是宁多毋少。虽然我们不愿意增加更多的背负重量,但预备粮不应被认为是额外的背负,而是必须的,因为预备粮能够在恶劣气候、行进错误、受伤或其他原因造成行程延误等紧急情况下帮助我们补充能量,为我们提供了回旋的余地。

(5)加配具有酸味的食物,可增加食欲。在食物准备时可以考虑带适量的酸菜、开胃菜等,在野外进餐时会很有帮助。携带醋是很有必要的,在增加酸味的同时可以起到消毒和增强人体免疫力的作用。

(6)注意调料的携带。准备户外食品时,调料也是值得注意的。根据所携带的食物和活动者的口味来合理搭配调料,这样会使野外烹饪可口美味,能进一步为活动增添乐趣。

(7)根据活动时间长短准备食品。户外活动按活动时间的长短通常称为短线和长线。如果是1~2天的短线则对食品的安排要求不是太高,营养的均衡和食品的规划等方面更为随意,且食品的携带上也更为简单。可主要带上碳水化合物和水果。如果是两天以上的长线活动,食物计划则要遵循"高能量、高压缩比、耐储存"的原则,同时考虑丰富的营养搭配以及合理的规划。

第三节 野外露营

一、野外露营概述

露营一般是指露营者徒步或者驾车到达山谷、湖畔、海边等露营地点,进行生篝火、烧烤、钓鱼、野炊和唱歌等休闲活动,这也是最平常的露营活动。在野外生存活动中所进行的野外住宿也可以称为露营。

二、野外露营介绍

(一)野外露营基础

1. 营地选择

在行进过程中,当一天无法完成预期行程时,一般要考虑设置露营地。选择营地,应遵循安全、避风、近水、平坦的基本原则。露营地的具体选择原则如下。

(1)安全。在选择露营地时,首先要考虑安全因素。建营前必须仔细观察所处的环境,营地选择应远离雪崩、冰崩、裂缝、滚石、山洪等山间威胁。

(2)避风。野外的强风可将帐篷吹跑、扯破。因此,露营地最好选在自然屏障的避风处,如山丘或巨石背后。山谷里的风一般与山谷的方向一致,所以帐篷应垂直于风向开门,避免风直接灌入帐内,帐篷四周应用石块或冰雪块压住围裙。

(3)近水。营地是活动人员过夜、生活的临时场所,接近水源会带来许多方便,但若在河流两岸设营必须充分考虑水流的涨落,以免涨水淹没帐篷。若在河流拐弯处建营则选在内湾侧。

(4)平坦。露营的主要功能是保证睡眠,因此,营地建在平坦的地面或雪面上,而软土或砂地则是较理想的建营场所,若地面有碎石或荆棘应予以清除。在冰雪地上建营地,首先将浮雪铲平,然后将雪踏平踩实之后再搭帐篷。冰雪地如遇暴风雪,必须轮流值班,以防大雪掩埋帐篷造成人员的缺氧窒息。

总之,营地的选择要因地制宜,从客观条件出发,遵循安全、避风、近水和平坦的原则,以保障露营安全。同时营地必须注意环保问题,还给大自然一个洁净的空间。

2. 营地分区

在野外露营,一定要做好营地功能区的划分,这样既方便管理,又可以保持营地卫生,使野外生活有条不紊。

(1)帐篷区。帐篷区应该是营地最中心、最平整、最安全的区域,应注意兼顾防水和防火,干燥的砂土地或松软的草地最为合适。

(2)炊事区。紧邻营火区,并尽量安排在营火区的上风口。

(3)饮水区。饮水区应设立在营地的最上游,并远离动物饮水处。

(4)盥洗区。应设立在坡度较低的地方或者是水域的下游,并且距离水源较近。

(5)活动区。用来进行聊天、制作、篝火等休闲活动的地方。野外工作或活动也同样有休息的时间,把活动区划定在一定范围有利于拔营时的打扫工作。搭帐篷时,就应该事先想到如何安排活动区地点。活动区应该与帐篷区保持适当的距离,以防篝火离帐篷太近引发危险。

(6)卫生区。在营地的下风口,找一个僻静的地方挖坑或用树枝搭建一个简易的厕所,最好是在围起来的地面上挖一个长条坑,并把锹放在坑边,每次使用后,都应该在排泄物上撒一层砂土。为了防止污染,不能把厕所搭建在水源附近。

3. 营地卫生

露营对环境影响相对较大,在野外露营时一定要注意环境保护。经常参加户外运动的人,即使不是环境保护能手,至少也是一个对大自然有着深厚感情的人。在环保问题上,应该积极参与环境保护方面的工作。在参加户外运动及野外露营时应做到以下几点。

(1)爱护自然资源。任何参加野外活动的人在野外露营时,都没有砍伐树木、污染水源、猎杀动物的权利。对于在野外遇险而被迫进行野外生存的人来说,在生命没有受到饥饿、寒冷威胁的时候,也没有理由滥用动、植物资源,即使是在极其危难的时刻,也应该本着不浪费、不破坏的原则,使用能够保证生命需要最低限度的自然资源。在可以取火的区域,不能砍伐树木取火,应该组织人力去收集枯枝落叶或其他燃料。

(2)恢复原貌。临走前,把临时搭建的厕所、挖在帐篷周围的排水沟一概填平;将炊事用的炉灶拆除,石头尽量放回原处;扶起不小心压倒的小树。尽最大努力把露营地恢复到露营前的样子。

(3)垃圾处理。把可以自然分解的垃圾(如食物下脚料、纸制品、营火余烬等)挖深坑填埋。把不能或不容易自然分解的垃圾(塑料袋、易拉罐、包装等)装在垃圾袋里,带出原始环境并投入垃圾箱。保护自然、爱护环境才是野外活动的最高境界。

(二)野外露营关键技术

1. 搭建帐篷

1)帐篷搭建流程

清理地面。选择好搭建地点后,首先要进行地面清理,移走所有的石头、木头、树根。如果地面上有突出的尖木或石头而又无法移动,千万不能将就,那样不仅会损坏帐篷,还会影响睡觉的舒适性。如果露营地全是石头,可以把大小相同的石头铺成一个平面,用更小的石头填充缝隙,最后在石头上铺一层树叶或者沙土。检查地面是否有各种动物(老鼠、蛇)的洞穴。

撑帐篷。在清理好的地面上把内帐摊开,把连接好的帐篷杆儿穿进所有的布套(环)里,先把帐篷杆固定在内帐一侧的底脚上,然后把帐篷杆向上隆起,内帐也随之被撑起,再把帐篷杆的另一端固定在另一侧的底脚上。内帐撑好后,盖上外帐,拴好拉线固定,最后检查内、外帐之间的距离,不要使它们贴在一起,不然会影响保暖和防雨效果。很多帐篷的开口处都设有防雨篷,既可以防止雨水从开口处进入,又可以在篷下放东西。有裙边的帐篷应该用砂土压好,在雪地里可以用雪压,以增加防风效果。

帐篷的固定方法。有的帐篷在四脚(或六脚)下面设计有金属环,可以用地钉固定在地面上,如果地面很硬,可以找一块石头钉下地钉。有的帐篷没有底脚环,只有拉线,地钉是用来固定拉线的,有些时候,地钉无法牢固地钉在地面上,可以找几块较重的石头,并把拉线绑在石头上,然后通过移动石头的方式,使拉线紧绷,并保证拉线之间受力均匀。在树林中露营,也可以把拉线绑在树干上,并尽量把拉线绑在树基上,以免风动树摇损坏帐篷。有的帐篷既有脚环又有拉线,尽量将二者同时固定。

帐篷的排列。帐篷门应该设在避风的一面,即使是夏天也应该如此。如果营地有一定坡度,帐篷门应该尽量位于下坡。如果有多顶帐篷同时在一起露营,可以成马蹄形排列或者交错排列,便于在夜里相互照顾。为了整齐,也可以排成两排,并与营火保持一定的距离。

排水与防虫。在下雨的天气里,应该在帐篷的四周挖上一圈排水沟,并把排水口安排在低点。排水沟应紧贴帐篷外沿,以便于排走帐篷顶角积累的雨水。排水沟深20cm,用土压在帐篷裙边上,并把裙边引向沟内。帐篷只要撑起来,就一定要拉好纱窗(门),以防虫子进入。进入帐篷时,也要注意不要让虫子进去,可先驱赶门口的虫子,再进入帐篷。

2)住帐篷应注意的问题

通气。现在生产的帐篷都有良好的通气设计,一般会有纱窗和纱门,纱窗(门)既能够防虫,也方便透气。冬天使用帐篷,不能为了保暖将所有的拉锁全部拉紧(尤其是密封性好的帐篷),至少应该留下一个手腕粗的通气孔。

凝结水。天气较凉时,人体呼出的热气会在帐篷内形成凝结水,并顺内壁流下,为了防止凝结水打湿衣服和睡袋,可以用毛巾、雨衣以及明天不穿的衣服卷起来,紧贴帐篷,放在下面,围成一圈。在饮水极其缺乏时,凝结水也可以收集起来饮用。如果保持帐篷通气良好,凝结水自然就会减少,但会影响保暖效果。

帐内卫生。切勿穿鞋进入帐篷,尤其是沾满泥土、冰雪的鞋子。在极其寒冷的地区,为了防止鞋子结冰或冻坏,影响明天穿着,也可以放进帐篷内,但注意不要弄湿寝具。任何时候都不应该在帐篷内吸烟。使用炉具应该在帐外,雨雪天可以在门篷里进行,绝不可以在帐篷内部使用炉具。

3) 帐内安排

(1) 帐内空间有限,应尽量合理安排。

(2) 防潮垫铺在最下面,如果地面潮湿,可以把雨衣铺在防潮垫下,防潮垫上还可以铺上脱下来的外衣,这样既可以防潮又节约空间。炉具、炊具、绳索、大型工具等可以放在门篷里。

(3) 背包可以放在门篷里,也可以放在帐内,如果没有枕头,背包也可以当枕头。

(4) 贵重物品要放在帐篷内,压在枕头下或放在头边远离帐门的一侧。

(5) 食品应该放在帐内,水可以放在门篷里,也可以放在帐内。

(6) 刀具平放在睡袋两侧伸手可及的地方,以便随时防御。

(7) 帐篷顶上一般有两条带子,可以拴上灯具。

(8) 睡觉时,头部尽量靠近帐门,以方便内外交流或紧急情况时迅速离开帐篷。

2. 庇护所搭建

在森林中过夜,最好不要露宿。因为当人睡着之后,血液循环变慢,皮肤松弛,对外界的抵抗力降低,皮肤上的露水蒸发又带走了热量,会使人着凉受寒,关节酸痛。林区露营,可就地取材搭制临时的遮棚,使用方块雨衣、帆布、树等就可架设简易帐篷。

1) 屋顶形帐篷

将绳子拴在两棵树之间,或用随身携带的步兵锹等作支柱,用背包带连接,两端固定在地上。然后将方块雨布搭在绳子或背包带上,底边用石块压牢即成,也可将数块雨布连接,构成4~8人用的大帐篷。这种屋顶形帐篷适合各种地形,如图10-3-1所示。

2) 一面坡形帐篷

这种帐篷适于在断墙等处架设。架设时,把雨布一头固定在墙壁或棱坎上,另一头固定在地面,两边用树枝、野草堵塞挡风。在林地架设时,也可以用树木固定,如图10-3-2所示。

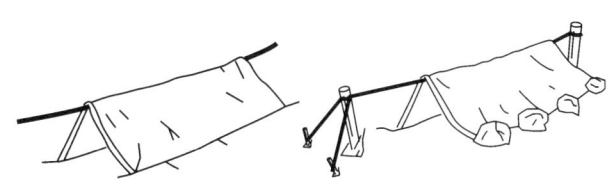

图10-3-1 屋顶形帐篷

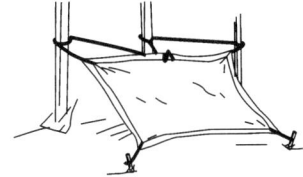

图10-3-2 一面坡形帐篷

3) 临时遮棚的搭制

在森林或丛林地,斧头和砍刀是必不可少的设营工具。用刀斧、步兵锹、军用匕首等工具可以搭制出很好的临时遮棚。

一面坡形遮棚:这种遮棚通常适用于林区。构筑时,选择两棵树做立柱。然后在距地面

1m 处绑一横杆,横杆上斜搭(约 45°角)若干后杆,后杆上再绑上两条横杆,即可将树枝像铺瓦一样一层层重叠地搭挂在支架上,遮棚的两侧也用树枝遮堵,具体见图 10-3-4。冬季,在遮棚透空面可架设长条形篝火取暖。在山地和海岸边露营时,应尽量利用自然的洞穴。海岸附近常有被海浪侵蚀的崖洞,洞里如果有虫,可以燃烟熏。夜晚在洞口生火,可防止野兽。如果找不到合适的洞穴,选一个直立的岩壁,用两根木头靠着岩壁支起来,在两根木头之间绑上一些横木,再把草或树枝挂在横木上面(其形式与一面坡形遮棚大致相同),一个临时栖身的岩壁遮棚即可完成,具体见图 10-3-5。

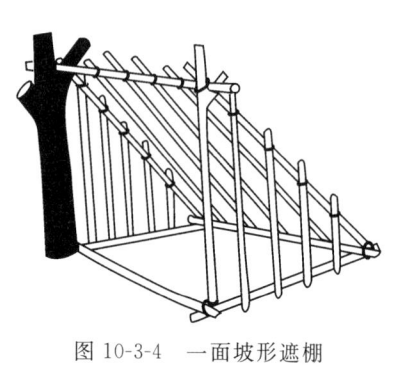

图 10-3-4　一面坡形遮棚

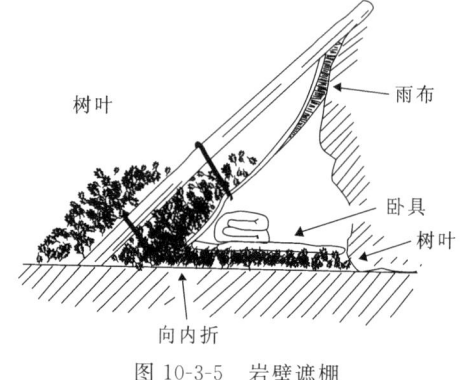

图 10-3-5　岩壁遮棚

丛林遮棚:在热带丛林地带,应搭制较严密的遮棚,以防蛇及其他动物的侵扰和暴雨的发生。通常,遮棚可设置在便于排水的高地,在天气闷热时,高地常有凉爽的微风吹来。在丛林中可充分发挥创造性,利用树木、竹、藤、茅草、芭蕉叶并结合雨布、蚊帐等就地器材,搭制各种形式的遮棚。其基本方法是:"先撑棚架后盖顶,围墙铺床同时行,最后挖出排水沟,铲除杂草把地平。"在潮湿和有野兽出没的地方,可将遮棚搭在树上,具体见图 10-3-6。

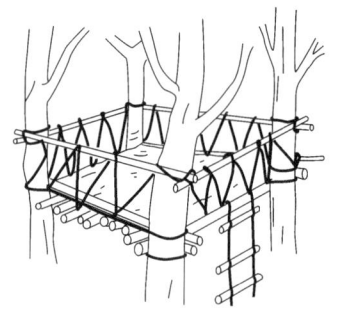

图 10-3-6　搭在树上的遮棚

搭制遮棚的材料应选用新砍伐、质地坚硬的树木枝干,因为枯木很快就会腐烂,而且往往有各种昆虫蛰伏。芭蕉叶或棕榈叶可用来铺盖顶棚。捆扎材料要尽量就地取材,如使用藤蔓和软木的内皮,以节省绳子和背包带。因为绳子和背包带在野外还有其他各种用途。

在热带丛林中露宿,不能成片地砍伐树木,这样破坏了天然伪装且易暴露目标。注意不要捣破蚂蚁窝、黄蜂窝,要清除营地四周杂草,周围挖一道排水沟,并且撒一层草木灰,以防蛇虫爬入。床铺应离开地面 30~50cm,若打地铺,可用树枝、树叶或细竹垫铺,尽量不要用杂草。临睡前先在地上敲打,清除爬上的昆虫。醒来时,应首先仔细地查看身体周围,否则附近若有蛇和昆虫会被突然的活动惊动。还要注意保持遮棚的清洁,所有垃圾必须及时掩埋。因为只要有一点的油脂,就有可能把蚂蚁引来,蚂蚁又会将蜥蜴引来,而蜥蜴则又会把蛇引来。注意不要用火烧鱼骨头,这种气味也会把蛇引来。

三、野外露营教学

(一)教学的重难点

1. 教学重点

帐篷与几种常见庇护所(屋顶形帐篷、一面坡形帐篷、临时遮棚)的搭建方法。

2. 教学难点

在野外教学过程中,实际营地的选取以及如何根据实际自然的环境搭建庇护所。

(二)教学提示

(1)在进行露营地选择教学时:学生分组,观察环境进行风险评估和分析潜在危险,小组讨论其所选营地的利弊;引导学生思考露营地的选择条件,教师总结补充;场地分区,组织学生在周边寻找适合搭建炊事处和猫洞场所;强调离营后不留任何痕迹,增强环保意识。

(2)根据学习迁移理论,引导学生思考不同环境下营地选择的方法。

(3)多次练习技能,多思考多提问。

四、野外露营注意事项

(1)不在干涸的河道(水道)上建营地。在野外有很多不确定因素,选择营地时,一定要观察周围的环境,不在雨水的必经之路扎营,尤其是在雨季。

(2)不在野兽的通道附近建营地。许多野兽的通道是比较固定的,尤其是通往它们经常去的地方。如果附近有水源,而且这个水源又是唯一的可饮用水,我们就不应该把营地扎在水源附近,更不应该堵住动物饮水的必经之路。

(3)不在距水源太近的地方建营地。水源附近的蚊虫、虻等叮人的害虫比较多,它们的打扰会影响你的睡眠和体力恢复,野外的害虫叮咬可能会传播疾病。

(4)不在瀑布下面露营。瀑布周围湿度较大,潮气会打湿衣服,使其保暖性大打折扣,穿着起来也不舒服。瀑布还会产生很大的噪声,使人烦躁,无法正常休息。

(5)不在孤立的高树下面露营。高大孤立的乔木可能是雷击的目标,在它的下面露营,很可能受到雷电的袭击。

(6)不在岩壁下面露营。山上的石头很容易松动,其顺坡滑坠的速度非常快,在野外,被流石击中的人不在少数,而且很多都是重伤。特别是下雨时,岩壁下是最为危险的地段。岩壁上腐朽枯死的树木也应该是重点防范的对象,谁也不知道它们什么时候倒下来。

(7)不在"蜂窝"附近露营。蜂类是社会性昆虫,具有集群行为。野外有许多具有螯刺激性的蜂类,黄蜂、马蜂危害性尤其大。一般情况下,蜂类不会主动进攻人类,但是,如果你入侵了它们的领地,或者不小心碰到了它们的蜂巢,就会有大麻烦。许多人在野外被重刺得遍体鳞伤,甚至中毒身亡。

(8)冬季架设帐篷应注意:在雪层较薄的地区,应先将架设地点的雪扫尽。雪层较深的地区,如果只是暂时驻留,可不必清扫积雪,但应将雪压实、压平,在冻结的地面上形成一道隔绝层。如果暂时不转移,则应在雪地中挖坑埋设帐篷,这样可以更好地抵御寒风。在开阔地上架设帐篷时,可在帐篷迎风面筑一道雪墙,既可挡风又便于取火。

(9)携带适宜装备,仔细做好计划,临行前仔细检查,包括急救包和常见的户外药品。

第四节 野外生活中的环境保护

保护环境是实现社会可持续发展的重要一环,目前我国还没有专门针对户外旅游和户外运动制定有关环保的法律或指导性文件。在参考和借鉴国外经验的基础上以及中国登山协会的倡导和推广下,我国户外领域开始逐渐接受"LNT"理念。

一、LNT 概述

无痕山野(leave no trace,LNT)是由美国各级政府的土地管理单位、环境教育学者、户外用品制造商与销售商、登山健行团体以及社会大众所共同发起的全国性教育推广运动。最初,在 1982 年,美国的森林局职员 Tom Alt 创造了一套"没有痕迹"(no trace)以及"不留下痕迹"等相关的教育课程,希望改变荒野休闲者的休闲习惯,从而减少对环境的影响(McGivney, 1998)。于是,这些合作团体,自 20 世纪 80 年代起,便提出于无痕山野的行动概念,全面推动"负责任的品质旅游",教导大众对待环境的正确观念与行为指南,协助将游憩活动对自然的影响降到最低。到 1993 年,美国政府的国家森林局、国家公园局、土地管理局、国家鱼类与野生动物保护局四个相关部门以及民间非营利团体国家户外领导学校(national outdoor leadership school,NOLS)共同签署了一份备忘录,承诺共同发展并推广 LNT 的教育课程(McGivney et al.,1998)。于是,NOLS 以及各部门联合资深的生态学专家、登山指导员和森林处职员等专业人才,研究拟定出 LNT 的六大要点,并以此作为日后推广的统一版本,多年来在教育和理念的推广上取得了很大成功。

二、LNT 介绍

(一)国际上 LNT 的六大准则

1. 事先计划并准备

先向所要前往地点的土地管理单位询问相关规定、入园许可及环保要求,对可能发生的状况要有所准备,携带适当的装备并提前计划食物数量。将你的食物重新打包在可重复使用的容器内,以减少垃圾产生。寻找有利环保的露营装备,例如,用一个轻巧的炉子替换生火;买一个底部防水的帐篷;买一个便于挖猫洞的小铲子。在登山旺季时,尽量避开热门的路线,特别是有四个人以上的时候。

2. 在能耐受人类踩踏的地表行走及扎营

为了缓解步道的踩踏及侵蚀破坏问题,尽可能在现有的步道上行走,并且尽量走在步道的中间,走成一直线。当没有路径的时候,应走在最耐踩踏的地方,例如岩石、干草地、砾石或是雪上面。走热门路线时,只在现存土壤坚硬、寸草不生的营地上扎营,将你的营地活动集中在已经受到人类活动影响的区域。如果你有幸在一个人类活动较少的地区,将营地扎在一个从未使用的地点,而不要扎在受轻微影响的地方。

3. 背上山的东西全都要背下山

不要将任何食物留在营地,这样会干扰野生动物的自然行为,将你的装备有次序地摆放,防止散落遗失;请勿在营地掩埋垃圾,因为野生动物可能会把它挖出来,焚烧垃圾对环境也是不利的。

4. 适当的处理所有你不能背下山的东西

尽量把排遗背下山,或把排遗埋在一个10~20cm深,离水源、营地或步道至少60m远的猫洞里,尽可能不使用卫生纸,如果一定要用卫生纸,就得将它背下山。营地应离湖泊及溪谷至少60m,以排除污染物。洗手或洗锅具的时候,可用少量生物分解的肥皂,用筛网过滤洗锅水,将水分散洒在地上。

5. 留下你所发现的任何东西

历史遗址是属于全民的宝贵财富,切勿破坏这些地方,扎营时应远离这些地点。遇到野生动物时,在远处观察即可,而且不要投喂这些动物,避免破坏营地。例如,在树上钉钉子或是用树干来做椅子,不要将石头或者野花带回家。

6. 将火的使用及对环境的影响降到最低

生火会在土地上留下永久的痕迹,可以用一个炉子来代替;不要去折枯树或倒木上的树枝,捡拾柴火时只能捡比你手腕还要细的树枝;当你离开时,一定要将火完全熄灭,而且要把没有烧完的东西全部带走,并将灰烬分散地撒在远离营地的地方;将声音以及视觉上的干扰减到最低,尽可能保持大自然以及营地的宁静,因为这是大多数户外活动者亲近大自然的原因。

(二)野外露营、烹饪、卫生、行进生活中LNT的做法介绍

1. 完美的LNT营地

1)营地的选择

在热门路线上,只在现存的营地集中扎营,最适合扎营的地方是岩石、砂地,因为它们非常能耐受人类的踩踏,其他不错的选择是干草地,比较不能耐受人类冲击的是有丰富植被而地表覆盖树叶的森林地。在野外,扎营在土地使用率低的地方能够降低对环境的影响。避免

扎营在已过度使用的营地，以减轻此地生态环境的负担。在营地时应穿重量比较轻的鞋子，例如运动凉鞋，以减少踩踏对土地的冲击。团体露营时，管理部门要对团体的人数设限，并且限定扎营地点以管理营地。

2）LNT选择营地基本准则

完美的LNT营地要与步道及水源至少保持60m的距离。营地最好选择岩石、砾石地、沙地、干草地以及开阔森林中的草地。当扎营在现有营地上时，切勿留下生火的痕迹。如果是一个使用频繁的营地，地表被严重侵蚀，那就应该选择其他地方扎营，尽可能在从未被使用过的地方扎营，而不要在使用率较高的地方扎营。每一个营地停留不超过两晚上，以减少对环境的危害。减小用火的负面影响，生火的痕迹范围会不断扩大，并且永远不会消失，火对土壤造成的影响可以深达10cm。

2. 在营地的炊事

1）出发之前就准备好食物

为了在营地炊事中保持卫生，出发前就得将食物重新包装。将食物从包装盒、罐头和包装纸中拿出来，再用塑料袋将一餐份的粮食包装在一起，这样不仅可以减少垃圾数量，也不会煮过量的食物。估算食用量的多少，控制产生多余垃圾的行为，据此，单锅的烩饭在准备、食用以及清洁上是最简便的。尽量不要带油腻以及太多香料的食物，这样可以减少脏乱并且避免吸引野生动物。

2）选择炊事地点

炊事地点最好离帐篷和步道有一定距离，并距离水源至少60m。如果扎营在人迹罕至的地方，炊事地点最好是在裸露岩石这类耐受人类冲击的地方。在现存的营地扎营时，应选择先前被使用过的地方进行炊事，并且避免使用边缘地带。

3）食物的处理

要有一个干净的营地，先要有一个干净的炊事地点。不应掩埋厨余和剩菜剩饭，因为野生动物会在你离开之后把它们挖出来，因此厨余和剩饭剩菜都应背下山。

3. 与野生动物和平共存

避免喂食野生动物。投喂行为会扰乱动物的正常生存，让野生动物对人类产生依赖，影响它们野外生存的本能，还可能对动物的健康造成不良影响。因此，应将食物和有气味的卫生用品例如牙膏、防晒油和护唇膏装在塑料袋或放进大背包妥善保管。把所有的食物跟装备存放在安全的地方是保护装备和食物也是保护野生动物最好的方法。

4. 把垃圾带下山

垃圾很难自然分解，在营地或步道上要留心脚下细小的垃圾，例如纸屑、包装纸、烟蒂等，应拾起带走。为了给下一个造访者留下一个干净的营地，要谨慎处理自己制造的垃圾，最好都装在同一个袋子里，而且把袋子放在易拿的地方。当你把东西都打包好准备离开营地的时候，再仔细的查看营地，把留下的垃圾清理好。撤营时尽量把营地恢复原状，例如把被压扁的草弄得蓬松一些,把营钉所留下的洞填平,用树枝把你留下的脚印抹平;活动的最后应将所有的垃圾都带下山。

5. LNT 有关卫生的基本原则

1)注意健康

在饮水之前要先煮沸或者过滤,在如厕之后和炊事之前要将手洗干净。

2)人类排遗

如果有户外卫生间就使用户外卫生间。当没有户外卫生间时,用铲子挖一个 10～20cm 深 10～15cm 宽的猫洞,把你的排遗掩埋是最好的处理方式。猫洞必须距离水源、营地及步道至少 60m,猫洞如果在阳光充足,有有机土壤(富含微生物)和湿度较高的地方,可以让腐化分解的速度加快。

3)卫生间

把所有的卫生纸都背下山,或者用其他方法,例如用雪、水来进行清洗,卫生棉和止血棉球也都要背下山。请勿在植物上小便,因为野生动物会被尿液里的盐分所吸引。

4)盥洗

除了洗手之外,其他的盥洗行为在野外都是不必要的,而且都不可避免地影响环境,任何盥洗行为都要远离水源至少 60m,而且最好能在耐受冲击的地方进行。如果使用肥皂,要确保其不含磷酸盐,而且是可被生物分解的。还应减少使用肥皂,在一个大的自然水体里盥洗是 LNT 标准所允许的,用盐或发粉替换牙膏,可以减少刷牙对环境的影响。

6. 徒步的 LNT 准则

1)减轻步道的侵蚀

先了解步道状况,是否有任何限制进入的规定,如果步道的侵蚀情况严重,管理单位可能会限制健行者只能在现存的步道上行走。行走在步道上时,不要贪图一时的方便而走捷径,或为了避免泥泞地而走离步道,走之字形步道时,不要直切而上或下。团体行进时,只走成单一一条行进路线。如果步道的状况很好,步道又很平缓,同时背包又不会太重时,可以考虑穿着鞋底比较软的鞋子。

2)非登山步道的健行活动

一般而言应该尽量避免在非登山步道进行健行活动,如果要从事这样的活动应尽可能选择能耐受人类踩踏的地方行走,例如岩石裸露地或是碎屑地,而尽量避免踩踏在泥滩地这类不耐踩踏的地表上。万一迷路,不仅对自己不利更会对环境造成冲击。所以,在上山之前要把所有的装备准备妥当,更重要的是要具备熟练的定位技术。在没有步道的地方行走时,反而要尽量分开来走,这样能把对环境的影响降到最低。

第十一章 探 洞

洞穴探险不仅是一项山地户外运动,也是一项科学活动。我国丰富的洞穴资源吸引了大批探险家来考察,并把这项活动带进国门。随着现代科学技术的进步,这项活动已演变为集娱乐、锻炼、冒险、游览、知识于一身的综合性户外运动。洞穴探险不仅能增强人们的身体素质,而且能培养人们不畏艰险、勇于向前的精神和提高科学知识水平。此外,洞穴探险还是一种回归大自然、了解大自然的有效途径。洞穴探险作为一项团队活动,需要同伴之间的密切配合,团队精神显得尤为重要。我国的洞穴资源十分丰富,主要分布在云南、贵州、四川、广西、湖南、湖北等地,这为开展洞穴探险打下了基础。本章主要介绍洞穴探险的基础技术以及在洞穴探险中运用十分广泛的垂直探洞(single rope techniques,SRT)。

现代洞穴探险源于欧美发达国家。随着专业器械的发明,垂直探洞技术的出现,加上洞穴探险刊物的出现,使洞穴探险活动在世界范围内得以推广和普及。

第一节 洞穴探险基础技术

一、洞穴探险基础技术概述

洞穴探险是一项结合登山、攀岩、游泳、绳索操作、野外求生、定位等综合性技术的户外活动。在洞穴探险过程中,由于洞穴内地形复杂,洞口交错,极易迷失方向,因此要借助登山的装备,掌握较高的攀登技术,在不同地方须以不同的装备和方式行进探险,因而使得这项活动富于变化而魅力无穷,充满了挑战性。

因此,洞穴探险首先必须掌握基础技术,就包括锚点设置、洞内辨向与洞穴前进等技术。

二、洞穴探险基础技术介绍

(一)洞穴探险装备

中大型的洞穴探险一般要在洞穴内过夜,甚至要待上好几天。由于洞穴内不像在野外,可以通过动植物解决部分供养问题,探洞供养几乎全部靠探险家自己背进去。同时,为了预防洞穴探险出现迷路的情况,给养量应该比预计的探洞时间多2~3天。此外在技术装备上除了登山、攀岩、野外求生等所需要的常用装备外,洞穴探险还应该配备以下特殊装备。

(1)反光路标:为了防止迷路,一般的方法是设置路标。在洞穴内行进中,准备不同颜色的反光路标并编上号,按编号大小顺序在拐角、岔路等关键地方留下标记。

(2)照明设备:由于普通头灯照明时间短,且需要准备充足的电池。因此最好使用电石灯照明,当洞内氧气缺乏时,电石灯火苗的颜色会发生明显变化,可以提醒探洞者。

(3)氧气罐:很多洞穴深处没有氧气或氧气不足,准备一个氧气罐,可以有备无患。

(4)护目镜:出洞时保护眼睛的必要装备。因为人长期生活在黑暗的环境里,眼睛已经适应了黑暗的环境,瞳孔也因为长期扩张而不易迅速收缩,突然暴露在强光下容易造成失明。

(5)安全帽:安全帽不仅可以防止钻洞时碰头,而且可以防止被意外坠落的碎石砸伤。

(6)护膝、护肘、手套:因洞内许多地方非常狭窄,常常要爬行通过,所以需要带上护膝、护肘、手套等。

(二)洞穴探险锚点设置技术

洞穴的形态多样,多为崎岖曲折路段。洞穴探险中一般要进行大量的攀爬活动,要求参与者熟练掌握绳结技术、攀岩技术、锚点设置技术。绳结技术、攀岩、岩降技术在第三章已进行了描述,这里重点叙述洞穴探险中锚点设置方法。

1. 利用膨胀钉建人工锚点

锚点是由锚眼、膨胀钉、挂片、丝扣锁组成,由锚点连接主绳就构成一个保护支点。在岩石上选点打眼时,要特别注意基岩是否结实,一般用榔头敲击打点位置和周围,防止受力将基岩拉脱。保护支点由两个锚点组成:一是定位点,是下降的开始位置,必须要对下降地形全面考察后再决定,尽量避开下降过程的突起地形,还要方便下降者的操作;二是保护点,对定位点提供保护,为现场观察和操作提供保护。如果地形复杂,还要根据实际情况建立相应的保护点。

锚点设置的关键在于锚眼,锚眼是在岩壁上钻出的用于安放膨胀钉的孔,锚眼的大小关系到锚点是否安全。电锤打出的锚眼一般是口大里小的形状,长度以膨胀钉全部进去为好,锚眼尽量与岩壁垂直,尽量避免打在裂缝和空洞附近,且锚眼不易过大。如果使用的是内膨胀钉,在将钉打入锚眼后,一定要检查锚眼周围的岩壁上是否有大的裂缝,还要仔细检查膨胀钉管壁是否有裂缝。如果出现意外情况,需立即决定是另外建点还是加强保护措施。

2. 利用自然条件建锚点

用扁带套在石头、树干等物体上,绳索通过主锁与之相连。扁带工作的时候一定要在摩擦的部位包上绳保,减少物体对扁带的磨损。锚点确定后,建立锚点连接。直接把主绳连在石头、树干等物体上,会加快主绳的磨损,在选择自然条件建锚点时,应使用扁带建立锚点连接。

锚点连接的几种方式如下。

(1)套圈连接法:将扁带套在凸出的物体上,用于定位点和保护点。

(2)"Y"形连接法：这种锚点连接易于架设，受力后自动调节长度，受地形的影响很小，有较高的安全性和操作的效率。扁带长边中间的结，有减小滑坠距离和减震缓冲的作用（这种保护措施可以用在很多地方），它离受力点的距离应该小于或等于短边的长度。安装的时候要注意两股受力扁带的夹角，夹角一般控制在 30°～60°之间，两股扁带的夹角越小，分担的重量就越轻，安全性就越高。但夹角过小，就会给打锚眼带来困难，所以在实际应用中，要结合具体情况来操作。

3. 建立中间休息点

如果攀爬、下降距离长，应建立中间休息点，如若中间没有休息点，其下降人数会受到限制，当几人一起下降时，锚点承受力量过大，增加了风险因素。而中间点将绳索受力分段，虽然每段内只有一人作业，但全程却有多人同时在作业，提高了效率，缩短了时间，大大提高了安全性。这样做不仅减少了绳索的负重，而且每个中间点都单独承受力量，锚点间的绳索负重减轻，有利于探险者的安全操作，延长绳索的使用寿命。

（二）洞穴探险辨向技术

1. 贴反光路标

在洞穴里指北针也许会失灵，所以更多的时候要采用其他方法判断方向。洞穴一般由狭窄的通道和宽敞的"大厅"组成。大厅往往是几条通道相会的地方，从通道进大厅容易，从大厅找通道口难。所以当从一条狭窄的通道进入一个宽敞的大厅时，一定要在入口处作好反光路标。

2. 根据气流判断

在方向判断上，以判断出口最为重要，通过烟雾可以判断洞口的方向。例如：点燃一支香烟放在洞内的地面上或者是靠近洞顶处，根据烟雾的方向大致可以判断洞口的位置。用这种方法来判断洞口时，需根据具体情况进行分析，因为在不同的情况下，烟雾会飘向不同的方向，因此判断结果会出现偏差，甚至得到相反的结论。在冬天，洞内的温度高于外界，洞内的气流会从靠近洞顶的地方向洞外移动，相反，洞外的冷空气会从靠近地面的位置向洞内移动。所以在冬天，地面烟雾移动的方向就是远离洞口的方向。夏天，洞内气温一般低于外界，上面的情况正好相反。

3. 利用回声判断

不同物质对声波的吸收情况不同。有经验的洞穴探险家可以根据回声获得许多信息，例如水的位置，洞口的方向等。在不同的位置和环境下，人的呼喊会有不同的回声，例如：在洞腹比较深的地方，呈现"嗡"声；在洞口，其回声很小；在前面没有路的情况下，回声则从身后传来。

(三)洞穴探险前进技术

多人组合进行洞穴探险,不能众人同时进入,应该采用交替前进的方法。如:第一组进入一定距离后在原地休息,向后面的第二组发出信号,第二组前进并超越第一组继续向前行进一定距离再停下来让第一组前行,如此交替,可以大大降低风险。

在洞穴内,联络的信号一般是声音,可用哨子进行通信,在准备期间就应该规定好什么样的哨声具体代表什么意思,并且做几次预演,保证每个队员都能熟练掌握。

(四)洞穴探险联络方式

一般情况下,一长音代表联络,如果对方没有反应,可以继续发一个长音,但两个长音之间要有一定的间隔,一般为5s。当对方听到发出的长音后,如果一切正常也回一个长音。两个急促的短音代表注意,对方听到后回一个长音加两个急促的短音。连续急促的短信表示集合或向我靠拢。三长三短三长的声音是国际通用的求救信号。

三、洞穴探险基础技术教学

(一)教学的重难点

1. 教学重点

(1)洞穴探险中利用不同固定物设置锚点。
(2)洞穴探险中,方向的辨别。

2. 教学难点

固定锚点设置后的检查以及固定锚点设置后的使用。

(二)教学提示

(1)探洞开始前,必须认真清点装备,包括照明用具、食品、饮用水、绳索和防护用品。
(2)探洞过程中,安全管理非常重要,必须强调安全。
(3)探洞的基础技能在洞外练习熟练后,方可进洞开始实践。

四、洞穴探险基础技术注意事项

(1)防止迷路:洞穴内地形复杂,环境黑暗,一般难以辨别方向。即使是刚走过的路也不容易记得清楚,容易迷路。因此在探洞过程中一定要有事先的准备工作,要一边前进一边设立标志,步步为营。进入洞穴之前负责人要清点人数,在洞中行进时要随时检查,出洞时要核实,避免单独行动,发生掉队现象而迷路。

(2)预防缺氧:许多洞穴内气体组成复杂,有的还有瘴气、沼气等混合气体,但最常见的是缺氧的问题。为了防止发生缺氧事故,可带着氧气罐,以防不测。火苗可以判断氧气的含量,在氧气充足的时候,蜡烛燃烧正常,缺氧初期,蜡烛火苗开始发黄(有时发红),根据洞穴内部混合气体的不同情况,蜡烛火苗出现异常甚至熄灭。

(3)防止动物伤害:许多动物喜欢在白天或寒冷时钻进洞穴内,有的动物还会把家安在洞内,例如蝙蝠、蛇。

(4)注意塌方:洞穴的种类很多,其中的一些洞穴存在一定的不稳定因素,在不受外界影响的情况下还可以保持原来的形状,但在雨水、震动、压力的作用下也许就会发生改变,出现裂缝,甚至塌方。进入前应该考虑塌方的可能性,做好相应的准备。在洞穴内活动时,也一定要小心,不要随便进行敲击、挖掘等活动。行进时,大家的脚步不要一致,以免形成共振,引起塌方。在洞中陡坡地行走时,人与人之间要保持适当距离,以避免走动时踏动石块,滚动伤人,特别是在崩石堆中行走时更要小心。

(5)注意碰头:洞穴顶常常高低不同,并且常常有钟乳石下垂,一不小心,就会被碰得头破血流,因此进洞时一定要戴安全帽,行进时要看清楚再走。

(6)天气状况:在连续数天大雨过后不宜进洞,这时洞内情况不稳定,容易出现塌方。

(7)准备充足:探洞前要有充分的准备,探洞要集体行动,最好有专家陪同(个人坚决不要去探洞)。进洞后洞口要有人留守,以便发生问题时及时求救。

第二节 SRT

一、SRT 概述

SRT 是英文 single rope technique 的缩写,在国内称"单绳技术",属一种绳索操作技能。SRT 技术作为独立的单绳上升技术,在户外中运用广泛,主要用于洞穴探险。但是 SRT 不等于洞穴探险,一方面洞穴探险包括很多内容,绳索技术只是其中一部分,另一方面 SRT 技术不仅适用于洞穴环境,也适用于各类高空环境(山地、峡谷、开放性岩壁等)。

二、SRT 介绍

(一)上升技术

1. SRT 绳上直立技术

绳上直立技术是 SRT 技术中最重要的基本功训练,是所有绳上移动、转换的核心技能。SRT 绳上技术的练习方法如下。

(1)手持上升器挂绳,任意一只脚套入脚踏绳,离地后,保持全身稳定直立。

(2)上升器是腿部支点,不是手臂支点,不要被上升器限制住手握的位置,需依靠全身协调平衡保持,不依靠手臂的力量。

(3)不用右手。在绳上直立练习时,保持不使用右手,在实战操作中需要用到绳上直立动作时,右手往往需要用来操作各种器材,例如打开胸升等。

2. 蛙式上升技术

蛙式上升是SRT的核心技术，即利用脚蹬将自身重量由一个上升器转移到另一个上升器，交替进行，从而不断实现向上移动的技术。常用到的蛙式上升技术，包括两种上升方法，具体如下。

上升器+GRIGRI：GRIGRI与攀登主绳连接，再与安全带的攀登环连接；上升器在GRIGRI的上端与主绳连接，使用长扁带将上升器与安全带攀登环连接（长度为手握上升器直臂略弯）；将快挂扣入上升器上端的孔（防止上升器脱落）；制作脚蹬并将脚蹬扣入上升器下端的主锁；将GRIGRI下端的主绳套入上升器下端的主锁中（改变用力方向），完成器械连接；右手推上升器至最高位置，右脚（或双脚）置于蹬踏环中，在发力蹬踏腿环的同时，左手向下拉主绳，使身体重心上升，然后再将右手推上升器至最高位置，依次循环进行；在身体离地2m处、在GRIGRI下端0.5m，在主绳上打防脱结，防止器械坠落，具体见图11-2-1。

双上升器上升：在穿戴检查好SRT所需装备后，调整脚蹬绳的合适长度，收紧固定胸式上升器的肩带，打开胸式上升器装在需要上升的绳索上，接着安装手持上升器，胸式上升器下端绳索收紧（若无连接胸式上升器的肩带，可以用短扁带连接胸式上升器代替），保持上端绳索受力。通过绳上直立的要点方法，脚踩脚蹬绳发力，使重量转移到手持上升器上，使胸式上升器往上移动，该步骤结束后，下坐使胸式上升器受力，重量转移到胸式上升器上。重量转移到胸式上升器后，让脚蹬绳不受力，往上推动手持上升器大概在额头位置，交替重复前面步骤，具体见图11-2-2。

图11-2-1 "上升器+GRIGRI"上升

图11-2-2 "双上升器"上升

（二）下降技术

1. 基本下降技术

下降技术依靠的是下降器，它实际上是与安全带相连的套在绳索上的一个摩擦装置，探洞者通过调节下降器来控制下降速度或停留在绳索上。洞穴探险下降器的制动力，也就是下降速度的快慢决定于下降器下部绳索拉紧的程度，而拉紧的程度是由探洞者握绳索的手来控制的。

常用的洞穴探险下降器为 SIMPLE 和 STOP，在装绳时，需要掌握正确的绕绳方式及使用方法，人员下降时下降器承重时一定是在安全带上的攀登环上，而非装备环上。在使用时，下降器应充分收紧靠近锚点，打锁要紧，握绳时虎口朝向下降器。

在练习时，不同环境的下降，采取的身体姿态不同，需做相应的练习，例如全悬空时的坐姿，沿岩壁下降时，身体的 L 型姿态等。同时还要练习不同下降路线的下降方法，例如下降通过偏移点，通过中间保护站，通过绳结等。

2. SRT 微距下降技术

微距下降技术是 SRT 基础性技术及重要的基本功练习，不使用下降器下降，使用上升器微距离下降的技术，也称为蠕虫下降。

不使用下降器，利用手持上升器与胸式上升器交替半开，进行短距离下降。在绳上直立的姿态下，用右手食指从胸升的上方使胸式上升器处于半开状态，身体重量往下移动，使胸式上升器受力后，交替半开手持上升器往下移动。

注意：始终用左手操作手升，右手操作胸升，发力脚必须收在臀部下方上半身要贴近主绳。

（三）上升与下降转换技术

1. 上升转下降技术

上升中途转下降，在胸式上升器下端先安装下降器并打锁，绳上直立的动作基础上，解除胸升，重心往下移动，使下降器受力，再解除手持上升器，从而利用下降器解锁下降。

2. 下降转上升技术

下降中途转上升，首先下降器打锁，先安装手持上升器，在绳上直立的基础上再安装胸式上升器，胸式上升器安装在下降器的上方，解除下降器，处于上升姿态。

绳上直立的动作要领是转换下降的基础，对于转换吃力的状态，应先练好绳上直立动作。

直立时握绳，而不要被上升器限制住手握的位置。正确调整手升高度，避免手升过高，出现解除胸升后，下降器无法完全受力，手升受力无法解除，或手够不到手升的情况。

三、SRT 教学

(一)教学的重难点

1. 教学重点

(1)绳上直立的技术动作的熟练掌握。
(2)上升技术、下降技术中绳索装备的正确连接。

2. 教学难点

(1)多种上升技术、下降技术、上升与下降转换技术的正确操作。
(2)SRT 技术中涉及多种技术装备的操作,且操作步骤十分严格,因此操作过程的风险管理是难点。

(二)教学提示

(1)强调 SRT 技术课程学习的原理、方法、操作步骤及学习目标。
(2)SRT 技术设备安装较为复杂,练习时,教师须对装备的连接进行检查。
(3)注重发力顺序,注意蹬腿与向下拉主绳、向上推上升器时腿部配合上抬等动作的协调性。
(4)加强安全教育,讲解分析 SRT 技术操作的风险源以及防范与应对措施。
(5)鼓励学生反复练习,增强上下肢力量、力量耐力及上下肢发力协调性,锻炼坚忍不拔的意志品质。

四、SRT 技术注意事项

(1)熟悉装备的性能与使用方法,特别是 GRIGRI 与 STOP。
(2)上升器卡死为两种情况:上升器受力和上升器损坏。第一类情况:蹬脚踏,抬高身体,收紧 GRIGRI 处绳子,使上升器不受力。第二类情况:上升器损坏,则需要依据实际情况具体来解决,无法自行解决则需对下降者进行救援。
(3)上升与下降转换技术中操作步骤的顺序十分重要。
(4)GRIGRI 卡死无法下降,须进行救援。
(5)正确佩戴头盔,预防头顶落石。

第十二章　山地自行车

山地自行车运动最早出现于20世纪70年代美国加利福尼亚州塔马尔帕伊斯山（Mount Tamalpais），加里·费歇尔、查理·康宁安、基思·班特雷杰、汤姆·里奇等被尊奉为山地自行车运动的奠基人。为了能充分享受从山顶飞驰而下的刺激，人们先用卡车把自行车运到山顶，然后再从山上骑车飞驰而下。每年都有成千上万的山地自行车运动爱好者来到这里进行挑战。齿轮和变速器推动自行车工业的发展，为山地自行车制造业的出现奠定了基础。随着山地自行车运动的流行，出现了专门制造山地自行车的公司、集团，从而使这一新兴的工业得到了进一步的发展。如今，市场上已经有质量上乘、双减震，配有盘式刹车装置、车灯的合金、碳纤维部件山地自行车。目前，在山地户外极限挑战赛也多根据比赛场地的实际情况设有山地自行车路段。因此，掌握山地自行车的基本技术是每个户外运动专业学生和爱好者的必备技能。本章主要介绍山地车的基本知识、基本骑行技术、上下坡弯道技术以及障碍骑行技术。

第一节　山地自行车基础

一、山地自行车介绍

（一）山地车的主要特征

宽胎，直把，有前后的减震，骑行较为舒适。宽而多齿的轮胎提供抓地力，有减震器吸收冲击。具有刚度大，行走灵活等特点，骑行时不必选择道路。

（二）山地自行车部件

山地自行车的部件具体见图12-1-1。

1. 鞍座（又称"车座"）

在自行车的各个部件中，鞍座是同人体直接接触最多的部件之一，因此在条件允许的情况下，购买自行车时最好同时购置质量较好的鞍座。配置适合男女不同身体构造的鞍座，不仅能使车手感到非常舒服，还能减少受伤的概率。

为保证鞍座适应自己的身高和体形需对鞍座进行调整，调整鞍座的高度时，最好有两人，一个人把自行车竖起来，另一个人站在后面观察车手骑跨自行车时髂嵴是否处于水平状态。

第十二章　山地自行车

图 12-1-1　山地自行车结构

鞍座的位置也可以进行精确的调整。大多数山地自行车手喜欢把鞍座尽量向后拉,在下坡时,车手可以借助杠杆作用更好的应付较陡的斜坡。

2. 车架

山地车是否骑的舒适,是否轻巧易控,能承受多高的强度,能用多长的时间,能否升级等,关键在于车架。车架大致分为两种:硬尾车架和全避震车架(软尾车架)。

车架大小的选择:一般根据身高选择车架,一定要选择适合自己的车架。车架与身高参考数据见表 12-1-1。

表 12-1-1　车架与身高参考数据表

身高/cm	尺寸/寸
150～160	14
155～165	15
160～170	16
165～175	17
170～180	18
175～185	19
180～190	20
185～195	21

注:1 寸≈3.33cm。

(1)硬尾车架。硬尾车,顾名思义,没有后减震功能,但大部分都有减震前叉。硬尾山地车是非公路地形、单行道及竞赛的理想选择。它比全减震山地车更轻、更耐用且更低廉。更轻是因为车架上的零件更少,更耐用是因为它没有枢轴或后减震需要保养。

(2)软尾车架。它也称全避震车架,更舒适,过颠簸的山路时不用减速,不过骑行有些吃力,不适合长途骑行。

3. 前叉

前叉的工作顺序应该是:遇到障碍物——前叉被压缩——到了极点——被回弹到原来长度(回弹的速度受阻尼的影响)——弹跳系统工作结束。

(1)行程:前叉能够压缩的极限长度。XC 用 80～120mm。TRAIL 和 AM 用的叉 130～160mm。速降的要 180mm 以上。

(2)回弹:弹起后收缩到极点之后,由介质(阻力胶、弹簧、空气)弹回原来的行程长度,即弹跳 Spring 的后半部分,因为回弹速度要受到油阻尼的影响,所以单独成为一个专业名词。

(3)阻力:回弹的时候,回弹速度有多快,这个由阻力来决定。高速行驶下,回弹快了,会被弹飞;回弹慢了,连续障碍物时行程被越压越短,手感跟没有回弹的硬叉一样。

(4)锁死:骑行的时候,通过一个特殊的旋钮,能把前叉锁死,跟硬叉一样,对任何障碍物都没有减震的反应。这样可以省力,使爬坡变得更容易,骑长途时也可以省力些。普通玩家用处不明显,建议把金钱用在其他部件上。锁死结构有两种,一种机械锁死,一种阻尼锁死。

4. 制动系统

制动系统包括刹车、刹把、刹车线。
山地车用两种刹车:V 刹、碟刹,而普通自行车的吊刹不常见。

(1)V 刹:力量很大,因为是靠摩擦轮圈制动,所以轮圈一定要调整到位,且不容易形变。

(2)碟刹:比起 V 刹,更不容易把轮胎抱死,高速行驶的时候,抱死很危险,会导致侧滑和翻车。

碟刹分两种:油压碟刹和机械碟刹,油压碟刹靠油去压刹车片,获得巨大的刹车力,这种刹车在速降车上很常见;线拉碟刹靠手指的力量去制动。

5. 传动系统

传动系统包括牙盘、中轴、链条、飞轮。

(1)牙盘:也叫齿盘。大部分是 3 个齿轮,有人追求轻量就改成两个,不过也有 4 个的。平时我们的牙盘都是 44-32-22T 的,3×10 速的牙盘就是 42-32-24T 的。

(2)中轴:有一体中轴,梅花孔中轴和方孔中轴 3 种,长度和直径也有不同的标准,必须依照对应的牙盘购买。

(3)链条:易耗品,骑长途易断链条,需携带备用链条。

(4)飞轮:常见的有 8 飞 24 速、9 飞 27 速,还有 10 飞 30 速的,SRAM 更是出了 11 速的飞轮。

6. 变速系统

变速系统包括变速器、变把、前拨、后拨、变速线。

(1)变速器:国内最常见的是禧玛诺 Shimano(日本)与速联 SRAM(美国)。

(2)变把:分两种,一是指拨,二是转把。

(3)前拨:控制变速系统的前方牙盘。

(4)后拨:控制变速系统的后方飞轮。

(5)变速线:比刹车线细。

7. 车轮

车轮包括车圈、钢线、前后车轴、车胎。

(三)山地自行车分类

1. 一般山地车(硬尾山地车)

一般山地车最大的特点是它有优秀的前叉避震器以及由钢、铝合金或碳纤维打造的高品质车身。一般乘骑的山地车,并不太在意单车本身的重量,所以它的车身构造十分坚固。但是它也不是不能朝轻量的方向去,像特轻的碳纤维制的车身都可以让整台车子的质量变轻,除非是参加比赛用途的山地车,车子本身的质量不大。

2. 全减震山地车(软尾山地车)

最初把减震系统装到山地车上的目的,主要是为应对下坡时的冲撞。最新式全减震山地车就是考虑结实、舒适而制作的,所以说全减震的山地车是最舒适。全减震的山地车已经不限于下坡赛专用,因此上坡时能爬得愈快愈好,而不太在意下坡时或遇到凹凸不平路面的特殊状况。

3. 多用途山地车

多用途山地车是为要常在城市与山路间乘骑单车爱好山地车活动的人士所设计。它的车身虽然不必要拥有和山地车一样特别坚固的车身,但必须达到坚固耐用的要求。

二、所需设备

山地自行车在骑行过程中,专业的装备是骑行安全与快速骑行的重要保证,其中需要的装备包括个人装备与集体装备。

(一)个人设备

(1)专业骑行短裤(防止被卡在轮辐或障碍物上)。

(2)专业骑行服(便于排汗保暖)。

(3)骑行眼镜(防止太阳直射和蚊虫)。
(4)骑行手套(保护手掌和防止摔落时受伤)。
(5)护膝、护肘(水平较低时使用)。
(6)头盔(防止摔倒对头部造成伤害)。
(7)能量补给水包或水瓶(标明自己 ID 和联系方式)。
(8)根据自身需要准备防晒霜唇膏等其他物品。

(二)集体设备

(1)准备不同型号的山地自行车(适用于不同的参与者)。
(2)急救箱(意外情况出现后的应急处理)。
(3)工具箱(修理自行车)。

第二节　基本骑行技术

一、基本骑行技术概述

山地自行车基本骑行技术是指山地自行车骑行中的通用技术,包括山地车骑行前的准备工作、齿轮变速技术、蹬踏技术、刹车技术、骑行礼仪与规则。只有掌握了基本骑行技术,才能对山地自行车进行深入的学习。

二、基本骑行技术介绍

(一)山地自行车基本操作步骤

1. 调整山地车

要很好地控制自行车,自行车的大小必须适合车手的身高和骑车水平的高低。因此选择大小合适的车架和高度适中的鞍座非常重要。车座高低的调整,在坐稳车座后,用脚跟蹬住脚蹬,当脚蹬到最低点时,腿应正好伸直,既不感到过分伸脚,也不使膝关节有弯曲。

调节刹车装置时,应该调节到只用双手的中指就能简单制动。

闸把倾斜的角度应以手指搭在闸把上时手腕伸直、胳膊展开为宜。最重要的是熟练掌握自行车,在遇到紧急情况时,不用思考就知道哪一个闸把控制前闸,哪一个控制后闸。若操作不当就极易发生安全事故。

变速杆调整灵活便于使用,在加速和减速时都不应该出现任何问题。

脚蹬是车手同自行车之间传送能量的直接媒介,必须处于最佳状态。使用不带踏脚套的脚蹬,骑行鞋必须保持良好的状态。如果想把脚从脚蹬上拿开,则应保证脚蹬能轻松地同骑行鞋上的防滑钉分开。

把手的高度:上翘型把手约比座垫高出 3～5cm,平形把手则与座垫等高。车把的宽度应与运动员的肩宽大体相同,一般为38~41cm。如果宽于肩,会增加风的阻力;窄于肩,胸腔会受到挤压,影响正常呼吸功能。

2. 热身

骑车前的热身运动可使肌肉得到适当的伸展,在运动中不易受伤。骑车是一项锻炼心血管承受能力的运动,热身运动有利于帮助相关肌肉和肌腱做好运动前的准备。先伸展一下身上的肌肉,慢慢地骑行一段时间,再逐渐加速,随之增大运动的强度。骑车结束以后,则需要从高强度运动慢慢地过渡到低强度的运动。

3. 动作姿态

1)身体姿态

正确的骑车姿势是:上体较低,头部稍倾斜前伸;双臂自然弯曲,便于腰部弓曲,降低身体重心,防止由于车子颠簸而产生的冲击力传到全身;双手轻而有力地握把,臀部坐稳鞍座。

正确的骑姿是站在比较平坦的地面上时,身体60%的重量要落在后轮上,40%落在前轮上,身体重量如此分布,一方面能够保证爬较陡的斜坡时比较灵活,自行车不会向后翻;另一方面又能保证下坡时自行车不会向前翻。

下坡时,身体重心要始终靠后。如果坡度允许,车手胸部的重心应该落在鞍座上。

上坡时,要把重心移到鞍座后部,使双腿获得最大的杠杆作用。

2)手的姿态

手握车把的姿势由车手自己决定,主要要领如下。

轻轻地握住车把,肘部稍微弯曲,肩部放松,后背伸直。车把不易抓得太紧,否则上半身会一直处于紧张状态,很容易失去控制,而且手臂也容易感到疲劳。

骑车过程中,拇指和其他几个手指分开成空拳状握住车把,这样碰到什么障碍物,手会从车把上滑下来。

4. 蹬踏技术

蹬踏动作是自行车运动中关键的技术动作,良好的蹬踏技术可使运动员以最小的能量消耗得到尽可能大的功率,达到最高速度。车手应该掌握能够最大限度地传送能量的蹬踏技巧。

脚掌应平稳地踏在脚蹬上,脚蹬应在脚掌中部和脚趾之间,也就是脚掌正好踏在脚蹬轴上,脚掌的纵向与脚蹬轴保持垂直。

踏蹬动作是蹬踏技术的关键,车手应该学会如何连贯地踩动脚蹬做环形运动,不可上下猛踩脚蹬。自行车运动的踏蹬方法有自由式、脚尖朝下和脚跟朝下式3种。①自由式踏蹬方法:目前,一些运动员大都采用自由式踏蹬方法。这种踏蹬方法,就是脚在旋转一周的过程中,根据部位不同,踝关节角度也随着发生变化。自由式踏蹬,符合力学原理,用力的方向与脚蹬旋转时所形成的圆周切线相一致,减少了膝关节和大腿动作幅度,有利于提高踏蹬频率,自然地通过临界区,减少死点。大腿肌肉也能得到相对的放松。但这种踏蹬方法较难掌握。

②脚尖朝下踏蹬法:其踏蹬特点是,在整个踏蹬旋转过程中脚尖始终是向下,这种方法踝关节活动范围较小,有利于提高频率,容易掌握,但腿部肌肉始终处于紧张状态,不利于自然通过临界区。③脚跟朝下式踏蹬法:脚跟朝下式踏蹬方法是脚尖稍向上,脚跟向下 8°～15°,这种方法在正常骑行中很少使用,只是少数人在骑行过程中作过渡性调剂用力时才使用脚跟朝下式踏蹬方法。它的特点是肌肉在短时间内改变用力状态,得到短暂休息,达到消除肌肉疲劳的目的。

5. 齿轮变速技术

山地自行车的齿轮传动速比为自行车以较高的速度行驶提供了条件,而在爬比较陡的斜坡时则又能保证自行车以较低的传动速比行驶。为了充分利用这一特点,车手需要掌握齿轮的工作原理。车架中央有 3 个链轮,通过车架底部的托架固定在曲柄上。链轮的尺寸、大小也不一样:大轮 42～48 个齿,中轮 32～36 个齿,小轮只有 20～26 个齿。车架后部,在后轴上还有一组飞轮,最小的只有 11 个齿,最大的则 36 个。前面的链轮同后面飞轮的组合不同,车手每踏蹬一圈,不同飞轮转动的圈数也完全不同。

牙盘越大,蹬踏越费力,骑行速度快;飞轮越大,蹬踏越省力,骑行速度慢;提前变速,手柄上的右侧手柄操作后齿轮,手柄上的左手杆操作前链轮;较小的链轮用于上坡、强劲逆风和起动车辆时使用;齿轮组合调节练习时,应保持车持骑行状态(车辆行驶时)。

例子 1:如果链轮选最大的(42 个齿),飞轮选最小的(11 个齿),42 除以 11 约等于 3.8,那么车手每踏蹬一圈,飞轮就转动 3.8 圈。这一组合最费力,但是下坡时的最佳组合。

例子 2:链轮选最小的(22 个齿),飞轮选最大的(32 个齿),22 除以 32 约等于 0.69。这样,车手每踏蹬一圈,后轮只转动半圈多一点。这一组合最省力,速度也最慢,是爬坡时的最佳组合。

变速、齿轮调节应注意:①要学会预测前方的地形特点,以便能够提前变速。但最好是先释放动力传动系统的张力,然后再平平稳稳地调换速度。否则的话,很容易损坏链条,使齿轮或齿轮齿发生弯曲,还有可能使齿轮脱落。②当动力传动系统的张力最大时不要变速。变速刚刚完成以后,暂时不要用力踏蹬。③变速时要一点一点地加速,不要从最低速突然跳到最大速度,反之亦然。④防止链条形成 U 型。调整齿轮的传动速比时,一定不要使链条形成 U 型。如果把后面两个最大的飞轮和前面最大的链轮组合在一起,或者把后面最小的两个飞轮同前面最小的链轮组合在一起,链条就会形成 U 型。⑤如果前面选择中号的链轮,那么它就可以同后面的任何一个飞轮组合。

6. 刹车技术

刹车是利用摩擦力让山地车减速甚至停下来。山地车有前轮和后轮两组刹车,后刹车主要是为减速,前刹则是让车子停下,在刹车时,应根据车辆行驶的状况同时使用前后刹车。使用前刹车应特别小心,单独使用前刹车,前轮极易抱死,造成翻车;而单独使用后轮,则容易出现后轮抱死,从而造成侧滑摔车。在骑行时,手始终搭在刹车杆上,根据地形或情况来判断决策适时使用刹车。

不同环境和骑行状况下刹车的使用如下。

(1)一般情况下应同时使用前后刹。在自然环境中,根据不同路况、不同车速和前方状况采用不同刹车手法。

(2)紧急刹车,拉前刹车至后轮刚好浮离地面的力度,此时刹车的要领是:手臂稳固撑住身体,身体离开鞍座,重心往尽可能后移,避免前翻。

(3)使用刹车应该遵循"前刹7后刹3"的比例,同时用力向前推车把,尽可能使身体重心压向后轮,避免轮胎锁死造成的侧滑和前翻。

(4)湿滑路面,易出现车轮打滑,掌握"前滑后刹,后滑前刹"的操作技巧。

(5)松软路面,车胎打滑的可能性大增,须提前判断,使用后刹车控制车速,可酌情使用前刹,但须把握"先后刹再前刹"。

(6)颠簸路面,车轮很有可能跳离地面,这种情况不可使用前刹,否则前轮会抱死,造成翻车,应使用后刹,把握"离地不用前,适时使用后"的原则。

(7)下坡刹车,在下坡骑行时,使用刹车应"轻点刹车,少量多次",即轻轻按压,根据速度变化和需求不断调整,否则很可能出现甩尾、失控等后果。

(8)弯道刹车,山地自行车在弯道骑行时,使用刹车非常危险,应在进入弯道前使用刹车控制车速,如果要在弯道中减速,则应在有能力控制车辆平衡,保持人车一体的前提下,轻点刹车。

7. 山地自行车骑行注意事项

(1)骑车时眼睛目视前方,不能总是盯着路面,也不能只盯着自己自行车的前轮和前面的自行车的后轮。

(2)不要盲目地跟着前面的自行车走。否则很容易碰到前面车手突然避开的障碍。

(3)遇到大面积的砂地、泥浆和水时,要保证身体的重心离开前轮,落在鞍座的后部,让前轮从砂土、泥浆和水面上方轻轻地"飘"过去。

(4)刹车的力度应适中,刹车时不要挺直后背,否则会失去控制。

(5)骑车时应把自行车调到比较省力的齿轮上。

(6)在沿着比较陡峭的河岸或斜坡向下骑行时,始终要把身体的重心放在鞍座的后部。一旦失去控制,从自行车上向后倒要比从车把上方向前栽倒安全。

(二)山地自行车礼仪

(1)转向:右手平举,掌心向前,提示队友前方右转,左手反之,如图12-2-1所示。

(2)减速慢行:右手手掌掌心向前向上方高举一下,表示前面有障碍,需要减速,同时散开队伍,如图12-2-2所示。

(3)停止前行:右手握拳曲肘上举,表示停止前行,如图12-2-3所示。

(4)右手平举握拳伸出大拇指,提示表示感谢(向让行的机动车或行人),如图12-2-4所示。

(5)右手放在身后,往臀部方向前后摆动提示后面队员保持队形。

图 12-2-1　山地自行车转向示意图

图 12-2-2　山地自行车减速示意图

图 12-2-3　山地自行车停止前行示意图

图 12-2-4　山地自行车表示感谢示意图

（6）领骑加快骑行，然后靠向路边，说明要换人领骑，后面队员应迅速补上，领骑队员要慢慢跟到编队最后。

（7）避让大型障碍：右手向斜后方摆动提示后面车友注意右侧逆行或障碍物，如图 12-2-5 所示。

图 12-2-5　山地自行车避让障碍示意图

（8）路面颠簸：右手手掌向下于侧下方上下摆动，表示路面颠簸，如图 12-2-6 所示。

三、基本骑行技术教学

（一）教学的重难点

1. 教学重点

掌握山地自行车蹬踏技术、齿轮变速技术、刹车技术，能够根据不同路况和身体条件进行

图 12-2-6　山地自行车路面颠簸示意图

熟练的变速,及使用前后刹车。

2. 教学难点

熟悉使用刹车技术,熟练操控山地自行车,做到人车一体,骑行自如。

(二)教学提示

(1)设置山地自行车骑行路线,在该路线的周边设置明显的标记。

(2)分组练习,身高相同的两人一台车,强调练习可能存在的安全风险,并讲解相应的应对与处理方法。

(3)强调对骑行中环境的观察和分析,提前采取应对措施控制风险。

(4)强调各项练习可能存在的风险和安全问题,并讲解应对与处理方法。

(5)观察学生的骑行技术和状态,及时制止危险动作和行为,防止风险的出现。

(6)激励学生积极主动克服心理障碍,勇敢面对挑战,培养学生自信、勇敢的品质和独立思考、判断与决策的能力。

(7)组织讨论骑行中使用变速及刹车的感受,以及在不同的地形有效地使用变速器使骑行更快、更安全的方法。

四、基本骑行技术注意事项

(1)必须戴好头盔、手套、护肘、护膝等防护工具。

(2)骑行者经验不足、安全意识不强、心理对骑行的准备不充分、注意力不够集中,或处理突发情况能力不足以及过于害怕或是兴奋的心理状态易造成危险。骑行前要加强心理辅导并进行安全提示和风险告知,教授危险情况的正确处理方式。

(3)山地自行车本身带来的安全隐患,骑行前要认真检查车辆,包括制动器、轮胎情况等,保证车辆安全性。

（4）山地环境复杂多变，碎石、断树、土坑等较多，骑行较为危险，提高技术水平骑行时，各车应保持足够的安全距离，以防止在骑行期间发生相互碰撞。

（5）受环境影响或操作不当可能造成冲出赛道或冲撞其他人员的情况。

（6）应将未进行练习人员置于远离车道的安全位置。

第三节　上下坡、弯道技术

一、上下坡、弯道技术概述

爬坡和下坡时，骑行者要牢牢记住一句格言：如何开始并不重要，重要的是如何结束。在山地自行车运动中，上坡、下坡、弯道是不避免的地形环境。上坡、下坡、弯道骑行技术是山地自行车重要的基本技术。

二、上下坡、弯道技术介绍

（一）上坡骑行技术

1. 上坡基本技巧

山地自行车运动是在山地中骑行，因此爬坡（图12-3-1）成了不可缺少的一部分。正确的骑车技巧有助于骑行者成功地应对各种各样的山道。能否驱动山地车向前、向上运动，取决于两个关键性的因素：一是动力传动系统的运转与力量的大小；二是车轮与地面之间的摩擦力。动力传动系统的运转与力量的大小同车手身体的强健程度和力气的大小直接相关。摩擦力则与骑车技巧、车轮胎的类型、车手身体的重心位置以及轮胎的压力有关。

图12-3-1　山地自行车上坡示意图

对于短而陡的坡,运动强度很大,高强度运动持续的时间比较短,骑行者要保持正确的骑车姿势,并保持正常的踏蹬动作。如果有条件,在上坡前可以加速以积累足够的冲力,利用物体运动惯性原理来节省体力,轻松地踏蹬。同时,坡上骑行时要保持相当的牵引力,快到坡顶时可采用站立式骑行,把速度尽可能提高,给下坡加速创造有利条件。

遇到很长的上坡,由于运动强度和骑车技巧与爬陡坡时不同,应根据自己的体力状况及时调整传动比,也就是调节蹬踏用力时省力的齿轮来保持车子能快速前进,不能等到骑不动车和速度完全降下来时再改变传动比,应坚决避免重新起动的现象出现。坡路较长或有陡坡时,可适时使用站立式骑行方法,调节用力部位,让部分肌肉得到休息。

上坡时,前面有车,跟车不要太近。由于上坡用力的原因,行车常常左右摆动,跟车过近,可能发生碰撞。再者,上坡时速度显著下降,跟车反而会使自己的骑行方法受到限制。

2. 上坡技术需遵循的原则

(1)采取比较舒适的骑车姿势,并在爬坡过程中保持这一姿势。

(2)开始时的速度要合适,使用省力的齿轮。过一段时间以后再提高速度,并把齿轮调换到比较快的一档上,这样在加速的同时就能越过坡顶。

(3)把身体的重心放在鞍座上,这样双腿在脚蹬上可以更好地发挥杠杆作用。

(4)上半身要放松,集中精力爬坡。

(二)下坡骑行技术

骑行之前手指应该覆盖制动杆,以便时刻制动调整车速。骑行中握好身体重心,根据下坡的陡峭度(下坡越陡,骑车者身体重心越向后)调整,上体前倾角度不宜过大,过度向后可能会导致前轮被抬起的危险,具体见图12-3-2。

控制好自行车速度,合理配合使用前后制动器,车辆减速时不能单一使用前制动器,可能

图12-3-2 山地自行车下坡示意图

会导致翻车。下坡时控制速度,尽可能前后闸同时使用,在下坡时,保持两脚高低相等,以减少撞到障碍物的风险。

(三)弯道骑行技术

过弯道时的技术要求:转弯前要控制车速。用点刹的方法逐渐减速,尽可能前后闸同时使用,进入弯道后将闸放开,转弯时,身体和车子要保持一致,向里倾斜,上体和车子保持一条直线,以克服离心力。转弯方法主要有倾斜法和把向法。

1. 倾斜法

(1)身体重心基于车上往弯内倾斜,人车保持样的倾斜角度。
(2)伸直外侧的膝盖并且下意识地加点力度。
(3)用内侧的膝盖顶着横梁,这是一个调节过弯道技术轨迹的好方法,减少压力就可以缩小弯度。
(4)外侧的手稍稍拉起车把。

2. 把向法

(1)向前挪动,直至鼻子和刹车把成一行。
(2)保持车子直立,身体往弯内倾斜(足以让外侧的手臂伸直)。
(3)把车把往弯内一侧歪。
(4)弯曲内侧手臂的手肘把车把拉回,同时外侧手臂把车把推出以转动车把方向。
(5)保持两边膝盖内扣,继续蹬踏。

快速转弯所需要的是果断和勇气,在转弯之前选择自己感到比较合适的速度,进弯道后则应加速前进。同时,还必须选择合适的骑车路线,然后一口气骑过去。

三、上下坡、弯道技术教学

(一)教学的重难点

1. 教学重点

了解骑行上坡、下坡以及过弯的技术要领,理解身体重心依据地形不同产生变化。

2. 教学难点

根据环境的变化,在上坡、下坡、过弯的过程中变化身体的重心和骑行姿势。

(二)教学提示

(1)分组进行练习。骑行前应检查车辆,佩戴头盔等安全防护工具,强调上下坡骑行的风险,骑行时需要注意安全事项,培养学生风险防范的意识。

(2)进行安全教育,教授突发情况的处理方法和措施,如侧翻、翻滚等。

(3)强调骑行安全,观察学生的骑行技术和状态,及时纠正错误动作,禁止危险动作和行为。

(4)强调骑行中对于路况的观察和预判,提前采取应对措施。

(5)激励学生积极主动克服心理障碍,勇敢面对挑战,勤于思考,灵活应对,培养独立思考、判断与决策的能力,提升自信心。

(6)练习爬坡和下降骑行技能,锻炼心肺和身体素质。

(7)组织讨论骑行中上下坡与变速调节及刹车使用的方法与感受,分享不同地段有效地使用变速器,安全快捷骑行山地车的方法。

(8)教师应掌握每位骑行者的技术水平和心理状态,注意观察其骑行状态,及时进行技术和安全提醒。

四、上下坡、弯道技术注意事项

(1)检查头盔、手套、护肘、护膝等防护工具佩戴情况。

(2)骑行前认真检查车辆安全性能,包括车把、检查制动器、链条、变速器及轮胎等。

(3)骑行时,注意力集中,对前方路况进行判断,及时调整车速,运用正确的技术应对不同障碍,特别强调刹车技术的运用。

(4)下坡骑行时,应控制车速,应特别强调不能单独使用前刹。

(5)在碎石、断树、土坑、湿滑等难以控制车辆的路段,保持头脑冷静,运用山地车的特性和骑行技术通过障碍。

(6)遇到沙地时,车辆往往较难控制,应提前减速,平稳蹬踏,人车一体,匀速通过,也可沿前面骑行者留下的痕迹骑行。

第四节　障碍骑行技术

一、障碍骑行概述

在自然环境中骑行山地车会遇到各种对于骑行稳定性产生影响的障碍。因此,障碍路面骑行技术是骑行山地车的重要技术,山地自行车在旷野、山林中骑行,充分享受自然,令人感到刺激。在旷野、山林中驾驭自行车仅有一般的骑行技术是远远不够的,还必须了解与掌握一些路段、情况的骑行技巧和方法,不断提高骑车水平,只有这样才能使山地自行车运动顺利、安全地开展。

二、障碍骑行介绍

(一)山地直道骑行

我们在骑行山地自行车的过程中,最常见的地形环境就是山地直道,选择骑行路线,熟悉骑行场地自然环境,进行骑行练习,其技术要领如下。

(1)注意力集中,保持专注,思考骑行技术与要求。

(2)直道骑行时,上体较低,头部稍倾斜前伸,双臂自然弯曲,便于腰部弓曲,降低身体重心,防止车辆颠簸的冲击力传到全身。

(3)双手轻而有力地握把,臀部坐稳车座。

(4)双腿匀速蹬踏,使用变速器调控"牙盘"和"飞轮",感受齿轮变速,调到蹬踏时略感吃力,保持每分钟蹬踏80~90周。

(二)跳跃技术

山地自行车在骑行过程中会遇见很多障碍,因此我们必须掌握跳跃技术。山地自行车常见的跳跃技术有齐足跳、借助斜坡跳跃。

1. 齐足跳

借助跳跃,或者说"齐足跳",骑行者能够成功地跨越障碍物,而不必打断行程或放慢速度。如果前面出现了障碍物,而又没有可以借力的斜坡和沟沿,则可以使用这一技巧。齐足跳比较容易掌握,关键是平时要注意多加训练。开始的时候,选择比较小的障碍物,等熟练了以后,比较有信心时,再选择比较大的障碍物。"齐足跳"的方法如下,具体如图12-4-1所示。

步骤1:瞄准前面的障碍物,保持比较合适的速度前进。在碰到障碍物之前,上身伸直,四肢微微弯曲,形成下蹲的姿势,蜷缩在自行车上。

步骤2:在山地车前轮将要碰到障碍物的时候(相距大约50cm),向下按压自行车前部,然后双腿同时向下用力和手臂用力上拉,身体向上,并把车把抬起来。

步骤3:前轮离开障碍物后,扭动车把,双脚向后、向上猛拉(带踏脚套的脚蹬在这种情况下能够派上用场)。此时,后轮离开地面,沿着前轮的轨迹向前滑动。

步骤4:将身体重心前移和后移。重心前移有助于前轮着地,后移则有助于前轮抬起,这样做可以先让后轮着地,再让前轮着地。

2. 借助斜坡跳跃

借助斜坡跳跃的步骤:

步骤1:逼近。目视前方,看清前面的障碍物。靠近障碍物时,身体要放松,重心放低,四肢微微弯曲,形成下蹲姿势。

步骤2:跳跃。碰到障碍物时,山地车会被弹起来,此时骑行者应借助上弹的力量立即从自行车上站起。这时候,骑行者要将身体重心后移,使鞍座朝着自己的腹部移动。当人、车同时弹入空中后,再向下按压山地车,但双腿和胳膊仍然要保持微微弯曲的姿势,这样在山地车下落的过程中四肢才能灵活运动,具体如图12-4-2所示。

步骤3:着地。着地又可以分为两个阶段:山地车着地和骑行者坐回鞍座。山地车着地时,先让后轮着地,再让前轮着地,随着两个轮子都着地以后,骑行者身体的重心也会下降。这时,四肢微微弯曲,慢慢地把身体的重量转移到山地车上。

图 12-4-1 齐足跳

图 12-4-2 借助斜坡跳跃

(三)过坎技术

所谓"坎"就是山地中常见到的在地面突然下降几十公分甚至更多,形成一个很突然又很小的斜坡。过"坎"就是快速通过小下坡,是山地自行车运动中不可避免的环节。骑行过"坎"的技术主要有前轮触地过"坎"和前轮离地过"坎"。

1. 前轮触底过"坎"(下坡)

了解什么时候跨越障碍物,什么时候绕过障碍物非常重要。前轮触地过"坎"是下陡斜坡时需要掌握的一种骑行技巧。

步骤1:选择看上去比较容易应对的路线,然后低速靠近。当前轮抵达斜坡边界处时,身体重心后移,离开鞍座,具体如图12-4-3所示。

图12-4-3 下坡步骤1

步骤2:开始下坡后,上身及双腿伸开,稍微有点弯曲,轻轻地按动后闸,但不要锁住后轮。身体重心后移有助于增加摩擦力。坡度逐渐平缓后,再将身体重心前移,回到鞍座上,具体如图12-4-4所示。

2. 前轮离地过坎

前轮离地过坎多用于坡度非常大,近似于直上直下的陡坎,而且坡底要是平坦的路面。

步骤1:靠近斜坡边缘时,速度要适中,身体重心后移,后拉车把,同时用力踩一下脚蹬,身体成站立姿势,使自行车前轮离开地面,形成前路略高于后轮的姿势,具体如图12-4-5所示。

步骤2:过"坎"后,保持前轮略高于后轮的姿势直到山地车落地。然后车手坐回鞍座,继续骑行,具体如图12-4-6所示。

图 12-4-4　下坡步骤 2

图 12-4-5　过坎步骤 1

（四）过石块、障碍物技术

遇到的比较大的石头、圆木时，最好避开，从旁边绕过去。要想从上面跳过去，则要看石头、圆木后面是否有足够的空间，自行车落地时是否安全。如果山地车速度较慢，石头又比较大，则需要特殊的骑行技巧。靠近大石头、圆木时速度要放慢一些，同时要选择动力传动速比比较大的齿轮。一般链轮、飞轮应选用中号的。比较小的石头或细圆木可以利用齐足跳技巧跳过去。

图 12-4-6　过坎步骤 2

步骤 1：就在前轮要碰到障碍物的时候，向上猛拉车把，通过动力传动系统用力，就像山地车前轮离地时的平衡特技一样。需要注意的是，前轮抬起来后，其高度以能够爬上圆木和石头边缘为宜。

步骤 2：等前轮安全地落在圆木上面时，身体重心尽量前移，保持前冲力，并迅速移动身体，卸去后轮上的所有重负。

步骤 3：继续踏蹬，让后轮落在障碍物的上面。由于骑行者身体大部分重量落在前轮上，并保持着一定的前冲力，后轮能够爬到圆木顶部。此时后移重心，恢复正常的骑车姿势。

(五)过沟壑技术

穿越沟壑时，要尽可能地使山地车保持水平状态。如果被卡在沟中，轻者会撞击一下，重者则会损坏自行车。

遇到小沟可以跳过去。如果沟比较宽，可以从沟底骑过去。前轮碰到沟边时，先把身体重心后移，使之离开前轮，然后推动前轮下到沟内。等到了对面的斜坡时，再提起前轮并从沟中冲出去。身体重心前移时，要继续蹬踏。这一技巧与跨越比较大的石头所用的技巧相似。不过，这里不是从障碍物上面跃过去，而是从沟底冲出去。

由流水冲刷而成的"V"字形沟壑是比较难应对的地形之一。这种沟通常宽 50cm，最深处也在 50cm 左右。最简单的方法是把自行车从沟上面扛过去。较难的方法是在跨越沟壑时运用前轮离地平衡特技，后轮碰到沟底时身体重心稍微前移，同时继续踏蹬，直到冲出沟底。

(六)松软路面转弯技术

在土质、砂质路面上转弯很不容易，不但很难保持较高的车速，而且随时都有摔倒的危险。在土质、砂质路面上转弯可以分成3个阶段：入弯、转弯、出弯。同时，骑行者还应该考虑骑行的速度、地形以及骑行的姿势。

1. 入弯

靠近弯道时，一定要留心地面，还应该判断山地车所能达到的最高速度。然后选择最佳骑车路线，并判断路线的安全性（考虑山地车与地面之间的摩擦力问题）。一般来讲，进入弯道时要放慢速度，不要太快。另外，转弯时也不要使用车闸。骑车时要全身放松，并在这一阶段对骑车路线进行最后调整。

2. 转弯

开始转弯以后，身体重心向前、向外偏移，同时要紧紧地控制住山地车。转弯时，车手还可以使内侧的膝盖触地。如果弯道不是太急，并且脚蹬离地面还有足够的距离，可以再踏几下脚蹬，以进一步提高车速。向下按压内侧的车把，以增加前轮同地面之间的摩擦力。比较专业的车手通常使脚蹬处于水平状态，这有助于身体保持平衡，并为快速冲出弯道做好准备。如果要使用车闸，尽量不使用前闸，否则前轮会因为张力增大而中和摩擦力，增加轮胎脱圈的危险。必要时可以锁住后闸，让后轮做惯性滑行。

3. 出弯

接近弯道末端，并已经挺直了身体，此时则可以增加脚蹬的力度，加快速度。这样，以越来越快的速度离开弯道后，就可以沿着直线继续高速前进，并有可能超过其他车手。

（七）在土质松软的斜坡上重新发动山地车技术

一旦山地车在斜坡上停了下来，重新起步并非一件易事。车手必须下车，向前走几步，或者向后退几步，选择合适的地点重新发动。所选择的地方必须地势平坦，摩擦力大，比如说一块比较平整的岩石。同时，选择传动速比不是太大的齿轮，以应对当前的情况。如果太大，自行车还有可能会"抛锚"。选择好合适的齿轮以后，利用力量也比较大的那条腿蹬动自行车，同时按住车闸。均衡用力，慢慢地松开车闸。等山地车开始向前运动时，把另一只脚也放在脚蹬上，然后平稳地用力、加速，直至回到预定的车道上为止。另一个比较好的办法是把山地车斜停在车道上，等发动起来以后再调转车头。

三、障碍骑行技术教学提示

（一）教学的重难点

1. 教学重点

学会障碍物的地形安全骑行，掌握通过不同障碍时的技术要领和身体姿势。

2. 教学难点

能够操纵山地自行车通过障碍物。培养骑行安全意识和处置骑行安全隐患的能力。

(二)教学提示

(1)分组练习,骑行前进行安全教育,应检查车辆,佩戴头盔等安全防护工具,骑行安全注意事项,培养学生风险防范的意识。

(2)教授突发情况的处理方法和措施,如侧翻、翻滚等。

(3)组织专门针对石头、沟壑、坎等技术教学与练习,并要求学生之间相互交流和沟通。

(4)观察学生的骑行技术和状态,及时纠正错误动作,禁止危险动作和行为。

(5)强调骑行中对于路况的观察和预判,提前采取应对措施,运用合理的技术安全骑行。

(6)激励学生积极主动克服心理障碍,勇敢面对挑战,将主要注意力放在思考骑行技术和分析判断路况上,培养勇敢顽强、独立思考、判断与决策的能力,提升自信心。

(7)组织讨论上下坡与变速调节及刹车使用的骑行感受,以及在不同地段有效地使用变速器,使骑行更安全、更快捷、更舒适的方法。

四、障碍骑行技术注意事项

山地自行车在障碍骑行中有很多的安全注意事项。但车手摔倒是最危险的,因此掌握正确的防摔以及防摔伤技巧对骑行安全至关重要。

(1)及时停车,顺势倒下。如果骑行中面前突然出现布满沟壑的斜坡、大石头或深坑,没有把握骑行过去,要及时停车,避免莽撞骑行。此时已来不及停车,应根据实际情况身子向一侧倾斜,顺势倒在地上。

(2)团身翻滚。骑行过程中,意外侧倒,遇到这种情况,千万不要惊慌失措,千万别把手臂伸出来,来支撑自己不要摔倒,这样四肢最容易受伤。骑行者应立即四肢收拢,使手臂和双腿紧靠躯干,身子蜷成一团,让躯干承受全部的冲击力,并顺势在地上打滚,可以保证身体不受太重的伤。

(3)从山地车后面跳下来。山地车即将摔倒时,如果正处于下坡过程中,而且也没有办法补救,那么车手可以松开山地车,从后面跳下来。跳下后应快步向前跑一段,可以避免摔倒;如果跳下后感觉要摔倒则应立即团身,让身体在地面滚动,以免造成更大的伤害。

(4)让山地车吸收一定的冲击力。可以让山地车也顺势倒下,为自己充当衬垫。

(5)不要发力挣扎。发现车子要侧倒或即将摔倒时,继续保持原来的冲力及骑行姿势。不要挣扎,直到支撑不住时再摔倒。身体着地时,顺势向前滚动,直到最后能停下来。当然,如果正朝着悬崖或沿着比较陡的斜坡下冲,则必须想尽一切办法把山地车停住。与此同时,要寻找可以使山地车停下来的东西。

第十三章　皮划艇

在格陵兰岛上的爱斯基摩人为方便捕鱼,用鲸鱼皮、水獭皮包裹在骨架上形成船体,这就是皮艇的起源。划艇则起源于加拿大,所以划艇又被称为加拿大划艇。实际上无论是皮艇还是划艇均由独木舟演变而来,日本、韩国、朝鲜、中国香港等地都把皮划艇称为"独木舟"。现在由于生产力发展和社会的进步,独木舟已被其他船艇所替代,但是在一些偏僻地区至今仍在制造和使用独木舟。现代皮划艇运动产生于1865年,苏格兰人麦克格雷戈以独木舟为图,制造了名为"诺布·诺依"号的第一支皮划艇。1866年他创建了英国皇家皮划艇俱乐部。1924年1月,由丹麦、瑞典、德国和奥地利划艇协会发起,丹麦首都哥本哈根成立了"国际划艇联合会"。此后,皮划艇运动逐渐兴起,成为欧美各国广泛开展的一项体育活动。1936年在柏林举行的第11届奥运会,皮划艇开始被列为奥运会正式比赛项目。直到20世纪30年代我国的现代皮划艇运动开始逐步发展,70年代进入快速发展时期,于1974年加入国际划联,1975年将皮划艇列入第3届全运会项目。进入21世纪,我国皮划艇运动发展迅速,已形成了完整的竞赛体系,并涌现了孟关良、杨文军、徐诗晓以及孙梦雅等多名奥运冠军。本章主要介绍皮划艇的基本技术、翻覆与回正技术以及不同水流环境的划行技术。

第一节　皮划艇基本技术

一、皮划艇基本技术概述

皮划艇基本技术涵盖皮划艇的搬运、皮划艇上艇下艇、艇上坐姿、基本划桨与转向技术,是掌握皮划艇运动的基本技术与核心技术。

二、皮划艇基本技术介绍

(一)陆上搬运

单人艇可选择单人肩扛的方式搬运至岸边,双人艇需要两人合作,首尾异侧提拽把手合作将艇搬运至岸边(如皮划艇库房离岸边较远可使用移动板车将艇运至岸边再进行搬运)。

（二）上艇

1. 单人艇

(1)学员在艇右侧与艇同向站立。

(2)右脚在前,左脚在后,右脚距艇身大约10cm,外展大约30°,脚后跟位置与座椅前沿对齐,身体重心位于右脚。

(3)将左脚抬起,进入船舱,重心仍然在右脚。

(4)左脚外展大约45°,注意保持左脚脚后跟在艇中轴线上,并在左脚后预留右脚位置,两腿夹紧防止溜船。

(6)身体微蹲,左手抓住船舱前沿正中位置,同时右手在右脚前撑地。

(7)身体半蹲,身体重心逐渐由右脚转移到左脚。

(8)身体前躬,待身体重心完全转移到左脚后,将右脚收入船舱。

(9)注意右脚落在左脚后,并保持左右脚后跟前后串列同时落在艇中轴线上。

(10)左手用力,身体后蹲,缓慢坐进船舱,同时右手保持支撑地面,随身体后移。

(11)保持左手抓牢船舱前沿,右手支撑地面,将双腿伸入船舱。

(12)双手支撑身体两侧船舱沿,调整身体位置。

(13)船舱内身体"五点合一",双脚蹬牢脚蹬,双膝顶牢皮划艇舱壁,尾骨顶牢坐椅靠背,保证上身挺直,完成整个上艇动作。

2. 双人艇

(1)将艇划到平行于岸边的水面。

(2)船尾桨手先上艇,用一只手握住船舷,然后一只脚到皮划艇的中心,并保持与舷墙的接触,当第二只脚踏上皮划艇时,另一只手应立即抓住另一边的舷窗,将重量传递到手上,采用三点跪姿位,保持船体平衡。同时船尾桨手上艇时,船首桨手在岸边握住艇中前部的船舷,稳固艇身,辅助船尾桨手上艇。

(3)船尾桨手上艇后,待艇保持平稳后,船首桨手上艇,船尾桨手压低身体姿态稳定皮划艇。

(4)入艇顺序由后至前,上皮划艇需要动作精确和相互协作,如果操作不当,可能会出现皮划艇翻覆或人员掉入水中的情况。

（三）下艇

1. 单人艇

(1)艇身靠近岸边后,右手在艇侧支撑地面。

(2)先将靠岸侧腿回缩,保持脚后跟落在艇中轴线上,脚面外展,尽量靠近座椅,必要时使用左手协助。

(3)回缩另一侧腿,将脚后跟落在右脚前,保持与右脚脚后跟前后串列,落在艇中轴线上,左手抓牢船舱前沿正中位置。

(4)身体前倾,左手用力将身体拉起,同时岸边支撑手随身体的前倾前移。

(5)抬起右腿移出船舱,身体重心保持在左脚。

(6)身体重心逐渐转移到右脚,右手离开地面,移出左脚,完成整个下艇动作。

2. 双人艇

(1)两人将艇划至平行于岸边的水面,桨搭岸边保持平衡,准备出艇。

(2)出艇顺序由前至后。

(3)两人合作将艇抬离水面至岸边,清理后搬至存放处。

(四)艇上坐姿

运动员坐进船舱后,应位于艇的中心线上,以保证良好的平衡。两膝微曲,背部要直起,躯干垂直或稍微前倾,身体重心应尽量与船的重心保持一致,若划艇人体重过重或者过轻,可以根据船体的水线来适当调整。运动员自然地正坐船中,头部正直,两眼平视前方,颈部放松。保持这一坐姿,有利于上体转动和两臂用力,具体如图13-1-1所示。

图 13-1-1　单人艇上坐姿示意图

(五)桨的握法

两手虎口向前,正握桨杆,对称地放在头顶上,上臂与两肩平行,肘关节屈成90°,即为适宜的桨长,若需短距离冲刺,可适当握宽,有利于划桨发力。握桨手不宜过于紧张,放松握住桨杆。桨叶的方向由桨叶上的锯齿决定,有锯齿的朝下,若无锯齿,窄面朝下。有蓄水槽的一面朝向自己,凸面向外。

(六)基本划桨技术

皮划艇的划桨技术是连贯而有节奏的循环动作,是以两边相同的动作在左右两侧不断地重复。划桨的一个循环动作可以分为四步,如图13-1-2所示。

图 13-1-2　划桨示意图

1. 桨叶入水

以左桨划水为例,桨叶入水时,上体应围绕纵轴最大限度地向右转动,左肩下斜,左臂充分前伸,左前臂与手成一直线。桨叶入水时贴近船体,左脚撑住脚蹬板,桨叶与水平面成 $40°\sim50°$,入水点应超过自己脚尖。在入水阶段,桨叶的运动方向是向前、向下、向外。

2. 拉桨

拉桨时腰部发力,躯干加速用力向左牵拉转动。左脚撑住脚蹬板,要有用力推艇向前的感觉。右臂屈臂支撑,右手高于下颏,与眼齐平。左臂直臂拉桨,在拉桨过程中,桨颈对齐水平面,桨叶面则尽可能与船舷保持垂直。左臂拉桨时,左腿随着转体而进一步对脚蹬板产生更大的压力,而右臂微屈肘,努力控制划桨的有效垂直部位。划桨至大腿中部,左臂开始屈肘准备出水。在拉桨阶段桨叶的运动方向是向后、向下、向外。

3. 桨叶出水

桨叶划水至髋部结束出水。左臂屈臂提肘,稍稍转动手腕并向上转桨,使桨叶外缘领先出水。出水动作应迅速、柔和而干净利落,桨叶尽量少带起水花。桨叶在出水阶段的运动方向是向后、向上、向内。桨叶出水和入水一样,都是一个划桨动作过程中速度最快的阶段,艇速越快,出水和入水也越快。左臂拉桨出水的同时,右臂微屈支撑。当左手向前、向上复位时,左臂由屈向前自然推直。当右手腕推过中心线时,转化为拉桨手而开始下一次划桨。

4. 复位

左手在复位过程中,肘部向身体中轴移动,当手臂继续向上移动时,肘部几乎在后甲板的上方。当手与耳同高时,肘与肩也同高。手臂复位时,桨叶由下向上,这时为呼吸换气时间。

整个划桨动作是一次连贯、协调的周期性运动,即使是恢复阶段,也应是轻快而流畅。没有任何停顿,并且不允许艇的速度在两次拉桨之间有明显的减速现象。

（七）方向控制

1. 单人艇方向控制

转弯分为正桨转弯和倒桨转弯。正桨转弯就是保持前进的方向不变,利用艇两侧受力不均使艇转弯。向右侧转弯时,左侧桨受力大,右侧桨受力小,或者左侧受力,右侧不受力。倒桨转弯则相反,往哪一侧转弯,同侧桨叶就要向前推。

2. 双人艇方向控制

双人的有效控制方向一般就是3种:重心调整控制,船尾舵控制和扫桨控制。

重心调整控制方向:需要2人配合。如果方向向左偏移,需要向右调整,这种情况下,2个人同时向左重心偏移,同时正常划左桨,船只就自然向右调整。这种方法的优点是简单,完全不需要打乱节奏,对于前方出现的小障碍物通过1～2次的重心调整,即可绕过去。

船尾舵控制:由后桨手一人控制。向哪里转向,就将桨放在那边的船后,形成一个舵。要注意的是,船桨放入时,后手需要伸直,桨叶呈直角放入。这种方法也很实用,对于纠偏很有效,但缺点是会拖慢速度。

扫桨控制:可以是双人一起,也可以是单人操作。如希望船只向右纠偏,只需要在划左桨的时候,用扫桨的方法划一个半圆弧即可。这种方法不影响速度和频率,是在双人皮划艇中最有效的一种方式。但是,以上3种方法都是纠偏的方法,不可用于急转弯,急转弯还是需要扫桨＋压手式压水平衡。

三、皮划艇基本技术教学提示

（一）教学的重难点

1. 教学重点

（1）皮划艇的上艇与下艇技术的掌握。

(2)划艇时身体的协调与动作的流畅性。

2. 教学难点

双人艇时两人的配合(划艇时的配合、转向时的配合)。

(二)教学提示

(1)教学活动地域应选择在远离航船影响,确保水面无水生生物,水底无沉积杂物等水域进行。

(2)陆上模仿练习包括救生衣选择与穿戴、握桨练习、正确的坐姿、划桨技术动作练习等。

(3)搬运皮划艇时保证艇身离地,不能刮擦,体重较大的学生坐于后座,上下艇时,避免艇身摇晃。

(4)进行安全教育,教师根据特定的教学地域环境,分析可能存在的风险,组织讨论风险预防和处置,提高水域风险把控的能力。

(5)分组练习,指定活动区域,进行划桨技术练习,教师穿插进行检查与指导。

(6)设置标志点,小组竞赛的方式,以团队的形式快速到达标志点,提升练习兴趣,锻炼身体素质(身体与心理),培养团队协作能力。

(7)观测天气情况,提前做好应急预案,如遇突发天气变化情况应及时停止教学活动。

(8)教师在水上进行实际场景的皮划艇直行、转向技术的示范与讲解。

(9)安全员协助教师,负责观察与警示教学过程中可能存在的安全风险,避免相互碰撞导致翻覆的风险,提高学生风险把控能力。

(10)设置标志点,小组竞赛的方式,提升皮划艇划行技术,培养兴趣,锻炼身体素质(身体与心理),提升团队协作能力。

四、皮划艇基本技术注意事项

(1)对教学活动水域环境进行全面安全检查,分析评估教学区域水流、风浪、船只及天气变化等风险因素。

(2)对学生运动能力进行评估,并制定应急方案,准备急救包等应急非处方药品。

(3)注意练习时桨的活动范围,避免造成不必要的伤害。

(4)课前查看近期天气预报,若天气恶劣则使用备选方案进行教学。

(5)防止危险物造成不必要的风险。

(6)进行安全教育,强调安全注意事项,避免操作失误或撞击导致的翻船或落水。

(7)应灵活运用直行与转向技术。

(8)水上环境的不可控因素,如风力、雨、水流的突然变化等,应制定应对突发情况的预案,教师划艇跟随,观察练习情况。

(9)指定划行范围区域,加强水域监控管理。

第二节 皮划艇翻覆与回正技术

一、皮划艇翻覆与回正技术概述

在皮划艇的学习过程中,翻艇是经常遇到的情况。皮划艇翻覆与回正技术是皮划艇技术中的重要技术,也是保障学生水上安全的基本技能。因此,掌握翻艇后的回正与上艇对于皮划艇的学习至关重要。皮划艇的翻覆与回正技术主要涵盖皮划艇的翻覆、回正与水中上艇。

二、皮划艇翻覆与回正技术介绍

(一)皮划艇翻覆

(1)从标准的三点跪姿开始,用力倾斜或摇摆船体,直到船体翻转。
(2)皮划艇翻覆应对策略:当发现皮划艇即将翻覆时,保持冷静,采取憋气的方式,防止呛水。
(3)在皮划艇翻覆时应握住桨(而不是皮划艇的两侧)尽可能腿部发力蹬离皮划艇,防止被皮划艇扣在水下,同时注意划桨所处位置,避免对自己造成伤害。
(4)若有头盔,戴上头盔来进行这项活动,以防万一舷窗撞击头部。

(二)皮划艇回正

双人艇回正:皮划艇翻覆,致使人员落水,艇体处于倒扣状态,应两人配合游至艇身一侧,单手握同侧船舷,配合向上发力将艇身整个翻转过来。如无法一次完成回正动作,需尝试多次并借助腿部打水发力,具体如图13-2-1。

图13-2-1 双人艇水中回正

单人艇回正:单人皮划艇回正一般采用单人翻滚回正(有防水裙)。无防水裙落水后,需要人工回正,主要方法与双人艇回正类似。

（三）水中上艇

双人上艇：双人配合上艇，水中辅助者位于艇身一侧前部，运用手与肩部做出近似于上扛的动作，使艇身保持相对稳定；上艇者位于同侧中部，双手扶船舷，利用腿部打水发力与手部支撑，使躯干趴至艇上，而后收腿缓慢落于后座；之后辅助队友以相同方式上艇。合作伙伴向下按压船舷，具体如图13-2-2所示。

图 13-2-2　双人上艇

单人上艇：上艇者双手扶船舷，利用腿部打水发力与手部支撑，使躯干趴至艇上，而后收腿侧身缓慢使身体面向艇头趴在艇上，随后抬起身体尽量跨坐在艇上，并向前挪动，直至进入艇座上，进入艇座后，身体后仰，保持平衡，具体如图13-2-3所示。

图 13-2-3　单人上艇

三、皮划艇翻覆与回正技术教学

（一）技术的重难点

1. 教学重点

皮划艇翻覆回正基础技术的掌握。

2. 教学难点

（1）皮划艇翻覆练习时，翻覆时的身体姿态与动作。
（2）单人上艇与双人上艇技术动作的相同点与差异点。

(二)教学提示

(1)组织讨论,"皮划艇在水中翻覆有哪些情况,针对不同情况将怎么处置?"
(2)学生操控皮划艇保持静止,教师在水上进行实际场景翻覆与回正技术的动作要领讲解与示范;
(3)安全教育,分析可能的风险,强调风险预防和处置,提高水域风险把控能力;
(4)分组练习,指定活动区域,分别进行直行和左右转向划桨技术练习,教师穿插进行检查与指导;
(5)小组竞赛的方式练习,提升皮划艇划行技术,锻炼身体素质(身体与心理),提升团队协作能力;
(6)观测天气情况,提前做好应急预案,如遇突发天气变化情况应及时停止教学活动;
(7)组织学生分享翻覆回正与水中上艇的经验与感受。

四、皮划艇翻覆与回正技术注意事项

(1)进行安全教育,强调安全注意事项,特别是不会游泳或水性不好的学员易引起恐慌,应重视翻覆下水前的步骤。
(2)翻覆后紧张导致的呛水,学员呛水后,进行相应的安抚,稳定情绪。
(3)无论何时均要保证桨处于可控的范围。
(4)水上环境的不可控因素,如风力、雨、水流的突然变化等,制定应对突发情况的预案,教师划艇跟随,观察练习情况。
(5)指定划行范围区域,加强水域监控管理。

第三节 不同水流环境的划行技术

一、不同水流环境的划行技术概述

在野外进行皮划艇练习时,我们会遇到各种不同的水流环境,包括驻波、湍流、漩涡以及其他综合水流环境,作为户外专业学生要适当掌握皮划艇在不同水流状态中的划行技术。

二、不同水流环境的划行技术介绍

(一)驻波

1. 形成原理

驻波是水流在一个狭窄的区域内不断堆积而形成的状态,通常在下游的V型或溜槽中发现。只要底部轮廓和流量保持不变,驻波通常会保持在一个位置。驻波可能在一个区域,但它的特征是具有波动或移动性,不移动的波通常更接近危险。

2. 通过方法

驻波(如果不是太大的话)通常是首选的路径,在穿越此区域时应做到快速、沉稳。

(二)湍流

1. 形成原理

湍流是流体的一种流动状态。当流速很小时,流体分层流动,互不混合,称为层流,也称为稳流或片流;逐渐增加流速,流体的流线开始出现波浪状的摆动,摆动的频率及振幅随流速的增加而增加,此种流况称为过渡流;当流速增加到很大时,流线不再清晰可辨,流场中有许多小漩涡,层流被破坏,相邻流层间不但有滑动,还有混合,形成湍流,又称为乱流、扰流或紊流。湍流具有流速快、流线模糊、流场紊乱等特点。

2. 通过方法

在通过湍流时要注意以下几点:稳定情绪,减小紧张所导致的技术操作失误;观察周边水流情况,以桨点水来操控艇身保持稳定、不翻覆;如超出自身技术水平,尽可能保持不翻覆并呼叫救援。

(三)涡流

1. 形成原理

涡流是一种自然现象,有差异的地方就有形成涡流的可能,易在水流遇低洼处或不同温度和速度的水流相撞形成螺旋形涡旋。涡流是在表面物体后面形成的逆流。涡线是介于上游和下游水流之间的一条线,它可能有不可预测的逆流。

2. 通过办法

划行过程中发现前方水域出现涡流应提前转向避让。如已处在涡流影响范围内,首先保持自身镇定以及艇身稳定,然后判断船头旋转方向,最后在船头旋转方向的反方向前后两人同时快速划桨,以最快的速度脱离涡流的影响。

(四)综合水流环境

皮划艇划行环境不仅限于上述提及的水流环境,还包括多种复杂多变的环境,例如螺旋流、水中礁石、小型瀑布等。面对不同的水流环境时需根据自身所掌握的经验做出最准确的判断,但最重要的前提是需要根据自身水平来选择练习与划行的场地,并对场地进行提前考察与踩点。

三、不同水流环境的划行技术教学

(一)教学的重难点

1. 教学重点

掌握在不同水流状态中针对性的划行技术。

2. 教学难点

(1)识别不同水环境的特征,判断不同水流状况;
(2)提升皮划艇运动技术水平。

(二)教学提示

(1)组织不同水流状态下水对于皮划艇影响的讨论。
(2)示范与讲解不同水流环境操作皮划艇的策略与划行注意事项(特殊水流环境进行模拟练习)。
(3)教师随机报出一种水流状态,学生进行模仿划行并表述动作要领,强化不同水流状态划行技能。
(4)进行安全教育,对于风险进行分析和评估,掌握不同水域的风险防范和处置措施,提升风险意识和水域环境风险把控能力。
(5)观测天气情况,提前做好应急预案,如遇突发天气变化情况应及时停止教学活动。
(6)组织学生分享应对不同水流皮划艇操作的经验与感受。

四、不同水流环境的划行技术注意事项

(1)在良好的身体和精神状态下参与练习。
(2)按照要求穿戴救生衣等安全装备。
(3)对于不会游泳的学生应教会其水中憋气,同时应派专人监督。
(4)练习时保持注意力集中,牢记划艇翻覆的操作方法,避免发生呛水事故,避免技术操作或决策失误带来风险。
(5)遇危险应立即呼救及寻求帮助。
(6)水域环境复杂,不可控因素较多,在教学中突然发生气候变化,应及时作出调整,如遇到雷雨或大风浪,所有人和艇应立即起水。

第十四章 登山运动

登山是指在特定的地理环境中,从低海拔的平缓地形向高海拔山峰进行攀登的一项体育活动。登山可分为旅游登山、竞技登山与探险登山等。旅游登山是在特定的旅游点进行,高度要求在 3000m 左右,各种安全设施、生活设施、交通设施较为完善,以观赏游览自然风光为目的,竞争性较低,娱乐性趣味性较强;竞技登山是人们为克服特定路段上的困难,各自徒手或借助一定的器械而进行攀登技术的竞赛活动;探险登山则要求人们在一定的器械和装备的辅助下,经受各种恶劣自然环境(条件)的考验,顶峰一般在雪线以上。

登山,尤其是探险登山,不仅对运动员的身体素质、心理素质、运动技术等提出较高的要求,而且对运动员的意志品质、科学文化素养及对各种恶劣环境的高度适应能力具有特殊的要求。只有这样才能经受得住登山过程中遇到的多种困难和难以预测的险情威胁;才能运用各种技术装备为登山服务,才能在探险登山中进行科学考察工作。通过登山,人的身体素质、心理素质、运动技术得到锻炼提高,人的意志品质、科学文化素养及对各种恶劣环境的高度适应能力在一次次的锻炼中增强。登山不仅能陶冶人的情操,净化人的灵魂,培养人拼搏创新的精神,塑造"真、善、美"人格,而且还能够启迪人的智慧,增长知识,丰富人的想象力,培养人的感知能力、观察能力、形象思维能力以及审美能力,这就是该项运动所具有的价值所在。本章主要介绍了冰雪坡行走、冰镐冰爪技术、攀冰保护站设置技术、结组技术及攀登雪山的基本方法。

第一节 冰雪坡行走

一、冰雪坡行走技术概述

冰雪坡是雪线以上山峰常见的自然环境状态,在攀登雪山的过程中,攀登者大部分时间均在冰坡或者雪坡上行走。因此,攀登雪线以上的山峰,就必须学会在雪坡上行走的技术。雪坡行走与攀岩不同,它不是利用三点固定攀登法,而是"三拍攀登法",即按三个步骤攀登。首先将冰镐把柄插入雪坡内,两手横握冰镐头的两端,接着以一足尖用力蹬破雪面以构成一个支撑点,然后另一脚向上,蹬破雪面构成另一个支撑点,向上攀登。

二、冰雪坡行走的方法与用途

(一)全齿技术

即在攀登或行走中要求冰爪除前齿外其余的直立齿完全接触冰面并与其咬合。技术方法:大腿抬起发力向冰面踩脚,冰爪接触冰面瞬间踝关节略放松,使脚掌与冰面尽量平行,冰爪接触冰面保持十齿接触状态。

1. 上行

基本徒步行走(冰坡 0~15°),与徒步行走之间没有太大区别,注意两脚之间不能并得太拢。

"八字步"行走(冰坡 15°~30°),将两脚尖向外撇开成八字型以减轻踝关节的负荷,如图 14-1-1 所示。

"之"字形步法(冰坡为 60°左右),即内侧脚朝向前进方向,外侧脚外撇,两脚成"八"字形,角度趋近 90°,在斜坡上斜切上升。身体转向时首先支撑腿交换,然后变换角度,即外侧脚向变换的方向稍作转动,另一只脚跟上,支撑脚转换,此时转动身体至前进方向,完成后双脚仍呈"八"字,如图 14-1-2 所示。

图 14-1-1 "八字步"行走　　　　图 14-1-2 "之"字形步法

2. 下行

屈膝,大腿抬起发力,使冰爪直立齿平稳有力地刺入冰面,同时两脚平行且打开(一般与肩同宽),上体保持直立。当冰面变陡时膝盖弯曲程度变大,下蹲幅度增大。

(二)前齿技术

在攀登中使用冰爪前面两个齿及紧靠前齿的两个小齿沿着其延伸方向平稳、垂直入冰面形成稳定支撑帮助行走的一种方法,如图 14-1-3 所示。需要注意的是:踢冰时观察合适入冰点,大力反复踢冰不但费力,而且会破坏冰面,应勾脚尖进行踢冰动作。双脚避免外八字踢冰。

图 14-1-3 前齿技术

(三)混合技术

混合技术即一只脚使用前齿技术垂直踢入冰面,一只脚使用全齿技术与前一只脚形成"八字型"。

(四)冰雪坡攀登的保护方法

冰雪坡攀登是一种比较危险的活动,高原缺氧,体力消耗严重,人体技术动作迟缓,往往会出现很多的危险,自我保护和同伴之间的保护就显得尤为重要。

1. 滑坠时的自我保护

在滑坠的一瞬间,头不能朝山下,屁股不能着地,前膝部微屈,以冰镐紧贴腹部,支撑身体,迅速抬起脚尖,使脚很快锲入冰雪面,然后腰用力使冰镐插入雪更深一些,使其更牢固。身体的重心不能完全依靠在冰镐上,以免失去平衡,如果屁股已经坐在雪面上,在滑动的过程中要马上转身,经过冰镐砸入雪里,脚尖顶雪,增大摩擦,手腕用力,在砸雪的过程中,不要失去重心,往往是在滑动的过程中几次之后才能制动。

2. 结组攀登雪坡保护法

几名队员用一根主绳连在一起,一旦其中一名出现危险(如掉入冰裂缝、滑坠等),另外几名队员立即将冰镐插入雪坡上,迅速将绳子绕在镐上,使出现危险的队员制动从而脱离危险,这种保护方法要求结组队员必须具备一定攀登雪坡的技术基础。

3. 雪崩时的保护

一旦遭遇到雪崩,不要过度惊慌,如果是雪崩速度较慢,要迅速摆脱背包,以最快的速度向雪崩的纵边跑,如果来不及,立刻将冰镐插入坡面并尽力握牢,以求身体不被裹挟翻滚。如果控制失效被推动,在与雪一起滑动的过程中尽力双手扒动,做蛙泳的动作,以便身躯浮在崩雪的上边,如果一旦被雪埋没尽量在嘴的附近造成空隙,以延缓窒息时间,等待同伴救援。

三、冰雪坡行走技术教学

(一)教学的重难点

1. 教学重点

熟练掌握冰坡行走的各种技术与自我保护技术。

2. 教学难点

在条件变化的情况下,仍能较好地运用。

(二)教学提示

(1)重视指导学生体会练习行走,在学习中纠正错误。
(2)提示典型易犯错误,并作出错误示范,并要讲解其原理,指出错误动作可能导致的危害。
(3)组织学生分组练习,保护的同时对出现个别错误及时纠正。
(4)冰雪坡攀登的保护方法,特别是滑坠时的自我保护特别重要,练习过程中要选择坡度较缓,且距离较短的冰坡,避免发生意外事故。
(5)改变训练环境,加大练习难度,保护的同时指导学生综合运用各种行走技术。

四、冰雪坡行走技术注意事项

(1)不管是陡坡还是缓坡,时刻都要戴上头盔。
(2)团队上行或下行,避免两人在同一直线上,目的是避开上方的落冰,同时降低滑坠发生后的连锁危险。
(3)长时间使用全齿技术行走,一定经常检查脚下是否沾满积雪,否则容易发生滑坠。
(4)冰坡下行时,往往因追求速度而出现后脚跟着冰或齿未入冰等情况后滑坠。
(5)前齿技术上行时,切记莫盲目凭感觉踢冰,往往会徒劳无功,精疲力竭。

第二节 冰镐与冰爪技术

一、冰镐、冰爪技术概述

冰镐和冰爪对于攀登雪山就像绳索和安全带一样重要。冰爪能够在结冰的雪面及陡峭的冰层帮助你立足。冰镐能够使你保持平衡,并进行自我保护和自我制动。因此冰镐、冰爪技术对于登山运动而言,至关重要。

二、冰镐、冰爪技术介绍

(一)冰镐入冰技术动作

大臂上抬,肩关节打开;肘关节内收,肘尖向前向上抬起;镐头举至肩后上方,镐尖垂直对准冰面;挥镐时肘尖向前,手腕放松,大臂带动小臂鞭打,镐尖打入冰面。

(二)冰镐技术操作注意事项

(1)观察、选择好入镐点,如凹陷或已被他人用过的镐点。
(2)挥镐次数不宜过多、过分用力挥镐,易消耗体力或入镐太深不宜取出冰镐。
(3)抓握冰镐不宜过紧,易造成过早疲劳,应适当利用腕带放松。
(4)打镐冰飞溅时低头或侧头。

(5)取镐时向上、向外拉动冰镐,太紧时推动镐头,切忌晃动冰镐。

(三)冰爪入冰技术动作

脚尖勾起,屈膝至小腿与大腿成90°踢腿,脚尖正对冰面垂直入冰。

(四)冰爪技术注意事项

(1)冰爪入冰前选择合适的入冰点,如凹陷或小平面。
(2)不宜大力反复地踢冰面,会破坏冰面,浪费体力。
(3)前齿一旦入冰,应避免上下左右晃动,以免破坏踢入点。
(4)前齿必须水平踢入,通常不要出现外八字,易形成单齿着力而无法站稳。
(5)应勾脚尖踢入冰面。冰爪入冰如图14-2-1所示。

(五)冰面平衡技术

在攀登过程中冰面上人体的平衡是两个比肩宽的脚点和一个靠近人体中线的高点所形成的等腰三角形构成的平衡。在移动时采用三点固定法,如图14-2-2所示。

图14-2-1　冰爪入冰

图14-2-2　冰面平衡技术

三点固定法:在攀登时一只手或脚移动时,另外的手和脚固定的三个点呈锐角三角形,起到固定身体中心,维持身体平衡的作用。在移动过程中应注意:①双脚分开略比肩宽,有利于支撑和平衡。②双镐不要分的太开,移动一镐时另一只镐与双脚应能成锐角三角形。

(六)上下镐技术

上攀过程中冰镐在上下两个水平线的位置上交替而实现攀登的冰镐技术,即为上下镐技术。在攀登较为熟练的情况下,这种技术可提高攀登效率。镐位上下,辅助身体平衡向上攀登。在操作过程中应注意以下问题:①上下两镐的上下距离不能太大,否则影响攀登的动作;②上下两镐左右距离不能太大,否则造成左右横移幅度太大;③上下两镐尽量不要打在同一垂直线上。

三、冰镐、冰爪技术教学

(一)教学的重难点

1. 教学重点

冰镐挥镐入冰和冰爪踢入冰面的技术动作。

2. 教学难点

在各种环境及各种冰况下能运用自如。

(二)教学提示

(1)对冰镐、冰爪的原理与性能要做介绍,帮助学生了解冰镐与冰爪。
(2)讲解、示范冰镐入冰的技术动作和要领后,学生在练习过程中要对错误动作进行纠正,并强调易犯错误和注意事项。
(3)冰爪练习应在冰镐练习后,要组织学生在结合挥镐入冰技术的基础上学习冰爪技术。
(4)学生自主练习时,教师观察和纠错,制止学生过高攀爬。

四、冰镐、冰爪技术注意事项

(1)冰爪的使用要格外注意,不用时要用保护套保护,避免伤人或划破其他装备;使用后要晾干,并经常打磨。
(2)当冰爪与鞋佩戴好后,一定检查是否牢固,攀登中途也需经常查看冰爪是否牢固,如果在攀登过程中出现冰爪脱落的现象,往往令人束手无策。
(3)攀冰前要勘察地形,考察冰质,选择攀登路线和时间。
(4)掌握天气变化情况,冰质和天气对攀冰的影响最大。攀冰不宜选择冰太脆的地段,太脆的冰容易断裂,冰镐和冰爪抓不住冰面。好的冰质表面冰层可能会稍稍发软,里层较硬,冰镐敲下去冰不易断碎。
(5)冰瀑的冰质不好或形势险恶时就需用安全绳索进行保护。
(6)除了一些人工浇筑的冰壁外,攀冰一般选在深山峡谷之中,深山峡谷中的风很大,大风天不利于攀冰。
(7)将冰镐扎入冰面时,不要用力过猛,而且冰镐不要晃动,因为这样会使冰面破裂,影响其稳固性。
(8)除安全带等必要的保护性措施外,攀冰时还必须佩戴头盔,以防碎冰坠落。

第三节 攀冰保护站设置技术

一、攀冰保护站设置技术概述

何为攀冰？和攀岩一样，攀冰运动起源于登山，攀冰就是在专业攀登器械的辅助下攀爬各种难度的冰壁，这里的冰壁可能是高山上的冰川冰；可能是季节性的流水冰壁；也可能是人工浇筑的冰壁。与攀岩一样，攀冰同样需要建立保护站，采用绳索保护攀爬者在攀冰过程中的安全。

二、攀冰保护站设置技术介绍

（一）保护点设置（以冰锥作为保护点）

1. 冰锥的发展历程和性能特点

冰锥的发展由三四十年前的实心打入式冰锥，到旋入式实心冰锥，再到空心的打入式冰锥。20世纪90年代，旋入式的空心冰锥诞生，到今天带摇把的旋入式空心冰锥（图14-3-1）。

2. 用冰锥设置保护点的步骤

（1）选择设置保护点的冰面区域。
（2）清除所选区域上的软雪和碎冰以及妨碍摇杆旋入的突起，露出坚固而平整的表面。
（3）用冰锥的锥尖旋出一个打入点，用冰锥的前齿和螺纹固定。
（4）用掌心适度的力量将冰锥按压进小孔里并向里旋，如图14-3-2所示。

图 14-3-1 冰锥

图 14-3-2 冰锥入冰

（5）冰锥旋到底直至冰锥顶端环牢固紧密地接触冰面，环头朝下，旋入后用浮冰将冰锥掩盖。
（6）挂上快挂或是丝扣锁，快挂的直锁连接靠近锥体的孔。

3. 用冰锥设置保护点的注意事项

(1) 选择设置保护点的区域时应注意：区域是否与周围成一体；判断冰层的厚度，冰锥可及厚度内是否有岩石；天然的凹陷是很好的选择。

(2) 入冰角度的选择，如图 14-3-3 所示。

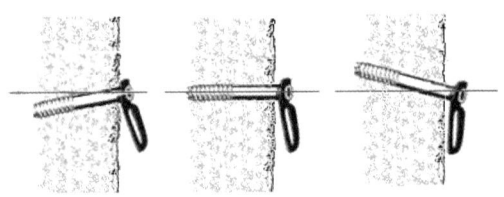

图 14-3-3　冰锥入冰角度

冰锥的入冰角度要根据冰壁状况来决定：① 气温较高，冰质较软，冰壁表面温度在 0℃ 以上时，要考虑到冰锥周围的冰会融化，冰锥会越来越松，受力时就容易脱出。所以设置冰锥时尖端要向下低垂 10°～15° 拧入冰面。② 冰壁表面温度，在 －2～0℃ 时，冰锥垂直于冰壁拧入即可。③ 在低温情况下（约 －3℃ 以下），冰质较脆，或是冰壁较薄、或镂空的冰壁，在设置冰锥时，冰锥尖端略向上抬起 10°～15° 拧入冰面。这样冰锥下缘与冰壁形成钝角，当冰锥受力时，可以减小锥体杠杆力的作用，避免冰体压碎后冰锥脱出。

(3) 冰锥在最初旋入时应特别注意掉落，按压旋入时尽量用手掌。

(4) 完成后要尽量用浮冰或雪将冰锥掩盖，以防止冰锥处预热冰融化，影响强度。

(5) 取出冰锥后一定要将锥孔里面的冰清理干净。

(6) 在锥孔上挂上丝扣锁或快挂锁时注意锁的小边朝上，大边朝下。

(二) 保护站的设置

1. 保护站的设置

有多个处于合理相对位置的保护点合理连接所组成、提供长时间固定保护的保护系统叫作保护站；保护站设立所要遵循的三大原则：独立、均衡、备份。

攀冰保护站通常有两点保护站（图 14-3-4），三点保护站（图 14-3-5），甚至是由多个保护点组成的保护站。

2. 保护站设置的步骤

(1) 选择冰面打入冰锥、挂上主锁，做好保护点。

(2) 用扁带或绳子正确连接保护点。

(3) 沿受力方向对保护站试力后在扁带或绳的受力末端挂上一把主锁。

(4) 沿受力方向在扁带或绳的末端打上单结。

(5) 在绳或扁带的末端再挂一把主锁，但丝扣的方向相反，均大边朝下，小边朝上。

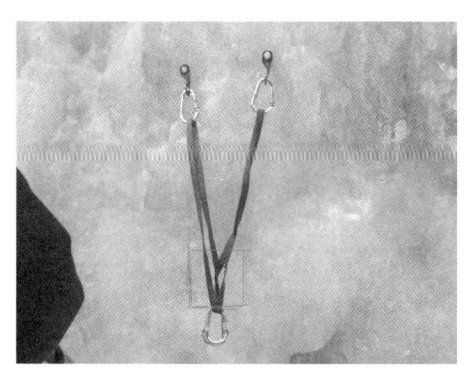
图14-3-4 "两点"保护站
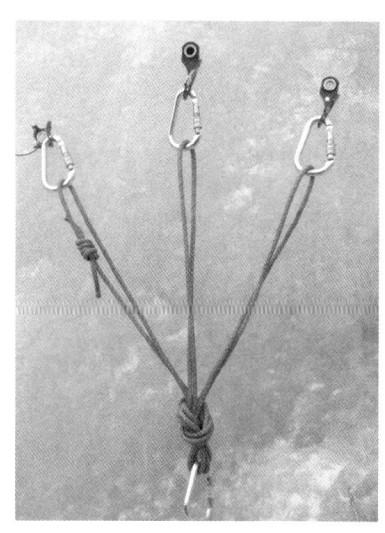
图14-3-5 "三点"保护站

（6）将所有主锁拧上丝扣，并检查保护站。

3. 设置保护站的注意事项

（1）对组成保护站的各保护点之间的冰锥位置选择时：①两冰锥之间的距离不宜过大和过小，原则上应不小于20cm，但也应根据冰况和绳长等具体情况而定；②在冰况较为复杂的地方，情况允许时尽量选择不同的冰体设保护点；③尽量不要在一条垂直线上设立两个或多个保护点。

（2）用扁带或绳子连接保护点时，若是两点保护站再用长扁带连接后，中间一定要打上一个魔术扣，再扣主锁；若是三点保护站，则应考虑扁带的长度用上双渔人结代替。

（3）保护站设立后其沿受力方向的两绳之间的夹角应小于60°为宜，如夹角过大，可通过改变绳长或冰锥位置来调整。

（4）保护站做好后应检查锁的丝扣是否拧上，大边是否朝下，底端两锁的丝扣是否相对。

（三）冰洞的打法

1. 冰洞的作用

准备撤绳时为了安全同时避免丢弃大量的装备在线路顶部，搭建冰洞（图14-3-6）来辅以操作，保护撤除线路后安全下降。

2. 打冰洞的操作方法和步骤

（1）选择合适的冰面，清理完整。
（2）选择不小于19cm的冰锥用左手将冰锥沿水平位置斜向右45°旋入冰内。
（3）将冰锥旋出，沿水平位置差不多一个冰锥距离选择另一点，用右手将冰锥沿水平位置向左斜方45°旋入,同时通过左边的冰洞观察冰锥有没有与先前的冰洞交会。

(4)交会之后旋出冰锥挂于装备环上,将辅绳沿右边的冰洞穿入直到通过左边的洞口可以看见绳子,再取出钩子(图14-3-7),从左边的洞伸入勾出辅绳。

图14-3-6　冰洞

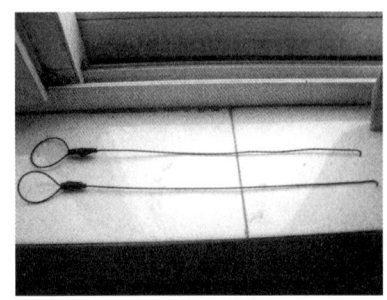
图14-3-7　打冰洞所用钩子

(5)收好钩子,握住辅绳的两端来回摩擦冰洞以使冰洞中的棱角光滑。
(6)绳头打上双渔人结,然后试力几次。

3. 打冰洞的注意事项

(1)选择做冰洞的冰应结实。
(2)冰洞的两个洞口的距离应不小于10cm。
(3)为保证打冰洞的成功率须多加练习。

三、攀冰保护站设置技术教学

(一)教学的重难点

1. 教学重点

对设置保护站的步骤方法及其对细节的掌握熟练程度。

2. 教学难点

在空中及不同的冰面环境下操作自如。

(二)教学提示

(1)保护点设置练习前,要介绍冰锥的发展,讲解冰锥的结构和性能。
(2)指导学生练习冰锥的使用和入冰并纠正错误。
(3)示范讲解用冰锥设置保护点的步骤和注意事项。
(4)学生独立完成保护点的设置,教师观察、指导、纠错。
(5)学生完成保护点后教师组织评比,并对错误进行讲解。
(6)在掌握设置保护点的基础上示范讲解保护站的设置步骤和方法,并同时强调重难点和注意事项。

(7)学生练习过程中,要求学生两人一组,站立于地面上,一人设置保护站,一人观察。教师巡回纠正错误,并同时提示要点和注意事项。

(8)教师要随时对学生设置的保护站进行检查,对错误进行集中讲解。

(9)学生冰洞打好后,要检查学生的冰洞,对错误问题集中讲解。

四、攀冰保护站设置技术注意事项

(1)攀冰的时候,每当爬到接近保护站的地方,一定要去检查保护站的设置。

(2)建保护站之前要测试冰面的坚固程度,确保冰锥完全深入冰面,冰锥口与冰面齐平。

(3)数小时的太阳照射会让冰锥受热,旁边的冰也会随之融化,要时刻确保冰锥口没有因冰面融化而暴露在外。

第四节 结组技术

一、结组技术概述

在雪线行进中,存在雪坡上滑坠或踏入冰裂缝的可能。此时,集体的行动就会比单独行动更加安全,而结组行进,便是为整个集体备份了一根"救命稻草"。《登山进阶》(Mark Houston and Kathy Cosley,2013)中有一句话,在软雪中,施救者的身体和绳子都会深陷入雪中,强大的摩擦力最终会止住坠落过程。攀登者能够在坠入冰裂缝时被队友拽住,是因为他采用了结组行进的方式,那么什么是结组行进?

结组行进是指两人或更多人用绳索彼此相连,在有滑坠、坠落危险的地形上同时行进的过程。在结组的过程中,攀登者连接在绳子上,绳子随攀登者的移动而移动。

二、结组技术介绍

(一)结组场景的选择

结组可以在一定程度上减小脱落或滑坠的风险,脱落或滑坠后可以借助保护点和同伴的力量停下来。如果保护点和同伴无法止住滑坠,那么结组就起不到作用,甚至引发比单独行动更严重的风险,将绳队上的人一起拉下山。因此选择结组之前要确保设置可以制动的保护点,或者地形允许攀登者依靠自身的力量制动,否则结组不但无法保证安全,一旦有人滑坠,整个绳队都将面临被拉下山的风险。在攀登过程中,主要有以下场景涉及到结组技术的选择。

第一,光滑的亮冰或硬雪:地形不允许攀登者进行滑坠制动,如果结组行进时,需要设置固定保护点进行制动。

第二,软雪坡:难以设置有效的保护点,但是攀爬者通过稳定的步法可以止住一定程度的滑坠,那么可以通过合适的方式结组行进。

第三,光滑完整的岩石光板或碎石坡:攀爬者难以制动,保护点又难以设置,那么在这种地形上行进最好不要结组。

第四,其他高风险地区:结组只是为了应对滑坠风险,如果某处的其他风险大于滑坠风险,比如雪崩区或落石区,一般不进行结组。在这些区域快速通过是应对风险的重要方法,而结组可能在一定程度上减慢行进速度。

(二)结组技术操作办法

结组操作人员一般为2~6人,即一个绳队,用绳索连接彼此。结组攀登的操作中有以下要点。

1. 绳结连接

一个绳队的首尾端成员,采用反穿8字环连接自己,中间成员则使用蝴蝶结将自己连接在绳索上。

2. 松紧适度

绳索如果过于松散地拖在地面,就失去了结组的保护意义,过于紧,则会因拖拽而失去平衡。最理想的松紧程度是绳子沿着行进方向平缓地垂到地面。

3. 调整长度

攀登者之间的连接距离取决于路线情况。而具体距离需要由结组的人数,各队员的能力与经验,装备等具体情况来决定。一般而言,结组的地形与绳距的关系如下:雪坡行进建议3m左右;覆雪山脊建议6m左右;岩石山脊建议9m左右。以上仅为建议距离,实际应根据绳队具体情况调整。

4. 搭档选择

"无兄弟,不登山"。一个结组团队的状态与速度,取决于相对最弱的那位,实际登山过程中不要出现拖累别人与被拖累的情况。因此,所以明确自己绳队搭档的各项能力,选择与自己匹配的人结组,比临时任意结组更为高效。

(三)结组的注意事项

与单独行进相比,结组涉及更多的人以及更加复杂的操作,因此如何科学操作,有效借助并规避风险十分重要。

1. 人员沟通

结组分段攀爬过程中,领攀者与跟攀者涉及装备交接、绳索整理、路线沟通以及难点指导等,成员的默契度决定了攀爬效率。比如领攀者在整理装备的时候,跟攀者需要理好绳索、穿戴好保护套装,两个人同时行动,节约准备时间。

2. 绳子长短适宜

结组技术中对于绳索等装备的管理会影响到结组的安全和效率,不同地形对绳子的长短要求不同,绳子长短会影响到绳子的拖拽,也在一定程度上决定着保护点的数量。①在破碎的岩石上,绳子太长容易挂落碎石,摩擦力也会增大,导致很难抽动绳子。②在光滑平整的冰壁上,长绳可以减少保护点的设置,提高攀爬效率。③另外绳长也影响着沟通和制动反应时间,绳子越长沟通越困难,制动反应时间越长。在雪坡上进行结组时,由于保护点很难设置且需要依靠人自身的力量进行制动,为防止、减小滑坠发生的可能性,需要及时沟通、快速制动,因此绳子要尽量短。

3. 绳子松紧适度

绳子的松紧度主要影响绳队成员相互之间的干扰、滑坠距离以及制动反应时间的长短。绳子越紧,成员之间相互干扰越严重,但滑坠距离越短,制动反应时间越短。

三、结组技术教学

(一)教学的重难点

1. 教学重点

结组场地的选择,结组技术的操作办法及注意事项。

2. 教学难点

面对陌生且不同的地形地貌环境,灵活地使用结组技术,安全顺利地完成攀登。

(二)教学提示

(1)结组技术操作过程中,绳结的连接十分重要,必须保证绳结的正确性。
(2)教学过程中,要设置不同教学环境,让学生能够有身临其境的感受。
(3)结组场景的选择十分重要,让学生清楚什么环境下需要进行结组攀登。
(4)在结组攀登练习过程中,要着重强调学生的团队协作精神的培养。

四、结组技术注意事项

(1)通过危险地段时(如攀登或斜切坡度较大的冰雪地段),切忌不能结组通过,因为一人发生滑坠,会影响大家。
(2)绳索如果过于松散地拖在地面,就失去了结组的保护意义,过于紧,则会因拖拽而失去平衡。最理想的松紧程度是,绳子沿着行进方向平缓地垂到地面。
(3)攀登者之间的连接距离取决于路线情况。
(4)冰雪地形复杂,对地形、人员等各个要素的判断力,是一项需要长期训练与积累的技能。因地制宜,因人制宜,才能保证团队结组攀登的安全。

第五节 攀登雪山基本方法

一、攀登雪山概述

登山是指在特定要求下,运动员徒手或使用专门装备,从低海拔地形向高海拔山峰进行攀登的一项体育活动。登山运动可分为登山探险(也称高山探险)、竞技攀登(包括攀岩、攀冰等)和健身性登山。高海拔登山又可分为金字塔形兵站式登山、阿尔卑斯式登山和技术登山等数种。

二、攀登雪山的步骤

攀登雪山大致包括:路线确定、队伍组织、装备构成、时机选择、适应性锻炼、营地设置、线路开通、物资上运、高山供氧、突击组织。

(一)路线确定

指选定通往顶峰的宏观路线。宏观路线的选择主要是由攀登活动的目的所决定的,而能否成功登顶则与对所攀登山峰的认识程度和技术力量状况有关。一般来说,根据攀登活动的目的,路线的选择有三种情况:

(1)攀登未曾有人攀登过的处女峰:目的在于首开纪录,往往需要注意选择一条最容易的攀登路线,以期顺利登上顶峰。

(2)攀登别人已登过的山峰或重复攀登某座山峰:一般是选择一条新的路线,在路线的难度上提出新要求,以期在竞技方面取得新成就。

(3)对于认识程度和技术力量不是很强的新手,则应选择别人已登过的、比较成熟的老路线,主要在于体验、感受雪山,突破自我。

在宏观路线选择中,无论属于上述哪种情况,都要注意分析研究所登山峰的历史资料,特别是对一座高峰的首次攀登,要尽可能提前实地侦察,对进山交通、基地营地的位置和攀登路线概貌进行初步考察。

(二)队伍组织

队伍技术构成是指技术熟悉和经验丰富的运动员在全队所占比重。一次登山活动队伍的规模虽然有大小,但在技术构成上则不可忽视,应尽可能使之具有较高水平。技术构成越高,登山过程中的行进速度、操作安全、克服困难、应对意外等方面就越有保障。

(三)装备构成

装备构成是指主要登山装备的先进程度。随着科学技术的发展,登山的各种装备在不断进步。从战术上考虑,一次登山活动的主要装备需尽可能使用新一代产品,特别是在队伍技术构成不高的情况下,更需要从先进的装备器材上弥补差距。登山装备包括登山专用装备(技术装备、个人装备及宿营装备)、保障装备(如氧气装备)和日常生活装备三大部分。

(四)时机选择

时机选择主要关注季节与天气两个方面。各山峰所在地区的天气情况因其所处的地理位置不同而有很大差异,但在一年中都有好坏季节的交替变化。从历史上看,各国组织登山活动一般都要避开该山区降水(雨或雪等)、低温和大风的季节,在天气情况最好的季节里进行。由于高峰所在地区不同,天气情况存在很大差异,但一般而言,春、秋两季是最适宜的季节。

目前,各国登山界在判断和利用天气时机上都比较注意以下几个问题。

(1)事先认真分析研究该山区气象的历史资料,掌握可能出现好天气的周期和数目,以此统筹安排登山活动中各次行动的时机。

(2)在时机运用上,坚持备份原则。给突击顶峰的行动预留两个周期,以备第一次突击失利,再组织第二次突击。要尽可能地把握好周期留给高山上的活动,较低高度上的活动可适当利用较差天气。为了防止好周期提前到来,一般将开始行动的日期安排在好周期到来之前,以尽量保证后期更高位置上的活动具有良好天气条件。如运动员在高山上遇到恶劣的天气突变,则可以就近营地躲避,伺机行动。

(3)在高山上,即使在好周期里,天气也有明显的变化。一般是上午较好,下午较差。因此要坚持早出发、早宿营的原则,这样有利于一天行动结束后的露营操作和第二天的正常活动。

(五)适应性锻炼

适应性锻炼是指登山运动员通过高山实地活动来调节生理机能,逐步取得对缺氧环境的适应能力。在探险登山中,运动员如何战胜高山缺氧环境,是登山战术的核心问题。许多在正常条件下不难克服的困难,在缺氧条件下,其困难程度成倍增长。因各种高山病而酿成的伤亡事故常常发生。因此,通过积极锻炼尽量取得较高的适应能力,不仅具有生理上的意义,而且是使其他战术真正发挥作用的可靠保证。适应性锻炼的方法主要分为波浪式锻炼与间歇式锻炼。

(六)营地设置

营地设置是指为登山队员策划和设置作为适应性休息和运输物资等所需要的营地。在一次登山活动中,一般设置一个基地营和一个突击营,在基地营和突击营地之间,设置若干个中间营地。

营地之间的距离要适中,既要满足不同高度的山间环境对人体各部位器官的基本要求,又要能满足必需物资的运输需要。一般各营地之间大约是一天的行程,其距离与路线情况有关。同样是一天的路程,由于困难程度不同,有的距离长一些有的距离短一些。但因为越是困难的路线,垂直上升地越快,故从各营址之间的相对高差来看,差别不大,一般在500m左右。各个营地是运动员的高山居室,营址必须有水源而没有危险(即营地附近无发生冰崩、雪崩、滚石和泥石流等的可能),并尽可能使之避风和每天有较长的日照时间。

1. 基地营

基地营又称大本营,是登山活动的现场指挥总部和后勤供应总站,也是登山队员经过适应性行军后突击顶峰之前进行休息、调整的总营地。其位置是该次登山活动中高度最低的一个营地。选择基地营的位置时应考虑任务性质和装备条件及安全性,周密考虑交通运输、后勤保证、医疗急救、气象保障、通讯联络等各方面的问题。如:便于观察攀登目标路线,地势平坦、避风、日照条件好;便于机动车辆驶入交通干线等。

2. 中间营地

在有的探险登山中,还把位于路线中、下部的某个营地,作为重点营地加以组建,从接应力量、物资储存、生活保障等方面加强长期性配备,使之起第二基地营的作用。这种营地被称为中间营地。登山队员在高山上一旦遇有天气突变等意外情况则需要短时间待机(等待时机)、休整,以及需对山上队员进行接应、支援时,中间营地可发挥重要作用。

3. 突击营地

突击营地是所有营地中海拔最高的一个营地,也是离顶峰最近的营地。突击营地的设置以队员登顶之后可以返回为原则,因此该营地与顶峰之间的距离不宜过大,应比各营地之间的距离缩短约半日路程,以便为登顶后的顶峰活动和安全下撤留有较充分的时间。

(七)险路开通

险路开通是指排除宏观路线上的具体难点。在预先确定的宏观路线上,各个具体路段的困难程度有很大差别,个别路段也许极端困难甚至有很大危险性。在即将通过这种路段时,如果队伍规模较大,为避免通过时发生意外或阻塞,最好组织一个开路组,先于大队出发,进行预先侦查。其具体任务是寻找一条比较安全的通道,在通道上设好路标,在危险处架上保护绳索和其他必要的装备,并对前方营址做出选择。

目前我国商业登山已经十分发达,大部分山峰都有高山向导提前铺设路绳。

(八)物资上运

在探险登山中,每个登山者如果把所需物资从基地营一次运上是很困难的。为解决所需物资量同登山者负重能力之间的矛盾,物资上运可结合其他战术做多种安排。

(1)如队伍规模较大,可单独组织运输分队,专门负责一定高度上的物资运输。

(2)如队伍规模很小,又有超量物资需要上运,就需要在精打细算的基础上,适当增加负重量或专门进行一次运输。

(3)如在高山上出现长时间等待的情况,采取下撤一部分队员的办法,以保证山上等待队员的需要。

(4)把物资上运与各次的适应性锻炼相结合。为了克服物资上运的困难,各国登山界除注意战术上的安排之外,还要注意对登山装备和食品进行研究、改进,使之更加轻便、坚固、多用和高效,以减轻登山者的负重量。

(九)高山供氧

高山供氧是保证登山者在高山缺氧条件下不断进行攀登的有效措施,尽管已有不少登山者在高海拔地区的探险登山运动中进行不使用氧气装备的实践,但人们仍然认为使用氧气是在高山缺氧条件下进行探险登山不可缺少的重要装备。登山者战胜高山缺氧,主要是通过实践锻炼取得良好的适应性。而使用氧气装备供氧,可使人的身体素质下降的速度放慢,延长在高山区域停留的时间,从而有利于节省和保存体力,有效地应对登山中的各种突然变化,加速登上顶峰的进程。从人体的生理需要来讲,在高山上使用氧气装备供氧的高度越低,用氧量越能接近平原越好。然而,由于运输补给上的困难,这一点是无论如何也做不到的,所以就存在一个氧气装备的合理配备和使用问题。用氧方式主要有三种。

(1)连续供氧,即从开始用氧高度起,夜间睡眠和突击顶峰的行进中不间断地用氧。

(2)间歇式供氧,夜间睡眠和突击顶峰行进中的休息时间用氧,行进中不用氧。

(3)突击供氧,即在突击营地夜间睡眠和突击过程中连续用氧。

在高山上较普遍的用氧量是:在使用开放式面罩的条件下,行进时供氧量为 3L/min 左右;行进中间休息时为 2L/min 左右;睡眠时约为 1L/min;急救时为 3~6L/min。对于负重量大和开路队员在行进过程中可以适当增加一些供氧量。

(十)突击组织

突击组织是指登山者从突击营地出发向顶峰挺进的安排。由于登山活动是以攀登高峰为直接目的的体育活动,所以突击顶峰就成了整个登山活动最重要的阶段。为了保证突击过程的顺利,应注意以下几点。

(1)从突击营地出发前,要做好人员安排。从突击营地出发前必须对登山者进行最后一次精选。根据工作的特点,对这些人员有不同的要求,但他们都应具备有较丰富的登山经验、较熟练的技术和良好的身体素质,那是因为他们能在顶峰地段各种困难和艰险中表现得更为突出。当突击即将接近胜利的时候,也是登山最困难、最艰险、最疲劳的时候。在这成功与失败的关键时刻,起决定性作用的是突击队员的意志品质,所以,具有顽强的意志是精选突击队员的基本原则。另外,可能会由于各种原因,预定的突击队员的情况会发生很大变化,因此,在实施最后突击时,必须根据当时主客观情况修正任务要求并调换突击队中的人选。

(2)突击一旦失利,可在突击营地待机,以准备再次突击。在首次突击失利的情况下,可在突击营地等待时机,以准备再次突击。在个别情况下,如预定登顶人数较多而对天气形势又掌握不准时,为保证有人能登上峰顶,也可分批相隔1~2天进入突击营地,轮番进行突击。

(3)突击顶峰应利用最好天气周期,一般不得少于两天。有两天最好天气的时机是突击顶峰最基本的条件,即一天用于突击战术的实施,另一天下撤到安全营地。有 3 天最好天气更为理想,对实施突击和下撤更有安全保障。另外,对于突击当天的出发时间要尽量提前,力争在一天中天气相对好的时刻到达顶峰并撤回突击营地。

（4）在顶峰活动要紧紧围绕摄取确认登顶资料。在顶峰活动时要紧紧围绕摄取确认登顶资料这一中心，运用照相、电影、录像等手段迅速进行确认工作，停留时间不宜过长。

（5）突击中情况预测。在突击中，必须正确估计主客观因素，尤其注意不要过高地估计自己的力量。如果在各方面都不具备继续前进和待机的条件，突击的组织者要清醒地做出下撤的决断，迅速返回安全地点，绝不能贸然前进，否则将有可能造成伤亡等恶果。这一要求，在任何高度情况下都是必须遵循的。

（6）突击成功后的措施。突击成功后，精神容易松弛，生理上的各种疲劳现象也会集中表现出来，对各种必要的安全措施也容易疏忽大意。因此，下撤中一定要加强组织，注意安全。总的原则应该是，在保证安全的前提下，尽可能加快下撤的速度。

三、登山教学提示

（一）教学的重难点

了解攀爬雪山的流程，了解每一步流程对于完成攀登雪山任务的重要性。

（二）教学提示

（1）由于攀登雪山，很难进行课堂教学，因此为让学生有身临其境的感受，应多运用视频、电影等手段。

（2）在讲解过程中，一定要注意步骤。

（3）讲解过程，要给学生灌输登山运动的危险系数，防止学生盲目攀登而引发危险。

四、攀登雪山注意事项

（1）攀登雪山要根据不同的环境选择合适的装备，合适装备有利于让登山过程变得更为轻松与舒适。

（2）提前做好技术训练、体能计划等，还要对攀登对象的地理、气候状况有充分的了解，同时有良好的生理、心理素质。

（3）高海拔雪山环境与陆地环境存在极大差异，冰川上裂隙很多，对人威胁最大的是冰瀑区和山麓边缘裂隙，特别是被积雪掩盖的隐裂隙尤其危险，所以要特别注意。

（4）作为新手，攀登雪山过程中，应聘请有经验的高山向导进行辅助，避免发生危险。有条件的话，最好参加专业合格的登山队，有教练、后勤、前峰、队员等组成，有经验、有实力的队员应该在最前面和最后面，负责照顾其他队员，将危险降到最低。

第十五章 滑 雪

滑雪的起源可以追溯到史前时代,史学家们在挪威北部的一个小岛发现了一幅四千年前的岩画,岩画上描述了一个踩着 SKI(源于古挪威语,意思是"劈开的木头或柴火"),手撑滑雪杆,头戴耳帽并做出滑雪姿势的滑雪者。2005 年,一幅阿尔泰山古阿勒泰人脚踏滑雪板、手持单杆滑雪狩猎的岩画,在阿勒泰市汗德尕特乡墩德布拉克被发现。专家认为,这是世界上最早反映滑雪场面的考古资料。在 2015 年 1 月 18 日闭幕的中国阿勒泰国际古老滑雪文化交流研讨会上,与会的挪威、瑞典、芬兰等 18 国 30 余位滑雪历史研究专家联名发表《阿勒泰宣言》,认同中国新疆阿勒泰是世界上最古老的滑雪地域,新疆阿勒泰为"人类滑雪起源地"的说法首次得到国际公认。

随着生活方式的改变,滑雪由狩猎及交通方式的生存价值逐渐发展为现代竞技、娱乐的价值。由于滑雪地形差异,对滑雪者技术以及装备提出了不同的要求,滑雪运动的发展出现了分歧,并形成了北欧式、阿尔卑斯式滑雪两种风格截然不同的技术。在滑雪运动普及上,随着北京冬奥会的举办,各地也掀起一股滑雪热潮,滑雪不仅仅是运动项目,休闲娱乐的价值逐渐凸显出来,越来越多的滑雪爱好者们走进滑雪场,学习滑雪技巧,感受雪的魅力!本章节主要介绍基础的双板滑雪与单板滑雪技术。

第一节 双板滑雪技术

一、双板滑雪技术概述

双板滑雪是一个统称,通常人们认为用两块板滑雪就是双板滑雪。双板滑雪最早出现在石器时代,猎人为了在雪上追猎时移动更快,于是将木块绑在脚上,形成了最早的滑雪板。双板滑雪发源的证据甚至出现在壁画、雕刻中,猎人至少在五千年前就已经在用双板滑雪。我国新疆阿勒泰地区、8000 年前的俄罗斯、4500 年前的挪威均有关于双板滑雪的记录。

目前双板滑雪已经成为冬奥会常规项目,如 2022 年北京冬奥会的双板滑雪项目包括高山滑雪、自由式滑雪、跳台滑雪、越野滑雪和北欧两项。与单板滑雪相比,双板入门快,更容易上手,且危险系数较小,因此目前国内各大滑雪场主要以双板滑雪为主。

二、双板滑雪技术介绍

(一)平地滑雪技巧

1. 滑雪平衡站立姿势

1)平地站立姿势

身体放松自然站立,滑雪板平行,间距不超过胯宽,双雪板放平共同承担体重,并实地将雪板踩住,重心微微前移和下沉,双膝前顶,臀部适当上提,收腹,上体微前倾。提起雪杖,肩膀放松,双手握杖置于固定器前部外侧,与腰部同高,距离雪板 10cm 左右,微微外展,杖尖不拖地。目视前方 10~20m 的雪面。具体动作见图 15-1-1。

图 15-1-1　平地站立姿势

2)斜坡站立姿势

在平地站立姿势的基础上,加进雪板的立刃及身体的小反弓形姿势,形成左右不对称的姿势。双雪板平行横在山坡上,与斜坡滚落线垂直,山上板较山下板位置略高,山上侧的腿微屈,可稍前于山下侧的腿有半脚距离。双膝微微向山上侧倾斜,山下板立内刃承担主要体重,刻住雪面,山上板立外刃刻住雪面,重心向山下侧偏移。上体微微向山下侧(与立刃的雪板对应)横倾和转向,形成微小的"反弓反向"姿势。具体动作见图 15-1-2。

2. 滑雪移动技术

1)直走

体验滑雪的过程中,并不是所有雪地路面都能提供参与者通过滑步进行移动,所以雪上行走技能十分重要。首先手持滑雪杖行走,右臂与左脚平行向前移动,开始时抬脚,小步移动,步态自然,具体动作见图 15-1-3。

2)滑行

(1)平行滑行:推进滑行,既在平地也可在缓坡上进行。推进滑行时保持微屈膝,上体前

图 15-1-2　斜坡站立姿势

图 15-1-3　直走(交替滑步)

倾,双雪杖同时向前摆动,雪杖尖在体前方着雪;膝与上体加大前倾,双臂用力向后用杖支撑;雪杖充分后撑,肘臂伸直,重心下降,保持滑行姿势滑进;收雪杖时重心升起,准备第二次撑杖。具体动作见图 15-1-4。

图 15-1-4　平地滑行

(2)蹬冰式滑行:蹬冰式滑行要求上体稍前倾,膝关节微屈,双板平行与肩同宽,双臂自然弯曲,杖尖在身体侧后方;左侧板与前进方向呈 45°,大腿用力向侧后方蹬出;左脚蹬伸结束后,雪板抬离雪面,重心落在右侧腿上向前方滑行,同时将左脚收回;右侧脚蹬伸时,动作与左侧脚相同。注意练习该技术时,重心一定要落在蹬动腿上,然后随着向侧后方的蹬伸,重心逐渐移到另一侧腿上。具体动作见图 15-1-5。

图 15-1-5　蹬冰式滑行

3）原地变向（转动）

原地变向是指滑雪者在平地或坡面上处于静止状态时改变方向。

（1）原地踏步变向：包括板尖展开变向和板尾展开变向，适用于较平坦的雪面。无论板尖展开变向还是板尾展开变向都要注意雪杖的位置，板尖展开变向时雪杖支撑位置应在体后，而板尾展开变向时雪杖支撑位置应在体前。雪板展开距离不宜过大，随着对雪板的适应再逐渐加大。当展开雪板时，重心要明显地放在支撑腿上，移动要快。具体动作见图 15-1-6。

图 15-1-6　原地踏步变向

（2）原地 180°变向：该变向多用于中陡坡，且变向速度较快，该动作分为前转 180°变向和后转 180°转向，把前转 180°变向动作由结束部分依次向开始部分相反进行，即为后转 180°变向。前转 180°变向时双板平行站立，两杖在体前支撑；右腿支撑体重，左板向前抬起直立，双杖在体侧支撑；上体左转的同时，直立的左板以板尾为中心向左侧下方转向并着地；在放左板的同时,左雪杖移至右板外侧支撑;重心移至左腿,右板和右雪杖抬起移向与左板平行同一方向;两雪杖支撑在体前侧。具体动作见图 15-1-7。

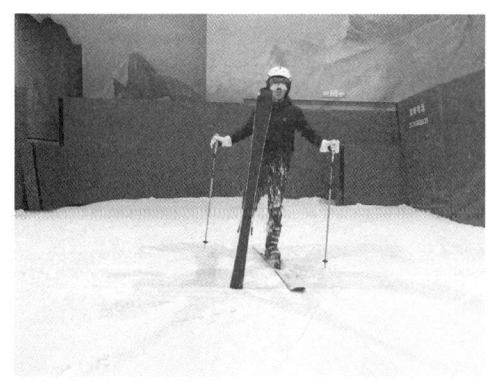

图 15-1-7　原地 180°变向

3. 滑雪跌倒与站立技术

在开始滑雪运动之前,摔倒是一项需要学习的关键技能,可以减少受伤的可能性,当参与者获得更好的控制感时,可以增加滑雪的舒适感和自信心。当然站立技术同样重要,如果参与者因为摔倒不能站起来,他们可能会较长时间暴露在雪地中,降低滑雪者的兴致,甚至受伤。

1) 跌倒

跌倒是不可避免的,在陡峭的斜坡上,在有控制的情况下跌倒比继续滑出失去控制更为安全,以正确的姿势跌倒可以有效降低运动损伤。

最好的跌倒方法是坐在上坡一侧,当参与者意识到他们在跌倒前离地面有多近时,练习跌倒可以缓解他们的焦虑。开始时,滑雪板间距与肩同宽,弯曲膝盖直到蹲在滑雪板上,然后向身体两侧跌倒。

在平坦的地形和轻微的斜坡上练习摔倒时,引导身体远离滑雪板和雪杖。为了保护身体关节,当快要摔倒时,迅速降低重心,身体偏向一侧;扔下雪杖,保护好头部,保持冷静,顺势向身体两侧摔倒。具体动作见图 15-1-8。

图 15-1-8　跌倒

2）站起

(1) 单撑、双撑站起：摔倒后站起时身体调整到山上侧，雪板调整到山下侧，使雪板与滚落线形成90°的横板状态，用山上板的外刃和山下板的内刃刻住雪面，借助雪杖在身后用力撑动站起，单撑或双撑站起的撑杖位置最好离身体近一些。具体动作见图15-1-9。

图 15-1-9　单撑站起

(2) "八"字站起：适合体重较大的滑雪者。身体调整到山上侧，雪板调整到山下侧，趴在雪面呈俯卧状态，雪板调整倒"八"字形状，双板内刃刻住雪面，双手撑地站起。具体动作见图15-1-10。

图 15-1-10 "八"字站起

4. 滑雪摆臂

滑雪中的手臂摆动与步行中的手臂摆动非常相似。当右腿向前移动时,左臂稍微向前摆动,而当左腿向前移动时,右臂则稍微向前摆动,手臂在肩部高度与地面平行,并且手指指向行进方向。此动作称为对侧运动。

(二)下坡滑雪技术

1. 滑降技术

1)直滑降技术

直滑降是指双板平行,面对斜坡直线下滑的技术。通过直滑降练习,主要掌握基本滑行姿势,体会滑行的感觉和重心的位置,提高对不同坡度的适应能力和对雪板的控制能力。直滑降的技术重点是用腿部的屈伸来调节速度,并保持正确的滑行姿势。

动作要领:双板平行稍分开,体重均匀地放在两腿之上,两脚用力;上体稍前倾,髋、膝、踝关节稍屈,呈稳定、随时可以屈伸的微蹲状态;两臂自然垂放两侧,肘稍屈,肩部始终处于放松状态;双手握杖置于固定器前部外侧,与腰部同高,微向外展;目视前方,观察场地及前方情况,禁止低头看雪板。具体动作见图15-1-11。

图 15-1-11　直滑降技术

2) 斜滑降技术

高山滑雪的滑降技术之一。斜滑降是指双板与滚落线形成一定的角度,利用双板平行或犁式滑降,向斜下方滑行的技术,它被广泛地用于各种转弯中。通过斜滑降练习,主要掌握山上板与山下板不在同一高度上的滑行技术和用刃方法与身体形态变化等。斜滑降的速度与滑雪板滚落线之间形成的角度有关,角度越小,坡度越陡,滑行速度加快;角度越大,坡度越缓,滑行速度降低。具体动作见图 15-1-12。

图 15-1-12　斜滑降

动作要领:在坡面上滑雪者斜对山下站立,目视前方,双手握雪杖在身前,双臂放松,雪杖头朝向身后;山上板稍领先于山下板或双板对齐。膝关节和胯部压向山上侧;上体向山下方倾斜并扭转,面向山下,使身体形成反弓状;山上板的外刃和山下板的内刃刻住雪面,双板均衡负重或重心更多地放在山下板上。

3) 横滑降

横滑降(横板滑降)是指双雪板横在山坡上,沿着滚落线的方向,自上而下顺畅地滑降。山下板比山上板用刃的强度要弱一些,如果山下板用强刃,容易导致滑行不畅而摔倒。根据坡度的大小、板刃的转换和用刃的强弱变化控制速度。

横滑降时,脚用力部位不同,横滑降的滑行方向也不一样。横滑降中重心移到脚后跟,增加雪板后端的压力,减少前端的阻力,使横滑降向阻力小的雪板前下侧方向改变;重心移到前脚掌的横滑降,滑行方向为雪板的后下侧方向。通过横滑降技术练习,可以提高控制雪板方向和调整身体姿势的能力。

动作要领:双板平行横在坡面上,山上板比山下板稍微向前约半脚的距离;膝关节压向山上侧,身体侧对滚落线方向,与斜滑降时相比较,有更大的向山下侧扭的感觉;山下板比山上板用刃强度要弱一些,若山下板用刃过强,则容易导致滑行不畅而摔倒;通过调节两雪板与雪面的角度,增减下滑的速度。加大立刃时减速,放平雪板时加速,基本不用滑雪杖;当横滑速度太慢时,将雪杖放于上侧推助或支撑,眼睛始终注视山下。需注意雪板前部用力大一些,雪板向后下方滑动,雪板后部用力大一些,雪板向前下方滑动。具体动作见图 15-1-13。

4)犁式滑降

犁式滑降是雪板呈内八字形,从山上直线滑下的技术动作。与直滑降相比较,除了板形不同外,二者的区别在于直滑降过程中减速或停止除受到地形的变化影响外,只能依靠停止法;而犁式滑降在滑降的过程中可以通过调节八字的大小和改变立刃的强弱来控制速度。所以,有人把犁式滑降称为犁式制动滑降。通过对犁式滑降技术动作的学习,主要应掌握板尾蹬开的动作及正确的身体姿势,提高滑降中用刃的能力和对方向、速度的控制水平。

动作要领:双膝稍屈并略有内扣,板内刃刻雪,重心在两板中间,两脚跟向外展,两腿蹬伸推开板尾,使雪板呈前窄后宽的内八字形,两板的板头距离控制在 10cm 左右;上体放松稍前倾,两手握杖自然置于身体两侧,杖尖朝后下方;目视前方,禁止低头看板;犁式滑降动作可分为屈膝和直膝两种,练习中均可使用。半犁式滑降就是犁式滑降变为直滑降的技术动作。具体动作见图 15-1-14。

图 15-1-13　横滑降

图 15-1-14　犁式滑降

2. 转弯技术

1)犁式转弯

犁式转弯是高山滑雪转弯的重要基础技术。犁式转弯是在犁式直滑降的基础上,向一侧雪板移动重力(或增大一侧雪板的立刃或加强一侧腿部蹬转力)的方式,左、右轮换地强化主动板的作用,达到左右转弯。犁式转弯给人一种相对"静态"的感觉,身体各部分动作幅度很小。

向右犁式转弯动作要领(左转弯同理):以犁式直滑降的姿势为前提,左右腿与雪面仍然保持三角形,不要后坐;逐渐向左侧雪板移动重心(加大左雪板重力),此时右雪板减轻负重或不负重;左雪板开始向右自然转弯,成为转弯的主动板,同时右雪板被动地跟随着左雪板向右转动,成为从动板,上体尽量保持面向山下,向右转弯完成之后,延续一段向右的犁式斜滑降;向左转弯之前可进行"引伸"。初学阶段滑雪杖不参与转弯动作,视线要与转弯方向大致相同,始终要力求保持住双雪板的基本犁式状态及身体外形的犁式滑降姿势。具体动作见图 15-1-15。

图 15-1-15　犁式转弯

2）半犁式转弯

半犁式转弯技术是指滑雪板呈半八字形转弯的一种技术。通过半梨式转弯可以体验转弯时的身体姿势和平衡的调节，提高重心移动以及雪板的移出、变刃、收并等动作的控制能力。半梨式转弯有两种形式：山上板推出的半梨式转弯和山下板移动的半梨式转弯。

山上板式转弯指只有山上板呈梨式的转弯动作。它主要是练习让外侧板主导转弯。此转弯将压力放在外侧板，让内侧板平行外侧板，实现快速的平行侧滑。技术要领：呈横滑姿势，山下板承重，山上板向外移出呈半梨式，点杖，移重心。在移动的过程中，应利用踝关节的伸展使重心稍上升。山上板移出呈半梨式后，此板承重，并保持这种滑雪板状态滑入滚落线；内侧板不承重，开始收内侧腿，将内侧板并行到外侧板；逐渐并行，加大外侧板的蹬雪力量；收板结束，进入双板平行的横滑降状态，进入下一个转弯。

山下板移动的半犁式转弯是指转弯的内侧板推出，并利用雪的反作用力进行收腿，收腿后双板同时进入转弯的过程。山下侧板推出的半犁式连续转弯动作在上一个转弯结束后，体重大部分在山下板，山下侧板向山下侧蹬出，滑雪板呈半犁式。在推出时，应体验到用板刃牢牢刻入雪的感觉；推出动作结束，雪板刃刻雪面，刻雪动作是通过整个脚来完成的。收腿时应有积极向前方边滑边移动的意识，接下来进入转弯结束阶段，并准备下一个转弯的开始。具体动作见图 15-1-16。

3）平行式转弯

平行转弯是指两板保持平行状态进行的转弯。它是高山滑雪应用最普遍的核心转弯技

图 15-1-16　半犁式转弯

术。双板平行转弯具有较大实用价值，其优点是能够保持速度，通过腿部强有力的回旋动作和双板立刃完成较高质量的转弯。

双板平行连续转弯是把双板平行转弯连续起来，一左一右依次进行的转弯。有人把双板平行连续转弯称为"双板平行摆动转弯"。通过这项技术的学习，主要掌握连续快速转弯技术，控制节奏，使技术得到更经济、更合理的运用，提高迅速改变动作的能力和高速滑行中的平衡与控制能力。依据滑行轨迹的不同，双板平行连续转弯可分为小回转和大回转。

技术要领：保持一定速度进入转弯的准备阶段，提高重心，并使之向转弯内侧移动；一板内收、一板外刃蹬雪，与滚落线垂直；继续向前屈膝、屈踝，重心移动结束后，外、内板承担的体重比例为 7∶3；上一个转弯动作结束阶段和下一个转弯开始时，踝关节应有平稳的感觉，身体处于直立状态；利用蹬踏的反作用力向内倾倒，向斜上方提起重心，然后再次滑入滚落线的方向。具体动作见图 15-1-17。

图 15-1-17　平行转弯

3. 加速、减速与停止技术

1）滑降中的加速

同时推进加速：滑降的起始与途中都可采用同时推进的技术进行加速，但这种方法只适于低、中速，中缓坡。如果在快速滑行中使用，不但起不到作用，还会形成滑雪杖"空撑"，流于形式，很容易破坏平衡，造成失误。

蹬冰式技术加速：蹬冰式技术经常用于快速中的加速，效果比同时推进要好。蹬冰式技术与滑冰的技术动作很相似，蹬冰式技术只是有滑雪杖的支撑，具体有三种技术方式："一步一撑"的蹬冰式技术是最常用的加速技术，一只雪板蹬动一步（另只雪板滑行一步），双雪杖同时后撑一次；左雪板与右雪板各滑行一步，双雪杖同时后撑一次，称为"两步一撑"的蹬冰式技术，这种技术主要用于坡度较陡，速度较快，雪面状况较差的场合；不撑杖的蹬冰式要领与"一步一撑"相似，上体弯曲，姿势团缩，只靠腿部的滑冰动作和双臂的摆动来滑行，有人称为"雪地上的滑冰"，主要用于平缓坡及比赛中的起滑之后。

2）滑降中的减速

滑降中有时需要减速，滑降速度超过滑雪者的适应能力和控制能力时是非常危险的。

滑降中的减速要根据滑行速度、坡度采用不同的技术方式。在高速陡坡中，只能用双板平行连续转弯技术逐一减速。犁式减速如图 15-1-18 所示，连续过弯减速如图 15-1-19 所示。

图 15-1-18　犁式减速

图 15-1-19　连续过弯减速

3）滑降中的停止

滑降中停止前，必有一个制动减速的过程，这个过程可能是急剧的，也可能是分步的、逐渐的过程。停止的具体方式有自然停止，终点区平坦开阔、有平地或逆坡时可自然停止；慢速（缓坡）中用大犁式滑降技术停止，此时应加大两雪板分开的角度，强化立刃，腿伸直，双脚内侧蹬住雪板；快速中用绕山急转弯技术停止，停止之前先用双板平行转弯动作减速，最后用一个绕山急转弯停止。初级者最常用的减速、停止方式是犁式技术，这种方式简单、平稳、安全。中高级滑雪者则多采用双板平行转弯技术，这种技术可在快速中停止。

4. 路线定位技术

路线定位能力对于每个滑雪参与者来说都是至关重要的，因为这一能力使参与者能够在滑下山坡之前和滑雪过程中理解大局。任何时候了解最好的路线对滑雪者都是有用的。需要注意以下几点。

(1)从下坡口出发规划路线。
(2)分析完整的坡度,选择一般路线和潜在的休息或观赏地点。
(3)技能等级:掌握技能越少,转弯越宽,速度越慢。
(4)滑雪条件:结冰的小山可能意味着陡坡。
(5)在斜坡边上停下来,确保你能看到迎面而来的其他滑雪者。
(6)山上活动:滑雪者越多,在选择路线时灵活性更低,需要更谨慎。

(三)上坡

目前国内所有雪场上坡主要采用缆车与魔毯两种上坡装置来完成。

1. 缆车

缆车大致可分为座椅式缆车、小型箱式缆车和大型箱式缆车。座椅式缆车乘坐时不用脱板,乘坐比较方便,但运送人数有限;小型箱式缆车和大型箱式缆车都需要脱板后手持雪板进入。

2. 魔毯

魔毯一般会被安装在初级雪道,使用时无需脱板,站定即可。上魔毯时,不要前后跨步行走,放松身体,自然直立,保持两板平行,用雪杖助力,双板同时上魔毯即可;魔毯上站立时,切勿左顾右盼,随便移动,也最好不要在魔毯上行走,等魔毯到顶即可;下魔毯时,无须撑杖,等雪板全部离开魔毯再移动雪板即可。

三、双板滑雪技术教学

(一)教学的重难点

1. 教学重点

下坡滑雪技术、转弯技术以及加速、减速与停止技术的掌握。

2. 教学难点

滑雪中进行路线定位,避免在滑雪过程中发生碰撞而产生运动损伤。

(二)教学提示

(1)分组练习,2人一组。滑行前应检查雪板、雪靴,佩戴头盔等安全防护工具,强调滑行的风险,滑行时需要强调注意安全事项。
(2)加强对减速与停止技术的教学,充分保证学生的安全。
(3)强调对滑行环境的观察和分析,提前采取应对措施规避风险。
(4)激励学生积极主动克服心理障碍,勇敢面对挑战,培养学生自信、勇敢的品质和独立思考、判断与决策的能力。

四、双板滑雪技术注意事项

单板滑雪与双板滑雪的注意事项近似,这一部分主要介绍滑雪装备与滑雪者自身的注意事项。

1. 服装穿着具有层次感

寒冷对任何参加冰雪活动的人来说都是非常危险的,最好的防御就是使用合适的装备。即使天气很暖和,也要带上保暖的衣服,当天气变化时,剧烈运动的衣服可能不够暖和。在寒冷天气中活动,多层可以提供更多的隔热效果,并根据运动水平和外界条件的不同增加或减少衣物。高强度的有氧运动,会使参与者汗流浃背,湿衣服在保暖方面远不如干衣服有效。这套分层系统的妙处就在于,参与者可以根据活动程度脱下一层或多层衣服来控制体温,防止出汗过多。

2. 检查滑雪工具

合适和完好无损的滑雪装备、滑雪护具是滑雪者良好体验的前提,并能在滑雪过程中规避一定的风险。在滑雪前应检查滑雪护具是否齐全;滑雪板及滑雪杖长度、鞋号是否适合滑雪者(包括身高、体重、年龄、性别、滑雪技术水平)及滑雪场地中雪质特点与雪道状况;滑雪板和滑雪杖有无折裂、固定器连接是否牢固等,双板需要检查固定器脱离值是否合理,以便初学时摔倒立刻脱离雪板;单板检查固定器螺丝紧固,鞋扣可以自由开启和闭合。

3. 避免跨级滑雪

我国滑雪场雪道分为初级、中级与高级三个等级。滑雪者需要根据自身技术技能选择合适的滑雪道,避免因跨级滑雪导致雪板失控造成的事故伤害或影响其他滑雪者的滑雪体验。

4. 注意身体调节

滑雪是一项对技能要求很高的活动,需要燃烧大量的卡路里,充分的热身非常重要,热身的目的是提高身体和肌肉的温度,让身体为更高要求的活动做好准备。同时鼓励参与者多喝水,及时补充营养,以帮助他们保持水分或充足的能量。

5. 注重滑雪礼仪

滑雪时,参与者需有意识地注意雪场礼仪和规则,做有礼貌的滑雪者,如果不在意这些礼仪,不仅会遭到别人的"侧目",还容易发生意外,造成伤害或损失。

滑行时注意事项:滑在前面的人有优先权,从后面来的滑雪者必须选择一条不会危及前面人的线路;允许从前后左右方向进行追赶,但需与被追赶者保持一段距离,让他能完全自由的做各种动作;在雪道会合时,要注意看上坡有没有人下滑,若有人要先礼让,确保安全;滑雪者必须前后行为一致,这样才不会危及或伤害他人;处于低位或需要横越雪道的滑雪者必须仔细进行前后检查,以确保此种行为不会危及自己或他人;滑雪者和单板滑雪者必须避免在跑道的狭窄地点或盲点做非紧急性停留;跌倒者必须尽快站起;滑雪者必须特别留意雪道上的记号和标记,遵守雪道的标识,不要滑到禁止进入的雪道;不要尝试超出自己能力水平的技术动作。

休息时注意事项:休息时请停在雪道两侧,不要在雪道中间或转弯处停留,休息要选择显眼的地方;滑雪板脱下时一定要倒放(有固定器那边朝地面),以免雪板滑走;拿雪板、雪杖走动的时候不要扛在肩上,很容易打到别人,要将雪杖、雪板立起来后抱着拿。

第二节 单板滑雪技术

一、单板滑雪技术概述

单板滑雪也被称为冬季冲浪,是滑板和冲浪的结合。滑雪者脚踏单板利用身体和双脚来控制方向,在赛道上做出滑行、跳跃、腾空、跨越障碍等一系列技术动作。

单板滑雪起源于20世纪60年代的美国密歇根州。1965年,谢尔曼·波彭根据冲浪板制作了一块滑雪板,让孩子踏在滑雪板上,手拉绳索在雪地上滑行。20世纪70年代中期,单板滑雪开始兴起,然而由于滑雪者控制雪板的能力较差,经常出现事故,因此许多滑雪场禁止单板滑雪。伴随着单板技术的不断革新与进步,单板滑雪逐渐流行起来。1995年,鉴于单板滑雪的发展,国际奥林匹克委员会决定将单板滑雪纳入奥运会,设男子及女子大回转和U型场地技巧4个小项。

单板滑雪在我国的开展较晚,2003年,中国的单板滑雪正式立项,主要开展U型场地雪上技巧项目。2016年,单板滑雪大跳台和坡面障碍技巧国家队组建,冬奥会中单板滑雪5个项目中,已经有4个项目在中国开展起来,中国单板滑雪发展驶向了快行道。随着苏翊鸣在男子U型场地技巧项目取得奥运冠军,标志着我国正逐步迈向单板滑雪强国行列。

二、单板滑雪技术介绍

(一)滑雪板固定器的选择

单板固定器顾名思义就是将滑雪单板和滑雪鞋固定在一起的装置,在穿戴设置固定器时,需要根据习惯与平衡感选择重心脚在前,当我们侧身站立,左脚在前的滑行方式叫Regular,右脚在前的滑行方式叫Goofy;两个固定器间的距离需略比肩宽,以提升雪板的稳定性;对于初学者而言,固定器的角度有两种选择:30°与0°或者15°与-15°(duck foot)。但这些数值也不是绝对的,因为单板固定器间距和角度还受其他因素影响,可以根据个人的滑雪风格、习惯和滑雪技术进行调整,最终调整的目标就是在滑行的时候感到舒适。

(二)滑雪板的选择

雪板的长度选择绝对不是身高减去12~15cm这么简单,初学者在选择时,要了解板的长度、板的类型,根据技术水平、实际情况、个人习惯等综合考虑找出合适的雪板长度。

通常来说依据身高挑选的板子在宽度上也要合适,滑雪板的宽度有三种类型:nose width(板头宽)、tail width(板尾宽)、waist width(板腰宽)。一般我们主要选择板腰宽。判断标准是将固定器和靴子依照习惯角度摆放好后,是否有过多的部分宽出板面,但注意齐平或稍稍超过板子边缘的靴子和固定器是正常的,如果 5 个脚趾都在外部,就说明滑雪板不够宽,容易在滑行的时候因无法使用板边而发生事故。

(三)单板滑雪基本站姿

"基本站姿"也被称为高效的滑行姿势,如图 15-2-1 所示。这个姿势可以让滑行中受到的大部分外力通过骨骼肌来承担,更顺畅地传导和吸收来自雪道的冲击力,更高效地对身体做出控制,进而可以更放松更省力地滑行。整个姿势的要领如下。

图 15-2-1　单板站立

(1)视线:抬头,眼睛目视前方。

(2)肩膀:自然放松。

(3)胳膊:自然垂落,放在身体两侧,与躯干在同一平面上。同时胳膊要与体侧间隔两拳的距离,这样更有利于保持平衡。

(4)手:手掌自然握拳,掌心朝向身体后方。

(5)腹部:腹肌收紧,控制重心,保持身体的稳定。同时可以让下背部圆曲,使脊柱和腿部在一个自然吸收冲击力的姿态。

(6)膝盖:膝盖微屈,朝向脚尖,形成"外八字"。同时小腿、膝盖、大腿在一条顺畅的传导线上,有利于身体更直接地对雪板进行力量的传递控制。

(7)重心:保持重心在两脚对称站立姿势中间。

(四)安全的跌倒和站立技术

本节所提供的安全技术需穿戴护腕、护膝、护臀等防护用具,以防止关节或骨盆受伤。

1. 安全的跌倒方法

（1）面山跌倒方法一：膝盖先着地，接着手掌置于胸前撑地，将冲击的力量依膝、手掌渐次散去，如图15-2-2所示。

图 15-2-2　面山跌倒

（2）面山跌倒方法二：膝盖先着地，接着手肘、手掌依序撑地，将冲击的力量依膝、手肘、手掌渐次散去。

（3）面谷跌倒：臀部先着地（臀部一定要穿戴护具），依臀、腰、手的顺序，依次将力量散去，即便穿戴安全帽，也不要让头部直接撞击雪面，如图15-2-3所示。

图 15-2-3　面谷（背山）跌倒

2. 安全的起立方法

（1）面山起立法：以脚趾侧的雪板前刃及膝盖撑地，以手为支撑，下半身先起，手离地至完全站立。

（2）面谷起立法：以脚跟侧的雪板前刃及臀部顶地，以手为支撑，下半身先起，手离地至完全站立，如图15-2-4所示。

图 15-2-4　安全起立

（五）单脚滑行与停止技术

面山面谷技术动作要领大致相同，在确定重心脚之后，只是前后板刃使用情况对调，下文均以面谷为例。

1. 单脚滑行姿势

单脚滑行姿势动作：①穿着滑板的脚在前，以后脚推雪；②两眼注视前方，保持身体平衡；③滑板在向前滑动时，后脚可置于滑板后鞋套前，如图15-2-5所示。

图15-2-5　单脚滑行

2. 面谷滑行与停止

面谷滑行与停止动作：①滑板直滑而下，后脚站在滑板中间偏后的位置，双手平举辅助平衡；②身体压低，屈膝降低重心，后脚脚跟顺势向前推，将滑板速度减慢刹车；③滑行距离不要太长。

（六）单板横滑与停止技术

单板横滑与停止技术动作：①脚掌翘起，脚跟为施力点向下滑动，脚跟随时调整出力，使雪板下滑速度缓和而平顺；②手微开辅助平衡，身体也微弯保持弹性，以保持最大的稳定性；③停止时，压低身体、膝盖，脚跟逐渐加压用力，让雪板速度减慢进而刹车停住；④眼睛注视前方，如图15-2-6所示。

图15-2-6　单板横滑与停止技术

(七)斜滑降技术

斜滑降的幅度可随着练习的熟练度而逐渐调整,最终目的是能随心所欲地滑行。斜滑降除了是重要的滑行技术外,还是在不同地形的保命招式。在练习过程中,如有脚跟或是脚趾用力过度导致不舒服的情况,可以尝试面山、面谷轮流交换练习,以减少不适感。

1. 面谷斜滑降技术

面谷斜滑降技术动作:①脚跟施力,身体微倾向滑动方向。左滑身体往左倾;右滑身体往右倾;②手指向滑动方向;③眼睛注视滑动方向;④变换滑动方向前,先让身体位置回到中心点,两脚施力均衡,待滑板力量平衡后,再变换下一滑行方向,如图15-2-7所示。

图15-2-7 面谷斜滑降技术

2. 进阶练习

面谷练习:脚跟用力,滑板横向滑动,动作要领同面谷之斜滑降,加强后脚跟力量,使滑板向上回山。

本练习也可配合熟练度横滑的角度,横滑角度越大,滑板速度会越快,回山时后脚力量相对要加大。

(八)直滑降回山"J"形转弯

基本技术动作的练习可配合横滑降回山练习项目。①滑板朝谷方直滑而下;②后脚脚跟逐次加压,使滑板转横回山,如图15-2-8所示。

图15-2-8 面山直滑降回山

(九)斜滑降到"C"形转弯

"C"形转弯动作:①面谷横滑出发;②放掉滑板上的压力,身体、膝盖拉直,原先与雪面接触的脚跟侧也摆平;③身体保持微前倾,使滑板打直往下滑动;④脚趾端钢边接触雪面,准备转向;⑤压低重心,身体、膝盖依次弯曲,后脚脚趾顺势向后拉;⑥配合滑板本身的弧度及脚趾侧的压力,滑板转为面山,如图15-2-9所示。

图 15-2-9　斜滑降到"C"形转弯

（十）连续转弯

将斜滑降运用到转弯练习中,就是将面谷(斜滑降)转面山(斜滑降)及面山(斜滑降)转面谷(斜滑降)衔接起来,就是完整的连续转弯。膝盖的上下动作在方向变换之间扮演很大的角色,滑行过程注意身体的外倾、上半身的内倾,滑板的钢边有释放再加上压力的转换,眼睛、手的功能性不要忽略。

连续转弯技术是指将单个"C"形转弯连接起来形成了一个"S"形的滑行路径,即把两个相反方向的"C"形转弯连接起来,形成流畅的连续转弯。

三、单板滑雪技术教学

（一）教学的重难点

1. 教学重点

单板滑雪各项技术(单脚滑行与停止技术、单板横滑与停止技术、斜滑降技术、"J"形转弯、"C"形转弯、连续转弯)的掌握。

2. 教学难点

熟悉使用单板滑行技术,熟练操控雪板,做到人板一体,滑行自如。

(二)教学提示

(1)分组练习,2人一组,强调练习可能存在的风险,并讲解相应的应对与处理方法。

(2)加强对单板滑雪站姿、安全跌倒与站立技术的教学,保证学生的安全。

(3)强调对滑行环境的观察和分析,提前采取应对措施规避风险。

(4)激励学生积极主动克服心理障碍,勇敢面对挑战,培养学生自信、勇敢的品质和独立思考、判断与决策的能力。

四、滑雪安全原则

这部分主要介绍国际滑雪联合会撰写的十大安全原则:

(1)尊重原则:无论双板还是单板滑雪者,绝不做会损伤或致使他人受伤的行为。

(2)自控原则:无论双板还是单板滑雪者,都应当让自己的滑行处于可控范围之内。其滑行速度和方式应当和其个人滑雪水平相符,并且应根据地势、雪质、天气和雪场人口密度来选择以何种方式滑行。

(3)选择安全线路原则:后方滑雪者务必要选择不危及前方滑雪者的线路滑行(前滑雪者有雪道使用的优先权)。

(4)超越原则:从后方或侧方超越其他滑雪者时,请保持足够距离。

(5)进入雪道、启动、爬坡原则:当滑雪中途稍作休息重新开始,或者向坡上攀爬时,务必保证不会危及自己和他人的安全。

(6)停留地点原则:滑雪者应避免停留在赛道、狭窄的雪道、视线易受阻的地方,若经过上述地点,请尽快通过。

(7)两侧行走原则:如需在雪道上行走时,请务必选择在雪道两侧。

(8)注意警示标识原则:请滑雪者务必对信号牌、指示牌和指示物保持足够的重视。

(9)协助原则:一旦遇见事故,每个滑雪者都有义务去帮助受伤的人。

(10)事故确定身份原则:事故发生后的滑雪者或者目击者,无论是否有相关责任,都应彼此留下联系方式。

第十六章 攀　树

攀树运动是一种惊险刺激的户外运动项目,是一项通过穿戴安全的装备,使用特有器械或绳索运用上升下降技术、切换技术、和辅助绳索攀爬各种不同树木的户外运动项目。攀爬不同种类、不同高度的树木,能够在树木间自由的行走和穿梭。爬树运动是一种突破传统教育思维、教学模式和传统认知教育不同的体验式教育活动,把体育课堂拓展到户外树木当中,可以让学生更加接近自然,从而来唤起学生童年美好的回忆。攀爬不同树木活动让参与者进行体验,让学生不断提高要求——不断设定目标,挑战目标,再设定目标,全面提高学生的身体健康、心理健康等各种能力进而完善人格,提升自我,培养乐观、不惧困难、勇于挑战的品质。目前攀树运动可分为休闲攀树、竞技攀树与职业攀树。本部分主要讲解休闲攀树与竞技攀树的相关内容,包括攀树装备与结绳技术、攀树锚点安装以及攀树基础技能。

第一节　攀树装备与结绳技术

一、攀树装备与结绳技术概述

攀树装备是安全攀树的保证,是攀树运动开展的基础。攀树装备与攀岩的绳索装备存在一定的差异。对于攀树运动而言,绳结占据十分重要的地位,所有的攀树者都应该清楚每一个绳结的打法。与户外绳索相比较而言,攀树绳结与户外绳结在众多绳结上均是通用的,如八字结、布林结、双渔人结、普鲁士结等,但也有部分绳结专门用于攀树运动。

二、攀树装备与结绳技术介绍

(一)攀树装备

攀树装备可以分为以下两类:个人防护装备与攀树技术装备。

1. 个人防护装备

攀树的个人防护装备主要包括头盔、护目镜、长袖长裤、合适的鞋履等。

2. 攀树技术装备

(1)安全带。攀树安全带与攀岩安全带不同,攀岩安全带尽可能地追求轻量化,而攀树安全带更注重长时间高空作业时,悬停在空中的舒适性、安全性、便捷性与实用性,如图 16-1-1 所示。

(2)安全短绳。安全短绳是绳索两端装有锁扣可以连接安全带横向定位环,有机械绳结装置能够自由调节绳圈大小的短绳。它能够将攀树者固定在某一点上进行作业,也能够充当锚点来使用,如图 16-1-2 所示。

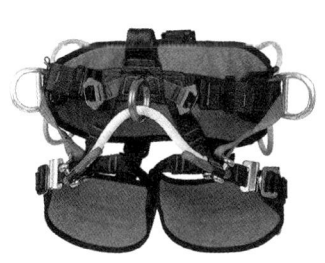
图 16-1-1 攀树安全带

图 16-1-2 安全短绳

(3)分力绳。分力绳是一根独立的短绳,主要是替代抓结使用。分为单眼绳与双眼绳两种,如图 16-1-3 所示。

(4)滑轮。滑轮是攀树运动重要的上升下降装备,如图 16-1-4 所示。

图 16-1-3 双眼分力绳

图 16-1-4 滑轮

(5)绳索架设装备。绳索架设装备主要包括绳框、豆袋(抛投袋)、攀树牵引绳,如图 16-1-5、图 16-1-6 所示。

图 16-1-5 豆袋

图 16-1-6 攀树牵引绳

(6)攀树扁带。攀树扁带又称为树皮保护装置,主要用于锚点设置,以承担攀树者攀爬负荷,如图 16-1-7 所示。

图 16-1-7　树皮保护装置

(二)攀树结绳技术

1. 拳头结

拳头结是美国攀树者常用的绳结,用于攀爬时的摩擦索结,如图 16-1-18 所示。
注意事项:绳尾需要打终止结(8 字结、防脱结);有松脱的可能,必须经常调整。

2. 布莱克式结

布莱克式结与拳头结的作用一致,用作攀爬时的摩擦索结。就目前世界范围内来看,布莱克式结越来越受到推崇,因为布莱克式结的摩擦力更稳定,而且不易松脱,如图 16-1-19 所示。

图 16-1-18　拳头结

图 16-1-19　布莱克式结

注意事项:绳尾需要打终止结(8 字结、防脱结);长时间的使用会把绳索表面磨光滑,因此不建议长时间使用。

三、攀树结绳技术教学提示

（一）教学的重难点

（1）攀树装备的正确使用与保养维护。
（2）拳头结与布莱克式结的具体打法与用途。

（二）教学提示

（1）分组练习，设置小组长，让学生能够互相帮助，共同进步。
（2）利用手机 APP、微信小程序、抖音视频等现代化手段进行教学，学生也可在课外进行自学。
（3）教学手段以教学为辅，学生练习为主，给予学生充足的练习时间。

四、结绳的要求及注意事项

（1）拳头结与布莱克式结要进行绳尾处理，即设置终止结。
（2）绳结的正确设置是安全攀树的基础，因此攀树前要对绳结进行多次检查。

第二节　攀树锚点安装

一、攀树锚点安装概述

对于攀树运动而言，攀树锚点就是攀树的安全保护站，一个稳定的锚点是安全攀树的基础。攀树锚点的安装是攀树运动的基础技能，也是户外运动方向学生和攀树爱好者必须掌握的基础技能。

二、攀树锚点安装介绍

（一）树木及场地的检查

攀树前要对树木周围环境进行测评：地面的石块、树冠中间的电缆、树枝上的蜂巢等都是攀树过程中的危险因素。攀树前要绕树一周，观察树根腐朽程度、敲击树木主干检查是否有树洞、目测固定绳索的树枝直径以及是否是活枝，确定攀爬的位置，然后才能制定攀树计划，设计锚点位置、攀爬线路等。

（二）攀树锚点安装与回收

1. 攀树锚点的安装

（1）需要的装备：大小扁带环（树木保护器）、抛投绳包、豆袋（抛投包）、抛投牵引绳、攀树绳等。

(2)牵引绳顺序放入抛投绳包,一端与豆袋连接。

(3)豆袋穿入大环;利用豆袋将抛投牵引绳穿过可靠树干。豆袋抛投技术:单臂投掷、胯下投掷、器械投掷。

(4)解开牵引绳穿过大小扁带环的小环,再与豆袋连接。

(5)拉动牵引绳,将扁带拉到树干可靠位置。

(6)解开豆袋,连接攀树绳一端,拉动牵引绳穿过大小环,完成攀树锚点设置。

(7)攀树锚点设置完毕后,检查其承重能力,保证其安全性。

2. 攀树锚点的回收

(1)大环一端的攀树绳头设置一个单结,并用牵引绳连接绳头。

(2)握住攀树绳另一端,往回抽绳,大小扁带环会随牵引绳下落。

(3)解开牵引绳,回收牵引绳与攀树绳。

三、攀树锚点安装教学

(一)教学的重难点

1. 教学重点

(1)观察树木与选择合适的树木。
(2)攀树锚点安装与回收的步骤。

2. 教学难点

攀树锚点安装过程中豆袋的精准投掷。

(二)教学提示

(1)树木及场地的检查是攀树锚点安装的前提与基础,对安全攀树至关重要。

(2)豆袋抛投技术是攀树锚点安装的重要技术,要增加练习的频率。练习应从较低的树杈开始,逐渐提升难度,以此保证每一位学生均能掌握。

(3)豆袋抛投技术学习过程中,可以进行掷准比赛,增加课堂的趣味性,集中学生的注意力与提升学习的兴趣。

四、攀树锚点安装注意事项

(1)锚点的选择需要评估树干的承重力。攀爬系统安装好以后需要测试锚点的承重力。一般的锚点需要能够承重两个人的重量,同时满足攀树者能够在绳索上做出钟摆动作。

(2)豆袋是由密度较大的铅粒装袋制成,质量一般在170g以上。豆袋抛出后下坠阶段为典型的自由落体状态,因此豆袋的投掷有着极大的风险。抛投豆袋前要做好场地安全评估、穿戴头盔和清场工作,避免出现安全事故。

第三节 攀树基础技能

一、攀树基础技能概述

攀树是类似攀岩的运动,真正的攀树运动有与攀岩类似的专业装备,它以一套绳索与安全带为主、其他攀登器材为辅,在操作时全套系统可同时保护人与树的安全。对于攀树运动而言,向上攀爬是终极目标,因此掌握各种攀爬技术,准确使用各类攀爬装备至关重要。

二、攀树基础技能介绍

(一)绳索系统

1. 传统攀树系统

采用双绳向上攀爬,主绳的一端连接攀树安全带后,留出一段主绳,在留出的主绳打上攀树绳结(拳头结、克式结),并与另外一段主绳进行连接。

这一种连接方式,适合在装备有限和紧急情况下使用。

2. 现代攀树系统

现代攀树系统主要分为两种:①利用分力绳(图16-3-1)。分力绳是一根一头或两头带有绳圈的短绳。它主要取代了传统系统中被用作打攀树绳结的那段主绳的作用。分力绳的使用大大解放了主绳。②利用器械攀爬(图16-3-2)。这种主要是使用机械抓结来进行攀爬,大大提高了攀树过程中的舒适性与顺畅性。

图16-3-1 现代攀树系统(分力绳)　　图16-3-2 现代攀树系统(机械抓结)

（二）基础攀爬技术

固定绳索后有几种方法可以用来攀爬树木，分别是身体推进法、双绳脚锁法与手脚推进法，其他可选择的方法除了使用机械的上升装置外，均由这几种方法变化而来。

1. 身体推进法

身体推进法分为两种：一种是挺身式；一种是绳索靠近树干时采取的一种方法。

挺身式的动作要领：①预备状态，攀爬者贴近主绳，身体保持正直；②抽动主绳，上推克式抓结，使身体腾空；③摇摆身体与推绳结之间节奏的把控和运用是关键；④身体摆动的同时，将主绳下拉到身体一侧，左大臂夹住，左手控制主绳，右手向上推抓结，完成上升。

借助大树的身体推进法的动作要领：①双脚夹住树干，与树干形成支撑点，支撑点应高于胯部。②双脚夹住树干，双手握绳下拉，顶胯。③将绳下拉后，身体靠近主绳，腾出一只手向上推动绳结，实现上升，如图 16-3-3 所示。

图 16-3-3　身体推进法

2. 单绳脚锁法

单绳脚索法，主要是利用脚索住主绳，形成支撑从而上升的一种方法。这种方法最重要的就是双脚缠绳。

动作要领：①预备状态，攀爬者贴近主绳，身体保持正直。②抽动主绳，上推克式抓结，使身体腾空。③双脚呈十字交叉，相互对抗踩住绳索。双脚的接触面为脚侧面。缠绳时双手将身体抬升或者调整身体重心靠后，也可达到提高缠绳高度的效果。④缠绳后，支撑身体直立，将绳结向上推，完成上升，具体如图 16-3-4 所示。

图 16-3-4　单绳脚锁法

3. 手脚推进法

手脚推进法是上升技术中最为省力的方法,也是应用最广的方法。这种方法主要就是利用辅助绳做一个脚蹬,实现腿部借力。

动作要领:①手脚并用,同时发力,脚垂直向下发力。②脚踩后使身体直立,腾出一只手将绳结向上推,完成上升。它的动作要领与 SRT 技术相似,具体如图 16-3-5 所示。

图 16-3-5　手脚推进法

（三）下降技术

下降技术是攀爬者在需要下降后，通过调节主绳与下降制动装置之间摩擦力的大小，来达到减缓和控制下降速度的目的。下降的动作要领与岩降和垂降类似。

沿树干下降动作要领：双腿蹬直或者微屈蹬在树干上，双脚踩稳。下降过程中，上身直立与树干大致平行，制动手握住主绳置于腰后，引导手握住降制动装置，实现匀速下降。

沿主绳下降动作要领：身体悬挂，自然放松，重心保持稳定，上身微前倾，膝部微屈，双腿自然下垂。制动手握住主绳置于腰后，引导手握住降制动装置，实现匀速下降。

三、攀树基础技能教学

（一）教学的重难点

1. 教学重点

（1）现代攀树系统，两种绳索系统的连接方式。
（2）手脚推进法的动作要领。
（3）两种下降技术的动作要领。

2. 教学难点

身体推进法、单绳脚锁法两种上升技术的手、脚、身体的协调发力。

（二）教学提示

（1）进行热身活动，避免拉伤。
（2）安全教育，分析攀树练习中，由人、装备、环境等因素可能产生的安全风险，提出应对策略，提升安全意识，规范操作行为，锻炼攀树风险处置能力。
（3）示范讲解上升的三种攀爬技术时，着重强调身体的协调发力。
（4）训练时尽量将保护站设置在较低位置，避免攀爬过高带来安全事故。
（5）学生对三种攀爬技术较为熟悉后，组织攀高体验与保护练习，学生分享攀高体验时的身法与保护感受，激励学生反思自己的优势与不足。

四、攀树基础技能注意事项

（1）攀树的过程中，绳索可以保障攀树者安全，全程不能脱离绳索。
（2）为防止触电伤害，应远离电线装置。
（3）攀爬前请检查树木，使用树木保护器。
（4）下降时的着陆应该避开主绳，且避开凹凸不平、杂物较多的区域。落地时，身体应尽可能保持稳定，避免落地不稳造成主绳摆荡，引起身体晃动造成伤害。

第三篇

户外运动体能训练与医学常识

第十七章　户外运动体能训练

第一节　户外运动体能训练的必要性

参加户外运动投身于大自然的怀抱，进行登山、攀岩、徒步、溯溪、溪降、漂流、山地自行车、探洞、野外生存等惊险刺激的活动，必然会遇到大自然瞬息万变的气候变化及自然灾害，风餐露宿、冒雨行进、夜宿泥泞更是家常便饭。一个强健的体魄是从事户外运动的前提。此外，参加户外比赛或活动也必须进行必要的体能训练，只有身体强健、体力充沛才能使我们尽情地享受大自然，拥抱大自然，让自己完全沉浸于蓝天白云之中，享受大自然给人们带来的一切，感受大自然的壮美，达到陶冶情操的目的。

体能训练的目的与方法应根据从事活动对身体的要求来决定。登山、徒步、攀岩、皮划艇以及应对户外环境等均对身体的体能和心血管系统提出一定的要求。我们经常看到，有些人在行进不到20分钟就出现大汗淋漓、气喘吁吁、体力不支的情况，无心顾及周围美丽的风景和宜人的景色，同时也存在安全隐患。提高心肺功能及有氧耐力、上下肢的力量以及身体平衡能力、灵活性是我们从事户外运动的必要准备。

从事户外运动前，须针对身体机能和身体素质上进行必要而科学的训练准备，来帮助我们迎接在实践中遇到的各种各样的困难，应对大自然的险恶环境，锻炼我们的体能和意志，克服自身的懦弱，从而得到心智和体能的再造和升华，培养出坚忍不拔、勇往直前的气概和强壮结实的体魄。

第二节　户外运动体能训练的内容与方法

一、体能训练

（一）体能

体能是指运动员机体的基本运动能力，体能训练是运动训练的重要内容。体能发展水平是由其身体形态、运动素质及身体机能的发展状况所决定。①身体形态是指机体外部的形状；②身体素质是指机体在活动时所表现出来的各种基本运动能力，通常包括力量、耐力、速度、柔韧、灵敏等；③身体机能是指机体各器官系统的功能。三者之间各自是相对独立作用的，但又密切联系、彼此制约、相互影响,其中每一个因素的水平,都会影响体能的整体水平。

(二)户外体能训练

体能训练,又称体能锻炼、体适能训练,泛指所有通过运动方式来达到维持与发展适当体能、增进身体健康的身体活动。它的目标有许多种,包括增强肌肉与循环系统、增进运动技能及身体体能、减重或维持体重或是单纯的休闲等。体能训练包括力量、速度、柔韧性、协调性、敏捷性和耐力六种运动类别。户外运动通常在山区、丘陵等地区开展,集合了定向越野、丛林穿越、溯溪、漂流、登山、攀岩和山地自行车等众多户外运动项目。各项目在体能的需求上存在一定差异,主要表现在身体形态、身体机能和身体素质三个方面,对各项目体能的需求分析应充分考虑项目特点。户外运动大多属于耐力性的项目,对身体形态没有具体要求,总体上以有氧耐力为主,需要参与者具有较长时间工作的能力。从项目类别上来看,登山、徒步、丛林穿越等活动的自由度较高,以心肺和肌肉耐力为主;攀岩、自行车等竞技化程度较高的项目,除了对力量、速度等身体素质的要求高外,还对动作特点有较高的要求,需要运动员通过长期的训练达到适合的动作模式,从而提高运动能力。

(三)体能训练的要求

(1)合理地安排一般体能训练和户外专项体能训练。安排一般体能训练可全面地发展运动员的力量、耐力、速度、灵敏和柔韧等基本素质,提高运动员各个器官的机能,并使运动员身体各个部位得到均衡的发展。安排一般体能训练,并不意味着运动训练过程中身体各部位、各器官系统和各运动素质都得到均衡的提高,相反,正确的做法是应根据专项运动的需要和个人的具体情况,安排要有主次之分,以主带次。在合理安排一般体能训练的同时,还必须合理安排专项体能训练,户外运动是一组项目,各个项目又对身体都有着特殊的要求,因此,一般体能训练不能代替专项体能训练。

(2)体能训练应与户外运动技术训练、心理训练有机结合。

(3)体能训练在整个训练周期中所占的比重,以及一般体能训练和户外专项体能训练的比例,要根据训练周期的不同阶段来确定。

(4)体能训练的主要内容是运动素质训练。而耐力、力量素质是户外运动员所需要发展的主要运动素质。

(5)在体能训练中运动员常常会感到非常疲劳,有些体能训练的手段又比较单调枯燥。因此,在训练中应加强运动员的思想教育,提高他们对体能训练重要意义的认识,培养他们吃苦耐劳的意志品质。

二、体能训练的内容

(一)耐力素质训练

1. 耐力素质

耐力素质是指人体不降低工作效率而长时间进行运动的能力,也是机体抵抗工作时产生疲劳的能力。这种能力的强弱主要与人体循环系统、呼吸系统、肌肉系统、神经系统等的机能水平直接相关。疲劳是一种生理现象，是机体自我保护的反映。工作会导致机体产生疲劳，疲劳的产生会限制机体继续承受工作负荷。耐力是各种身体素质的基本因素之一，也是一般运动技能的基础。耐力的好坏可以直接影响运动员技术水平的发挥。因此，户外运动的耐力训练是非常重要的。

对于户外运动来说，耐力是户外运动的首要身体素质，是取得优异成绩的基础，良好的耐力也是大负荷训练后加速恢复的一个重要前提。耐力素质的发展水平对专项竞技水平起着重要作用。良好的耐力素质有助于运动员更好地克服训练、比赛和活动中出现的疲劳。良好的身体机能、充沛的体力是参加户外运动应具备的先决条件，坚持进行有氧运动是提高身体机能的有效手段，是强身健体最好的方法。长期进行有氧运动能增加体内血红蛋白的数量，提高机体抵抗力，随着心肺功能能力的增强，身体便可以从事更剧烈的运动且不易疲劳，从而提高我们在野外抵抗各种恶劣环境、气候的能力。

2. 影响耐力素质的因素

(1)肌肉力量的大小，对一般耐力和力量耐力而言有着重要的影响。在同样的负荷下，肌力大的人重复的次数更多。

(2)大脑皮质神经过程的强度及其对频繁刺激的耐受能力，是影响耐力的重要因素。周期性运动项目尤为明显。

(3)心血管系统和呼吸系统的机能水平，即有氧和无氧代谢水平，对一般耐力和速度耐力有很大影响。

(4)体形对耐力也有影响。体形匀称的中胚层成分和外胚层成分为主的体型，比内胚层成分为主的体型耐力要好。体重过重或肥胖都会影响耐力。

(5)正确合理的技术动作可以使人们在保持一定速度的同时消耗较少能量，尤其是在周期性运动中。

(6)耐力具有明显的性别和年龄差异。男性20岁左右，女性18岁左右基本达到最高水平，以后增长缓慢以致逐年下降。

3. 户外运动的耐力特点

(1)比赛或户外活动时承受的负荷大。

(2)户外比赛或活动要承担的动作大都是接近极限(时间长、负荷大)的动作，对供氧体系要求很高。

(3)积极的运动与相应的间歇交替进行，参加户外比赛或户外运动时的总负荷量较大，也有相当高的要求。要求有氧供氧体系较高。

4. 户外运动耐力素质的训练方法与特点

运动员的一般耐力是指运动员机体各器官系统机能的综合能力，是运动员专项耐力的基础。一般耐力训练最重要的就是提高心血管和呼吸系统的机能，即提高有氧代谢能力。户外运动是属于长时间运动形式的耐力项目,发展有氧耐力是必须的,其影响也是最直接的。中长距离的变速跑、越野跑、游泳、爬高楼及大强度地打篮球、踢足球等有氧运动是发展一般耐力素质有效方法。在有氧运动训练中,运动的方法及身体的反应都有其特点。

有氧运动的特点如下。

(1)每次运动需持续 30min 以上。

(2)运动量要达到一定强度,运动过程中心率保持在 130～150 次/min 之间。

(3)动作有节奏感和规律性。

(4)进行有氧运动,在运动时会产生"极点"。所谓"极点"是运动中,由于氧气供应落后于肌肉活动的需要,使人感到腿发沉、胸闷、呼吸困难不想继续跑下去,我们称这种状态叫"极点"。产生"极点"时,适当降低运动速度,调整好呼吸节奏,坚持下去,以上不良现状就会克服。在锻炼中只有不断克服"极点",人体机能才能逐步得到提高。

5. 符合户外运动特点的几种有氧练习方法

(1)长跑:是采用慢速度、长时间、长距离的有氧锻炼方法。在进行长距离跑时应注意呼吸节奏。呼吸节奏是:两步一吸两步一呼;三步一吸三步一呼,节奏不宜起伏过大。练习方法:开始时,每周 3～5 次,20min/次左右,距离 3000～4000m。2～3 周后,时间逐渐增长,增加到 40～50min,距离逐渐增加至 8000～10 000m 或更长,每天运动量可以不恒定。

(2)爬、跑楼梯(或山坡):爬、跑楼梯(或山坡)作为户外运动有氧训练的手段是一种好方法。在练习时应分组进行,(以 10 层为例)上下跑一趟为一组,练习 4～5 组,组间休息几分钟。随着运动能力的增强,练习组数可增加到 8～10 组。练习时间也由开始的每次运动 20～30min,逐渐增加到每次 40～50min。由于这项运动的强度比慢跑大,对身体内脏机能以及大小腿肌肉的影响也比长跑大,因此每周练习不超过 3 次。

(3)游泳:游泳是从事户外运动必须掌握的基本技能之一,也是进行有氧活动的最好方法。可选择长距离游(500m、800m、1000m 等),应根据身体状况选择游距,并在练习中不断克服身体出现的"极点",逐渐增加游泳距离;也可分组练习,如:游 50m 或 100m 为一组,共练习 4～5 组,组间休息 3～5min。练习时心率应在 130～150 次/min,休息时心率恢复到 100～110 次/min 便可进行下组练习。练习量应随着体能的增强逐渐提高,既可增加每组的距离,也可增加组数。

(4)跳绳:跳绳是全身各方位的协调运动,运动强度相对较高,因此该项运动每次所持续的时间不长。跳绳可以提高心肺功能,发展腿部力量、力量耐力,提高体能,提高灵活性、协调性等。练习时采用双脚跳或两脚交替进行。练习分组进行,如:以 100～120 次/min 的节奏跳 3～4min 为一组,练习 3～5 组,组间休息 3～5min,休息时应做必要的腿部放松活动或柔韧练习(踢腿、压腿、摆腿)以缓解肌肉紧张。锻炼一段时间后,可逐渐增加每组练习时间或增加组数。

(5)负重行走:负重行走作为参加户外运动前的适应性练习,可以帮助我们了解自身的体能状况,为我们合理制订户外运动的行程及在活动过程中合理搭配行走和休息的时间提供参考,为安全、顺利地完成活动提供保障。负重行走练习应适应户外运动的需要进行长距离行走。作为适应性练习负重25~35kg,距离为3~4km(途中设置一些障碍如爬楼梯、走砂地、越小沟等)一组,练习2~3组,间歇10min。若能适应这种大重量的负重行走练习,到户外再背上10~15kg的背包行进,你会感觉很轻松,肩上那"沉重"的背包也将不再是你的负担。

6. 有氧运动注意事项

(1)练习应循序渐进、持之以恒。

(2)练习前应做一定的热身运动及柔韧练习。

(3)练习时必须严格控制速度,保持心率在150次/min。

(4)掌握正确的呼吸方法,不断克服身体所出现的"极点"。培养自己坚持不懈、勇于战胜困难的勇气和信心。

(5)有氧运动比较单调,宜分组进行。为了适应户外环境应多进行户外跑。

(6)在一周练习中应选择两种或两种以上的方法交叉搭配进行练习。如:周一长跑、周二爬楼、周三越野跑、周四跳绳等。

(7)大强度的耐力训练可安排单独训练课进行或者放在训练课的最后部分,训练课中宜安排一些强度较小的专项耐力训练。

(8)各种技术训练和体能训练只要安排得当都可以提高耐力,尤其在技术训练中采用极限训练法、间歇训练法、循环训练法能有效地促进耐力的提高。

(9)耐力水平的消退较快,因此要经常保持耐力训练,每周至少安排一次有一定强度的专门耐力训练。

(10)注意加强意志品质的培养。运动员的意志品质在耐力训练中所起到的作用是很重要的,意志坚强者比意志薄弱者耐力表现好得多,在耐力素质训练中,必须对运动员意志品质进行培养。

(二)力量素质训练

力量素质是指人体神经肌肉系统在工作时克服或对抗阻力的能力,是肌肉收缩和舒张时表现出来的一种能力。力量素质是户外运动最重要的运动素质之一。在户外攀岩时,纵身越过沟壑,利用上肢的力量来支撑身体,全身协调用力来移动身体、越过障碍的情况很多。

人体运动时,必须表现出一定的力量,有时甚至需要竭尽全力。力量素质对其他素质的发展起着积极作用,发展力量素质是户外运动训练的重要任务之一。力量素质与肌肉有密切的关系,力量的大小与肌纤维的类型、肌纤维横断面的大小、肌群之间发育的协调等有关。

1. 影响力量素质的因素

(1)肌肉收缩时产生兴奋的肌纤维数目(运动单位募集)。

(2)力量增长的神经适应机制中的肌肉内与肌肉间的协调。

(3)肌纤维的类型、肌纤维横断面的大小直接影响力量素质的发展水平。

(4)弹性和牵张反射能够加大肌肉的收缩力量。

(5)肌肉、骨骼结构、身高、四肢长短等人体测量学因素可以在生物力学基础上改变肌肉杠杆系统的机械利益,影响力量素质的水平。

2. 户外运动力量素质训练的内容

户外运动需要发展的力量素质包括一般力量,爆发力和力量耐力3种。

(1)一般力量是爆发力和力量耐力的基础,发展一般力量宜采用大负荷、少次数、多组次的练习方法。

(2)爆发力又称速度力量,它是在尽可能短的时间内发挥出尽可能达到的最大力量的能力。发展爆发力通常有两种方法:一是用接近极限的负荷而重复较少次数的练习方法,二是小负荷但运动速度较快的练习方法。

(3)力量耐力是力量和耐力的综合素质,它是指长时间保持肌肉紧张而不降低其工作效率的运动能力。它对于保持良好的体能,坚持较长时间的工作都有重要的意义。通常采用负重小而重复次数多的练习方法来发展力量耐力。

3. 力量训练原则

(1)最大负荷原则。只有以最大负荷或接近最大的负荷进行训练时,才能使肌肉最大限度地收缩,从而刺激肌肉产生相应的生理适应,促进肌肉力量增加。而用较少的负荷进行训练,只能使肌肉保持原有的力量水平。

(2)渐增负荷原则。在力量训练中极限负荷的强度,要随着训练水平的提高而逐渐增加,从而保证对肌肉的刺激强度。

(3)力量练习安排的顺序原则。力量训练中,小肌肉群较易疲劳。为了保证大肌肉群的大负荷,必须在小肌肉群出现疲劳之前,使大肌肉群得到训练,让它能与其他肌肉同步疲劳,从而达到最大限度的刺激。

4. 力量训练的形式

肌肉收缩时有四种基本形式:向心克制性收缩、离心退让性收缩、等长收缩和等动收缩。力量训练方法可分为动力性力量训练、静力性力量训练、超等长训练等动训练方法。

(1)动力性力量训练。肌体在等张收缩时所产生的力量使肢体产生位移,从而使人体或器械产生加速运动。肌肉以这种形式工作时,一般是做向心收缩的工作,长度缩短,在工作的过程中,随着活动肢体关节的改变,肌肉在缩短过程中张力也发生变化。动力性力量练习有两种主要类型,一种是大负荷、少次数,主要用于发展一般力量和爆发力;一种是小负荷、多次数,主要用于发展力量耐力。每周应安排3次训练,户外运动中的很多技术动作都与动力性动作有关。因此,动力性力量训练是户外运动训练不可缺少的训练。

(2)静力性力量训练。肌肉对抗固定阻力产生的力量可维持和固定肢体于一定的位置和姿势不产生明显的位移和运动。

(3)超等长训练:超等长训练是一种能使肌肉产生牵张反射的力量训练方法。多用于训练爆发力,最典型的方法就是"跳深"练习。

(4)等动收缩训练。等动收缩训练是在整个关节活动的范围内,肌肉群体始终以最大张力收缩而速度保持恒定的训练方法。它需要专门的器材才能进行,如等动练习器等。

5. 力量训练手段

(1)负重抗阻练习。如运用杠铃、哑铃、壶铃、联合训练器械等。这种练习可作用于机体任何一个部位肌肉力量的训练,这是依靠负荷重量和练习的重复次数刺激机体发展力量素质。负重抗阻力练习是多种多样的,负荷的重量及练习的次数可随时调整,这是训练最常用的手段。

(2)对抗性练习。如双人顶、推、拉对抗性练习等。依靠对抗双方以短暂的静力作用发展力量素质。对抗性练习不需要任何训练器械及设备,又可引起运动员的兴趣,调节训练气氛,避免训练枯燥无味。

(3)克服弹性物体的练习。如使用拉力器、拉橡皮带等。依靠弹性物体变形而产生的阻力发展力量素质。

(4)利用力量训练器械。如利用联合训练器械进行力量练习,可使身体处在各种不同姿势(坐姿、站姿、立姿)进行练习,可直接发展运动员所需要的肌肉力量,使训练更有针对性。使用力量训练器械还可以减轻运动员的心理负担,避免伤害事故的发生。

(5)克服外部环境阻力的练习。如在砂地和草地上跑、跳练习等。此练习在训练结束阶段所用的力量较大,每次练习要求不用全力,动作要轻松。

(6)克服自身体重的练习。如引体向上、倒立推起、跳远等。这类练习均由四肢的远端支撑完成,使机体局部部位的力量得到发展。

6. 徒手力量训练方法

在户外运动中,利用上肢的力量来支撑身体,全身协调用力来移动身体、越过障碍的情况时常发生。根据户外运动的这些特点,我们应主要选择克服自身重力的力量练习方法来提高力量素质。

这些练习可分成三个部分:①通过引体向上、俯卧撑、双杠臂屈伸、爬竿(或绳)、掰手腕等练习来发展三角肌、胸大肌、背阔肌、肱三头肌等上肢力量。②通过仰卧起坐、收腹举腿、体后屈伸、俯卧背腿、后振躯干、仰卧举腿等发展腹直肌、髂腰肌、脊柱肌、腹斜肌、腰背肌群与髋关节等腰腹力量。③通过连续跳跃、负重提踵、蹲伸起等方法发展大腿前后肌群,小腿肌群及踝关节的力量。

1)发展上肢力量的方法

俯卧撑

动作方法:手掌撑地,手指向前,两臂伸直,两手撑距同肩宽,两腿并拢向后伸直,以脚尖着地,身体保持伸直姿势。两臂屈肘向下至背低于肘关节,接着两臂用力快速推起身体成原来姿势。

练习要求:身体保持平衡,不能塌腰成"凹"形,也不可成"凸"形。

提高练习难度的方法:手掌撑变为手指撑、加宽双手撑距、单腿撑、两腿高于头部撑、负重俯卧撑。

引体向上

动作方法:两手正握或反握单杠,握距同肩宽,两脚离地,两臂伸直,身体悬垂。引体发力,身体向上拉至头过杠面,然后身体慢慢垂下来成原来姿势。

练习要求:发力引体不要借助身体摆动和屈蹬腿的力量。

提高练习难度的方法:头过杠面后加做前伸动作;一手反握杠,另一手腕扣杠,做引体向上;负重(背背包、穿砂衣)做引体向上。

双杠臂屈伸

动作方法:两臂伸直撑在双杠上,身体垂直于杠内,屈臂至两臂完全弯曲,接着用力撑起,使两臂伸直成原来姿势。

练习要求:身体要直,下肢自然下垂,腿不要屈伸摆动。

提高练习难度的方法:腰负重物(背背包、穿砂衣)做屈伸臂动作。

爬竿(或绳)

动作方法:面向竿(绳)站立,双手上举,握紧竿(绳),双臂用力上引身体,使身体头部移至双手握点之上。此时,大腿内侧及小腿肚和另一小腿胫骨部夹紧竿(绳),不让身体重心下移。反复重复上述动作直至竿(绳)顶部。

练习要求:腿部夹紧竿(绳),上、下肢动作协调连贯。

提高练习难度的方法:负重物(背背包、穿砂衣)爬竿(绳);腿不夹竿(绳),双臂交替握紧竿(绳),用力向上引体攀爬练习。

掰手腕

动作方法:两人面对面坐下,双方两手交握,保持垂直相对姿势。开始比赛后,双方同时发力,直至将对方的前臂及手腕压至桌面。

练习要求:肘部不得离开桌面。

2)发展腰腹力量的方法

仰卧起坐

动作方法:人仰卧在地板或体操垫上,腿伸直,两手抱头,然后向上抬上体至垂直地面,再慢慢后倒成原来姿势。

练习要求:起坐动作速度要快,下卧时动作速度要慢。

提高练习难度的方法:两手持铃片于脑后,两脚固定连续做仰卧起坐;仰卧在斜板上,两脚勾住木块,两手持球,两臂伸直连续做仰卧起坐;仰卧连续做收腹。

收腹举腿

动作方法:人仰卧在地板或体操垫上,两臂伸直置于体侧,然后收腹向上举起双腿至垂直位置,再慢慢放下成原来姿势。

练习要求:收腹举腿动作速度要快,放腿速度要慢。

提高练习难度的方法:举腿时,另一人给练习者上举的腿增加下推力;仰卧,两脚夹实心球连续做收腹举腿动作;背靠肋木,两手正握横木悬垂,两脚连续做收腹举腿动作。

体后屈伸

动作方法:身体俯卧在垫子或凳子上,髋部支撑,脚固定,两臂前举连续做体后屈伸动作。

动作要求:体后屈时,上体尽量抬高。

提高练习难度的方法:两臂屈肘抱头,做体后屈伸动作;俯卧在跳箱等较高的物体上,增加动作的幅度;手上加握重物做体后屈伸动作。

俯卧背腿

动作方法:身体仰卧在垫子地板上,两腿并拢伸直,髋部支撑,两臂伸直置于体侧,连续做两腿向后上振起动作。

动作要求:两腿尽量向上振起。

提高练习难度的方法:俯卧在器械上,尽量增大腿后抬的幅度;两脚加负重物。

3) 发展腿部力量的具体方法

负重弓箭步走:背背包或穿砂衣(25～30kg)站立开始,一脚支撑,另一脚向上高抬大腿,同时身体重心前移,移动腿膝关节领先成弓箭步着地。身体重心前移至前腿,保持弓步,前腿发力蹬起,后腿前移成站立。重复以上动作向前走。

走"鸭步":方法是下蹲到大腿与地面平行,上身挺直,保持这样的姿势向前走,臀部不能往上抬。距离为30m,返回时放松走回起点。

负重蹬起:背背包或穿砂衣(25～30kg),站立于40～50cm高的台阶(凳)前,一脚踏上台阶(凳)后发力蹬起,后腿跟上成站立。后腿支撑体重,另一条腿向后下台阶(凳),站稳后,后腿下地成站立。交换腿练习。

坐蹲跳起:双人背靠背,双肩环绕,坐蹲下,然后双腿用力蹬伸跳起。

负重蹲起:肩负同伴,手扶墙,双脚开立于肩宽,上体保持挺立,然后慢慢站起。

一般跳跃练习:用单腿或双腿进行水平跳、向前跳、向上跳。主要方法有:行进间单腿跳;半蹲、深蹲连续向前蛙跳;单足交替连续向前跨跳;单足或双足跳台阶,跳楼梯等。

7. 合理安排力量素质练习

以上练习方法主要是由人体局部部位承受自重,促使该部位的力量得到发展,不受场地、器材、设备的限制,便于广大青少年朋友随时随地进行练习。在练习时应遵循以下原则。

(1)练习前应充分做好准备活动。一般先慢跑来热身,做几组柔韧练习后进行。

(2)上、下肢,腰、腹部力量素质应合理搭配成组进行。每次力量素质练习时,应根据自身特点,从上、下肢,腰、腹部力量素质中各选1～2种练习方法成组进行练习。如:上肢练习中选择俯卧撑和引体向上,腰腹练习中选择仰卧起坐和俯卧背腿,腿部力量中选择单足跳和负重弓步走等6个练习。练习时按同类练习分开的原则分成:俯卧撑→仰卧起坐→单足跳→引体向上→俯卧背腿→负重弓步走为一组。也可根据情况只选择上肢和腰腹,或下肢和腰腹,或上肢和下肢,选择3～4个练习为一组进行练习。

(3)遵循多次数、多组数、短间歇的练习原则。多次数是指极限次数的70%～80%。如:引体向上一次最多能做10个,成组练习时做7～8个。短间歇是指每个练习间的休息时间短,一般是30s～1min。做完一组后休息时间可稍长,一般为5～10min。总安排例如:俯卧撑10次→仰卧起坐20次→单足跳30m→引体向上6～8次→俯卧背腿20次→负重弓步走30m×3组,练习间歇30s～1min,组间休息5～8min。

(4)遵循循序渐进的原则。如：开始练习时可选择3~4个练习做2组，几周后再增至3~4组，练习的次数也可在原来的基础上增加。

(5)注意不同肌群力量的对应发展。根据户外专项竞技的需要，在发展运动员主要肌肉群力量的同时，也要十分重视小肌肉群、远端肌肉群、深部肌肉群的力量训练，使身体和部分力量均衡发展。

(6)力量练习完后应放松。

(7)力量素质练习应隔1~2天进行一次，每周不可超过3次。力量素质练习后会出现不适应期(大约一周)，这时身体肌肉出现酸痛感，只要准备活动充分，坚持练下去可减轻上述不适状况。

以上方法属于中等重量的练习，在练习时采用次数多，组数多，间隙时间短的方法，不仅可以提高肌肉力量，更主要加强了肌肉力量耐力和心肺功能，从而提高人体抵御野外各种恶劣地理环境、气候环境的能力。

(三)灵敏素质及其训练

灵敏素质是人体观察能力、反应能力、判断能力、平衡能力、协调能力、节奏感等综合能力的反应。衡量灵敏素质的标志是在各种复杂变换的条件下或突发事件情况下，能够迅速、准确、协调地做出应答动作，其发展水平主要受遗传因素的影响。此外，诸如篮球、足球、乒乓球、跑步等体育锻炼都能提高灵敏素质，因此大多数具备这些运动能力的人也能够适应野外活动的要求。灵敏素质对于户外运动也是不可忽视的重要因素之一。有些青年朋友由于平时不爱活动，缺乏体育锻炼或先天不足，在平衡能力、协调能力等方面略显不足，在野外特殊的环境中会遇到一定的困难。我们可以通过训练来提高或加强这方面的能力。

1. 影响灵敏素质的因素

(1)智力发展水平和敏捷的思维能力。良好的智力发展水平和敏捷的思维能力对运动员的灵敏素质有重要影响。在运动中，各种运动技术和运动技能的灵活应用、战术思想的具体实施、大脑神经活动过程兴奋与抑制的转换程度与快速工作能力的平衡，都取决于良好的智力发展水平和敏捷的思维判断能力。

(2)感觉器官。运动分析器与本体感受器(运动感受器)的灵活性和准确性，以及肌肉收缩的协调性和节奏感，是影响灵敏素质的重要因素。通过多年的系统训练，可使上述能力得到全面提升。

(3)其他运动素质的发展水平。灵敏素质是运动员力量、速度、耐力、柔韧以及协调性等运动能力的综合表现。上述运动能力与灵敏素质有密切关系，任何一种能力，都会影响灵敏素质的提高。

(4)运动经验。长期学习各种运动技能和技术动作，有助于运动员累积运动实践经验，增加运动素质和技术动作"储备"，从而促进灵敏素质水平的不断提高。在山地户外运动中，运动员往往需要面对不断变化的新环境，丰富的经验能够帮助运动员快速做出判断，选择合适的技术动作，做出适当的反应。

(5)性别、体型、疲劳程度。灵敏素质与性别有关。在儿童期,男女灵敏素质几乎无差别;在青春期,男子逐渐优于女子;在青春期以后,男子明显优于女子。女子进入青春期,由于体重增加,有氧能力下降,内分泌系统变化,灵敏素质会一度出现明显的生理下降趋势。不同的运动项目对体型有不同要求,因此不能说某一种体形的灵敏素质好与不好。一般而言,过高而瘦长、过胖和梨形体型的人灵敏性较差;O型腿、X型腿的人灵敏性也较差。此外,运动员疲劳时动作反应迟钝、速度降低、动作不协调,灵敏性会显著下降。

2. 灵敏素质的分类

灵敏素质可分为一般素质和专项灵敏素质两类。一般灵敏素质是指在完成各种复杂动作时所表现出来的适应变化着得外环境的能力;专项灵敏素质是指根据各专项所需要的,与专项技术有密切关系的,以及适应变化着的外环境的能力。

灵敏素质对掌握技术起着十分重要的作用。通过大量的各种各样复杂的灵敏性练习,在中枢神经系统建立复杂的条件反射,大脑半球皮质的兴奋和抑制过程会越来越协调和准确,动作分化也越来越细,越来越能区分各肌肉的紧张和放松程度,支配和控制肌肉的能力越来越强,因而也就越有利于掌握、改造和提高技术。

3. 灵敏性素质训练方法

1)提高平衡能力的练习

推手练习:两人并脚,面向站立,间距1m左右,用双手去推对方的双手。虚实结合,使对方失去平衡。

拉手练习:一对一弓箭部举手站立,你拉我送。虚实结合,使对方失去平衡。

原地跳起在空中转体180°、360°、720°落地后站稳。

慢骑自行车。

走平衡木等较窄物体的练习。

上抛球后转体2~3周再接住球。

做单腿平衡的练习。

用脚尖、脚外侧、脚内侧、脚跟支撑地行走等。

2)发展协调性的练习

原地或行进间双手各拍一个篮球的练习。

花样跳绳,如:双足跳、单足跳、正跳、反跳、交叉绕绳跳等方法结合在一起进行练习。

模仿电视、抖音中街舞、健美操动作的练习。

两人三足前跑练习。

4. 灵敏性素质训练应注意的事项

(1)灵敏性素质一般安排在训练课的前半部分,运动员体力充沛、精神饱满时进行。

(2)在进行灵敏性素质训练时,应消除恐惧或紧张状态,以保证训练的良好效果。

(四)柔韧素质训练

柔韧素质是指人体关节在不同方向上的运动能力以及肌肉、韧带等软组织的伸展能力。柔韧伸展通过关节运动的幅度,也就是按一定的运动轴产生转动的活动范围而表现出来。因此,连结关节的韧带、肌腱、肌肉及皮肤的伸展长度和弹性对柔韧性影响极大。

户外训练、比赛中,要求运动员身体各部分肌肉带和关节有良好的柔韧性,特别是肩、腕、腰、髋的柔韧性要好。柔韧性好的运动员,动作幅度大,效果好,姿势优美、舒展,动作运动轨迹圆滑、流畅。柔韧性差的运动员动作紧张、僵硬,效果大受影响。柔韧性较差,会影响其他素质的发展,容易产生技术错误和运动损伤。柔韧素质的提高,对增强身体的适应能力,更好地发挥力量、速度、灵敏等素质,提高技能和技术,防止运动创伤,都有积极作用。柔韧性素质对于户外运动员来说也是非常重要的素质之一。

柔韧性训练就是要通过各种各样的练习加大各关节的伸展,主要是肩、脊柱、髋和踝关节,其中肩关节的柔韧性尤为重要。发展柔韧性的方法主要有静力性拉伸和动力性拉伸两种方法。静力性拉伸(又叫慢张力拉伸)是在相对静止的条件下,通过缓慢的动作来拉伸软组织,在感到酸、麻、胀、痛的位置上,坚持一定时间(10~20s)的练习方法。动力性拉伸(又叫爆发性拉伸)使用节奏较快,力量较大并多次重复的动作来拉伸软组织的练习方法。虽然用动力性练习快速拉伸肌肉韧带,可以较快地提高柔韧性,但是会伴以剧烈的疼痛,容易受伤。用静力性练习慢速拉长肌肉韧带,可能有意识放松对抗肌,使之缓慢拉伸,避免受伤和疼痛。在训练中根据需要要选择合适的训练手段与方法。

1. 影响柔韧素质的因素

1)肌肉、韧带组织的弹性

肌肉、韧带组织的弹性不仅取决于男、女性别和年龄特征,而且还取决于中枢神经系统的兴奋性,在中枢神经系统的影响下,肌肉的弹性会发生显著的变化,如在比赛中情绪高涨时柔韧性会增大。

2)关节骨结构和周围组织的体积大小

关节骨结构对柔韧性的影响最难改变,基本上由遗传决定。关节骨结构的先天性决定了关节的活动范围,虽然训练可以使骨结构产生部分变化,如关节内软骨形态的变化,但这种变化只局限于关节骨结构所许可的范围内。关节周围组织的体积大小对关节活动有限制作用,它一方面受先天遗传的影响,另一方面也受后天训练的影响。经过训练,关节周围组织的体积会增大,这往往会影响柔韧素质的发展,如有些肌肉体积增大后就会影响其周围关节的活动幅度。

3)神经过程转换的灵活性

神经系统兴奋与抑制过程转换的灵活性与运动中肌肉的基本张力有关,特别是中枢神经系统调节与对抗肌之间协调性的改善,以及对肌肉紧张和放松的调节能力的提高。由于神经过程分化抑制的发展过程对运动员肌肉的随意放松能力起重要作用,因此它与柔韧素质也有密切关系。研究证明,训练水平高的运动员其肌肉的随意放松能力之所以很高,是与中枢神经系统支配骨骼肌中神经细胞的抑制深度有关。

4) 心理紧张度

心理紧张度可通过中枢神经系统影响到机体各部位的工作状况,心理紧张度过高、过长会使神经过程由兴奋转为抑制,严重影响机体各部位的协调能力,从而影响柔韧性。

5) 时间周期

当外界温度在18℃以上时,是表现柔韧性的有利条件,而在18℃以下则不利。一天内的时间与外界温度有关,但更重要的是一天内因机体的机能状态不同而有一定的变化,如刚睡醒时柔韧性较差。

6) 疲劳程度

在疲劳的情况下,人体的柔韧性有较大变化,即主动柔韧性指标下降,被动柔韧性指标提高。需要注意的是,由于专门的柔韧训练消耗的能量不多,疲劳的产生多是由于其他训练内容导致。

其他因素,如准备活动充分与否、训练持续时间长短(如训练持续时间超过1h或非常剧烈,均不利于表现柔韧性)等,对柔韧性也有明显的影响。

2. 柔韧素质训练方法

柔韧素质的好坏主要取决于关节的骨结构和关节周围软组织的体积大小以及韧带、肌腱、肌肉及皮肤的伸展性。通过体育锻炼能提高关节灵活性,改善关节周围软组织的功能以及肌肉、韧带、肌腱的伸展性。

(1) 做各种摆振动作,逐渐增加动作的幅度,借以拉长关节周围的肌肉和韧带,扩大活动范围。如手绕环、手臂前后绕环和上下摆振、腰的前后屈和绕环、膝关节的绕环、踝关节的前屈和绕环等。

(2) 利用自身身体多做弹性下压,借以拉长肌肉和韧带,如直立上体前后屈、对墙压腿、压腰、拉杆压肩、弓箭步压腿等。

(3) 利用器械(如体操棍、肋木、吊环等)做转肩、压肩、甩腰、压腿等动作。

(4) 借助同伴的帮助来发展柔韧性。

3. 柔韧素质训练应注意的事项

(1) 柔韧性训练要经常进行,使肌肉和韧带的伸展性不断得到发展,尤其要根据专项的特点和运动员的薄弱环节进行训练。柔韧性训练必须坚持循序渐进的原则,决不能操之过急,特别是进行急速拉伸肌肉与韧带的动作。

(2) 要做好准备活动,逐渐增大动作的幅度和难度,以免造成损伤。

(3) 气温对于柔韧性有一定的影响。进行柔韧素质训练时,要注意外界温度的高低,当气温较低时,准备活动要做到轻微出汗的程度。

(4) 柔韧性训练应经常保持。柔韧性发展快,易见效,可是消失也快,停止训练时间稍长一些,就会消失,因此柔韧性训练要经常保持。如果处于专门提高关节活动幅度的阶段,应该每天都要安排发展或保持柔韧性练习。

(5)发展柔韧素质与力量素质相结合。不仅可以避免或消除两者之间不良的转移,而且有助于两种素质的协调发展。柔韧性训练后要十分注意放松练习,以使肌肉柔而不软,韧而不僵。

(6)身体疲劳时不宜进行专门性的柔韧性训练。

(五)速度素质训练

速度素质是指人体快速运动的能力,包括人体对外界信号刺激快速反应的能力、快速完成动作的能力以及快速位移的能力。这种能力的大小,主要与神经系统(反应速度、灵敏、协调等)、肌肉系统(肌肉纤维的类型)有关。

1. 速度训练方法

(1)短距离疾跑:抓住提高肌肉收缩速度的因素进行训练,努力提高 ATP-CP 系统供能能力。

(2)通过增强肌肉力量,尤其是提高爆发力来提高肌肉快速收缩的能力,可采用负重连续快速蹲起、连续跳深、多级蛙跳、单足跨跳、后蹬跑等方法进行练习。

(3)改善协同肌与对抗肌之间的协调配合,提高动作之间的协调性;要加强各种动作的辅助练习,培养动作过程中的协调能力。例如,用加强脚弓和下肢力量的训练以提高脚步移动的速度。在进行协调性练习时,可采用徒手,也可采用小负荷的方式进行。

2. 速度素质训练应注意的事项

(1)由于速度素质的提高较慢,所以其训练要经常保持。

(2)速度素质的训练尽可能地与专项技术相结合。速度训练的专门练习可以帮助运动员建立起专项条件反射,从而提高其反应速度。

(3)速度素质训练应在运动员兴奋性高、情绪饱满、运动欲望强的情况下,一般应安排在训练课的前半部分。

(4)在进行训练时要注意运动员的年龄和性别差异。对青少年运动员要抓住其速度素质发展的"敏感期",大力发展他们的速度素质。

(5)身体疲劳时不宜进行专门性的速度训练。

第三节 户外运动体能训练计划的制订

一、训练计划

参加户外运动比赛或活动并想要达到较高的水平,必须发展应对户外特殊环境所必需的体能、技术和心理及智能能力。这些能力的增强必须通过科学、系统的训练才能达到。科学、系统的训练就必须有完整的训练计划。训练计划是对未来的训练过程预先做出的理论设计,是在对运动员现状诊断和科学预测的基础上,结合训练的主客观条件,为实现某一目标而制定的一套完整的、科学的措施、方法和规划,是运动训练过程中的重要决策之一。

训练计划的制订应力求符合运动训练的基本原则,符合运动员由现实状态向目标状态转移的需要,并与训练的客观条件相结合。由于人的能力不断变化,以及影响运动训练过程的多方面因素的作用,它不可能与未来的实践相吻合,因此,原有的训练计划在实践中的变更是不可避免的,必须根据运动员(或自身)的情况变化,根据各种训练条件的变化而对训练计划予以必要的适时变更。通过制定训练计划,规划了由运动员(或自身)的现实状态如何向目标状态转移的途径,使运动训练过程的参与者了解如何训练。同时把目标具体化成独立且彼此联系的训练任务和形式。

户外运动训练目前多是在教练员的总体规划和亲身指导下,通过运动员积极参与实践活动,为不断提高运动成绩而专门组织的户外项目的教育活动过程。

根据训练时间跨度,训练计划制定的方法一般分为年度训练计划、阶段训练计划、周训练计划和课时训练计划等几种类型。它们之间是相互作用、相互影响,各有其特点。户外运动的训练由于项目较多,活动目的方式也各有不同。总的说来,应根据目标制订总训练计划,如:要进行登山,就应按登山时高原环境对人体的要求制订训练计划;参加户外运动极限挑战赛,就应按户外运动极限挑战赛的运动量及强度要求制定总体体能训练计划;如是徒步、溯溪、越野自行车、野外生存等其他户外活动也是按活动项目对人体的要求来制订总体体能训练计划。体能训练计划应包括训练时间、阶段训练目标、最终身体素质、技术要达到的标准等。

在制订各种训练计划时首先要从运动员的起始状态分析入手。起始状态包括已经取得的运动成绩或现在所具备的训练水平,以及影响运动成绩的身体形态、技能、运动素质、心理素质、技术和意志品质等指标。

尽管不同类型的训练计划在其内容上各自有所侧重,并有自己的特定要求,但基于不同时间跨度的运动训练过程其基本结构都是一样的,都由准备部分、指导部分、实施部分、控制部分所组成,每个部分又有其相应的要点。

二、年度训练计划的制订

年度训练计划多用于经常参加户外运动极限挑战赛的运动队。年度训练计划的具体内容包括运动员该年度训练的任务、目标和进度及主要措施,是总结训练情况的重要依据。

一般基础训练阶段内容应该由柔韧—有氧耐力—力量—力量耐力的顺序给予制订安排,而专项训练的阶段训练内容相对比较集中,围绕着专项所需要的各种能力的基础组织训练。

专项提高阶段和最佳竞技阶段的主要任务是发展决定专项竞技能力的主导因素,体能和技能。户外运动项目属于体能类型和技能类型的项目,不仅要注意发展运动素质,不断完善专项运动技术,还要发展心理素质和加强理论学习。

素质保持阶段的主要任务是保持和提高运动员的心理稳定性。安排相应的运动素质和技术训练,延缓竞技能力的消退。

年度训练计划的分类:按照户外比赛或户外活动的次数、时间和活动内容,年度训练计划可分为单周期(单峰),双周期(双峰)和多周期(多峰)。

单周期:全年仅出现一次竞技状态高峰,持续2～3个月。

双周期:两次高峰总和为3～4个月,两峰之间有一个过渡时期。

多周期:在多峰之间带有持续时间较短的过渡时期。

三、阶段训练计划的制订

阶段训练计划多用于参加户外运动的活动。如学生假期自发组织的徒步穿越、溯溪、越野自行车、野外生存等活动,出发前就必须进行一二个月的体能训练。阶段训练计划可称为中周期训练计划,通常由数周至数月组成,中周期由若干个小周期构成,又是大周期的构成单位。

在制订阶段训练计划时,很重要的一点是根据户外项目的特点和该阶段的主要任务,确定小周期之间的顺序和节奏,各小周期之间各有明显的特点,又彼此连接、相互依存。

四、周训练计划的制订

周训练计划是最常用的、典型的小周期训练具体实施的计划。周训练计划的具体内容主要包括:本周的主要任务;训练单元的次数及安排的时间、地点;每次训练课的内容、练习方法、手段及负荷量;恢复手段。

根据该周所处的不同训练阶段及面临的主要任务,通常将周计划分为基本训练周、赛前训练周、比赛周、恢复周四种类型。

1. 基本训练周

主要任务是通过特定的程序和反复练习使运动员掌握和熟悉户外技术,以及通过负荷改变引起新的生物适应现象,提高运动员的能力,它又可分为运动量周和运动强度周。

2. 赛前准备周

主要任务是使运动员的机体适应比赛的要求和条件,把各种竞技能力集中到专项竞技上去。

3. 比赛周

主要任务是为运动员在各方面培养理想的竞技状态做直接的准备和最后的调整,并参加比赛,力求实现预期目标。

4. 恢复周

主要任务是消除生理上和心理上的疲劳,促进超量恢复的出现,激发强烈的训练动机,准备投入新的训练。

另外随着运动训练水平的不断提高,周训练计划形式多样,户外项目可以分为体能训练周、基本技术周、模拟训练周、战术配合周。

一份完整的周训练计划的制订,既要体现内容,又要表明负荷变化,二者均体现本周主要任务的需要,又要与上周训练情况密切相关。

五、课训练计划的制订

训练课是运动训练活动最基本的组织形式,不论是周训练计划,还是年度训练计划,都必须通过一次次训练课的组织和进行来给予贯彻和实施。运动员技能的提高,正是一次次课的训练效益积累的结果,因此,训练课的质量直接关系到训练过程的进行及运动水平的提高。

课训练计划的结构:

制订训练课的计划应包括以下3个部分:

(1)准备部分:包括一般准备部分和专项准备部分,前者主要为克服生理惰性和防止受伤,后者主要为完成基本部分创造心理和机能条件。准备期的任务是调整心理状态,调动各种生理机能,准备承受基本部分训练负荷及完成所安排的训练内容,以获得理想的训练效果。

(2)基本部分:安排是训练课的主要内容,基本部分的结构和持续时间依户外项目的不同而异。通常1.5~3h左右的训练中,基本部分的内容可有1个,也可包括2~3个,根据本次课的任务而定,但主次必须分明,教练员在教案中对练习的种类、手段、数量、密度、练习时间、间歇时间都要有明确的要求。

(3)整理恢复部分:任务主要是解除训练课基本部分所造成的心理、生理上的紧张状态。现代运动训练把恢复作为训练的组成成分。当然,作为训练课的整理恢复并不可能完全消除因紧张训练工作所带来的疲劳,训练课的整理恢复,也就是意味着机体全面恢复过程的开始。因此,有组织地、积极进行课的整理和恢复过程有着重要作用。

制订训练计划应注意的问题:根据不同的体能状况制订训练计划。遵循循序渐进的原则。合理安排训练内容,把握好运动量与强度的关系。运动量与强度的安排应注重波浪式发展、螺旋式提高。注重全面素质、技术的协调发展和提高。

六、体能训练计划举例

例1 适应期(准备期)周训练计划

星期一

(1)慢跑5圈(2000m)。

(2)柔韧练习10min。

(3)骑自行车到东湖15~20km。

(4)素质练习。

A. 俯卧撑20次;B. 蛙跳30m;C. 引体向上15~20次;D. 卷腹20次。练习间隙30s~1min,5组。

星期二

(1)慢跑2圈(800m)。

(2)柔韧练习10min。

(3)跑高楼(10层)10组,组间休息2~3min。

星期三

上午：

(1)慢跑5圈(2000m)。

(2)柔韧练习10min。

(3)东湖往返跑10km。

下午：

(1)慢跑2圈(800m)。

(2)柔韧练习10min。

(3)素质练习：俯卧撑20次→肋木举腿10次→鸭子步走30m→立卧撑100次。练习间隙30s~1min,组间间歇3min,5组。

星期四

(1)慢跑2~3圈。

(2)柔韧练习10~15min。

(3)间隙跑800m。6组,组间间歇5min(田径场大圈水泥路)。

(4)平衡练习2组。

星期五

(1)慢跑2圈。

(2)柔韧练习10min。

(3)跑高楼(十层)或跑山坡200m(快上慢下)。8~10组,组间休息2~3min。

(4)协调性活动20min。

例2 提高期日训练计划(力量、素质)

(1)慢跑2圈。

(2)柔韧练习10min。

(3)素质练习：①俯卧撑20次；②肋木举腿15次；③鸭子步走30m；④立卧撑50次；⑤蛙跳30m；⑥引体向上15~20次；⑦卷腹20次；⑧负重(背人)跑50m；⑨双臂屈伸15次；⑩快速单足跳50m；练习间隙30s~1min,组间间歇3min,共5组。

例3 提高期日训练计划(技术、体能)

(1)慢跑5圈。

(2)柔韧练习10min。

(3)用上升器快速上升(10m)。10次/组,2~3组(计时比赛,在大强度中改进技术)。

(4)平衡练习10min：①单腿平衡的练习5次(要求时间)；②推手练习10次。

例4 赛前日训练计划[(1)适应比赛]

(1)慢跑2圈。

(2)柔韧练习10min。

(3)负重30kg走、跑8km。

(4)快速划船8~10km。

要求：最短时间完成(计时、队员间比赛)。

赛前日训练计划[(2)适应比赛]

(1)慢跑2圈。

(2)柔韧练习10min。

(3)自行车(快速)15km(计时)。

(4)越野跑15km。

要求：最短时间完成(计时、队员间比赛)。

例5　赛前日训练计划(适应登山训练)

(1)慢跑2圈。

(2)柔韧练习10min。

(3)篮球30min。

(4)负重30kg走8km(翻越2座山),2组。

第十八章　户外运动医学常识

户外运动总是伴随着风险与安全。在发达国家,非常重视户外医疗救护知识的普及,每位户外活动参加者都会自觉学习一些户外医疗救护知识,降低户外某些危险因素对人体的伤害。凡涉及户外专业的书籍里都包含有医疗救护知识,每所户外学校均开设有医疗救护内容课程,并安排学生亲自动手进行救护体验。同时,发达国家的户外救援机构已非常成熟,救援机构和当地政府、医院有着密切的联系,通过政府甚至能得到军队的支援。救援机制实现了网络化、信息化,装备有救护直升机、GPS、生命探测仪等先进的设备。救援队里不仅有专业的医务人员,而且每名救援队员都进行过医疗救护培训,他们不但有娴熟的户外救生本领,同时又有一定的户外医疗救护技能,往往最先到达事发现场,迅速对伤员进行有效的基本救护。

国内户外医疗救护知识的普及日趋成熟,在官方举办的初、中级山地户外指导员培训中,户外医疗救护作为必修课,每一位持证上岗的户外指导员都具备户外医疗救护技能,这使户外活动的安全得到充分保障。

过去国内的户外救援机构大都依靠警察、消防部队等,现在随着户外运动的普及,越来越多的户外爱好者认识到了消防人员救援的局限性,许多省市的户外组织自发地成立了救援队伍。在一个专业完整的户外救援团队中,医务人员是不可缺少的组成部分。

第一节　户外急救的方法

一、户外急救原则

(一)迅速脱离危险区域

自己和伤病者仍在危险的地方(如所在地方受到雪崩、滚石、大火、洪水、雷电、泥石流、暴风雪、野兽攻击等威胁时),应立即离开危险区域,脱离险境后再进行救治,尽量避免受伤者和自己受到二次伤害。

(二)鼓励与信心

鼓励伤病员树立战胜伤病、坚持到底的信心,消除伤病者的各种顾虑。黑暗的逆境中只要给一点勇气的烛光,坚持下来就会迎来灿烂的光明。

(三)先重后轻

救护中遇到受伤者较多时,应注意先抢救重伤员。当一名伤员身上多处受伤时,先处理要害部位。

(四)根据野外当时的条件,灵活运用身旁的物品

如木棍、树枝、硬纸板、毛巾、手帕、鞋带、绳子、布条、衣物、卫生纸、门板、木椅等替代外伤骨折伤员的包扎、固定及运输的抢救工具。

(五)中草药的合理运用

在野外有许多中草药可以利用,特别是治疗本地毒蛇、毒虫咬伤的一些中草药。细心的户外运动者常从当地居民那里了解些本地毒虫、毒物及治疗预防相应疾病行之有效的药物,丰富自己的野外救护知识。

二、出血与止血

出血是较常见的野外伤害,出血量的多少关系到伤员的生命安危,成年人的血量平均在5000~6000mL之间。失血500mL将会感觉到头昏眼花,失血1000mL将引起虚脱、呼吸短促、心跳加快、面色发白、肢体发凉,失血1500mL以上将倒地不起、昏迷不醒。如不能及时补充血液将会导致伤员死亡。在野外不可能进行输血补液,因此在抢救过程中迅速而准确地止血,才能有效地抢救伤员。

(一)出血的种类

(1)动脉出血:血色鲜红,呈喷射状射出(止血点在出血部位的近心端)。

(2)静脉出血:血色暗红,呈缓慢涌出(止血点在出血部位的远心端)。

(3)毛细血管出血:血色鲜红,呈片状渗出。

(二)止血方法

1. 指压止血法

指压止血法是一种快速有效的止血方法,多用于头部、颈部及四肢的动脉出血。该方法是在出血点的近心端,用手指在动脉上加压止血,然后再加压包扎止血。全身动脉主要指压点见图18-1-1。

(1)头顶部出血:在耳前对准下关节上方压迫颞浅动脉(图18-1-2)。

(2)颜面部出血:在下颌角将面动脉压向下颌骨(图18-1-2)。

(3)头颈部出血:在胸锁乳突肌中点前缘将伤侧颈动脉向后压于第五颈椎上(图18-1-2)。

(4)前臂与上臂出血:在肱二头肌内侧沟将肱动脉压于肱骨上(图18-1-3)。

(5)手掌及手指出血:压手腕部的尺动脉(图18-1-4)。

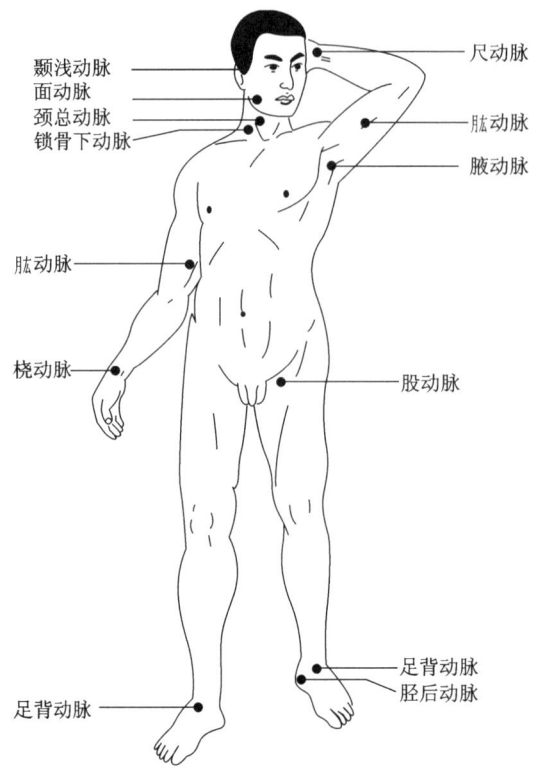

图 18-1-1　全身动脉主要指压点

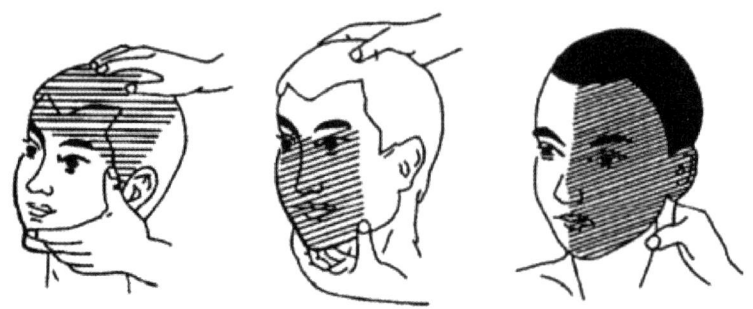

图 18-1-2　头顶部出血、颜面部出血、头颈部出血（指压点）

图 18-1-3　前臂与上臂出血（指压点）

(6)手指出血:压住手指的两侧(图18-1-4)。

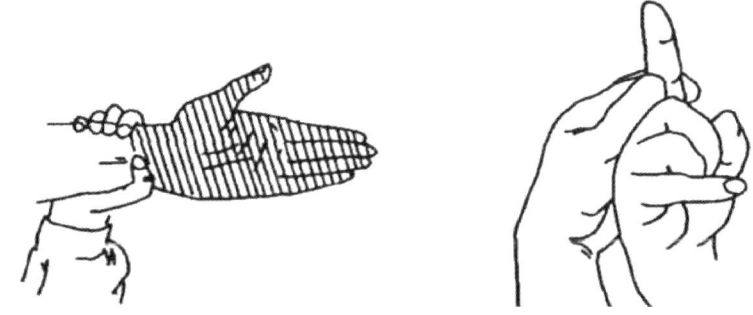

图18-1-4　手掌及手指出血(指压点)

(7)下肢出血:腹股沟中点稍下方,将股动脉用力压在股骨上(图18-1-5)。

(8)足背出血:用两手拇指分别压于足背动脉和外踝后的胫后动脉上(图18-1-5)。

图18-1-5　下肢、足背出血(指压点)

2. 加压包扎止血法

适用于静脉,毛细血管和小动脉出血,用纱布、棉花、布类以及干净的卫生纸做成垫子,放在伤口纱布上,用绷带、三角巾、布条加压包扎。

3. 加垫屈肢止血法

根据出血部位,可分别在位于腋窝内、腋下及肘窝的出血点上放入纱布垫、棉花团、绷带圈、毛巾、小衣物和成卷的卫生纸等,然后将关节曲屈用绷带或三角巾、布条等紧紧地缠住,但此法在有骨折的肢体上禁用(图18-1-6)。

4. 绞棒止血法

可用毛巾、手帕、布条等物平整缠住打结。将筷子、笔杆、小木棍插入其中,一提、二绞、三固定(图18-1-7)。此法不能绞勒太紧,避免压伤神经,缠伤时间绝不能超过1h。

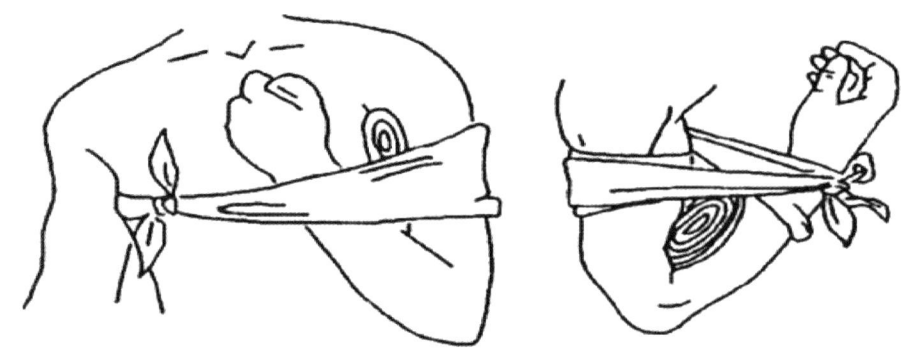

图 18-1-6　加垫屈肢止血法

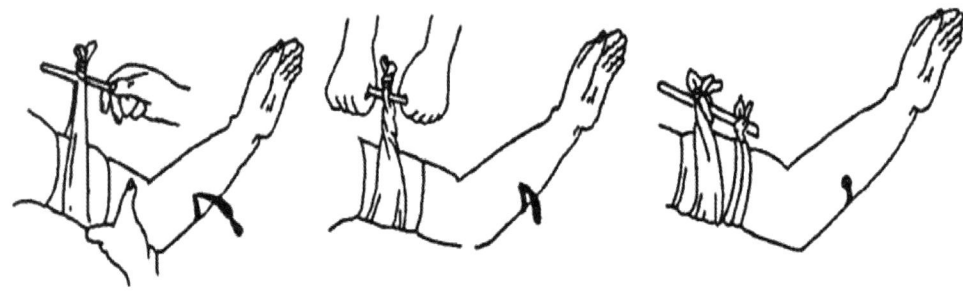

图 18-1-7　绞棒止血法

三、伤口包扎

包扎用途广泛,有止血、保护伤口、防止感染、保护伤肢和固定敷料、夹板等作用,是野外急救的主要措施之一。户外包扎应遵循就地取材的原则,如利用衣服、毛巾、手帕、布条等现有材料科学地进行包扎。

(一)头部毛巾包扎法

将毛巾横放于头顶,前两角反折后打结,后两角向下拉紧在下颌打结(图 18-1-8)。

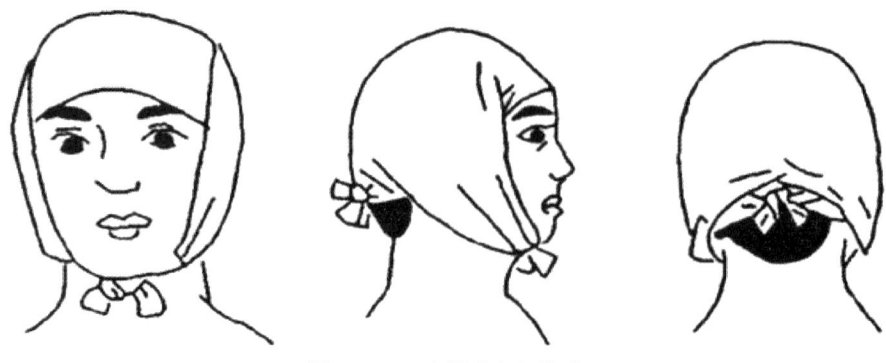

图 18-1-8　头部毛巾包扎法

(二)肩部毛巾法

将燕尾式毛巾固定在上臂上 1/3 处,然后将两燕尾角翻向肩部,再用绳分别系紧,外 2/3 处,内 1/3 处内翻,小绳于肩侧打结(图 18-1-9)。

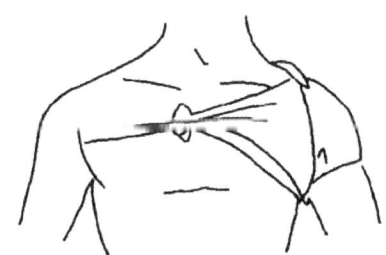
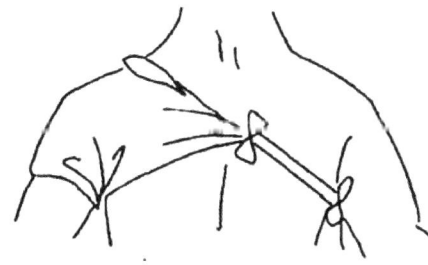

图 18-1-9　肩部毛巾法

(三)单肩上衣包扎法

将上衣领内翻,衣肩放于侧颈部,两袖分别经前胸和后背于对侧腋前或腋后打结,衣襟内翻于上臂上 1/3 处打结(图 18-1-10)。

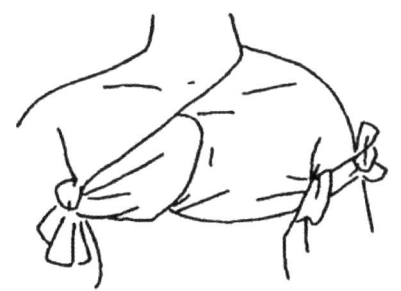
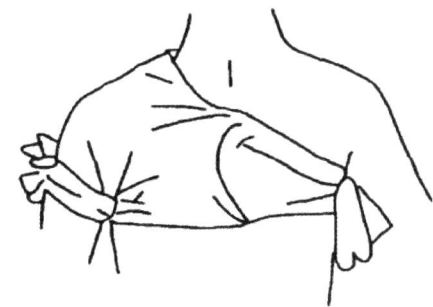

图 18-1-10　单肩上衣包扎法

(四)胸部上衣包扎法

衣领内翻,衣肩放于前颈部,于对衣襟背后打结(图 18-1-11)。

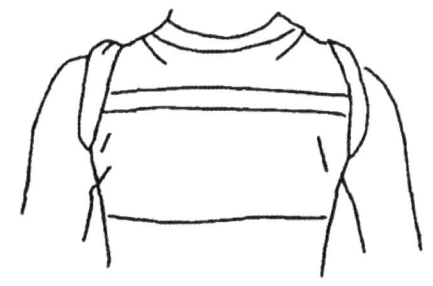
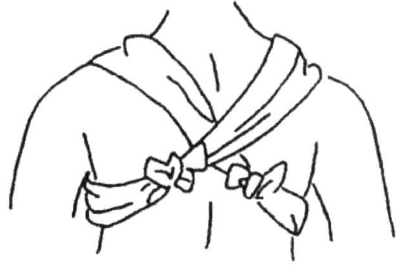

图 18-1-11　胸部上衣包扎法

(五)肩部自装衣包扎法

提起伤肢衣袖,对准肩缝上、下剪开,分为前后两片。在近腋部处后片压前片约4cm,肩峰下8cm处用一小带束臂打结,衣袖反折向上成燕尾或交叉状,在双侧腋下打结(图18-1-12)。

(六)胸部自装衣包扎法

提起衣袖,对准肩缝,上、下剪开,上面剪至腋部约7cm处,下面剪至腋下处。用一根小带绕臂打结,将衣袖反叠至肩部,分别经胸前、背后至另侧腋下打结(图18-1-13)。

图18-1-12 肩部自装衣包扎法

图18-1-13 胸部自装衣包扎法

(七)手部自装衣包扎法

解开上衣第三、四、五纽扣,伤手中指正对衣襟角,放在距角尖15cm处,将衣襟角反折向上,左右两边交叉折叠,然后用小带束缚于腕部,再用对侧衣襟悬吊前臂(图18-1-14)。

图18-1-14 手部自装衣包扎法

(八)臀部上衣包扎法

双手持两底襟,固定于侧腰部,两衣袖在大腿根部交叉于大腿外侧打结(图18-1-15)。

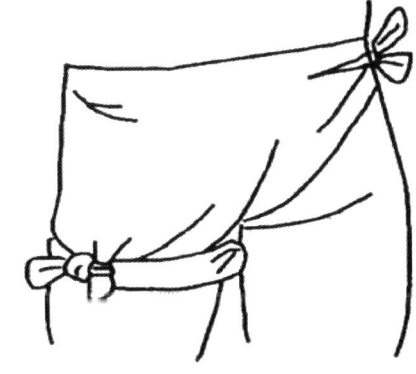

图 18-1-15　臀部上衣包扎法

(九)小腿毛巾包扎法

将毛巾一角内翻,折压于小腿下部,再包扎上部,另一角内翻,与小腿垂直包扎固定(图 18-1-16)。

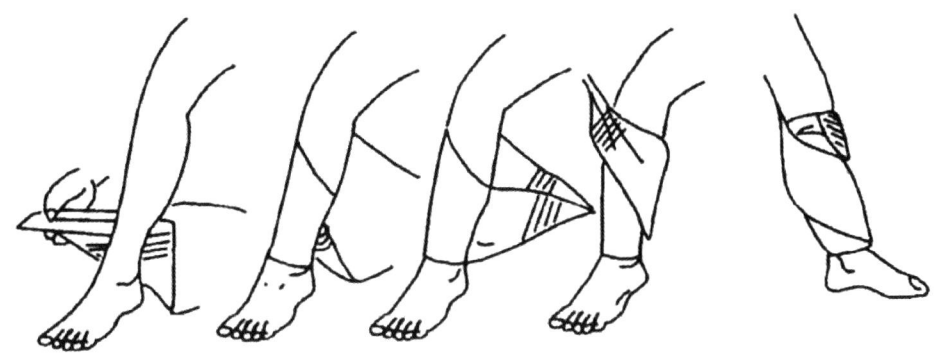

图 18-1-16　小腿毛巾包扎法

(十)户外包扎准则

(1)快:发现暴露伤口快,包扎快。

(2)准:包扎部位准确。

(3)轻:包扎动作轻,尽量避免碰撞伤口。

(4)牢:包扎牢靠,松紧适宜。打结时避开伤口和不宜压迫的部位。

第二节　骨折固定与搬运

骨折的急救非常重要,抢救及时与正确固定能决定骨折的整个治愈过程和后果。在户外如不进行有效的处理,不但会增加伤员的痛苦和损伤,甚至会造成残废和死亡。

一、骨折的症状

(1)疼痛：骨折部位疼痛剧烈，活动时加重，局部有明显压痛。
(2)畸形：由于骨折断端错位，肢体常发生弯曲、旋转和短缩等畸形，完全断离的骨折，还可能出现异常活动的状态，活动时还可听到骨擦音，在检查和保护时应谨慎。
(3)功能障碍：骨折后发生运动机能障碍，甚至完全丧失活动能力。
(4)肿胀：多由出血和渗出液造成，骨折的错位在局部也可形成肿胀。

二、骨折固定要点

对骨折的固定是最基本的急救方法。固定的要点可归纳为："一止、二垫、别乱动，上下两端都固定，肢端露出细观察，松紧不当重新固定。"
(1)"止"是止血。救护时如发现伤病员有出血情况，应先止血，再包扎，最后固定。
(2)"垫"是加垫。所用夹板或其他替代材料不要与皮肤直接接触，用棉花、卫生纸等柔软物品(野外的茅草、树叶等均可替代)垫在固定的材料上以免使皮肤受到伤害。
(3)"别乱动"是指别乱动骨折部位。四肢或脊柱骨折，固定的同时不要随便移动，避免血管神经受到伤害。外露的断骨不能送回伤口，以免增加感染。
(4)"上下两端都固定"是要求夹板托起整个伤肢，包括骨折断端的上、下两个关节。
(5)固定的捆绑物松紧度要适当。固定不可过松或过紧，暴露出手指或脚趾，以便观察血液流动情况。如果发现指(趾)尖苍白、紫绀时，说明包扎过紧，应当放松重新固定。

三、骨折固定的材料

在野外由于受条件限制，固定用的材料可就地取材代替夹板、石膏。常用的有木板、木棍、树枝、竹片、硬纸片、书本、帐篷杆等。捆绑固定物的绷带替代品有背包带、鞋带、布条、毛巾、手帕、线绳、腰带等。垫在皮肤与固定物之间的敷料可用棉花、纱布、衣物、毛巾、树叶等，切不可将固定物直接贴放在皮肤上以免造成皮肤和其他软组织受到伤害。

四、不同部位骨折的临时固定

(一)颈部骨折

将伤员放在硬板上，用布、衣物或是毛毯卷起固定于颈部两侧(图18-2-1)。

(二)锁骨骨折

固定前先在两侧腋下各垫一棉垫(或毛巾、手帕)。用绷带或布条绕两肩于腋下做"8"字固定(图18-2-2)。

(三)前臂骨折

将伤侧衣襟反折兜起伤臂，衣襟角剪孔挂在第一纽扣上，再用腰带或布条经肘关节上方绕胸部一周打结固定(图18-2-3)。

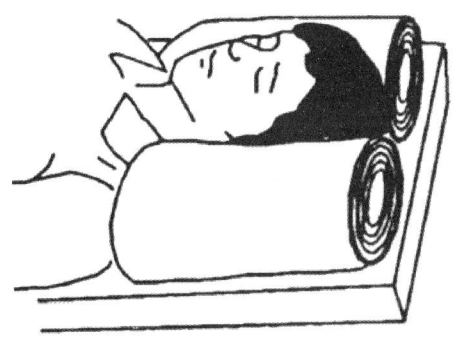

图 18-2-1　颈部骨折固定

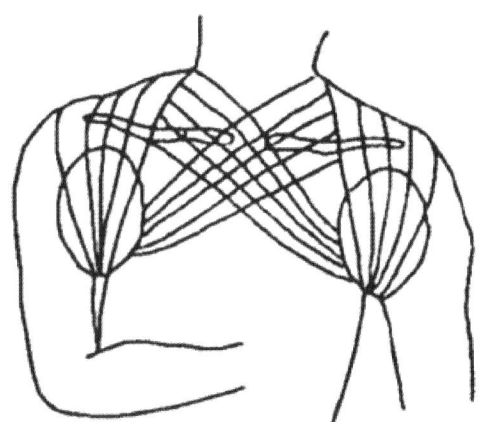

图 18-2-2　锁骨骨折固定

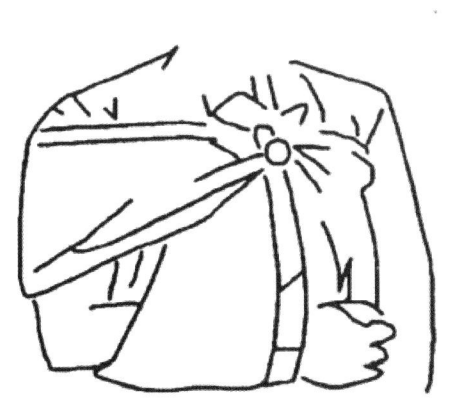

图 18-2-3　前臂骨折固定

（四）上臂骨折

三角巾固定法：三角巾折叠成 10～15cm 宽的带子，将上臂固定在躯干上，屈肘 90°，再用三角巾将前臂悬吊在胸前（图 18-2-4）。

木板固定法：在上臂外侧放一块木板，以绷带固定，再以绷带将上臂固定在躯干上，屈肘90°，然后用三角巾将前臂悬吊在胸前（图18-2-4）。

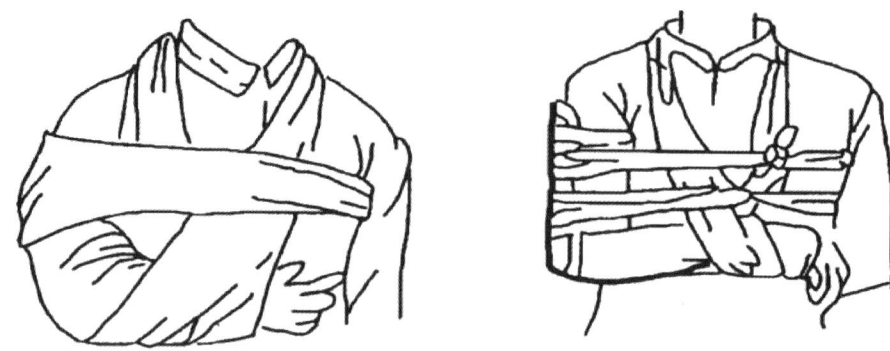

图18-2-4　三角巾固定法、木板固定法

（五）手掌骨折

手掌伸展，用木板、硬纸板或杂志等夹住手掌，外垫棉花、海绵或其他柔软物品再用绷带或布条固定（图18-2-5）。

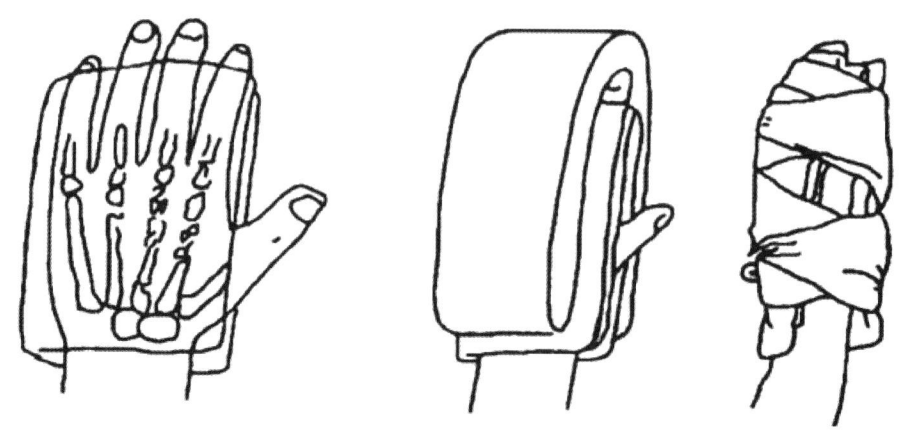

图18-2-5　手掌骨折固定

（六）手指骨折

将可扭动变形的薄铝片、薄铁片或削薄的竹片用布缠绕后固定手指（图18-2-6）。

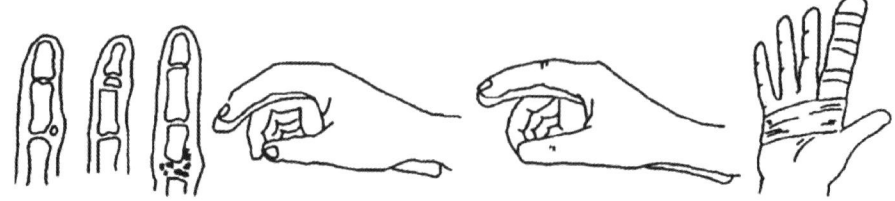

图18-2-6　手指骨折固定

（七）肋骨骨折

用三角巾、毛巾或大块布条固定,捆扎处加垫保护皮肤(图18-2-7)。

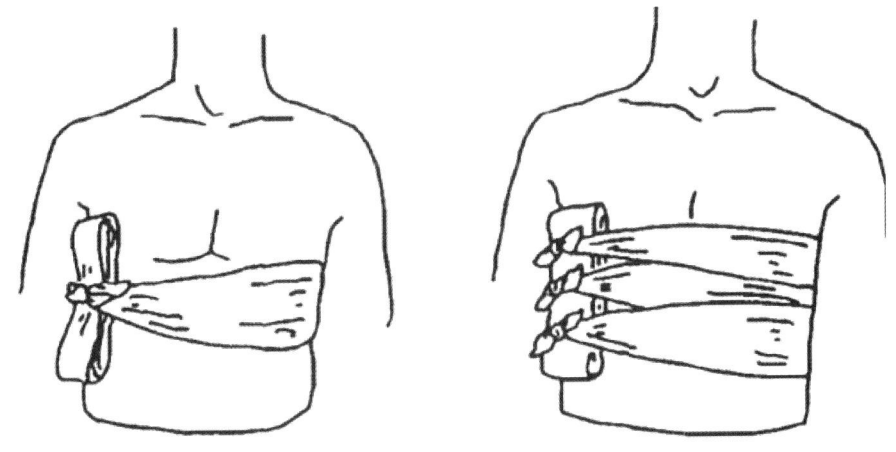

图 18-2-7　肋骨骨折固定

（八）大腿骨折

将夹板放在伤肢外侧（长度为腋下至足踝），在肢体和夹板之间加垫，用三角巾或绷带、腰带、布条等分别在骨折上下两端、腋下、腰部、膝及踝关节处固定(图18-2-8)。

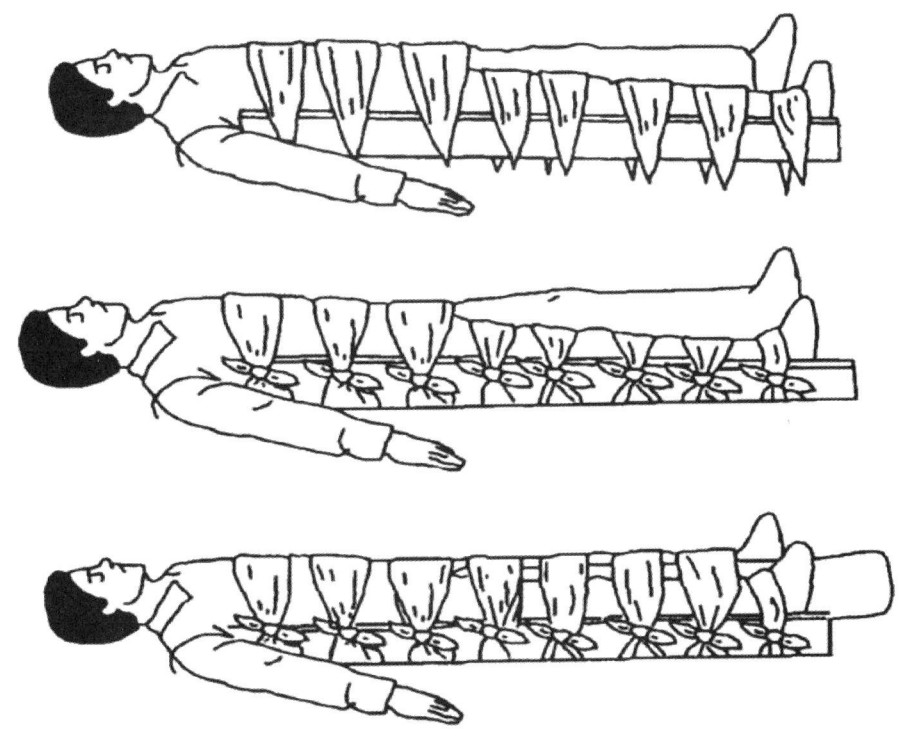

图 18-2-8　大腿骨折固定

(九)膝关节骨折

将腿部固定在木板上并注意加垫(图 18-2-9)。

图 18-2-9　膝关节骨折(固定)

(十)小腿骨折

用两根相当于大腿下 1/3 至足跟长度的粗细适宜的树枝,放在伤肢的内侧和外侧(树枝要用布条包裹),然后用三角巾或布条固定(图 18-2-10)。

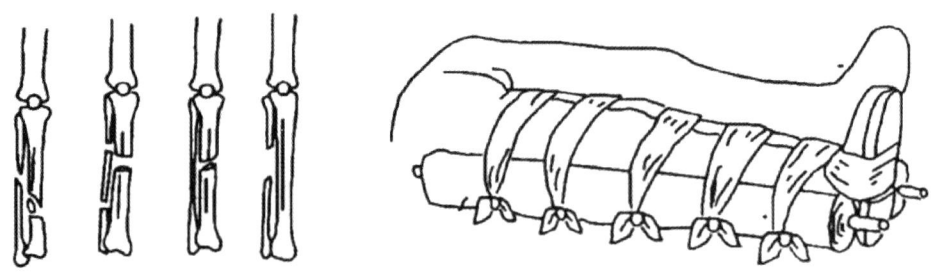

图 18-2-10　小腿骨折固定

(十一)脚踝骨折

树枝固定法:用两根长度且粗细适宜的树枝,放在伤肢的内侧和外侧(树枝要用布条包裹),然后用三角巾或布条固定(图 18-2-11)。

毛毯固定法:用毛毯或其他类似的物品固定(图 18-2-11)。

图 18-2-11　脚踝骨折固定

五、伤员搬运

在野外伤员搬运时,要根据伤情、地形、人员等情况,灵活地运用不同的工具和方法,迅速地将伤员搬至安全处进行包扎急救,并及时安全护送。

(一)搬运方法

(1)单人搬运法:多用于轻伤员,常用的有扶持法、肩扛法、背负法、抱法、拖拉法等。

(2)双人搬运法:多用于头、胸、腹部等受伤较重的重伤员,常用的有椅托式、轿杠式、拉车式和抱托式(图18-2-12)。

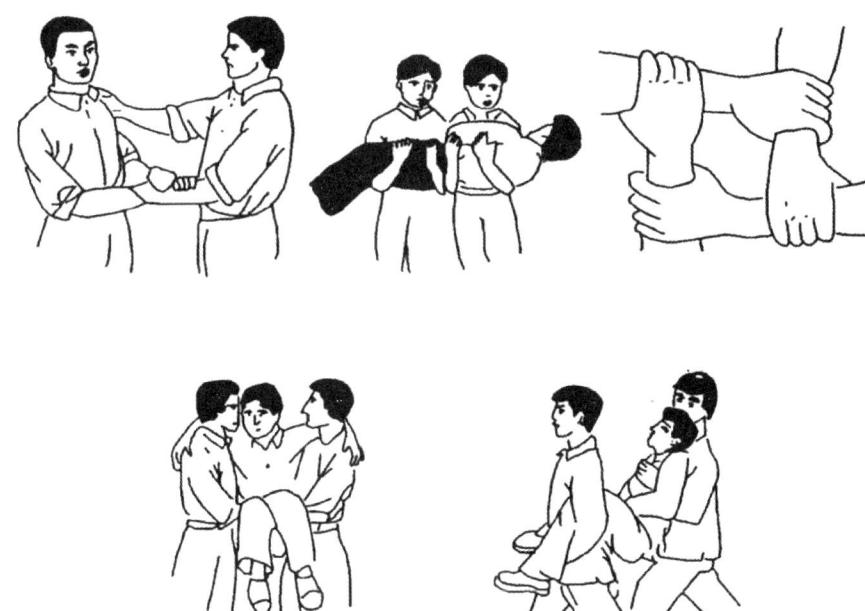

图 18-2-12　双人搬运方法

(3)脊椎损伤搬运法:搬运脊椎损伤病人时,应多人用手分别托住伤病员的头、肩、臀和下肢,动作一致将伤病员搬起平放在硬板或门板担架上,注意在伤员颈部和腰部加上软垫并将其固定。严禁抱头、抱脚、拖拉等不合适的搬运动作,避免躯干弯曲损伤中枢神经加重病情(图18-2-13)。

(4)简易担架搬运:以上两种搬运方法是在野外找不到任何搬运器械和替代物的徒手搬运法,虽然省去了寻找和制作简易担架的时间,但在野外崎岖不平的山路以及搬运路途遥远时对伤病员和搬运者都会产生许多困难和不便,所以应尽可能寻找材料制作简易担架,使伤病员在搬运途中减轻痛苦,使搬运者节省体力。

(二)搬运注意事项

(1)搬运前尽量做好伤员的初步急救处理。
(2)动作要轻而迅速,避免不必要的震动。下坡时应将伤员头部朝后,并保持平衡。

图 18-2-13　脊椎损伤搬运法

（3）搬运过程中要时刻注意伤情的变化。

第三节　户外常见疾病防治

一、咬伤及蜇伤

户外蛇、虫等的种类甚多，分布的地域较广（特别是我国的南方地区），这给从事户外活动人员的身体健康带来了伤害和威胁，妨碍了户外的各项活动。从事户外作业人员应当重视和熟悉各类咬伤及蜇伤的防治。

（一）毒蛇咬伤

1. 毒蛇与无毒蛇的鉴别方法

外形上，毒蛇一般头大颈细，头呈三角形，尾短而细，身上体纹色彩比较明显。无毒蛇一般头部钝圆，颈不细，尾部细长，身上色彩斑纹不太明显。但这些并不是绝对的，有些毒蛇如金环蛇、银环蛇和眼镜蛇的头部均不呈三角形。

2. 蛇毒咬伤的症状

不同的蛇毒表现出不同的症状：被金环蛇、银环蛇和海蛇等咬伤后会出现神经毒症状；被竹叶青、五步蛇等咬伤后会出现血液毒症状。被眼镜蛇等咬伤后可同时出现以上两种症状，被称为混合毒。

(1) 神经毒：咬伤处牙痕小无红肿，疼痛较轻，往往只有麻木感。毒素吸收较快，肢体软弱无力，呼吸微弱。伴有头痛、头晕、恶心、呕吐等症状。因窒息和心力衰竭而危及生命。

(2) 血液毒：咬伤后剧烈刺痛，流血不止，肿胀明显，并迅速向近侧扩散。皮肤呈青紫色并有皮下出血、瘀斑、起水泡、血泡等现象，常发生淋巴结炎、淋巴管炎等。严重时出现伤处软组织坏死，有的伤病员还可发生局部或全身出血现象。

(3) 混合毒：咬伤后局部有红肿疼痛，同时出现神经毒、血液毒症状。但危害人体生命的，仍以神经毒为主。

3. 毒蛇咬伤的急救方法

争分夺秒地抢救是保护伤员生命的关键。被咬伤后切忌惊慌失措，避免奔跑大叫。首先就地进行处置，防止毒液扩散、吸收，并使其迅速排出体外。如伤人的蛇无法鉴别有毒或无毒时，应按毒蛇咬伤处理。

(1) 扎：咬伤后立即就地取材，用手帕、毛巾、裤带、鞋带、小绳或藤条等紧扎距伤口 5cm 左右近心端，以阻止毒素随血液、淋巴回流，每隔 15min 左右放松数秒钟，将伤肢放低。

(2) 洗：用冷茶水、凉开水、溪水等（勿用酒精）反复冲洗伤口，洗掉伤口表面上的毒素。

(3) 切：用锋利的小刀在伤口处以牙痕为中心作"＋"或"＋＋"形切口，但不宜太深，以免损伤血管。如手或足被咬伤，还可用烧过的粗针或刀尖在八邪穴或八风穴处刺破排毒，向心端皮下刺入 1cm 左右，由近心端向远心端轻轻按摩排除毒液。

(4) 吸：用吸筒或拔火罐从切口处吸出毒液，直至吸出血呈鲜红色为止。在口腔、牙龈、口唇等无破溃的情况下亦可用嘴直接吸吮，吸完毒液后用清水反复漱口，以免中毒。

(5) 口服季德胜蛇药片，首服 20 片，每隔 6h 服 10 片；外敷季德胜蛇药片，用温水将药片调成糊状，涂敷范围为伤口处外 2cm（伤口不涂）。受伤的当地应有许多有效草药，如七叶一枝花、滴水珠等，可随当地条件选用。及时到医院，对各种不同的毒蛇进行不同的抗毒血清注射治疗。

4. 预防毒蛇咬伤的方法：

(1) 向当地人学习毒蛇咬伤的防治经验，改善宿营地的环境卫生，清除垃圾草丛，堵塞洞穴。

(2) 在山区、森林、旷野草地等有蛇出没的地区行军时，应戴好帽子，穿好袜子，扎好裤角，并携带棍棒拨动草丛。

(3) 向参加户外活动的队员讲解被蛇咬伤的防治方法、急救措施，携带蛇药片备用。

(二)蜂蜇伤

在野外会经常遇到黄蜂、马蜂及许多不知名的野蜂,这些蜂一般是不袭击人类的,往往在它们的巢穴受到攻击后才不顾一切袭击入侵者。因此在野外作业时应尽量避免触及野蜂巢穴,特别是悬挂在树丛中的那些巨大蜂巢。如果需用蜂蛹作为食物,采集时一定要做好个人防护,特别是头面部的保护,并在身体暴露部位涂抹清凉油、风油精等驱虫药物。

被少量蜂蜇伤症状较轻,仅出现局部红肿和疼痛,无全身症状。如被大量的蜂蜇刺,蜇伤部位广泛,会出现头昏、恶心、呕吐、血压下降、脉搏增快但微弱等休克症状,同时毒素还会引起溶血从而会破坏肾脏功能。

治疗:①蜂蜇伤首先应于蜇伤处检查是否有毒刺留在皮内,可用镊子拔出折断的毒刺,然后用吸奶器或拔火罐将毒液吸出;②如黄蜂蜇伤,其毒液为碱性,可擦醋酸;若蜜蜂蜇伤,其毒液多为酸性,局部用5%～10%的碳酸氢钠水溶液冷湿敷,也可以用肥皂水外洗。

(三)蜈蚣咬伤

蜈蚣多生活在潮湿的地方,野外宿营时应特别注意。蜈蚣对人体形成威胁造成伤害主要是其第一对足的末端有利爪,爪上藏有毒液腺的出口,不受刺激时一般不会攻击人类。

被咬伤的地方有两枚牙印,局部可出现红、肿、热、痛、痒等症状。有时可发生淋巴管炎及淋巴结炎。严重时还出现头痛、发热、眩晕、恶心、呕吐、谵语、抽搐和昏迷等。

治疗:①使用肥皂水、氨水或苏打水(碳酸氢钠)洗涤伤口,并冷敷;②等量雄黄、枯矾研末以浓茶或白酒调匀外敷伤口;③可采用新鲜桑叶、蒲公英叶、鱼腥草、野葱或野蒜捣烂外敷伤口。中毒严重者应立刻送医。

(四)蝎子蜇伤

蝎子有4对足,前面的一对巨爪强壮有力,造成人体伤害的是末端尾部锐利的弯钩,弯钩与毒腺相通,毒腺内有酸性毒液。

被蜇伤后局部剧痛,出现大面积红肿。中毒严重者寒战、发热、恶心、昏迷、舌和口部肌肉僵硬,胃、肠、肺出血。

治疗:①用刀尖将伤口划开,用拔火罐或嘴吸出毒液;②3%氨水或盐水洗涤伤口;③季德胜蛇药片溶于水局部涂抹,服用止痛镇静药物。

(五)毒蜘蛛咬伤

咬伤后肿痛厉害,伴有头痛、头昏、呕吐、发热、虚脱,甚至引起死亡。伤员在数周、数月内可能处于萎靡不振的状态。

治疗:①咬伤后在近心端扎止血带,阻止毒素随静脉回流;②切开伤口拔毒,用醋和水反复冲洗(方法同时咬伤治疗);③服用季德胜蛇药片,每次10片,每日3次。

(六)蚂蟥咬伤

野外行军经常穿越河流、小溪,趟水时常受蚂蟥叮咬。在热带、亚热带地区,如我国南方地区丛林地带有一种旱蚂蟥栖于树枝与草上,人从旁边路过便蹦落在腿上或鞋上,钻入人体吸血。

蚂蟥以吸盘吸附在皮肤而使其不脱落,吸盘深入皮肉边吸血边分泌抗凝血物质,令伤口流血不止。伤处可出现水泡性丘疹,中心有一瘀点。

对于吸附在皮肤上的蚂蟥,可用手拍打叮咬处周围,或用醋、酒、盐水、烟叶、清凉油等涂抹叮咬部,蚂蟥会自然脱出,而后在伤口处涂抹碘酒消炎止血。

(七)虫咬皮炎

野外经常会遇到小虫的蜇咬,如蚊、白蛉、臭虫、蚤、蜱类、毛虫等。

蜇咬后皮肤局部形成丘疹或风团,瘙痒难忍,皮肤抓破后会发生感染,被毛虫蜇伤后皮肤上会出现条状红斑,刺痛剧烈。

预防手段:①在蚊虫较多的地方,条件允许的情况下,每天应用环保肥皂或湿纸巾彻底擦洗全身皮肤;②应携带防蚊水、风油精等防虫药品;③容易过敏性休克的病人应该携带药物,并告诉其他人如何在被叮咬后的紧急情况下给自己使用这些药物。

治疗:①局部涂抹炉甘石洗剂、清凉油或风油精,亦可用新鲜马齿苋洗净捣烂外敷;②毛虫蜇伤可用胶布或伤湿膏粘出毒毛,伤处涂抹红霉素软膏。

二、户外常见病的防治

(一)昏厥

野外恶劣的环境,如严寒、酷暑、饥饿、过度疲劳、摔伤、剧烈疼痛、惊吓及精神紧张等常引起昏厥。开始时有短时间兴奋、后出现呻吟、烦躁不安、肌肉痉挛、表情紧张、脉搏快而无力、呼吸浅而急促、四肢凉而多汗。这些症状可持续几分钟至十几分钟,最后昏迷失去知觉。

处理方法:遇到这种情况不必惊慌。应安慰和鼓励伤员,使其情绪安定。除了头部、胸部损伤者外应采取头低足高的措施使脑部得到较多的血液供给。用手指用力刺激头顶百会穴、鼻下人中穴,嗅氨水等。清醒后注意保温,保持安静并休息。可给予热饮料,如姜汤、热茶、糖盐水等。

(二)晕车和晕船

由于车船的摇动和颠簸,刺激内耳前庭,是前庭功能被扰乱而导致的一种常见疾病。此外视力障碍及车船内的各种不良气味也可使本病发生。开始发病时眼花、视物旋转、头晕、烦躁不安,继而面色苍白、出汗、恶心、呕吐、昏睡,身体难受不适。

凡有晕车、晕船史可采用以下措施:①乘车、船前,不宜空腹或过饱,少吃油脂食品;②有晕车、船习惯的人尽量坐在颠簸较轻或舒适的位置,眼睛尽量朝前看;③车、船内注意通风,消除不良气味;④乘车、船前 1h 服用抗晕药物等;⑤对症状出现的病人可安排前排靠窗乘坐,呕吐病人可少量喝水服用维生素 B6 或人丹、十滴水等药物;⑥用手指掐人中、内关、足三里等穴位。

(三)冻伤与失温

户外活动常在寒冷环境中进行,人类在严寒下一般可通过生理调节达到散热和产热的相对平衡,使身体热量不致过度散失。在冬季或是高寒地带,如缺少食品和御寒装备,加上迷失方向、身体疲劳、遭遇雨雪天气,亦可导致冻伤及其他疾病。

1. 全身性冻伤

常见的有发冷、寒颤、疲倦、嗜睡、步态不稳、脉搏及呼吸缓慢、体温下降、四肢无力、头昏、口唇及手指青紫、皮肤苍白等症状,严重者神志不清,甚至导致心脏衰竭、脑缺血和失去知觉而死亡。

2. 局部性冻伤

多见于手指、脚趾、脚跟、鼻尖、耳廓、面颊等部位。早期皮肤红肿充血、灼痛和瘙痒,有时感觉麻木;中、后期皮肤除红肿外,会出现大小不等的水疱,患处疼痛剧烈;受冻部位出现不同程度的坏死现象,严重时会损伤肌肉和骨骼。

3. 冻伤处理方法

全身冻伤的伤病员,应立即抬到避风、干燥、温暖处急救,切不可立即抬至炉旁烤火,要先脱去潮湿冰冷的衣物、鞋袜,先快速复温,再处理局部创面。复温处理要快速,以使冻伤组织逆转。最好的方法是将伤病员放置于 35～42℃温水中,15min 内即可达到复温目的。离开温水后可采用棉被衣物覆盖保暖。对冻僵伤病员应严禁先行四肢复温,以免周围血管扩张、循环血量减少而加重休克。失去知觉的伤病员可给予葱、姜、蒜或氨水嗅闻,以促使其恢复知觉。而后可口服热茶、姜汤、红糖水及酒等可增加体内热量。

身体局部的冻伤可同样采用 35～42℃温水复温 15min,浸泡后擦干局部后涂敷冻伤药膏。对水疱应穿刺抽液,外敷抗菌消炎药物。

冻伤后的吸氧是非常有效的治疗手段,既可减少组织坏死及损坏,又有利于人体冻伤组织的恢复。对严重的冻伤患者初步处理后应立即送往医院,送往途中应特别注意保暖。失温或冻伤的部位切勿用力揉搓或擦拭,因为这极易因机械用力造成受伤部位的二次损伤。忌给患者饮酒,忌通过剧烈运动回温,忌擦拭或按摩患者四肢。

4. 冻伤预防

冻伤后治疗比较困难,且常常留下不同程度的伤残和功能障碍,对户外活动危害极大。如能正确采取具体而有效的措施,冻伤是可以避免的。

(1)进入寒区进行野外生存体验应熟知野外防冻知识,采取积极有效的防寒措施。衣、裤外面最好穿着风雨衣套装,身体暴露部分要用耳套、手套加以保护,严禁赤手接触金属。面部可涂抹防冻油膏等,以减少热量散失。

(2)除防寒保暖外,衣裤鞋袜要尽量保持干燥,如遇雨雪或汗水变潮湿,要及时烤干或更换。

(3)掌握自己和队友的体力状况,在一般情况下应避免过度疲劳、大量出汗或饥饿等现象。休息时应多搓手、跺脚,促进末梢血液循环,严防静立、呆坐或睡觉。

(4)加强抗寒锻炼,提高抗寒能力。多吃含高热量、高脂肪和高蛋白的食物,也可经常服用具有保护毛细血管作用的维生素 C 和维生素 E。

(四)烫伤

浅度烫伤只损伤皮肤表层,表现为局部轻度红肿、无水泡、疼痛明显。烫伤严重时表现为真皮损伤,局部皮肤出现红肿,有大小不等的水泡,疼痛剧烈。

受伤后应立即脱去衣袜,用凉水冲洗伤处,或将伤处浸在冷水中降温止痛。半小时后再用食用油或烫伤膏等药物涂抹,在野外如有野兽油脂更佳。用干净的布块包扎伤口,以防感染。疼痛剧烈时可服用止痛药、镇静药物,若非必要,切勿刺破水泡。使用清水冲洗伤口,使用凡士林纱布覆盖伤口,让受伤皮肤不粘连。不要往灼伤部位涂抹油脂。

(五)晒伤

晒伤是指由于长时间暴露于紫外线之下而导致的皮肤损伤和发炎。晒伤后皮肤先是发红、爆裂,然后脱皮,有时还伴有灼痛感、发痒,甚至起水泡。进行较长时间的户外活动时,务必要注意防晒。皮肤在过量的紫外线暴露下,会造成皮下的微血管扩张,把较多的血液带到皮肤表面来,皮肤因而发红,变热。预防处理措施如下。

(1)在脸、鼻子、胳膊、手背、颈部、耳朵、裸露的腿部以及双肩等部位涂上防晒霜。伤疤处的组织对阳光非常敏感,如果有伤疤,用衣服或其他物品盖住。活动之前应根据天气情况、海拔高度、涂抹适当倍数的防晒霜(最好使用 SPF30+),可以穿着防紫外线的衣物,戴上太阳镜、墨镜、头巾等。

(2)如果发生晒伤,应使用质量比较好的润肤露缓解症状,并使晒伤部位保持湿润。使用止疼药可缓解轻度至中度晒伤的红肿、痒痛症状。湿敷或用布包住冰块置于受伤的皮肤上,可缓解疼痛,但不能用冰块直接接触皮肤。使用无刺激性的香皂彻底地清洗晒伤的部位后,涂上滋润皮肤的乳液或芦荟胶。晚上休息时,可洒上爽身粉,减少睡觉时睡袋或衣服与皮肤的摩擦。

(六)中暑

(1)热射病:外界温度高、湿度大而又无风的环境中,人体散热困难,大量体液丢失而引起的循环衰竭。

(2)日射病:强烈的阳光下暴晒,特别是阳光直射到未遮阳的头部,导致颅内高温和压力增大,大脑神经受到损伤。

(3)中暑症状:病人感觉头晕、头痛、心跳、恶心呕吐、大量出汗,严重时突然晕倒,不省人事。体温急剧上升,惊厥,甚至危及生命。

(4)中暑治疗:立即将病人搬到阴凉通风处,如野外无遮阴处可用帐篷罩布、宽大的衣物撑起遮阴。松开衣扣,头颈部冷敷,扇风,用酒精或白酒擦体降温,服用十滴水、人丹等药物,指压足三里、内关等穴,补充生理盐水。

(5)中暑预防:在高温地区进行户外活动时,应首先提高参训队员的体质以适应野外高温气候。特别注意水和盐的补充。烈日下尽量减少活动量,肢体特别是头部要戴遮阳帽,用野草、树枝编织草帽或湿毛巾遮盖头部,带防暑降温药物。

(七)脱水

脱水会导致身体不适,判断力和协调性下降,容易引发高原疾病、低温症和中暑,严重时可能造成脱水死亡。

(1)水分流失的途径:水是人体必需的物质,在体温没有发生变化的情况下,没有水人只能生存3~4d。人体每天大约消耗2.5L的水,这些水通过尿液、呼吸、汗水、粪便等方式排出。体液的流失必须通过饮水和摄入食物的途径得以补充,所以要定时、少量多次地进行水分补充。

(2)引发原因:高温、呕吐、腹泻都可能引发脱水。

(3)主要症状:口渴、尿量减少、尿色变深、皮肤起皱、体力透支、食欲下降等。

(4)预防手段:在运动前、中、后分别少量多次补充含电解质的运动饮料,既保障健康又提高体能。

(八)中毒

在户外活动中,有时因环境的恶劣、食物的短缺导致饥饿而误食有毒的动、植物或是变质食物,而造成食物中毒。

大多数中毒者表现为恶心、呕吐、腹泻、腹痛,严重者还会出现头痛、昏迷、惊厥、心慌、出冷汗、呼吸困难,甚至危及生命。

治疗:解毒最有效最快捷的方法是呕吐和导泻,使毒素能快速排出体外。首先可饮用大量的水,用手指触咽部引起呕吐,服用油脂的泻药导泻,还可食用活性炭等解毒药物,紧急时可用木炭替代。如果病人比较清醒,每10min给他喝一次盐水,以补充水分。对严重的中毒队员除进行初步的急救外应想尽办法送往医院救治。

(九)皮肤发炎

出现这种情况,会感到非常不舒服。发炎的地方通常是腹股沟、大腿内侧、乳头、脚和脖颈等处。预防措施如下。

(1)注意个人卫生,饮食要干净,身体和衣物要及时进行抗菌处理。

(2)用凡士林油和茶树油擦拭容易发炎的部位,进行润滑和保护性处理。

(3)如果天气比较暖和,穿的衣服要薄一点,宽松一点。

(十)皮肤擦伤

皮肤擦伤并不严重,只是毛细血管损伤,血液渗透到周围的肌肉组织中造成的。但是,如果灰尘、沙粒和其他异物进入擦伤的部位,会导致伤口感染。

处理:①擦伤的部位要竖起来,有助于防止出血;②创面需清洗干净。为了保持伤口清洁,穿着的衣服要宽松一点。

(十一)脚起水泡

脚起水泡主要是由于脚与鞋之间的挤压、摩擦造成的,与潮湿和相对的高温都有关系。登山时由于运动摩擦引起的脚底或脚外侧出现水泡,运动中因出汗导致潮湿的足底摩擦力增大,更易引起水泡。另外,虽然水泡不是高温引起的烫伤,但是如果皮肤温度增高,产生水泡的速度就会加快。

如何预防:不要穿新的徒步鞋进行长距离行军、徒步。袜子、鞋都要选择合脚的。垫高鞋垫可减少摩擦。使用滑石粉、痱子粉、防寒喷雾或涂凡士林有助于保持脚部的干爽、减少摩擦。当皮肤出现红热点时,要及时涂抹安息香酊,并用专用水泡贴覆盖。

(十二)扭伤

如果关节突然超出正常活动的范围,就会导致韧带受伤。韧带纤维撕裂会引起疼痛,并使关节感到无力。如果韧带完全裂开,会出现肿胀,关节不稳。

处理:①休息、冰敷,并用绷带包扎后吊起来,可以消肿,减少内部出血,能防止发生炎症;②需要时用云南白药喷雾剂进行活血散瘀,消肿止痛的治疗。轻轻地活动受伤部位有助于康复,并能避免肌肉萎缩和僵硬。

第四节 高山病防治

我国海拔高度在1000m以上的地区称为高原地区,面积约为200万km^2,包括西藏、青海、新疆、甘肃、四川、云南六省(自治区)的全部或部分地区,这些地方是户外运动者登山探险所向往的地方。但由于高原地区海拔高、气压低、含氧量稀少、气候寒冷多变,初入高原地区的人易发高山病。

高山病对参与登山人员的生理机能影响较大,严重时甚至危及生命。但通过实践证明,只要我们重视高山病,加强身体锻炼,科学地安排活动量,高原地区对人体的影响是可以战胜的。

一、高原地区自然条件特点

(1)随着海拔高度上升,大气压、氧分压随之下降。

(2)随着海拔高度上升,气温随之下降,据统计每上升100m,气温下降0.65℃左右。一天之内温差变化大,如高原地区帐篷内昼夜温差可达40℃以上。

(3)风大,最大风速可达40m/s以上。营地周围还会出现谷风,白天沿着山坡吹向山顶,夜晚由山顶吹向山坡,故夜间感觉特别寒冷。

(4)气候干燥:除当地人外绝大多数人口唇干裂。严重时嘴唇感染肿胀,此时吃刺激性食物时异常痛苦。

(5)太阳辐射强:海拔高度每升高100m,紫外线增强1%~2%,且雪地又将其反射到登山队员的面部,面部皮肤极容易晒伤。眼部防护不当,还易造成雪盲。

二、高原地区环境对人体的影响

(1)呼吸速率的增加:人体为适应高原缺氧环境,不得不增加呼吸频率和加深呼吸深度以适应血液中降低的带氧量。

(2)心脏跳动加快:吸入氧气的减少使得血液内含氧量不足,为了维持机体的供氧,心脏只有加速搏动输送血液以满足组织细胞需要的氧量。大多数初入高原的人均明显感到自己的心跳加快。

(3)组织液的转移:血液流动的增加和低氧低压的环境可导致组织液在人体某些部位的滞留,严重时引起面部和肢体肿胀、肺水肿等,更严重时引起脑水肿危及生命。

(4)血液中红细胞的增多:健康的人在高原持续适应时,骨髓会增加红细胞的生成以提升血液中的带氧能力,在高原生活较长时间的人红细胞数量比低海拔生活的人高出30%~50%。

(5)微血管数量的增加:有学者研究提出肌体为适应高原环境生长出一定数量的微血管,缩短细胞与其的距离以增加氧气的扩散能力。

(6)意识出现变化:大脑缺氧初期有些人可能表现为兴奋和激动,随着缺氧时间的持续,有些人可能会出现注意力不集中、反应迟钝、沉默寡言,甚至还有人会出现幻觉。

(7)体重的变化:进出高原时的体重有着非常明显的变化,恶劣的环境,几乎所有从内地进入高原的人体重均有下降。有人称登山是最有效的减肥运动。

三、高山病的症状

(一)急性高山反应

急性高山反应在6~72h开始出现,大部分在十几个小时后发病,这种反应通常在2~6d内消失。

1. 主要症状

(1)头痛:大脑血流量的增加帮助脑部维持氧气的供应,增加的血流量在大脑系统适应时颅内压力的变化导致头痛。

(2)气促和心慌:在缺氧的情况下,轻微的活动就能引起。

(3)食欲减退、恶心、呕吐、腹胀:急性高山反应中常伴有的消化系统反应。

(4)口干、唇裂、鼻出血(少数):与高原异常干燥的气候有关。

(5)皮肤水肿:以面部和双手多见。

(6)发晕:嘴唇和四肢的指甲因血液中含氧量减少时出现青紫色。

(7)失眠:缺氧和帐篷里的环境使睡眠受到干扰,有些人甚至半夜因短暂的呼吸停顿而惊醒。

(8)全身不适感:经常有身体的不舒服和倦怠感,全身无力,精神不佳。

出现上述症状的多少和轻重因人而异,多数人一般在两周内可自行消退。

2. 治疗

急性高山反应的治疗,首先应本着积极的态度来适应高原反应。①对症状较轻者可服用去痛片缓解头痛;②严重者可通过吸氧减轻各种症状;③对面部和身体其他部位出现水肿的患者可酌情给予利尿药物,如氨茶碱片、双氢克尿塞等帮助消除水肿;④对失眠队员应尽量不使用镇静类药物,有报道指出镇静剂和精神安定剂会使低氧环境下的睡眠变得更糟。

(二)慢性高山反应

1. 主要种类及症状

(1)高山心脏病。在海拔4000m以上的高原居住和工作半年以上发生心慌、心悸、气喘、失眠、夜间惊醒、心前区异常搏动、右心室肥大、肺动脉心音亢进等症状,极个别人出现右心衰的体征。

(2)高山血压异常症。在高原上常发生头痛、头晕、心悸、恶心、呕吐等,血压在140/90mmHg(18.7/12.0kPa)以上,送往平原又恢复正常,称为高山高血压。血压在90/50mmHg(12.0/6.7kPa)以下伴有头痛、头昏、疲倦、失眠等,称为高山低血压。

(3)高山红细胞增多症。红细胞超过650万个,血色蛋白超过20g并伴有头痛、头昏、全身乏力、发烧。

(4)混合型。常为以上两种或三种表现为主,一般送往低地时可恢复正常。

2. 治疗

对高山高血压、高山心脏病可采用普通高血压和心脏病的治疗方法,如治疗效果不明显时可考虑送往低处。一般下降1000m以上时症状会明显好转。

(三)高原肺水肿

1. 症状

在缺氧的环境下加强了心脏输出使肺动脉的血容量增加而导致肺动脉高压,增高的压力令肺的毛细血管通透性增强,使液体由毛细血管被迫流入肺泡内引起整个肺部组织的水肿,进而影响身体正常的气体交换,最典型的症状表现为呼吸短促。

发病的早期表现为轻微的呼吸短促和咳嗽,当高原肺水肿进一步恶化时,患者会出现虚弱疲倦等与急性高山反应相似的全身性综合症状,以呼吸困难、咳嗽、痰多、胸闷胸痛为典型症状。患者常发烧,心率快,呼吸急,休息时不能平躺,靠近患者时能听到呼吸道里"咯咯"的水泡声,嘴唇和指甲发黑(暗紫色、青紫色)明显。高原肺水肿虽然发病概率较少,但发生后非常凶险。在得不到有效治疗时,很短的时间内就将严重危及患者生命。

2. 治疗

尽可能立即下撤到海拔较低的地方,给患者输氧以保证呼吸畅通,卧床休息注意保暖,尽量减少饮水。服用利尿药进行脱水治疗,利尿的同时注意补充钾盐。适量地给予抗菌的药物防止肺部的感染。

(四)高原脑水肿

高原脑水肿主要是由高原缺氧的环境导致的。随着海拔增高人体的血氧含量会逐渐降低,空气中的氧气含量缺乏,人体暴露于高原低氧环境后,缺氧导致脑血液循环严重障碍,继而发生代谢、机能和形态等变化,导致高原脑水肿的发生。登山过程中攀登速度过快,大脑血流过快,大脑中动脉直径扩张,更容易诱发高原脑水肿。

1. 症状

高原脑水肿早期症状是头部无间歇的疼痛,患者坐立不安非常痛苦。随着病情的加重,患者出现意识淡漠、丧失记忆、知觉消失、运动失调甚至肢体瘫痪等典型征兆,同时伴有恶心、呕吐、面色发绀、幻觉和短暂失明等。

2. 治疗

立即大剂量连续给氧,清醒后还应间断持续给氧。如有高压氧袋或高压氧舱时立即将其装入。为减轻脑部水肿可静脉注射 50% 葡萄糖 60mL,还可静脉滴注甘露醇 250mL,每日2次。服用利尿药进行脱水治疗并注意补充钾盐保护心脏。多派人手尽早进行保护性下撤。

预防脑水肿的方法:海拔上升不要太快,行程不宜太紧迫;刚到高海拔地区运动量不要太大;及时补充水分;减少影响呼吸循环系统的药物和其他食品的摄入;多吃流质食品,不吃油腻食品,不要吃饱;补充能量和维生素;注意保暖;积极适应。

(五)雪盲

1. 引发原因

当海拔高度每升高 100m,紫外线就会增强 1%~2%,高原上空气稀薄,太阳光中的紫外线未能被滤过,加之冰雪强烈的反射(新降雪 80%,亮冰 90% 以上)。当太阳辐射中的短波紫外线照射和反射到没有任何保护的裸眼时,就会灼伤眼睛引起眼表面组织急性反应导致雪盲。值得注意的是在完全见不到太阳的阴天,高原上的紫外线同样能对没有受保护的眼睛造成伤害。

2. 症状

主要表现为眼睛非常疼痛、干涩、流泪、砂砾异物感、眼痉挛、眼部皮肤发红、结膜充血水肿、瞳孔痉挛性收缩、角膜浅着色等。

3. 治疗

(1)避免雪盲最好的方法就是一进入雪线,不管有无阳光立刻带上墨镜。

(2)涂眼药水和眼药膏,使用眼药水滴眼和煮过的茶叶外敷能缓和眼部症状。治疗的同时告诉患者要随时带上墨镜,摘除日常矫正视力用的眼镜或隐形眼镜,以眼罩或类似物(干净手帕、纱布等)轻轻敷住眼睛。尽量休息,别勉强使用眼睛,直至眼部症状完全消失;检查有无异物,避免揉搓眼睛;滴抗生素眼药水,然后闭目休息;戴眼罩,适当冷敷,需要时服用止痛药;至少休息24h,24h后重新检查;若感染化脓,每天服用3~4次抗生素;一般来说,轻度雪盲的患者通过6h的治疗与休息后,症状就可完全消失;中度或重度雪盲患者,则需要2~4d的休息和治疗后,症状才会消失。

四、高山病的预防

高山病预防的关键在于进入高原前的体检、锻炼和进入高原后的逐步适应法。

(1)进入高原前的体检:参加登山探险人员进入高原前与其他参加低海拔户外生存体验,不同的是要进行严格的体检。如心脏病、心律不齐或静息脉搏90次/min以上者,患有高血压、肝病、肺病、肾病血液病者均不宜进入高原。

(2)进入高原前的锻炼:进入高原前的锻炼是增加队伍对高原低氧环境和严寒适应能力积极有效的方法。通过每日4~8km的长跑等有氧运动能提高心肺功能,而结合负重行进使身体更能适应高原地区的工作。锻炼多在进山前的半年开始,最晚不应超过进山前的两个月。

(3)进入高原后的逐步适应法:人体在高原有个逐步适应的过程,进山后一定要循序渐进,当到达一定高度时可停下适应几天。最初进入高原时尽量减少活动,多休息。数日后可逐渐增加活动量,逐渐增加高度。初次进入高原地区的人更应遵循这一原则。

(4)保证健康的身体进入高原:以健康的身体进入高原,带病的身躯是进入高原最大的忌讳,哪怕是感冒、腹泻和炎症等在平原认为的小病,在高原均可为自己带来巨大的风险。

(5)克服对高原反应的恐惧:对体质敏感的人非常重要,积极地面对高原反应带来的不适,难受的时候适当地活动,少用药物,相信自己能很快地适应高原环境。

(6)饮食:多食用高糖的食品,饮食以结构碳水化合物为主,藏民的酥油茶为最好的液体能量。酥油不仅易吸收,而且可以提供给人体所需的热量,还能避免嘴唇的干裂;茶又有较好的利尿作用。所带的食品尽可能地丰富,食品的多品种和多口味对保障队员的能量有十分积极的作用。

(7)药物:有人认为克服反应的药物在高原反应中只能起到安慰剂的作用,笔者认为人参、西洋参片、红景天等中药和某些藏药能缓解高原反应中的不适,可因人而异酌情使用。

主要参考文献

班杜拉,2003.自我效能:控制的实施[M].缪小春,等,译.上海:华东师范大学出版社.

陈曦,王菁,2007.户外运动组织者违反安全保障义务的侵权责任[J].甘肃政法学院学报,95(6):153-157.

陈勇军,2015.我国高危户外运动的法律研究[J].体育文化导刊,158(8):26-29+19.

程蕉,2013.户外运动风险管理的法学分析[J].体育文化导刊,127(1):16-20.

党挺,2016.英国户外休闲产业发展经验及其启示[J].体育文化导刊,170(8):147-151+173.

迪维诺,2010.生态学概论[M].北京:北京交通大学出版社.

丁宁,王馨,1987.组织行为学[M].北京:科学出版社.

方海明,孙永生,史登登,2011.高校户外运动课程风险管理过程模型研究[C]// 中国体育科学学会.第九届全国体育科学大会论文摘要汇编.

傅钢强,2013.高校户外运动课程体系的生态化建设研究:以浙江农林大学为例[J].运动,62(6):115-116.

傅钢强,周红伟,2016.我国青少年户外教育内容体系构建研究[J].四川体育科学,35(5):20-23.

高建江,1992.班杜拉自我效能的形成与发展[J].心理科学(6):39-43.

郭本禹,姜飞月,2008.自我效能理论及其应用[M].上海:上海教育出版社.

国家体育总局,1999.中国体育教练员岗位培训教材·皮划艇[M].北京:人民体育出版社.

国家体育总局,2012.攀岩[M].北京:高等出版社.

韩飞,于善旭,2013."AA"制自助游户外运动事故法律争议探析[J].天津体育学院学报,28(2):171-175.

侯光光,2014.北京市普通高校户外运动课程开展状况与课程构建研究[D].北京:北京体育大学.

胡月亭,2017.安全风险预防与控制[M].北京:团结出版社.

霍华德·加德纳,2004.智力的重构:21世纪的多元智力[M].北京:中国轻工业出版社.

加德纳,1990.智能的结构[M].北京:光明日报出版社.

加德纳,1999.多元智能[M].沈致隆,译.北京:新华出版社.

杰弗里·马里恩,2017.无痕山林[M].北京:北京大学出版社.

主要参考文献

李德银,1989.定向越野指导[M].北京:测绘出版社.

李红艳,2006.户外运动的理论与实践研究[D].北京:北京体育大学.

李舒平,2001.户外运动发展的探讨[J].体育科学,21(9):188-189.

李晓敏,2013.沈阳市城区初中生户外教育实践体系构建研究[D].沈阳:沈阳体育学院.

李致新,张志坚,马欣祥,2003.户外运动的健身意义及其规范化[R].北京:国家体育总局.

梁传成,梁传声,2003.野外生存教程[M].北京:高等教育出版社.

梁海燕,陈华,2012.美国户外运动发展及其对我国的启示[J].首都体育学院学报,24(1):64-67.

刘华荣,2017.我国高校户外运动风险管理研究[D].北京:北京体育大学.

刘苏,2011.我国户外运动法律规制模式研究[J].武汉体育学院学报,45(4):33-38.

刘苏,傅志平,汤卫东,2018.AA制山地户外运动事故的法律争议及归责[J].山东体育学院学报,34(2):1-8.

刘雪芹,黄世席,2009.美国户外运动侵权的法律风险和免责问题研究:兼谈对中国的借鉴[J].天津体育学院学报,24(3):253-256.

栾晓利,2013.定向越野识图方法和训练的探究[J].教育教学论坛(8):132-133.

马红宇,王斌,2001.登山、攀岩与野营入门[M].南京:江苏科学技术出版社.

马斯洛,刘烨,2008.马斯洛人本哲学[M].呼伦贝尔:内蒙古文化出版社.

马欣祥,2009.户外运动理论探讨[J].山野,146(10):102.

马欣祥,田庄,2015.对户外运动概念的重新甄别与界定[J].中国体育科技,51(1):140-145.

米哈里·契克森米哈赖,2022.心流[M].北京:世界图书出版公司.

欧雅怡,刘业,马逢伯,2017.基于对应分析模型原理的户外运动安全风险研究[J].广州体育学院学报,37(2):43-48.

彭召方,刘鸿优,国伟,等,2018.我国山地户外运动风险评估指标体系与预警系统的构建[J].体育学刊,25(1):68-73.

钱俊伟,2016.我国户外教育理论体系建构及实践研究[D].北京:北京体育大学.

邱菀华,2003.现代项目风险管理方法与实践[M].北京:科学出版社.

史蒂芬·P·罗宾斯.2000.组织行为学精要[M].郑晓明,译.北京:机械工业出版社.

斯蒂芬·P·罗宾斯.2005.组织行为学[M].孙健敏,李原,译.北京:中国人民大学出版社.

孙辉,2015.欧美户外体育教育研究[J].体育文化导刊(2):162-165.

孙辉,兰自力,2014.户外教育的理论基础研究[J].中国学校体育(高等教育),1(11):50-53.

唐花清,李大春,2008.素质教育下青少年户外运动课程的研究[J].体育科技,117(2):95-98.

田麦久,2000.运动训练学[M].北京:人民体育出版社.

田永胜,2007.实用主义[M].北京:世界知识出版社.

汪俊杰,龙斌,2020.历史回顾与现实拓展:近30年国外户外游憩研究述评[J].武汉体育学院学报,54(11):64-72.

王莉,何世权,张慧峰,等,2005.对北京市户外运动产业发展状况的调查研究[J].北京体育大学学报(9):1159-1161.

王翔,2005.定向运动[M].北京:高等教育出版社.

徐学伟,车超,2022.基于体育学领域的我国户外运动研究可视化综述[J].山东理工大学学报(社会科学版),38(6):106-112.

杨汉,2006.山地户外运动[M].武汉:中国地质大学出版社.

杨汉,2020.户外运动教育教学案例集[M].武汉:中国地质大学出版社.

叶小瑜,刘兵,江典在,2013.美国运动游憩产业发展启示[J].山东体育科技,35(6):1-4.

游茂林,罗新建,2013.湖北省户外运动旅游业发展前景研究[J].体育文化导刊,127(1):85-89.

袁铜墙,袁黎平,吴映辉,2017.高校校园文化建设中的户外教育新路径研究[J].南京体育学院学报(自然科学版),16(1):99-101+110.

袁铜墙,袁黎平,薛保红,2019.高校户外教育专业课程体系构建[J].安徽体育科技,40(1):92-95.

约翰·格雷厄姆,王云龙,田庄,等,2018.户外领导力[M].重庆:重庆出版社.

张宝帆,2000.定向运动与野外生存[M].天津:天津大学出版社.

张大超,李敏,2009.国外体育风险管理体系的理论研究[J].体育科学,29(7):43-54.

张恩利,刘新民,2020.我国户外运动安全的法律保障[J].西安体育学院学报,37(5):545-550.

张小林,张天成,朱福军,2007.我国西部地区户外运动资源开发与营销:以重庆武隆国际山地户外挑战赛为例[J].西安体育学院学报(3):40-43.

赵承磊,2020.新时代我国户外运动产业发展现状、问题与对策[J].北京体育大学学报,43(8):32-40.

赵富学,陈蔚,王杰,等,2020."立德树人"视域下体育课程思政建设的五重维度及实践路向研究[J].武汉体育学院学报,54(4):80-86.

郑向敏,范向丽,肖蓓,2010.大学生户外运动与休闲安全认知分析[J].北京体育大学学报,33(2):42-44+52.

周启迪,牛志培,布和,等,2017.首都高校学生社团户外活动安全机制[J].北京体育大学学报,40(4):37-43.

朱发荣,武援朝,郝光安,1998.登山运动[M].北京:知识出版社.

ALAN W E, JIM S, 2013. Outdoor adventure education foundations, theory and research[M]. Champaign-Urbana: Human Kinetics.

ALLISON P, POMEROY E, 2000. How shall we know Epistemological concerns in research in experiential education[J]. Journal of Experiential Education, 23(2): 91-97.

ANDY M, DAN F, DANIELA Z, 2004. Outdoor and experiential learning an holistic and creative approach to programme design[M] Burlington: Gower Publishing Company.

ATTARIAN A, 2001. Trends in outdoor adventure education[J]. Journal of Experiential Education, 24(3): 141-149.

BASS B M, AVOLIO B J, 1994. Improving organizational effectiveness through transformational leadership[M]. California: Sage.

BASS B M, 1985. Leadership and performance beyond expectations[M]. New York: Free Press.

BELBIN R, MEREDITH C, 1996. Team roles at work [M]. London: Butterworth-Heinemann.

BOB B, 2007. Safety, risk and adventure in outdoor activities[M]. Teller Road Thousand Oaks California: Paul Chapman Publishing Ltd.

BROOKES A, 2003. A critique of neo-Hahnian outdoor education theory. part two: "the fundamental attribution error" in contemporary outdoor education discourse[J]. Journal of Adventure Education and Outdoor Learning, 3(2): 119-132.

BROWN T J, 1995. Adventure risk management: a practical model[J]. Australian Journal of Outdoor Education, 1(2): 16-24.

BURNS J M, 1978. Leadership[M]. New York: Harper & Row.

CASHEL C, WAGSTAFF M, BREUNIG M, 2006. Outdoor leadership: theory and practice[M]. Leeds: Human Kinetic.

CLAYNE R J, STEVEN P G, 2005. Outdoor recreation in America[J]. Champaign-Urbana: Human Kinetics.

DALLAT C, SALMON P M, GOODE N, 2015. All about the teacher, the rain and the backpack: The lack of a systems approach to risk assessment in school outdoor education programs[J]. Procedia Manufacturing, 3(6): 1157-1164.

DANNY P, GENNY B, 1998. Risk management and outdoor education: a practical approach to ensuring positive outcomes[J]. Outdoor Educator's Association of Queensland's Journal, 66: 10-15.

DICKSON T J, JENNY C, MARGOT H, 2000. Risk in outdoor activities: the perception, the appeal, the reality[J]. Journal of Outdoor & Environmental Education, 4(2): 10-17.

DONALDSON G E, DONALDSON L E, 1958. Outdoor education: a definition[J]. Journal of Health, 29(17): 17-63.

EDWARD L, 2000. Outdoor education for behavior disordered students, kid source online[J]. ERIC(1): 2-4.

GOLDENBERG M, MCAVOY L, KLENOSKY D B, 2005. Outcomes from the components of an outward bound experience[J]. Journal of Experiential Education, 28(2):

123-146.

GOLEMAN D,1995. Emotional intelligence[M]. New York: Bantam Dell.

GOOKIN J, 2003. National outdoor leadership school instructors handbook[M]. WY: National Outdoor Leadership School.

HONEY P, MUMFORD A,1982. Typology of learners. In their Manual of Learning Styles[M]. London: Peter Honey Publications.

HSE,1996. Guidance to the licensing authority on the adventure activities licensing regulations[M]. London: HSE Books.

JEFF L, 1998. Risk management: walking the tightrope[J]. Journal of experiential education(2): 61-62.

KELLY G A, 1955. The psychology of personal constructs[M]. New York: Norton.

KEN G, TIMOTHY B, TERRY M, et al., 2006. Outdoor education methods and strategies[M]. Champaign-Urbana: Human Kinetics.

LAVE J,WENGER E, 1991. Situated learning: legitimate peripheral participation[M]. Cambridge: Cambridge University Press.

LEWIS P S, 1986. Redefining outdoor education: a matter of many relationships[J]. Journal of Environmental Education, 17(3): 13-15.

LUGG A,1999. Directions in outdoor education curriculum[J]. Australian Journal of Outdoor Education,4(1): 25-32.

LUGG A, Martin P, 2001. The nature and scope of outdoor education in Victorian schools[J]. Australian Journal of Outdoor Education,5(2):42-48.

MARTIN B,2006. Outdoor leadership: theory and practice[M]. Champaign-Urbana: Human Kinetics.

MICHAEL A, GASS H L, KEITH C, 2012. Russell adventure therapy theory, research, and practice[M]. New York: Taylor & Francis Group.

MIKE B, 2006. Handbook of physical education adventure education and physical education[M]. London:SAGE Publications Ltd.

PAISLEY K, FURMAN N, SIBTHORP J, et al., 2008. Student learning in outdoor education: A case study from the national outdoor leadership school [J]. Journal of Experiential Education, 30 (3):201 - 222.

PIGRAM J, JENKINS J, 2006. Outdoor recreation management[M]. 2ndeds. London And New York: Routledge.

POLLEY S, 2010. Quality lesson plans for outdoor education[J]. Journal of Outdoor and Environmental Education, 14(1):49-51.

PRIEST S,1986. Redefining outdoor education: A matter of many relationships[J]. Journal of Environmental Education,17(3), 13-15.

RASMUSSEN J, 1997. Risk management in a dynamic society: A modelling problem

[J]. Safety Science, 27(2): 183-213.

RAYNER S, 1987. Uncertainty in risk assessment, risk management, and decision making[M]. New York: Plenum Press.

REAVE L, 2005. Spiritual values and practices related to leadership effectiveness[J]. The Leadership Quarterly, 16 (5):655-687.

SALMON P, CORNELISSEN M, TROTTER M J, 2012. Systems-based accident analysis methods: A comparison of Accimap, HFACS, and STAMP[J]. Safety Science, 50(4): 1158-1170.

SALMON P, WILLIAMSON A, LENNE M, et al, 2010. Systems-based accident analysis in the led outdoor activity domain: Application and evaluation of a risk management framework[J]. Ergonomics, 53(8): 927-939.

SHARP L B, 1947. Basic considerations in outdoor and camping education[J]. The Bulletin of the National Association of Secondary School Principals, 31(147):43-48.

SIBTHORP J, PAISLEY K, GOOKIN J, et al, 2008. The pedagogical value of student autonomy in adventure education[J]. Journal of Experiential Education, 31 (2): 136-151.

TASMANIAN OUTDOOR LEADERSHIP COUNCIL, 1996. Managing risks and critical incidents in outdoor programs[M]. Hobart: Department of Tourism, Sport and Recreation.